O ANÚNCIO DO
DIA DO SENHOR

Leonardo Agostini Fernandes

O ANÚNCIO DO
DIA DO SENHOR

Significado profético e sentido
teológico de Joel 2,1-11

Dados Internacionais de Catalogação na Publicação (CIP)
(Câmara Brasileira do Livro, SP, Brasil)

Fernandes, Leonardo Agostini
O anúncio do dia do Senhor : significado profético e sentido teológico de Joel 2,1-11 / Leonardo Agostini Fernandes. – São Paulo : Paulinas, 2014. – (Coleção exegese)

ISBN 978-85-356-3650-5

1. Bíblia. A.T. Joel - Crítica e interpretação 2. Joel (Profeta bíblico) I. Título. II. Série.

13-11006   CDD-224.806

Índice para catálogo sistemático:
1. Joel : Livros proféticos : Bíblia : Antigo Testamento : Interpretação e crítica 224.806

1ª edição – 2014

Direção-geral: *Bernadete Boff*
Editores responsáveis: *Vera Ivanise Bombonatto e Matthias Grenzer*
Assistente de edição: *Anoar Jarbas Provenzi*
Copidesque: *Anoar Jarbas Provenzi*
Coordenação de revisão: *Marina Mendonça*
Gerente de produção: *Felício Calegaro Neto*
Projeto gráfico: *Telma Custódio*
Capa e diagramação: *Manuel Rebelato Miramontes*

Nenhuma parte desta obra poderá ser reproduzida ou transmitida por qualquer forma e/ou quaisquer meios (eletrônico ou mecânico, incluindo fotocópia e gravação) ou arquivada em qualquer sistema ou banco de dados sem permissão escrita da Editora. Direitos reservados.

Paulinas
Rua Inácia Uchoa, 62
04110-020 – São Paulo – SP (Brasil)
Tel.: (11) 2125-3500
http://www.paulinas.org.br – editora@paulinas.com.br
Telemarketing e SAC: 0800-7010081
© Pia Sociedade Filhas de São Paulo – São Paulo, 2014

À Igreja, Esposa do Cordeiro Imolado,
ungida no Espírito Santo,
testemunha, por palavras e obras,
do amor de YHWH pelo seu povo.

SUMÁRIO

Siglas e abreviações 11
Introdução 17
1. Tema 17
  1.1. O horizonte temático 17
  1.2. Pressuposto e limites para a abordagem
       da temática 19
  1.3. O *yôm* YHWH em Joel: novidade e originalidade
       deste estudo 20
2. Aplicação metodológica 23
3. Procedimento na investigação 25

Capítulo I – Tendências interpretativas 29
1. O âmbito da questão 29
2. Os grupos de teses 40
  2.1. A praga de gafanhotos e o *yôm* YHWH 40
  2.2. Um exército inimigo e o *yôm* YHWH 50
  2.3. A seca e o *yôm* YHWH 58
  2.4. Considerações gerais sobre os três grupos de teses .. 65
3. Uma chave alternativa de interpretação 67
  3.1. Elementos centrais da chave alternativa: a
       dicotomia, a crise agrícola, a ausência de pecado
       e a crise de fé simbolizada na apatia e inércia 75
  3.2. Questões conexas do *yôm* YHWH com a cisão
       do livro 83
  3.3. Continuidade ou descontinuidade temática? 87

Capítulo II – O texto, sua constituição e organização ... 95
1. Tradução e notas de crítica 95
2. Delimitação e unidade 102
3. Organização do texto 108
  3.1. Os blocos e suas seções 112

3.2. O conjunto de Jl 2,1-11 121
3.3. A relação entre as seções 126
Capítulo III – Intertextualidade *ad intra* do livro 157
1. O texto em si mesmo 157
2. O alcance textual: vocabulário, temas e perspectivas
   em cada seção 162
   2.1. Os v. 1-2c 162
   2.2. Os v. 2d-3 169
   2.3. Os v. 4-5 173
   2.4. O v. 6 175
   2.5. Os v. 7-8 178
   2.6. Os v. 9-10 180
   2.7. O v. 11 182
   2.8. Conclusões sobre o alcance textual de Jl 2,1-11 ... 185
3. Jl 2,1-11 e as demais referências ao *yôm* YHWH 188
   3.1. O sentido do *yôm* YHWH em Jl 1,15 188
   3.2. O sentido do *yôm* YHWH em Jl 3,3-4 208
   3.3. O sentido do *yôm* YHWH em Jl 4,14-15 218
   3.4. Visão unitária do *yôm* YHWH em Joel 227
   3.5. Conclusões sobre a intertextualidade de Jl 2,1-11
       ad intra do livro 228
Capítulo IV – Intertextualidade com o *Dodekapropheton* ... 231
1. A expressão *yôm* YHWH 231
   1.1. Os textos explícitos no *Dodekapropheton* 234
   1.2. Outros contatos relevantes 241
   1.3. O *yôm* em forma construta 247
2. O *yôm* YHWH em Sofonias 252
   2.1. Contexto do *yôm* YHWH em Sofonias 254
   2.2. Anúncio de condenação 265
   2.3. Visão de conjunto do *yôm* YHWH em Sofonias 288
3. Conclusão 294
Capítulo V – Intertextualidade com os "Profetas Maiores" .. 299
1. O *yôm* YHWH em Isaías 299
   1.1. O *yôm* YHWH em Is 13,2-16 e em Joel 301

1.2. Visão de conjunto 312
2. O *yôm* YHWH em Ezequiel 315
  2.1. O *yôm* YHWH em Ez 13,5 e em Joel 319
  2.2. Visão de conjunto 322
3. Jr 4,5-31: um "*yôm* YHWH"? 326
  3.1. O contexto do anúncio jereminiano 327
  3.2. O *yôm* em Jr 4,5-31 e o *yôm* YHWH em Joel 333
  3.3. Visão de conjunto 350
4. Conclusão 353

Capítulo VI – A lógica da temática 357
1. O *yôm* yhwh no *Dodekapropheton* 357
  1.1. A lógica do *yôm* YHWH em Amós 357
  1.2. A lógica do *yôm* YHWH em Abdias 361
  1.3. A lógica do *yôm* YHWH em Sofonias 365
  1.4. A lógica do *yôm* YHWH em Malaquias 368
  1.5. A lógica do *yôm* YHWH em Joel 373
2. Temas transversais interligados à lógica
  do *yôm* YHWH 379
  2.1. Profecia e culto 380
  2.2. Punição e perdão 383
3. O *yôm* YHWH: uma fórmula teológica complexa 389
4. Conclusão, implicações hermenêuticas e questões
  abertas 398

Tabelas
  Tabela 1 – Vocabulário comum nas seções e entre
    as seções de Jl 2,1-11 405
  Tabela 2 – Vocabulário comum entre Jl 2,1-11
    e o escrito de Joel 406
  Tabela 3 – Tese e antítese 407

Referências bibliográficas 409

Índices remissivos 441
  Índice de textos bíblicos 441
  Índice de autores 446
  Índice de temas 449

SIGLAS E ABREVIAÇÕES

1-2Cr	Primeiro e Segundo livro das Crônicas
1-2Mc	Primeiro e Segundo livro dos Macabeus
1-2Rs	Primeiro e Segundo livro dos Reis
1-2Sm	Primeiro e Segundo livro de Samuel
1-2Tm	Primeira e Segunda Carta de Timóteo
1Pd	Primeira Carta de Pedro
1QIsa[a]	primeiro manuscrito de Isaías da primeira gruta de Qumran
4QIsa[a]	quarto manuscrito de Isaías da primeira gruta de Qumran
a.C.	antes de Cristo
α'	recensão grega de Áquila
Ab	Abdias
ABD	The Anchor Bible Dictionay, I-VI, ed. D. N. Freedman, New York – London 1992
ABR	Australian Biblical Review
AJTh	Asia Journal of Theology
alii	outros
Am	Amós
AnBib	Analecta Biblica
Anton	Antonianum
Ap	Apocalipse
AT	Antigo Testamento
ATD	Das Alte Testament Deutsch
ATeo	Atualidade Teológica
B.C.	Before Christ
BDB	The New Brown-Driver-Briggs Hebrew and English Lexicon, ed. F. Brown, Peabody 1979, 1999[4]
BeO	Bibbia e Oriente
BEvT	Beiträge zur evangelischen Theologie
BH	Biblia Hebraica
BHK	Biblia Hebraica Kittel

BHQ	*Biblia Hebraica Quinta* – The Twelve Minor Prophets [fascicle 13]. Stuttgart: Deutsche Biblegesellschaft, 2010.
BHS	*Biblia Hebraica Stuttgartensia*, ed. K. Elliger – W. Rudolph, Stuttgart 1990⁴
BHS^{app}	Aparáto crítico da Biblia Hebraica Stuttgartensia
Bib	*Biblica*
BibVieChre	*Bible et Vie Chrétienne*
BIES	*Bulletin of the Israel Exploration Society*
BiTod	*Biblical Today*
BKAT	Biblischer Kommentar Altes Testament
BN	*Biblische Notizen. Beiträge zur exegetischen Diskussion*
BSac	*Bibliotheca Sacra*
BT	*The Bible Translator*
BWANT	Beiträge zur Wissenschaft vom Alten und Neuen Testament
BZ	*Biblische Zeitschrift*
BZAW	Beiheft zur Zeitschrift für die alttestamentliche Wissenschaft
c.	comum
cap.	capítulo
CAT	Commentaire de l'Ancien Testament
CBOT	Coniectanea Bíblica Old Testament
CBQ	*Catholic Biblical Quarterly*
Cf.	conferir/confrontar
Coord.	coordenador
CR:BS	*Currents in Research: Biblical Studies*
Ct	Cântico dos Cânticos
CTM	*Concordia Theological Monthly*
CurTM	*Currents in Theology and Mission*
d.C.	depois de Cristo
DCT	*Dictionnaire critique de theologie*, dir. J.-Y. Lacoste, Paris 1998.
DEB	*Dizonario Enciclopedico della Bibbia*, Roma 2002.
dir.	direção
Diss.Doct	Dissertation Doctorale
Dn	Daniel
Dt	Deuteronômio

DTB	Dizionario di Teologia Biblica (Vocabulaire de Théologie Biblique, ed. X. Léon-Dufour, Paris 1970) Torino 1980[5].
Dtr	Deuteronomista
ECarm	Ephemerides Carmeliticae
Ecl	Eclesiastes
Eclo	Eclesiástico
ed.	editor-coordenador
EfMex	Efemérides Mexicanas
EphTheLov	Ephemerides Theologicae Lovanienses
ErIs	Eretz Israel
Esd	Esdras
Est	Ester
EstBíb	Estudios Bíblicos
etc.	et cetera
ETR	Études théologiques et religieuses
EvTh	Evangelische Theologie
Ex	Êxodo
Exod	Exodus
Ez/Ezek	Ezequiel
f.	feminino
Fs.	Festschrift
Ger	Geremia
GK	Geseniu's Hebrew Grammar as Edited and Enlarged by the Late E. Kautzch, ed. A. E. Comley, Oxford 1990
Gl	Gioele
Gn	Gênesis
Gn	Giona
Greg	Gregorianum
Hab	Habacuc
HAT	Handbuch zum Alten Testament
Hb	Carta aos Hebreus
HBS	Herders Biblische Studien
HUCA	Hebrew Union College Annual
IDB	Interpreter"s Dictionary of the Bible, I-IV, ed. G. A. Buttrick
IEJ	Israel Exploration Journal

Int	*Interpretation*
Is	Isaías
ITER	*Instituto de Teologica para Religiosos*
JBL	*Journal of Biblical Literature*
JBL.SP	*Journal of Biblical Literature Supplement*
Jes	*Jesaia*
JETS	*Journal of the Evangelical Theological Society*
JHS	*Journal of Hebrew Scriptures*
Jl	Joel
JM	P. Joüon – T. Muraoka, *A Grammar of Biblical Hebrew*, SubBi 14/I-II, Roma 1991.
Jn	Jonas
JNES	*Journal of Near Eastern Studies*
JNSL	*Journal of Northwest Semitic Languages*
Jó	Jó
Jr	Jeremias
Js	Josué
JSOT	*Journal for the Study of the Old Testament*
JSOTS	Journal for the Study of the Old Testament. Supplement Series
JSSt	*Journal of Semitc Studies*
JTS	*Journal of Theological Studies*
Jz	Juízes
KAT	Kommentar zum Alten Testament
LA	*Liber Annuus*
Lat	*Lateranum*
LD	Lectio Divina
Lm	Lamentações
Lv	Levítico
LV	*Lumière et Vie*
LXX	Septuaginta
m.	masculino
Mc	Marcos
MEAH	*Miscelánea de estudios árabes y hebraicos*
Ml	Malaquias
Mq	Miqueias
Mss	manuscritos
Mt	Mateus

Na	Naum
Ne	Neemias
NG	National Geographic
NIDOTTE	W. A. Vangemeren, ed., *New International Dictionary of Old Testament Theology and Exegesis*
Nm	Números
NT	Novo Testamento
OBO	Orbis Biblicus Orientalis
Os	Oseias
OT	Old Testament
OTE	*Old Testament Essays*
OTWSA	*Die Ou-Testamentiese Werkgemeenskap in Suid-Afrika*
p.	página(s)
part.	particípio
PCB	Pontifícia Comissão Bíblica
pl.	plural
Pr	Provérbios
pref.	prefixo
PSpV	*Parola Spirito e Vita*
PUC-Rio	Pontifícia Universidade Católica do Rio de Janeiro
R.	Reverendo
RB	*Revue Biblique*
ResQ	*Restoration Quarterly*
RevistB	*Revista Biblica Argentina*
RevLatTeo	*Revista Latinoamericana de Teología*
Rev^mo.	Reverendíssimo
RevScRel	*Revue des Sciences Religieuses*
RIBLA	*Revista de Interpretação Bíblica Latino-Americana*
RivB	*Rivista Biblica*
RJ	Rio de Janeiro
RQ	*Restoration Quarterly*
RSB	*Ricerche Storico Bibliche*
s.d.	sem data
Sal	Salmo
Sb	Sabedoria
SBL.AC	*Society of Biblical Literature Annual Conference*
SBL.DS	*Society of Biblical Literature Dissertations Series*
SBL.SP	*Society of Biblical Literature Seminar Pappers*

SemetBib	*Sémiotique et Bible*
Sf	Sofonias
sg.	singular
Sl	Salmo
St.	Sant
StTh	*Studia Theologica*
suf.	sufixo
Syr	Peshita
Tg	Targum
TG.ST	Tesi Gregoriana. Serie Teologica
Th.D.Diss.	Thesis Doctoral Dissertations
THAT	*Theologische Handwörterbuch zum Alten Testament*, ed. E. Jenni – C. Westermann, Zürich 1971; trad. espanhola, *Diccionario Teológico Manual del Antiguo Testamento*, I-II, Madrid 1978, 1985
ThWAT	*Theologisches Wörterbuch zum Alten Testament*, I-VIII, ed. G. J. Botterwerck – H. Ringgren – H.-J. Fabry, Stuttgart 1973-1974
TM	Texto Massorético
trad.	tradução
TWOT	*Theological Wordbook of the Old Testament*, ed. R. L. Harris – G. L. Archer, Jr. – B. K. Waltke, Chicago 1980; trad. portuguesa, *Dicionário Internacional de Teologia do Antigo Testamento*, São Paulo 1998², 1999
v.	versículo(s)
Vg	Vulgata
vol.	volume(s)
VT	*Vetus Testamentum*
VT.S	*Vetus Testamentum. Supplementum*
WW	*Word and Word*
ZAW	*Zeitschrift für die Alttestamentliche Wissenschaft*
Zc	Zacarias
Zef	Zefanaia

INTRODUÇÃO

1. Tema

1.1. O horizonte temático

A expressão יום יהוה (*Dia do Senhor*)[1] está testemunhada em alguns escritos proféticos, mas o maior número das ocorrências explícitas encontra-se presente no *corpus* do δώδεκα προφητῶν.[2] Nos últimos cem anos, os estudos bíblicos têm-se ocupado do *yôm* YHWH fundamentalmente em dois sentidos: (a) seu *Sitz im Leben*, buscando averiguar os elementos sobre a sua natureza, origem e valor escatológico; (b) seu papel nos escritos proféticos, buscando perceber a importância que a expressão possui, em particular, no *Dodekapropheton*.

Quanto ao primeiro sentido, para a história da exegese, predominam três nomes e suas respectivas teses, que ainda hoje são reconhecidas como sendo as principais:[3] (a) H. Gressmann, inspirando-se na mitologia babilônica, na qual uma catástrofe final ocasionaria o surgimento de um novo mundo, colocou o *yôm* YHWH no âmbito da escatologia profética;[4] (b) S. Mowinckel, a partir da festa mesopotâmica do ano-novo, aplicando-a à festa

---

[1] Utilizaremos a seguir a transliteração *yôm* YHWH.
[2] Utilizaremos a seguir a transliteração *Dodekapropheton* (cf. Eclo 49,10).
[3] Cf. H. SIMIAN-YOFRE, *Amós*, 120. Destas três teorias foram desenvolvidas outras, que trouxeram críticas, ampliações e alterações, mas a ligação com as três permaneceu inalterada. J. Héléwa ("L'orgine du concept", 3-36) oferece, além da sua perspectiva, com base na teofania e na aliança, uma boa síntese destas três teorias. Para uma avaliação mais atualizada sobre a evolução do argumento, cf. A. J. EVERSON, *The Day of Yahweh*, 2-44; H.-M. BARSTAD, *The Religious Polemics*, 89-103.
[4] Cf. H. GRESMANN, *Der Ursprung*, 147.

INTRODUÇÃO | 17

da entronização de YHWH,[5] propôs o *yôm* YHWH com sentido cultual e escatológico; (c) G. von Rad, reconhecendo que YHWH combatia as batalhas a favor do seu povo contra os seus inimigos, associou o *yôm* YHWH com a tradição da "guerra santa".[6] Quanto ao segundo sentido, os estudos surgidos nos últimos vinte anos se esforçam por encontrar, utilizando a índole temática do *yôm* YHWH, um indício plausível que seja capaz de demonstrar que o *Dodekapropheton* foi idealizado para ser um "único livro". A unidade deste *corpus* estaria assegurada pela ordem canônica dos escritos na BH, através de termos-chave e temas condutores. O *yôm* YHWH seria um dos principais.[7]

O interesse dos que se dedicam ao estudo unitário do *Dodekapropheton* submete os textos usando uma abordagem tanto diacrônica[8] como sincrônica.[9] Todavia, os resultados até agora obtidos não mostram, com clareza, como a temática do *yôm* YHWH possa ser vista e considerada um motivo teológico apto a levar aos textos que usam a expressão um conjunto de reflexões sobre outras temáticas que pertencem ao patrimônio da fé veterotestamentária.

---

[5] Cf. S. MOWINCKEL, *Psalmenstudien II*, 229-230; *He that Cometh*, 132.
[6] Cf. G. von RAD, "The Origin", 97-108.
[7] A edição de P. L. Redditt e A. Schart (*Thematic Threads in the Book of the Twelve*) e a de J. D. Nogalski (*Int* 61/2 [2007] 115-204) oferecem numerosos artigos a respeito desta linha de pesquisa. A mensagem e um suposto significado canônico do *Dodekapropheton* não cancelariam a mensagem e o significado individual de cada escrito profético neste *corpus* (cf. J. BARTON, "The Canonical Meaning", 59-73; M. L. S. SOUZA, *O Livro de Miqueias*, 79-89; M. L. C. LIMA, "Doze Profetas ou Livro dos Doze?", 214-216; F. BARGELLINI, "Il ruolo canonico", 145-163).
[8] Cf. A. SCHART, *Die Entstehung des Zwölfprophetenbuches*; M. BECK, *Der "Tag YHWHs"*; P. G. SCHWESIG, *Die Rolle*.
[9] Cf. R. RENDTORFF, "How to read the Book", 75-87; "Alas for the Days!", 186-197; *A Theology of the Old Testament*, 264-314; J. D. NOGALSKI, "The Day(s) of YHWH", 617-642. Para uma visão de conjunto sobre a problemática até o limiar que fez surgirem essas novas pesquisas, cf. M. S. MOORE, "Yahweh's Day", 193-206.

Os mesmos estudos, a nosso ver, falham no momento de aplicar uma metodologia teológico-exegética condizente com o seu objeto material e formal: o texto que traz a expressão *yôm* YHWH e a sua dinâmica inserção numa micro ou macroestrutura contextual.[10] Assim sendo, percebemos que ainda existem abertura e espaço para continuar atualizando as pesquisas em torno do *yôm* YHWH, buscando superar as lacunas que identificamos, na tentativa de mostrar em que sentido esta temática pode ser vista e aceita como uma fórmula teológica.

1.2. Pressuposto e limites para a abordagem da temática

É constatável que os escritos proféticos apresentam uma mensagem que intercala, agrupa ou cria uma sucessão entre "oráculos de condenação" e "oráculos de salvação".[11] Esta disposição sugere o desenvolvendo do binômio "maldições" e "bênçãos" para além de uma mera concepção mecanicista do tema e tratado bíblico da retribuição como um ato da justiça divina (cf. Dt 28).

Partimos da hipótese de que o *yôm* YHWH constitui nos textos onde está atestado uma temática profética inserida como nexo nesta sucessão. Por ela, revela-se quem é YHWH e como ele age no meio do seu povo. Isso visa testemunhar a soberania divina diante de Israel e diante dos outros povos.

Um aspecto central e subjacente no anúncio do *yôm* YHWH é que este dia será uma teofania,[12] na qual YHWH se mostrará como um justo juiz no meio dos homens. Esta atuação divina

---

[10] Uma consideração e exceção deve ser feita ao trabalho diacrônico de M. Beck; porém, como se dirá e se verificará, no decorrer deste estudo, a nossa abordagem é assaz distante da interpretação que ele concebe e apresenta para a temática no escrito de Joel.
[11] Cf. E. R. CLENDENEN, "Textlinguistics and Prophecy", 385-399.
[12] J. Héléwa ("L'orgine du concept", 35-36) buscou confirmar que, ao lado da posição de G. von Rad, a teofania desempenha um papel fundamental; pouco depois, M. Weiss ("The Origin", 40) rebateu a teoria de G. von Rad, propondo que a teofania era igualmente um elemento essencial do *yôm YHWH*.

resultará num duplo efeito: para uns, ela será motivo pleno de alegria e regozijo (salvação); mas, para outros, poderá ser motivo pleno de tristeza e aflição (condenação) se não houver conversão.

Assim, os textos onde o *yôm* YHWH é usado expressamente, em vez de serem concebidos como um "oráculo de condenação" ou um "oráculo de salvação", seriam mais bem compreendidos se fossem vistos como um "oráculo de juízo", uma palavra divina que revela a natureza dos fatos, porque é um evento ligado à manifestação de YHWH como juiz e senhor da história.

Esta teofania colocará debaixo da luz divina todas as ações humanas e, por isto, acarretará, simultaneamente, um ato de condenação para o ímpio e um ato de salvação para o justo. No fundo, cada um, com o seu modo próprio de ser e agir, se confrontará com a Verdade Revelada no *yôm* YHWH.

Visto que os textos onde se verifica um anúncio do *yôm* YHWH[13] são abundantes, nós optamos por trabalhar a partir do escrito de Joel, porque nele encontramos o maior número de ocorrências explícitas da expressão e porque acreditamos que nesta profecia se reflita uma elaboração teológica capaz de mostrar que o *yôm* YHWH deveria ser visto não só como expressão ou temática mas também como uma autêntica fórmula teológica.

1.3. O *yôm* YHWH em Joel: novidade e originalidade deste estudo

É possível considerar a temática na profecia de Joel de forma unitária, à diferença da maioria dos estudiosos que a propõe como um compêndio de ideias, falando inclusive de dois ou até três diferentes tipos de *yôm* YHWH? Que consequências uma visão unitária do *yôm* YHWH em Joel traria para a (re)compreensão deste escrito profético? Como conciliar a temática do amor misericordioso de YHWH com as temáticas da ira e da justiça divinas implícitas no *yôm* YHWH? São excludentes ou complementares entre si?

---

[13] As referências estão apresentadas no cap. IV.

A abordagem diacrônica, aplicada ao escrito de Joel, influenciou vários estudiosos, levando-os a considerar a sua profecia um exemplo de antologia bíblica do AT, criando dicotomias e certo desinteresse por este escrito. Contudo, uma abordagem sincrônica é capaz de recuperar a originalidade do conjunto, denotando como a sua mensagem está elaborada a partir do uso positivo que se fez do *yôm* YHWH.[14]

A expressão *yôm* YHWH está atestada nos quatro capítulos:[15] Jl 1,15; 2,1.11; 3,4; 4,14. A concepção geral que se encontra nos vários tipos de estudos sobre o uso desta expressão e o seu valor em Joel, até o presente momento, se desenvolve a partir da aceitação ou não das supostas partes do escrito em torno do binômio "oráculo de condenação" e "oráculo de salvação". Os estudiosos, comumente, articulam a profecia de Joel da seguinte maneira:

- Em Jl 1–2 o anúncio do *yôm* YHWH apontaria para uma destruição que recai sobre Judá-Jerusalém. É uma punição que poderá ser evitada através de um culto de lamentação e súplica de perdão, acompanhado de obras penitenciais que sejam e reflitam autênticos sinais de conversão.

- Em Jl 4, o anúncio do *yôm* YHWH é uma reversão no sentido da temática, visto que neste capítulo ele é aplicado de forma favorável a Judá-Jerusalém e desfavorável às nações estrangeiras nele citadas.

Entre estes dois extremos, encontra-se Jl 3,1-5. Um brevíssimo capítulo que reúne três temáticas em vista da passagem da

---

[14] No desejo de preservar as palavras e os temas tratados pelos mediadores, o material oral e escrito foi sendo reunido em blocos, cresceu e adquiriu lentamente uma forma literária específica. Assim, o termo "antologia" deveria ser aplicado à quase totalidade dos escritos bíblicos. A palavra humano-divina é eternizada porque o seu eterno e divino autor dispôs comunicá-la nas condições normais da nossa temporalidade histórica (cf. J. D. NEWSOME Jr., *The Hebrew Prophets*, 16-17; H. SIMIAN-YOFRE, *Amos*, 13-14; M. BECK, "Das Dodekapropheton als Anthologie", 558-581).

[15] Seguiremos a divisão por capítulos contida na *BHQ*.

situação de condenação à salvação: um oráculo que alude ao derramamento do espírito sobre toda carne; o terceiro anúncio do *yôm* YHWH; e a invocação do nome de YHWH.

A relação do *yôm* YHWH em Jl 3,4 com os sobreviventes, sejam eles pertencentes ou não ao povo eleito, criaria a ponte temática entre o contexto nefasto dos dois primeiros anúncios (Jl 1,15; 2,1-11) e o contexto propício da última menção do *yôm* YHWH dirigido às nações estrangeiras (Jl 4,14).

Todavia, esta visão de conjunto, como dissertaremos, não é tão simples assim. O núcleo da nossa pesquisa toma, como texto referencial e ponto de partida do exame exegético, o anúncio do *yôm* YHWH em Jl 2,1-11, porque nesta perícope a temática apresenta-se bem articulada.

A concepção unitária da temática do *yôm* YHWH que propomos para esta perícope, e por ela para a mensagem inteira do escrito joeliano, saindo da dicotomia, é considerada a base lógica e o fio condutor de toda a elaboração deste estudo, levando em consideração duas perguntas: estaria o *yôm* YHWH em Jl 2,1-11 ligado diretamente a alguma ou a todas as catástrofes enunciadas no conjunto de Jl 1,4-20? O *yôm* YHWH em Jl 2,1-11 é realmente um anúncio de castigo voltado para Judá-Jerusalém?

Este estudo se propõe a demonstrar, sistematicamente, que o anúncio do *yôm* YHWH em Jl 2,1-11 não se identifica e não é feito com base em nenhuma das catástrofes, mas que no anúncio deste dia está implícita uma resposta de YHWH para todas elas. O motivo da afirmação está no fato de esta perícope ser um oráculo de juízo que antecipa e favorece o desvelamento do sentido desta temática "no e para" o escrito inteiro: mostrar quem é YHWH e o que a comunidade, do momento e do futuro, pode experimentar quando se faz obediente ao דְּבַר־יְהוָה diante das suas crises (cf. Jl 1,1.2-3; 2,12-14).

A análise terminológica e temática presente em Jl 2,1-11 revelará os pontos de contatos entre este texto e o conjunto inteiro da profecia joeliana. Estes contatos, por sua vez, nos permitirão cogitar e afirmar que o *yôm* YHWH é o elemento teológico, ao lado do tema da sublimidade de Sião (cf. Jl 3-4), que oferece compreensão e continuidade lógica neste escrito.

Este critério avaliado, por um lado, acentua o valor da expressão e a relevância da temática nos pontos estratégicos em que ela se encontra; e, por outro lado, evidencia a postura acadêmica que assumimos para tratar os textos: dentro do contexto imediato ao qual pertencem (micro) e no qual adquirem correlação e significado para o conjunto da profecia (macro).

Com isso, almeja-se perceber e individuar o sentido teológico subjacente, que denota uma fé viva e histórica tanto na experiência de Joel como dos destinatários reais que ele envolve com o seu forte e insistente anúncio do *yôm* YHWH. Essa experiência de fé será um sinal eficaz da presença divina para as futuras gerações de ouvintes-leitores da sua profecia (cf. Jl 1,2-3).

Por causa da natureza positiva da temática em Jl 2,1-11, admitimos como intencional o fato de a profecia de Joel ter sido inserida em segundo lugar no *Dodekapropheton* na BH. Do sentido joeliano do *yôm* YHWH, poder-se-á obter novos critérios para perceber e entender o sentido dos outros textos onde a temática, pelo uso da expressão, reaparece neste *corpus* profético.

2. Aplicação metodológica

O enfoque do presente estudo faz prevalecer a legítima adoção da abordagem sincrônica pela consideração do texto em seu estado final e canônico no *Dodekapropheton* da BH.[16] Este procedimento metodológico, porém, não significa que se excluirá

---

[16] De acordo com a PCB (*A Interpretação da Bíblia na Igreja I*, A, 4), "a respeito da inclusão no método, de uma análise sincrônica dos textos, deve-se reconhecer que se trata de uma operação legítima, pois é o texto em seu estado final, e não uma redação anterior, que é expressão da Palavra de Deus".

a utilização e aplicação de uma justa e equilibrada abordagem diacrônica.[17]

Adotaremos, ao lado da abordagem sincrônica, o critério de verificação intertextual para o confronto dos textos,[18] a fim de perceber não a gênese do *yôm* YHWH ou a sua dependência histórico-literária, mas por que esta temática alcançou uma fisionomia lógica em Joel e como o seu modo de tratá-la se reflete nas demais referências explícitas que estão atestadas no *Dodekapropheton* na BH.

Esse critério é válido, pois a intertextualidade usada nesta pesquisa estará atenta não só aos elementos paralelos, identificando termos ou expressões sintaticamente correlatos, mas, também, porque analisará a situação e a correspondência dos textos em âmbito contextual, buscando a intencionalidade teológica explícita ou implícita, que nos possibilite compreender o alcance e o sentido da expressão no escrito profético em que ela aparece utilizada.

Além de reconhecer os níveis de relação, por meio desta aplicação metodológica, poder-se-á individuar se a expressão *yôm* YHWH manteve certo patamar inalterado de sentido ou se ocorreu uma reinterpretação de texto a texto dando-lhe um novo traço entre as citações paralelas.

A intencionalidade dos critérios metodológicos aplicados a Jl 2,1-11 demonstrarão que não estamos analisando uma temática de modo isolado. A abertura intertextual visará explicitar o tipo de influxo que o anúncio do *yôm* YHWH possui na "lógica" *ad intra* e *ad extra* da profecia de Joel.[19]

---

[17] Cf. H. SIMIAN-YOFRE, "Canonicidad, sincronía y diacronía", 179.
[18] Cf. J.-N. ALETTI – M. GILBERT – J.-L. SKA, *Vocabulaire Raisonné*, 74. Critérios válidos para estabelecer um "parentesco" entre os textos são oferecidos por D. MARKL, "Hab 3 in intertextueller und kontextueller Sicht", 99-100.
[19] Preferimos a nomenclatura *ad intra* e *ad extra* ao uso dos conceitos "intratextual" e "intertextual". A distinção dos mesmos é comumente utilizada, cf. U. BROICH – M. PFISTER, *Intertextualität*, 49-50; J. S. CROATTO, *Die Bibel gehört*, 66-72; E. ZENGER, *Am Fuß des Sinai*, 79-81;

O cotejo intertextual com Amós, Abdias, Sofonias e Malaquias se deterá um pouco mais entre o anúncio de Joel com o *yôm* YHWH sofoniano. Isso nos permitirá ressaltar os dados essenciais presentes e pertinentes "na e para a" temática do *yôm* YHWH, visto que, na profecia de Sofonias, ela também aparece bem elaborada e com forte valor de um juízo universal. Os contatos intertextuais do *yôm* YHWH em Joel serão também alargados com os textos de Is 13,2-16; Ez 13,2-16 e Jr 4,5-31. A pesquisa se orientará considerando a forma final e canônica de cada texto analisado.

3. Procedimento na investigação

No *primeiro capítulo* apresentamos o estado da questão, averiguando as tendências interpretativas, pelo sentido que os estudiosos têm oferecido, nos últimos trinta anos, ao *yôm* YHWH em Jl 2,1-11. Não seguimos, nesta etapa inicial da pesquisa, um critério cronológico ou de autoria, mas evidenciamos e classificamos as teses por grupos a partir dos argumentos que encontramos empregados pelos críticos que são citados.

Propondo sínteses e conclusões para cada um dos grupos de teses, alcançaremos a apresentação do nosso percurso pessoal. Serão sublinhados os elementos capazes de sustentar os pontos centrais deste estudo: (a) Jl 2,1-11 é um oráculo de juízo favorável compatível a uma causa capaz de produzir um duplo efeito para os destinatários da profecia; (b) o *yôm* YHWH é um elemento unificador no escrito joeliano, funcionando como uma verdadeira fórmula teológica que, por sua vez, oferece sólidos elementos para fazer uma justa interpretação do anúncio contido em Am 5,18-20; Ab 15; Sf 1,7.14-18 e Ml 3,23-24.

Nesta fórmula, o sujeito é YHWH "com e pelo" seu *yôm*. Ele é a causa primeira da existência, da possibilidade e da qualidade

---

C. DOHMEN, "Wenn Texte verändern", 43-44; R. L. SCHULTZ, "The Ties that Bind", 27-33.

de um *yôm* existir como manifestação do seu ser pessoal e da aplicação da sua justiça na história.

No *segundo capítulo*, a análise de Jl 2,1-11 tem início com a tradução e notas de crítica textual, justificando, pela delimitação, a possibilidade de trabalhar a partir da perícope inteira. Segue-se a isto o estudo da constituição do texto, que demonstrará Jl 2,1-11 como um anúncio bem articulado. A organização individuada, em forma simétrica, será desdobrada em sete seções. Estas seções evidenciam o conjunto temático, que combina três aspectos: exortação – descrição – exortação. Desta compreensão estrutural do texto, alcança-se uma proposta de classificação quanto ao seu gênero literário.

No *terceiro capítulo*, aprofundamos as relações inerentes a Jl 2,1-11, que exibem um entrelaçamento harmônico entre o anúncio do *yôm* YHWH e a descrição do "povo numeroso e poderoso" debaixo do comando de YHWH. Pela intertextualidade *ad intra*, mostramos como as referências ao *yôm* YHWH se inter-relacionam com o conjunto inteiro do escrito de Joel.

No *quarto capítulo*, elaboramos o cotejo *ad extra* com os escritos proféticos que aludem ao *yôm* YHWH no *corpus* do *Dodekapropheton*, dando particular relevo ao sentido que a temática assume em Sf 1,7.14-18, considerando-a no seu macroconjunto (Sf 1,2–2,3).

No *quinto capítulo*, procedemos o cotejo com os textos antes citados dos "Profetas Maiores". Trata-se não de esgotar os dados referentes à expressão mas sim de alcançar um parecer abrangente sobre o valor que esta temática representa no âmbito do profetismo bíblico.

Este cotejo *ad extra* nos permitirá obter uma conclusão pertinente sobre o sentido do *yôm* YHWH em Joel e confirmará que, nos textos onde se utiliza a fórmula teológica *yôm* YHWH, não existe uma operosidade independente do seu sujeito: YHWH. A razão desponta identificável não só na força da formação construta entre os termos da expressão mas também no juízo que se desejou veicular através dela para os seus destinatários.

No *sexto capítulo*, conclusivo, apresentamos a lógica da temática obtida com o estudo das referências explícitas sobre o *yôm* YHWH no *Dodekapropheton*. Ao lado desta lógica, individuamos e tratamos de alguns temas transversais interligados ao *yôm* YHWH. A síntese obtida denotará que esta temática é uma pertinente fórmula teológica profética.

Enfim, o aspecto favorável que a temática assume na profecia de Joel constitui um válido critério para ele ocupar o segundo lugar no *corpus do Dodekapropheton* da BH.[20] Esta compreensão nos permitirá conceder a Joel a "paternidade" do *yôm* YHWH neste *corpus*, facultando-lhe o título de "autor de direito" da expressão. Tal atribuição, sem comprometer o suposto "autor de fato", isto é, quem historicamente teria sido o primeiro a usar a temática na sua pregação, honrará o escrito joeliano pela eloquente forma como o *yôm* YHWH nele foi entendido, elaborado e transmitido.

---

[20] R. Rendtorff ("Alas for the Day!", 186-197; *The Canonical Hebrew Bible*, 264-314) propôs o livro de Joel como chave de leitura sobre a temática do *yôm* YHWH no *Dodekapropheton*. Todavia, ele considerou Jl 2,1-11 numa ótica negativa para Judá-Jerusalém: "Isto se refere a uma desastrosa praga de gafanhotos que destruiu o necessário para a vida" (p. 187); "O dia do Senhor pode ser compreendido como um terrível ataque de gafanhotos" (p. 191); tratou a temática no conjunto sem ver os laços relevantes que existem entre os textos cogitando que "a coleção em Joel poderia ser denominada 'livro do dia do Senhor'" (p. 187); e chegou a uma insatisfatória conclusão: "No escrito de Joel, nós não encontramos uma doutrina equilibrada sobre o dia do Senhor" (p. 191), que pouco tem a ver com a índole e os resultados que alcançamos neste estudo.

1

TENDÊNCIAS INTERPRETATIVAS

1. O âmbito da questão

Os comentários, monografias e artigos a respeito do escrito de Joel, dos últimos trinta anos, não só identificam alguns problemas hermenêuticos mas também os apresentam diversamente. Em geral, são individuados quatro problemas:[1]

a) a relação da praga de gafanhotos nos cap. 1-2 e o seu sentido "no e para o" anúncio contido em Jl 2,1-11;
b) a relação entre as calamidades relatadas nos cap. 1-2 e a sua reversão temática nos cap. 3-4;
c) a natureza e o papel do *yôm* YHWH para o conjunto do escrito;[2]
d) a dimensão temporal presente no anúncio do *yôm* YHWH em Joel.

A razão das diferenças de abordagem reside na forma e utilização destes estudos em relação às obras mais antigas,[3] que

---

[1] A. J. Everson (*The Day of Yahweh*, 241-242) reconheceu que estes problemas não encontravam uma via de solução plausível, porque as partes do escrito continuavam sendo tratadas a partir de uma metodologia exageradamente diacrônica.

[2] Busca-se uma resposta para a seguinte questão: o *yôm* YHWH na profecia de Joel representa um conceito unitário ou existe uma diferenciação que é fruto de um processo e desenvolvimento histórico-literário? (cf. M. BECK, *Der "Tag* YHWHs*"*, 140).

[3] S. R. DRIVER, *The Books of Joel and Amos*; B. DUHM, "Anmerkungen zu den Zwölf Propheten"; J. A. BEWER, "Joel"; A. S. KAPELRUD, *Joel*

adquiriram, ao longo dos anos, o *status* de referencial para qualquer trabalho acadêmico sobre Joel.[4]

A interpretação dos textos joelianos é feita, geralmente, a partir de contínuas revisões sobre as questões que envolvem autoria, datação,[5] processo de composição[6] e tensão sobre a unidade do escrito.[7]

---

[4] *Studies*; H. W. WOLFF, *Joel und Amos*; e W. RUDOLPH, *Joel – Amos – Obadja – Jona*.
O comentário de Wolff predominou sobre os outros, porque apresentou, segundo W. S. Prinsloo (*The Theology of the Book*, 4) uma importante contribuição a favor da estrutura do escrito de Joel e da sua unidade literária de forma mais sistemática, baseando-se na simetria e entrelaçamento de "catchwords" com "catchphrases" (cf. nota 26). R. Simkins (*Yahweh's Activity in History*, 87-89) discorda do parecer de Prinsloo, vendo que Wolff seguiu essencialmente a interpretação de Driver e não demonstrou claramente a relação entre a catástrofe natural da praga dos gafanhotos e o *yôm* YHWH. Não aludiremos diretamente às teses anteriores a Wolff; sublinhamos apenas que a hipótese de Duhm, mesmo se encontrou variações a respeito do estudo sobre o livro de Joel, dominou durante muito tempo o campo exegético. As primeiras reações a Duhm aparecerão com L. Dennefeld, A. S. Kapelrud, M. Bič, J. Bourke e C.-A. Keller.

[5] A datação do livro de Joel encontra amplo espaço nos estudos. Para uma visão de conjunto ainda válida, cf. J. A. THOMPSON, "The Date of Joel", 453-464. Já W. S. Prinsloo (*The Theology of the Book*, 5-10) opta por equilibrar os aspectos diacrônicos e sincrônicos, a fim de evidenciar a sua perspectiva teológica do livro. R. J. Coggins (*Joel and Amos*, 13-17) opta por uma leitura unitária e considera perda tempo buscar critérios que possam oferecer uma datação para o escrito.

[6] O livro de Joel possui coerência literária, mas o potencial histórico da sua composição permanece uma questão aberta (cf. M. A. SWEENEY, *The Twelve Prophets I*, 151). M. Beck (*Der "Tag* YHWH*s"*, 140-151) apresenta uma síntese concisa sobre os modelos (tradição-histórica e redação-histórica) com os quais o escrito de Joel é comumente tratado; ao avaliá-los, constata que os mesmos deixam grandes lacunas. Seu estudo se fará com a análise de quatro textos (Jl 1,15-20; 2,1-11; 3,1-5; 4,14-17) visando verificar que tipo de dependência relacional se encontra no escrito de Joel.

[7] Para uma síntese concisa sobre a unidade, cf. L. C. ALLEN, *The Books of Joel*, 19-44; W. S. PRINSLOO, *The Theology of the Book*, 1-10 e "The

As soluções para estas questões são hipóteses propostas através de uma possível reconstrução dos fatos, buscando aspectos históricos ou referências a outros escritos proféticos que estivessem ou pudessem estar subjacentes à mensagem de Joel, e não uma análise a partir dos textos em seu conjunto.[8] O conteúdo do escrito é visto, por muitos, em referência a uma época determinada, a uma tradição ou a um recurso literário que intencionou recuperar os possíveis elementos históricos que estariam subjacentes, elaborando e reelaborando sobre eles uma reflexão de cunho profético.[9] Com isso, o conjunto temático nestes estudos nem sempre recebeu uma devida e equilibrada abordagem contextual. Os textos foram analisados a partir dos supostos acontecimentos, levando em conta a trágica experiência oriunda do exílio babilônico, que se tornou, para muitos exegetas, uma espécie de parâmetro, isto é, um grande divisor de águas na tradição e na composição literária de todo o AT.[10] Alguns estudiosos, então, admitiram e propuseram que na base deste livro existiram duas coleções

---

Unity of the Book of Joel", 66-81; J. Barton (*Joel and Obadiah*, 5-14) constata que o impasse entre os estudiosos, sobre a unidade deste livro, provoca a dissensão não somente quanto à autoria, data e composição, mas também quanto à interpretação dos textos.

[8] Cf. M. M. PAZDAN, *Joel*, 10-12. A tentativa de solução para esse impasse, em M. A. Sweeney ("The Place and Function", 133-154), falha por manter a interpretação negativa de Jl 2,1-11 e por considerar Jl 2,1-14 como unidade textual de sentido.

[9] O desacordo sobre a unidade do escrito é de índole histórica: ausência de dados para localizar num preciso *Sitz im Leben* um profeta chamado "יוֹאֵל בֶּן־פְּתוּאֵל" (Jl 1,1b), que teria falado, em nome de YHWH, aos seus concidadãos utilizando, insistentemente, o anúncio do *yôm* YHWH. Sobre a falta de dados a respeito dos profetas, cf. M. L. C. LIMA, "O fenômeno profético", 361-385 (no caso específico de Joel, 379).

[10] Cf. M. A. SWEENEY, *The Twelve Prophets I*, 149-150; R. ALBERTZ, "Exile as Purification", 213-233; A. J. Everson (*The Day of Yahweh*, 50-51) interpreta a expressão *yôm* YHWH como um conceito que condensa os eventos históricos anteriores e posteriores ao exílio babilônico. R. J. Coggins (*Joel and Amos*, 13-14) suspeita das certezas sobre o exílio na Babilônia e o escrito de Joel; M. M. Pazdan (*Joel*, 8-10) suspeita que o

derivadas de períodos diferentes e tratando de assuntos, igualmente, diversos.[11]

A primeira parte do livro (cap. 1–2),[12] contendo os dados sobre uma carestia ocasionada pela praga dos gafanhotos, poderia ser atribuída a Joel, mas a segunda parte (cap. 3–4), contendo uma mensagem escatológica,[13] não seria atribuída ao mesmo autor, devido, principalmente, à mudança radical da mensagem que visa não ao presente mas sim a um horizonte futuro.[14]

A conclusão é óbvia: o escrito que testemunha a ação profética dedicada a Joel não saiu de uma única mão e, portanto, possui mais de um autor.[15]

---

    livro de Joel seja um testemunho da situação que a comunidade judaica estaria vivendo após as reformas de Esdras e Neemias. Ver cap. III.

[11] B. Duhm ("Anmerkungen", 161-204) sustentava, a partir de M. Vernes e J. W. Rothstein, que Jl 1,2–2,17 saíra das mãos de um célebre e imaginativo poeta ("Proto-Joel"); e Jl 2,18–3,21, num estilo médio-prosaico, seria fruto de um "pregador sinagogal" da época macabaica ("Dêutero--Joel"). As alusões ao *yôm* YHWH (Jl 1,15; 2,1b-2a.11b) foram introduzidas depois para dar às devastações (causadas pela praga de gafanhotos, pela invasão militar e pela seca) um caráter especificamente escatológico ao escrito. J. A. Bewer ("Joel", 49-56) acreditava que as alusões ao *yôm* YHWH deviam ser consideradas secundárias, pois refletem o trabalho de um autor apocalíptico que combinou e teceu com elas as duas partes do escrito de Joel.

[12] Sobre as partes do escrito, os críticos se dividem, basicamente, em dois grupos.

[13] Não é suficiente dizer que um texto "A" ou "B" é escatológico, sem determinar o seu tipo: de juízo ou de salvação. Cf. M. L. C. LIMA, *Salvação entre Juízo*, 60-61.

[14] H. Hosch ("The Concept of Prophetic Time", 31-38) busca sair dessa linha interpretativa, sugerindo uma tríplice temporalidade para o escrito: um evento passado (Jl 1), um evento futuro histórico (Jl 2) e eventos escatológicos (Jl 3–4).

[15] R. E. Wolfe ("The editing of the book", 90-129) chegou a falar de "editor anti-vizinho" (4,4-11), "editor do Dia de YHWH" (1,15; 2,1d-2b.10-11; 3,1-5; 4,1-3.14-17); "Escatologistas" (4,18-19.21a) e "editor de Salmo" (4,20.21b). E. Sellin (*Das Zwölfprophetenbuch*, 146), seguindo a tese de B. Duhm, desprezou as alusões ao *yôm* YHWH (Jl 1,15; 2,1b.2a.10a.11b), bem como as que poderiam ter uma correlação com elas (Jl 2,20.23.27).

Este tipo de abordagem procurava explicar as divergências textuais do escrito, mas acabava considerando o *yôm* YHWH uma temática de segundo plano.[16] A ênfase recaía sobre as carestias provocadas, principalmente, pela praga de gafanhotos devido ao seu suposto cunho histórico.[17]

A temática sobre este dia, portanto, teria sido introduzida com a intenção de criar e evidenciar uma mensagem não de índole histórica, mas apocalíptica ou escatológica a partir da releitura que se fez da praga de gafanhotos.

Outros estudiosos, porém, percebem o oposto, vendo a existência das relações recíprocas entre as supostas partes do escrito, principalmente de índole semântica, sugerindo que ele possui uma unidade literária marcante e bem desenvolvida, onde a

---

Para Sellin, os anúncios de pragas e as promessas são frutos de um mero cronista e não de um profeta no sentido estrito do termo. W. Nowack (*Die Kleinen Propheten*, 85), na mesma época de Sellin, não relativizou as passagens sobre o *yôm* YHWH, mas manteve a dicotomia entre as duas partes.

[16] W. Rudolph (*Joel*, 26-27) defendeu que Joel está enraizado numa mesma tradição sobre o *yôm* YHWH e relativisou a dependência literária. Alguns críticos buscam sair do impasse propondo o caráter antológico do escrito de Joel, cf. H. W. WOLFF, *Joel und Amos*, 10-12; M. BECK, *Der "Tag* YHWH*s"*, 140-146; P. G. Schwesig (*Die Rolle*, 116) assume como próprio e certo, do estudo de Bergler, que Joel é um "intérprete do escrito".

[17] H. Swanston ("Joel", 77) prudentemente recorda que nada de seguro pode ser afirmado a respeito da praga de gafanhotos no escrito de Joel. Não existe no AT nenhuma memória oficial para um possível acontecimento na Palestina com tais proporções. O texto de Ex 10,13-14 é uma lembrança favorável. Lv 11,2 e Jl 1,4.25 oferecem duas listas de nomes traduzíveis por "gafanhotos", nas quais אַרְבֶּה é o mais significativo (cf. G. CANSDALE, *All the Animals*, 239). A forma incisiva de Jl 1,4 poderia ser vista como uma tentativa profética de manter viva a memória de Ex 10,13-14, mas é preciso admitir, como faremos, que Jl 1,2-3 não se confina só ao fato das carestias e não formaria com o v. 4 a primeira seção do livro.

insistência na expressão *yôm* YHWH seria um forte testemunho a favor de um pensamento unitário e bem estruturado.[18]

A praga de gafanhotos, assim, foi uma real situação e propícia ocasião para o profeta (ou o autor final do escrito) elaborar uma mensagem em matiz histórica, apocalíptica ou escatológica, fazendo da insistente alusão ao *yôm* YHWH o seu excelente veículo de transmissão.

A conclusão à qual chegam não é tão óbvia como a anterior, mas obtém como resultado um valioso e equilibrado parecer: a existência de duas coleções, de dois ou mais autores ou a aceitação de uma bipartição literária não anula a unidade que se encontra no escrito, podendo vir a ser o fator capaz de torná-la ainda mais aceitável, clara e plausível.[19]

Nesse tipo de abordagem, a expressão e a temática do *yôm* YHWH recebem maiores considerações, mas as teses que procuram equilibrar os enunciados histórico, apocalíptico[20] ou escatológico apresentam resultados contraditórios e insatisfatórios pela falta de clareza no uso e aplicação dessa terminologia bíblico-teológica.[21]

Assim, a praga de gafanhotos e os seus efeitos nefastos teriam suscitado, no profeta, a ideia de que o futuro julgamento divino estava a caminho, era realmente próximo e que a sua missão significava uma possibilidade para que o seu povo pudesse ser preservado de um justo castigo.

As duas alas interpretativas, porém, se aproximam ao reconhecer que:

---

[18] W. W. Cannon ("The Day of the Lord", 45-46) defendeu esta posição, mas caiu no esquecimento por ter criticado duramente as posições de E. Sellin e W. Nowack, que tiveram maior aceitação e se impuseram academicamente na sua época.

[19] Cf. P. R. ANDIÑACH, "Joel: a justiça definitiva", 165-170; W. S. PRINSLOO, *The Theology of the Book*, 1-2.

[20] Alguns preferem usar a dimensão "protoapocalíptica" (cf. nota 125).

[21] J. D. Newsome Jr. (*The Hebrew Prophets*, 184-186) considera que a pluralidade temática do *yôm* YHWH em Joel deve-se à sua característica de compêndio temático.

- Na primeira parte do escrito, a temática do *yôm* YHWH é um anúncio inserido num contexto de grande carestia e de lamentação, comumente aceito como uma incisiva palavra de juízo contra Judá-Jerusalém.[22]

- Na segunda parte, acontece uma reversão, e a temática do *yôm* YHWH é inserida num contexto de promessas salvíficas com o dom extraordinário da efusão do espírito e o julgamento das nações inimigas (Jl 3,1–4,21).

A nova bênção derramada sobre Judá-Jerusalém não somente restabelece a sua sorte, mas também afirma a supremacia do governo de YHWH em Sião sobre todas as nações estrangeiras, não permitindo que o povo e YHWH sejam ridicularizados por elas de forma depreciativa e sarcástica (Jl 2,17).[23]

Apesar da consideração e análise contextual destas duas supostas partes, a compreensão que se pode alcançar para o duplo movimento da temática do *yôm* YHWH[24] interage e evidencia-o como elemento-chave no escrito de Joel, mas coloca-o como um novo alvo das dissensões, tanto das hipóteses como dos resultados obtidos nas teses que serão propostas a seguir.

A orientação crítica, para o sentido do anúncio do *yôm* YHWH em Joel, particularmente em Jl 2,1-11, busca justificar o

---

[22] A. Jepsen ("Kleine Beiträge", 93-94) distingue duas lamentações diferentes no escrito de Joel: uma sobre a grande seca (cf. Jl 1,8-14.16-20; 2,12-14.21-24) e uma sobre o desastre causado pela praga de gafanhotos (cf. Jl 1,5-7; 2,2a-9.15-20.25-27).
[23] Cf. L. R. McQUEEN, *Joel and the Spirit*, 31; M. A. Sweeney (*The Twelve Prophets I*, 153-154), seguindo Wolff e Crenshaw, admite que o escrito, como um todo, formula a resposta misericordiosa de YHWH à lamentação pública de Judá.
[24] Nos estudos sobre Joel se dá mais valor ao restabelecimento de Judá-Jerusalém do que ao valor da presença e ação de YHWH na história. A nossa análise mostrará que o restabelecimento é consequência da sua presença e ação constante na vida do seu povo. Joel não exalta um perdão, mas sim YHWH, que tirou da penúria e exaltou o povo em Sião.

teor relacional que esta unidade textual possui com o cap. 1,[25] mas pouco se explora o reflexo da sua importante relação com os cap. 3 e 4, comprometendo e reduzindo grandemente a sua centralidade e totalidade temática no escrito.[26] Nos cap. 1–2, por isso, o *yôm* YHWH recebe maior destaque e é interpretado, geralmente, em três direções: como retomada do tema da invasão de gafanhotos, como anúncio de uma invasão inimiga ou como anúncio da futura punição que estaria a caminho para Judá-Jerusalém.[27]

---

[25] Cf. J. BARTON, *Joel and Obadiah*, 68-70.

[26] Esta observação procede, apesar de H. W. Wolff ter traçado uma simetria entre as partes do livro (A; B; C), propondo que:

A. Jl 1,4-20 é uma lamentação devido à carestia agrícola e corresponde ao anúncio de salvação contido em 2,18-19a.21-26. Em particular, porém, 1,4-10 é uma lamentação que corresponde a uma promessa: 2,21-27 (fim da penúria e escassez de alimento).

B. Jl 2,1-11 é um anúncio temporal de desgraça que corresponde a uma promessa de restauração, com dias melhores: 2,19b.20; 4,1-3.9-17 (fim da crise escatológica).

C. Jl 2,12-17 é um convite à penitência, como gesto de conversão, que corresponde à promessa da efusão do dom do espírito: 3,1-5 (dado escatológico necessário).

Jl 2,18-27 é uma descrição da miserável condição contrabalançada pela promessa de salvação. 2,27 e 4,17 estão em estreita ligação e isso dificulta a divisão das duas partes.

Sobre Jl 4,4-8.18-21, Wolff considera como interpolação (*Joel und Amos*, 8-10). Para J. Bourke ("Le jour de Yahvé", 11-15), a fórmula de conclusão em Jl 2,27 mostra que a segunda parte do livro estaria estruturada simetricamente com a primeira. W. W. Cannon ("The Day of the Lord in Joel", 59-62) tentou uma abordagem integral, mas não chegou a resultados satisfatórios por considerar Joel uma espécie de coletor ideal da tradição e por classificar o livro como apocalíptico. O Israel tratado no livro não é o Israel real, mas uma nação idealizada e restaurada no futuro.

[27] Como se falará mais adiante, alguns buscam sair dessa linha interpretativa e tentam uma via alternativa para a compreensão do *yôm* YHWH, propondo a seca ou um fenômeno atmosférico como chave de leitura e ocasião para o seu anúncio.

Isso exigiria, fundamentaria e reforçaria a necessidade da conversão dos seus habitantes, a fim de que esta situação de penúria visse uma possível reversão e se transformasse em uma nova ocasião de bênção (Jl 2,12-14). O mesmo não acontece em relação aos cap. 3–4, e, geralmente, as teses que procuram explicar Jl 2,1-11 não aplicam os resultados obtidos a favor da interação e do conjunto, pois ainda se defende que Jl 3,4 e 4,14 tratam de outro *yôm* ou de uma simples reversão da ordem temática.[28]

Não é suficiente dizer, segundo o nosso parecer, que, de um "oráculo de condenação", o *yôm* YHWH passa a ser um "oráculo de salvação".[29] As propostas subjacentes às teses a respeito deste dia e seus atributos em Joel não exploram devidamente a natureza desta temática e, por isto, os seus enunciados explicativos ficam enfraquecidos.[30]

Ao lado das três direções que referimos antes, buscando equilibrar a abordagem e a abrangência temática em Jl 2,1-11, julgamos que se faz necessária a introdução de algumas questões-guia, que nos permitirão restabelecer a centralidade do anúncio deste dia com o conjunto inteiro do escrito para não continuar criando dicotomias na temática joeliana.[31]

---

[28] O estudo de P. G. Schwesig (*Die Rolle*, 116-174), retomando em grande parte o de Wolff, reabre a questão, mas mantém a dicotomia, quando intenta uma saída relacional para as duas partes, reafirmando o valor da reversão temática: Jl 2,1-11 é um anúncio contra Judá-Jerusalém e Jl 4,1-3.9-17 é um anúncio contra as nações.

[29] H. Birkeland (*Zur hebräischen Traditionswesen*, 64-66), aceitando as propostas de Duhm, considerou Jl 1–2 como a descrição de um evento localizado no passado e Jl 3–4 como a mudança redacional que transformou os cap. 1–2 em evento futuro.

[30] Cf. M. Beck (*Der "Tag* YHWHs*"*, 141) duvida do *yôm* YHWH como um conceito unitário no escrito de Joel, pois, a partir do exame individual dos textos, acredita que o processo tenha sido longo entre a criação desta temática e o desenvolvimento do livro.

[31] A autoridade em Joel é identificável na forma imperativa dos verbos e na pronta resposta que lhe dão os destinatários, que não contestam e não dialogam com o profeta. YHWH, também, não aparece em diálogo

A carestia descrita no cap. 1 é fruto realmente de catástrofes naturais ou simples metáforas utilizadas, como recurso literário, para introduzir no escrito a temática do *yôm* YHWH?[32] Se existem fatos naturais, em que sentido eles estariam associados a um motivo teológico subjacente ao *yôm* YHWH (a justiça ou a ira divina)?[33]

O *yôm* YHWH em Joel diz respeito a juízos distintos, um contra Judá e um contra algumas nações estrangeiras citadas, ou poderia ser admitido como uma única ação de YHWH comportando um resultado capaz de causar um duplo efeito universal?

No fundo destas três questões, está a dúvida e a falta de argumentos entre os estudiosos para se posicionarem quanto aos níveis relacionais entre o anúncio insistente deste dia e todas as catástrofes descritas no livro de Joel.[34]

Alguns comentários reduzem o anúncio somente à praga de gafanhotos,[35] deixando, em segundo plano, outras possíveis aplicações aos eventos posteriores a Jl 2,27. Estes, vistos atentamente,

---

com Joel. A questão da autoridade profética é bem delineada por B. O. LONG, "Prophetic Authority", 3-20.

[32] É uma questão pertinente, cf. C. L. ALLEN, *The Books of Joel*, 25-28; P. R. ANDIÑACH, "The Locusts", 440-441.

[33] R. Simkins (*Yahweh's Activity in History*, 78) elabora esta pergunta de forma legítima, mas a sua resposta, como em vários estudos sobre Joel, supervalorizando a invasão de gafanhotos, não considerou atentamente as demais catástrofes dos cap. 1 e 4.

[34] H. W. Wolff (*Joel und Amos*, 12) deixa entrever que cada seção do livro deve ser entendida como uma contribuição a respeito dessa temática. R. Rendtorff ("Tag JHWHs", 1) considera o escrito de Joel um formulado compêndio de ideias sobre o *yôm* YHWH.

[35] São uma exceção: G. S. OGDEN, *A Promise of Hope*, 11; R. MASON, *Zephaniah*, 124-125; e B. Duhm ("Anmerkungen", 184-188), embora considerasse Jl 1,15; 2,1b-2a.11 adições redacionais e não aceitasse uma conexão ontológica entre as catástrofes e o *yôm* YHWH, mostra coerência ao individuar a existência de diferentes catástrofes na primeira parte do livro, saindo do reducionismo com relação à praga de gafanhotos.

mostram outras catástrofes em maior escala e mais intensamente ligadas à temática do *yôm* YHWH.[36]

A razão, enfim, para as dissensões possui um fundamento real, prático e de difícil abordagem: não se encontra, fora de Joel, outro escrito profético do AT, em particular no *corpus* do *Dodekapropheton*, que contenha tantas referências, aparentemente distintas, sobre a temática do *yôm* YHWH.[37]

Todavia, as dificuldades para interpretar a sua dupla aplicação ou movimento poderiam ser atenuadas, e assim preludiamos a proposta deste estudo, pela aceitação de que o *yôm* YHWH em Joel funciona como uma fórmula teológica capaz de dar unidade ao escrito e para além dele.[38]

O *yôm* YHWH pode ser visto como uma ação única, capaz de executar na sua vinda um duplo efeito: uma punição que traz uma bênção e uma bênção que comporta uma punição. Estes são os dois efeitos do juízo divino.

Uma via de saída do mal, para os que ouvem e aderem ao anúncio pela conversão, implica uma graça em ação, que não dispensa a atitude humana, mas a supõe como elemento necessário, mostrando que os dois efeitos, punição e salvação, interagem no juízo.

As linhas interpretativas e os argumentos apresentados pelos estudiosos a respeito das questões anteriormente levantadas, e que passam agora à nossa particular consideração, dependerão

---

[36] Se quisermos manter as relações entre as carestias e o *yôm* YHWH, precisamos considerar também como carestias reais: os deportados e prisioneiros de Judá-Jerusalém (Jl 4,1); o comércio infantil (Jl 4,3); o assalto ao templo (Jl 4,5); o tráfico de escravos (Jl 4,6) e, por que não, numa ótica humana, o terrível julgamento das nações (Jl 4,9-13.19).

[37] Cf. R. W. KLEIN, "The Day of the Lord", 524; R. B. DILLARD, "*Joel*", 239; R. MASON, *Zephaniah*, 122-123; M. A. SWEENEY, *The Twelve Prophets I*, 147.

[38] C. Carniti ("L'espressione 'il Giorno di JHWH'", 11-25) considerou a expressão *yôm* YHWH como conceito e termo bíblico rico de uma linguagem teológico-temporal; R. I. Rosenboim ("Is יום ה", 395-401) não admite que a expressão seja um termo com sentido próprio, porque, na tradição judaica e na tradição cristã, ela sofreu modificações.

dos vínculos que estes supõem estabelecidos ou que estabelecem entre Jl 2,1-11 e o seu antecedente (Jl 1).

As teses se entrecruzam, transcorrem em paralelo e podem causar a sutil impressão de que estão se repetindo ou possuem relativa semelhança. A fim de orientar melhor este momento do nosso trabalho, evitando, ao máximo, esta impressão, as oito teses individualizadas foram organizadas e distribuídas em três grupos: (1) a praga dos gafanhotos e o *yôm* YHWH; (2) um exército inimigo e o *yôm* YHWH; (3) a seca e o *yôm* YHWH.

2. Os grupos de teses

2.1. A praga de gafanhotos e o *yôm* YHWH

2.1.1. Uma genuína invasão de gafanhotos se tornou a ocasião precursora para Joel elaborar e dirigir a sua mensagem em Jl 2,1-11[39]

O profeta teve diante de si, segundo esta tese, um fenômeno natural: uma terrível praga de gafanhotos.[40] A partir dela, Joel

---

[39] Cf. S. R. DRIVER, *The Book of Joel and Amos*, 10.26.49-58; O. PLÖGER, *Theocracy and Eschatology*, 99; H. SHAPIRO, "Joel", 200. A. S. Kapelrud (*Joel Studies*, 16-17.98) defende a unidade do escrito, concorda com B. Duhm que não há uma relação ontológica entre a praga dos gafanhotos e o *yôm* YHWH, mas, segue Mowinckel, ao associar o *yôm* YHWH em Joel com a festa da entronização de YHWH. A. J. Everson (*The Day of Yahweh*, 252) reconhece que os gafanhotos não estão mencionados de forma específica na descrição, mas o uso de uma linguagem militar nos v. 3-9, com YHWH no comando, abre espaço para uma possível relação com Jl 2,25.

[40] G. von Rad ("The Origin", 101; *The Message of the Prophets*, 97) já notava que isso era um ponto comumente admitido e relativamente pacífico na sua época, embora questionasse o estreito vínculo do *yôm* YHWH com a praga de gafanhotos. D. R. Jones (*Isaiah 56-66 and Joel*, 138-140) admite a praga dos gafanhotos como descrição de um fato passado que se torna precursor do anúncio do *yôm* YHWH. R. J. Coggins (*Joel and Amos*, 27-28) supõe que tenha existido uma real calamidade provocada

anuncia uma nova e inigualável invasão, revestida de uma formidável linguagem, comparando-a a um terrível exército sob o comando de YHWH.[41] Este novo acontecimento anunciado não destruirá o país,[42] mas servirá de impulso para suscitar um real arrependimento e uma sincera conversão do povo.[43] Nesse sentido, o fenômeno natural se tornou um sinal precursor do *yôm* YHWH. Esta associação revela que YHWH estaria entrando em julgamento contra os habitantes de Judá-Jerusalém.[44]

[41] por uma invasão de gafanhotos (Jl 1,4; 2,25), mas o nível relacional com o *yôm* YHWH de Jl 2,1-11 requer pormenores e argumentos convincentes. W. W. Cannon ("The Day of the Lord", 45.48-49) fala que a praga de gafanhotos e a seca são fatos reais que se tornaram arautos deste dia; D. A. Hubbard (*Joel and Amos*, 21) propõe que, na invasão dos gafanhotos, encontra-se uma representação militar de YHWH que marcha, metaforicamente, à frente do seu exército. Na compreensão de Joel, o castigo é iminente e trará a morte, porque seu povo é incorrigível. Mas de quê? L. R. McQueen (*Joel and the Spirit*, 31) e L. J. Ogilvie (*The Communicator's*, 222-224) acreditam que, em Jl 2,1.11, o exército não representa uma potência bélica local, mas é um exército particular que está sob o comando de YHWH, que entra invadindo e sai triunfante da sua cidade. A imagem ultrapassa a retomada da invasão dos gafanhotos ou de um ataque inimigo, visto que o resultado aponta para um movimento cósmico (Jl 2,10).

[42] Tal afirmação contradiz a atuação e o sucesso do suposto exército em Jl 2,3-10.

[43] C. Carniti ("L'espressione 'il Giorno di JHWH'", 22-23) viu no *yôm* YHWH o tema de todo o livro. Jl 2,1-11 foi tratado como uma longa descrição do exército de Deus numa linguagem semelhante à da praga dos gafanhotos, mas não mais expressamente identificável com ela. A autora não define em que consiste este exército de Deus.

[44] Cf. J. P. COMISKEY, "The Day of Yahweh", 2216-2217. L. C. Allen (*The Books of Joel*, 30.64) interpreta Jl 2,1-11 estritamente como invasão de gafanhotos. Para ele, propôr uma metáfora hiperbólica significa ser injusto com o realismo de Joel, pois o profeta tem a firme convicção de que o fim está próximo. A destruição causada pelos gafanhotos é um sinal dos tempos, que o impele a suscitar uma verdadeira conversão nos seus ouvintes. É um forte e grande apelo a favor do seu povo e não contra ele. R. W. Klein ("The Day of the Lord", 524) evoca a estrutura de transição presente em outros textos, nos quais de um lamento se passa a um oráculo de salvação, e cita Sl 60,1-5.6-8; 85,1-7.8-13; 2Cr 20,6-13.14-17.

O contraste subjacente ao anúncio reside na invasão de gafanhotos, que deve ser entendida como uma ação divina. O objetivo desta ação é alertar os ouvintes a respeito da identidade soberana e judicial de YHWH.[45]

A imagem descritiva de Joel possuiria a capacidade de mostrar quem realmente dirige o curso da história e que a fertilidade do solo não depende das forças divinas da natureza ou da ação de deuses cananeus.[46]

Assim, a praga dos gafanhotos não só revela um ato de julgamento, mas também manifesta e testemunha que YHWH é o único detentor do poder na criação. É preciso retornar a Ele suplicando-lhe perdão e invocando a bênção da restauração do solo, que, sendo revigorado pelas chuvas, possibilitará a continuidade da vida dos judaítas na região.[47]

Nesta tese, o culto assume um papel preponderante.[48] Estando em jogo a fertilidade agrícola,[49] o momento da carestia se demonstrou oportuno para o profeta atestar que YHWH é o verdadeiro Deus da fertilidade e não Baal.[50] Com isso, desacreditava e tirava de circulação uma possível ou residual fé sincretista,

---

[45] Cf. D. LAUNDERVILLE, "Joel: Prophet and Visionary", 81-83.
[46] Não entraremos em detalhes sobre a evolução da doutrina em Israel com relação ao monoteísmo ou ao javismo, mas subjacente a esta tese está a perspectiva profética de salvaguardar a unidade da fé dos riscos inerentes à idolatria e ao sincretismo religioso.
[47] Cf. D. A. HUBBARD, *Joel and Amos*, 35.
[48] R. Mason (*Zephania*, 123-124) aceita a importância do culto e afirma que nele está uma conexão entre as catástrofes e o yôm YHWH como ideias circulantes da mesma temática, porque a linguagem que descreve a realidade é metafórico-religiosa.
[49] Para Israel, o tempo ritma a vida e as celebrações cultuais, que, conexas a motivos agrícolas, são sublimadas para especificar e mostrar as ações favoráveis de YHWH para com o seu povo (cf. M. L. C. LIMA, *Salvação entre Juízo*, 50).
[50] Admitir um suposto culto a Baal debilita esta tese, pois não existem evidências em Joel de uma idolatria. A menção em Jl 1,8 tem outro sentido. Esse dado, contudo, pode ser advogado como existente no contexto do anúncio deste dia em Sf 1,4-5; 2,11.

reafirmando para os seus concidadãos o puro javismo como único e verdadeiro culto a ser praticado a YHWH em Sião.[51] A destruição agrícola causada pela invasão de gafanhotos serviu como uma justa motivação para o profeta admoestar e aumentar o sentido do anúncio devastador que comporta a vinda do *yôm* YHWH.[52] Todavia, havendo uma sincera atitude de conversão, por parte do povo, Joel prevê a restauração, com o afastamento dos males e a destruição dos inimigos.[53] Assim, acontece a mudança de orientação na temática e se passa, graças à mediação de um culto penitencial eficaz, de um dia portador do julgamento contra o povo eleito para um dia de justificação e vitória contra as nações que lhe causaram opressão e tantos males no passado.[54]

---

[51] G. W. Ahlström (*Joel and the Temple*, 62), propondo um sentido litúrgico do livro e seguindo o parecer de Kapelrud, acredita que na ação do culto em Joel, o pranto e o jejum são aspectos fundamentais para obter uma solução para a carestia. A partir das conclusões de Ahlström, R. Murray (*The Cosmic Covenant*, 51-56) aceita que Jl 2,2-10 refira-se à invasão dos gafanhotos e acredita que Jl 1–2 possibilita falar de um ritual de reparação da ordem cósmica. Contrário a Ahlström, O. Loretz (*Regenritual und Jahwetag*, 77-94) não encontra em Joel sinais de um culto a Baal, como deus da chuva, mas o vestígio de um ritual matutino cananeu, que teria sido preservado em Israel para persuadir YHWH a enviar a chuva necessária para fecundar os campos, pois a seca foi o real problema do livro.

[52] A. J. Everson (*The Day of Yahweh*, 259) aplica a concepção de G. von Rad sobre a "guerra santa" ao contexto bélico de Jl 2,1-11, como uma investida de YHWH contra Judá-Jerusalém, de modo que esta realidade também se destinaria ao povo eleito.

[53] O profeta Elias entra em cena em 1Rs proclamando uma palavra de YHWH que fechou os céus e fez com que não chovesse durante três anos (cf. 1Rs 17,1). Como o povo resistiu a este juízo divino? Baal não era invocado como o deus da chuva? Existe algum sentido entre a sentença divina pela voz de Elias e a prece do profeta Joel que obtém o dom da chuva como resposta de YHWH? Estas questões possuem uma ligação temático-nominal entre o nome de Joel e o nome de Elias (cf. H. SWANSTON "Joel", 77).

[54] J. R. Linville ("The Day of Yahweh", 106) não discute a causa que desencadeia o *yôm* YHWH e não busca associá-lo à praga de gafanhotos.

Nesta tese, não aparece nenhuma conexão entre a praga de gafanhotos e o *yôm* YHWH como vitória divina sobre as nações estrangeiras, que recebem um justo castigo pelos males que infligiram ao povo eleito (cf. Jl 4). O vínculo entre a calamidade e este dia ficou reduzido somente à aplicabilidade punitiva de YHWH sobre o seu povo. Isso, porém, não ajuda a ver a razão que desfavoreceu e tornou Judá-Jerusalém culpada e merecedora de receber os castigos. O apelo à idolatria ou ao sincretismo não explica os sofrimentos recebidos, porque não condiz com o contexto geral do escrito.

2.1.2. Em Jl 2,1-11, a praga de gafanhotos e o *yôm* YHWH constituem o mesmo evento[55]

Segundo esta tese, uma correta interpretação do anúncio deveria eliminar as perspectivas que separaram e distinguiram entre os dois eventos, criando uma dicotomia inexistente na mensagem de Joel.[56]

Ele tenta demonstrar a centralidade do papel sacerdotal e a força ritual capaz de afastar um desastre, pois este dia ocasiona a reformulação das assembleias litúrgicas e fortalece o sentido do culto.

[55] R. Simkins (*Yahweh's Activity in History*, 96) é o defensor desta tese. Embora ele admita que o *yôm* YHWH finque as suas raízes numa concepção mítica e que esta expressão possua muitas aplicabilidades, insiste na relação dos acontecimentos que levaram Joel a interpretar e encontrar na ação da natureza uma ação de YHWH. P. C. Craigie (*The Twelve Prophets*, 86), por ser partidário da existência histórica do profeta Joel, não duvida de uma real praga de gafanhotos. Ele se apoia em J. Whiting ("Jerusalem's Locust Plague", 513-550), que tratou da terrível devastação causada em Jerusalém, Palestina e Síria por uma invasão de gafanhotos em fevereiro de 1915.

[56] L. C. Allen (*The Books of Joel*, 64) percebe que Joel substitui a destruição causada pelos gafanhotos por uma vívida e escatológica descrição do mesmo tema, para causar impacto nos ouvintes, criando-lhes uma crise existencial. A praga de gafanhotos se torna a complexa descrição de um exército em ação, desenvolvendo o anúncio de Jl 1,6.

Diante disso, não se deve buscar, como alguns, uma reconciliação entre os eventos, apelando para a diversidade da natureza temporal dos fatos (se histórica, apocalíptica ou escatológica),[57] mas perceber que os fatores concretos do acontecimento estão envolvidos na visão e no anúncio que o profeta faz numa forma realista e condizente com a situação de penúria.[58]

O *yôm* YHWH devidamente desenvolvido em Jl 2,1-11 denota que o profeta reconhece na devastação causada pela invasão de gafanhotos uma calamidade que vem de YHWH.[59] Esta invasão não foi um fato simples ou ocasional, mas foi um ato divino provocado, que denuncia, na ordem das relações, que YHWH não está satisfeito com as atitudes do seu povo.[60]

A praga dos gafanhotos é, por isso, apresentada, segundo uma tradição veterotestamentária, como o inimigo que vem do

---

[57] R. Simkins (*Yahweh's Activity in History*, 275-279) critica os estudiosos quando apresentam o *yôm* YHWH a partir de uma ou mais catástrofes de forma dicotômica, tratando a praga de gafanhotos e o *yôm* YHWH como dois eventos ontologicamente distintos (ver nota 35). A falha interpretativa das teses anteriores ao seu estudo ocorre no momento em que separam a história dos fatos ocorridos na mesma natureza.

[58] W. W. Cannon ("The Day of the Lord in Joel", 42-43) pensa que Joel estaria fazendo uma reflexão sobre os profetas que o precederam no seu anúncio, vendo na praga dos gafanhotos, acompanhada pela seca, os dois terríveis precursores deste dia. D. Fleer ("Exegesis of Joel 2:1-11", 153-155) interpreta literalmente este sentido, mas se contradiz ao considerar que a perícope é escatológica.

[59] M. M. Pazdan (*Joel*, 21-22), anterior a Simkins, interpreta a conexão, dizendo que em Jl 1,2-14 estão os efeitos da invasão dos gafanhotos e em Jl 2,1-11 estão descritos os agentes da catástrofe. Aparece aqui um prelúdio das relações entre causa e efeito.

[60] T. Henshaw (*The Latter Prophets*, 279) identifica a linguagem de Jl 2,1-11 com a descrição da praga de gafanhotos no macrocontexto de Jl 1,1–2,17. Assim, os habitantes de Sião, alertados pelos sacerdotes, sobre a grandeza e a iminência do *yôm* YHWH, tomaram as devidas provisões para salvar a cidade e a sua população.

Norte (cf. Jl 2,20).⁶¹ Por este inimigo, YHWH julga os que agem iniquamente na sua terra.⁶² Tal inimigo, porém, não prevalecerá diante dos que se converterem e retornarem a YHWH, através de um culto de adoração e submissão. Assim, a salvação encontra-se na faculdade que estes receberão para invocar o nome de YHWH (cf. Jl 3,1-5) e saírem ilesos no dia do julgamento.

Nesta tese, o *yôm* YHWH, para o profeta, é um evento "na e da" história da criação.⁶³ A equação e a compreensão da inter-relação entre a catástrofe natural e o *yôm* YHWH é a chave de interpretação para o livro.

O profeta espera que o seu povo seja salvo ouvindo este anúncio e convertendo-se a YHWH de todo o coração pela prática de um autêntico culto penitencial. Isso ocasionará a libertação das nações opressoras.

---

⁶¹ Simkins toma esta tradição como aspecto punitivo para Judá-Jerusalém. W. Nowack (*Die Kleinen Propheten*, 85) viu a praga dos gafanhotos não somente como os arautos do *yôm* YHWH, mas, numa linha apocalíptica, com a chegada do inimigo que vem do Norte, de acordo com a leitura que a LXX fez de Am 7,1. A praga de gafanhotos, o inimigo do Norte e o *yôm* YHWH podem ser, porém, três temas distintos (cf. S. BERGLER, *Joel als Schriftinterpret*, 335-337). E. Achtemeier (*Minor Prophets I*, 118.134), seguindo Wolff, acredita que tal referência em Joel esteja fundamentada em Jr 1,13-15; 4,4-22.29-31; 5,14-17; 6,1-8.22-26. A partir disto, descarta a ideia relacional com a praga de gafanhotos e enfatiza a relação com a tradição sobre o inimigo que vem do Norte trazendo a punição divina.

⁶² W. W. Cannon ("The Day of the Lord in Joel", 45-46) viu no termo הַצְּפוֹנִי um ponto de unidade do escrito e que ele não é apropriado para a praga dos gafanhotos, porque ela chega à Judeia pelo lado Sul e não pelo Norte. Igualmente, D. A. GARRETT, "The Structure of Joel", 292; P. R. ANDIÑACH, "The Locusts", 433.

⁶³ J. T. Carson ("Joel", 720-721) admite que por detrás da linguagem figurada de um exército inimigo está subjacente uma argumentação a respeito da praga de gafanhotos. H. G. M. Williamson ("Joel", 1079) identifica que os invasores são comparados ao ataque de um exército. A praga dos gafanhotos é real e Jl 2 continua a sua descrição.

2.1.3. Jl 2,1-11 é uma segunda descrição da mesma praga de gafanhotos[64]

O profeta entendeu formular uma réplica mais forte e contundente para o mesmo evento histórico em dois caminhos diferentes: o primeiro foi feito em relação ao passado e o segundo apresentado em relação ao futuro.[65] Esta segunda descrição ou réplica é enriquecida pela aplicação de uma hipérbole que se coaduna, perfeitamente, com a ideia, não com a realidade, de um exército inimigo marchando, invadindo e destruindo a cidade.[66] O inimigo descrito no poema continua sendo, então, uma referência à praga dos gafanhotos aludida, e não deveria ser entendido como o anúncio de um exército real e muito menos apocalíptico.[67]

A terrível praga de gafanhotos, que devastou o país, foi vista pelo profeta como um julgamento de YHWH em sinal de alerta.

---

[64] J. Barton (*Joel and Obadiah*, 11-13.68-70) critica o reducionismo de Simkins e acredita que Jl 1,2–2,27 é um trabalho essencialmente unificado, envolvendo a praga dos gafanhotos, a seca e, talvez, tenha subjacente a ideia de uma invasão militar. A tese de J. A. Thompson ("Joel's Locusts", 52-55), sobre a relação metafórica entre os gafanhotos e um exército, é geralmente seguida, pois os inimigos de Israel são comparados aos gafanhotos, mas não os gafanhotos com os inimigos (cf. Jz 6,4-5).

[65] Cf. R. MASON, *Zephaniah*, 104-105. A distinção dos tempos, bem como a ideia hiperbólica que faz passar de um ao outro evento não permite unir esta tese com a anterior.

[66] H. Shapiro ("Joel", 203-204) afirma que a descrição de um exército invasor contém, em si mesma, uma imagem terrificante, mas o substrato da praga de gafanhotos foi devidamente ampliado pela metáfora bélica.

[67] D. A. Hubbard (*Joel and Amos*, 33.53) acredita que a segunda menção do ataque ultrapassa a primeira em vivacidade de detalhes e no grau de penetração sobre a vida dos destinatários, porque o profeta compara tal ação a um exército invasor. Nesse sentido, a abordagem do ponto de vista didático favorece o fator apocalíptico do texto. P. C. Craigie (*Twelve Prophets*, 98-99) admite que a mudança na linguagem, que descreve um exército apocalíptico, serviu para reevocar a recente praga de gafanhotos. Assim, o horror do passado e a vinda do julgamento se tornam uma mensagem clara.

Este ato divino foi tido como um arauto, antecipação de uma futura visita divina que ocasionaria um ajuste de contas.⁶⁸ A imagem criada reflete um argumento didático, pois utiliza uma linguagem coercitiva e muito terrificante.⁶⁹ Esta nova ocasião, como leitura interpretativa do profeta, abre o anúncio que se faz da chegada do juízo e denota a possibilidade de restauração das condições normais para a vida. Na concepção do profeta, arrepender-se é entender o sentido da mensagem divina, evitando receber um castigo ainda maior, para obter, no seu lugar, a bênção que restaura os bens eliminados pelos gafanhotos, que ganharam o *status* de חֵילִי הַגָּדוֹל (cf. Jl 2,25).

Alimentando no povo uma esperança real de conversão, o profeta cria igualmente uma dependência, na qual a terra poderá ter um futuro não só normal mas também bastante promissor, se houver uma autêntica conversão.⁷⁰ Com isso, haverá a retomada dos sacrifícios no templo, sinalizando novamente a comunhão entre o povo e YHWH, sem que seja necessário apelar para

---

[68] M. Duggan (*The Consuming Fire*, 370-371) relaciona a praga dos gafanhotos com Jl 2,1-11, mas entende que o rigor da mensagem se endereça para o momento em que acontecerá a consumação final do mundo pelo divino julgamento. As proporções para o *yôm* YHWH são realmente apresentadas em Jl 3,1–4,21, quando se passa dos eventos históricos ao fim absoluto da própria história, quando ocorrerá a condenação do poder injusto e opressor, com a conseguinte salvação que retribui os dons ao seu povo, libertando-o e protegendo-o, graças à efusão do espírito. Dessa forma, justifica-se o contraste entre as duas faces do *yôm* YHWH: julgamento e salvação. Preferimos admitir que num julgamento há salvação e que na salvação se dá um julgamento. É o reconhecimento de que o *yôm* YHWH produz duplo efeito e manifesta que YHWH julga salvando e salva julgando. Mantemos a dinâmica do juízo.
[69] Cf. G. C. MORGAN, *The Minor Prophets*, 30-40.
[70] B. C. Birch (*Hosea*, 128-130.142-143) interpreta Jl 2,1-11 como um dia de julgamento. Para o profeta, a crise é uma resposta da criação à falta de relação sincera do povo com o seu Deus. A reconciliação é a única forma para sair da crise e voltar à paz entre as criaturas. A passagem para um dia da salvação revela, outrossim, que o temor de Joel por um dia de julgamento contra Judá não tinha forte fundamento, pois no fim prevaleceu o arrependimento, a bondade e a clemência de YHWH (cf. Jl 2,13-14).

uma perspectiva de futuro segundo uma visão apocalíptica ou escatológica.[71]

2.1.4. Síntese das teses

Em síntese, a conclusão que se pode obter destas três teses, que compõem o primeiro grupo, é facilmente identificada: uma terrível praga de gafanhotos, que devastou o país inteiro, foi vista pelo profeta como uma ação de YHWH em forma de julgamento contra os habitantes de Judá-Jerusalém.

A situação se tornou ocasião para Joel elaborar e dirigir o anúncio do *yôm* YHWH. A declaração, em tom exortativo, indica a gravidade da situação e a via de saída para a mesma: a convocação de uma assembleia que se lamente diante de YHWH, no templo, pela ação dos sacerdotes.

Na lamentação, encaminha-se a YHWH o próprio sofrimento, imposto pela dura condição pela qual os suplicantes estão passando com a penúria oriunda da carestia, e demonstra-se que em suas palavras existem sinceros gestos de arrependimento dignos de obter a sua bondade e misericórdia.

Percebe-se que, de certa forma, o futuro é visto simplesmente na linha da reversão do julgamento, como se tudo estivesse resolvido graças ao ato cultual, e YHWH novamente apaziguado se revelasse disposto a fazer justiça aos seus oprimidos, porque estes se demonstraram e se fizeram arrependidos.

Mas por que YHWH teria que primeiro oprimir o seu povo para depois libertá-lo das mãos inimigas? Isso não seria incoerente nestas teses?[72]

---

[71] A esperança de que YHWH intervirá radicalmente no mundo pertence ao patrimônio evolutivo da fé e não precisa ser interpretada como a força que moldou a elaboração da perspectiva apocalíptica, como pensam, por exemplo, O. PLÖGER, *Theocracy and Eschatology*, 96-105 e D. LAUNDERVILLE, "Joel: Prophet and Visionary", 81.

[72] C. J. Dempsey (*The Prophets*, 146-150) é um típico exemplo dessa incoerência.

2.2. Um exército inimigo e o *yôm* YHWH

2.2.1. A invasão dos gafanhotos é vista em Jl 2,1-11 como precursora e símbolo, em maior escala, da invasão de um exército inimigo[73]

Esta tese admite que Jl 1 e Jl 2 se refiram a duas realidades distintas em relação referencial.[74] Uma real invasão de gafanhotos se torna imagem precursora de uma real invasão de um exército inimigo. Este se manifestará por ocasião do *yôm* YHWH ou será um novo *yôm* YHWH.[75]

A ação dos gafanhotos, por um lado, é um acontecimento natural. Eles agem com voracidade e como forças incontroláveis; aparecem em grande número, escurecem os céus, invadem a terra, devastam os campos verdes e cultivados, consumindo tudo o que encontram de vegetação à sua frente.[76]

O resultado dessa ação foi o que comprometeu a subsistência dos animais e dos seres humanos.[77] Isso afetou inclusive o ritmo

---

[73] Cf. J. D. NEWSOME Jr., *The Hebrew Prophets*, 184; W. W. Cannon ("The Day of the Lord in Joel", 42.45-47) não reduz a catástrofe somente à praga dos gafanhotos, mas inclui, também, a seca como fenômeno precursor deste grande dia de invasão.

[74] A. van Hoonacker (*Les douze petits prophètes*, 143-144) viu na praga de gafanhotos e no exército inimigo duas forças que impediam a realização do plano de YHWH para o seu povo. A destruição dos gafanhotos significa a vitória sobre as forças da natureza e coincide com a condenação das nações. Ex 10,1-20 e Am 7,1-6 são a sua base.

[75] D. A. Garrett ("*Hosea – Joel*", 298-301.333-39) fala de uma praga real de gafanhotos em Jl 1, mas de exércitos humanos em Jl 2 que são figuradamente descritos. A tese de M. A. Sweeney possui pontos de contato com esta concepção, mas será apresentada adiante separadamente, devido à síntese que tenta fazer ao propor uma via alternativa.

[76] Cf. V. M. CHRISTENSEN – K. E. J. JØRGENSEN, "The Locust", 219-222; G. CANSDALE, *All the Animals*, 242-243.

[77] Uma praga de gafanhotos, com tal magnitude, tem seu lado positivo, pois é um inseto comestível, permitido pela Lei (cf. Lv 11,21-22). Em momentos de carestia, era um recurso alimentício ou sinalizava uma atitude penitencial (cf. Mt 3,4; Mc 1,6). W. W. Ferguson ("Insects", 74) admite uma relação entre a praga de gafanhotos e a permissão para comer este

do ofício sagrado, pois, destruindo o plantio dos campos, privou a comunidade dos dons que também deveriam ser trazidos e oferecidos no templo.[78]

No acontecimento natural da praga dos gafanhotos, não existiria a *priori* uma implicação moral, pois depende dos seus ciclos vitais.[79] Todavia, por ela deixam de existir os meios de subsistência e, numa cultura religiosa, a ideia de um castigo, por uma falta cometida, emergiria facilmente.[80]

O restabelecimento depende do tempo e, no caso do povo eleito, da sua capacidade de cultivar novamente a terra, mas também de saber suplicar o perdão e esperar o precioso dom da chuva (cf. Jl 2,23). Este dom revela que YHWH aceitou a súplica e se encontra disposto a agir, favoravelmente, no meio da situação, provando que a natureza sempre lhe está submissa.[81]

A ação de um exército, por outro lado, é um acontecimento humano. Ele age, sem precedentes, com técnica e impiedade, manifestando-se forte e potente nas suas batalhas. Quando atinge a fama de supremacia, sabendo-se muito superior e temido na

---

inseto pelo modo devastador como agem e por serem responsáveis por grandes destruições nos campos. Assim como eles devoram os campos, são, igualmente, devorados pelos homens (cf. Jl 2,25-26 seria uma "lei do talião"?).

[78] P. L. Redditt ("The Book of Joel and Peripheral Prophecy", 225-240) considera o anúncio do *yôm* YHWH como uma contestação contra um culto descuidado pelo ofício sacerdotal vigente durante o período do Segundo Templo. A catástrofe natural tornou-se a ocasião favorável para Joel e o seu grupo se rebelarem e denunciarem esta incorreta atitude. A tese de Redditt encontra dificuldade de aceitação, a nosso ver, por dois motivos: (a) as consequências advindas com as catástrofes são suficientes para tirar de circulação a matéria a ser oferecida no templo; (b) a classe sacerdotal e a comunidade não colocam resistência, mas respondem aos apelos do profeta (cf. J. KODELL, *Lamentations*, 134).

[79] Quanto à origem, espécies e épocas em que os gafanhotos se reproduzem e entram em ação, cf. F. S. BODENHEIMER, "Note on Invasions", 146-148.

[80] Não se está negando os vínculos que se consideram estabelecidos, no mundo antigo, entre os fenômenos naturais e as intervenções divinas.

[81] Cf. O. BOROWSKI, "Agriculture", 96-98.

região, ele invade e devasta os países cobiçados, destruindo tudo que encontra pela frente.[82]

O resultado desta ação militar compromete a existência de cada povo atacado, votado à escravidão ou ao total extermínio, como acontecia, por exemplo, na aplicação do חֵרֶם no livro dos Juízes (cf. Jz 6,17; 7,13).[83]

No acontecimento humano, o exército invasor, descrito como uma praga de gafanhotos,[84] não deixa existir sobrevivente algum e neste tipo de ação encontra-se uma implicação moral, pois depende da iniciativa de uma nação querer investir contra outra, para subjugá-la, aniquilá-la ou simplesmente demonstrar a superioridade do seu deus ou de suas divindades.

O restabelecimento do território atacado, havendo sobreviventes, depende também do tempo e, em relação ao povo eleito ou seu resto, da iniciativa e capacidade de este rever o seu passado, fazendo memória dos feitos prodigiosos e salvíficos de YHWH, voltando-se para Ele com todo o coração, suplicando o dom da libertação e esperando que Ele não abandone a sua herança nas mãos dos ímpios, provando ser mais forte que qualquer exército humano ou divindade estrangeira (cf. Jl 2,17.20).

Alguns argumentam, então, que a profecia de Joel seria uma alegoria pós-exílica, que combinou os eventos a propósito da invasão da Babilônia,[85] da respectiva captura, deportação,

---

[82] A situação geográfica de Israel, entre a Mesopotâmia e o Egito, o expôs a contínuos ataques destas duas potências. Jr 4,5-31 é um exemplo aplicado à Babilônia.

[83] A última palavra profética deixa a YHWH a decisão do חֵרֶם para a terra (cf. Ml 3,24).

[84] Cf. Jz 6,1-6; 7,12; Jr 46,23; Na 3,15-16.

[85] São Jerônimo (*Comentarios a los Profetas Menores*, 330), influenciado pelo método rabínico da sua época, já compartilhava esta ideia: "*Rursum per metaphoram locustarum, desribitur impetus Chaldaeorum... Quodque infert (2,5). Velut populus fortis preparatus ad proelium rursum ad locustas refert ut non quase de hostibus sed quasi de locustis referre videatur et tamen dum locustus legimus Babylonios cogitemus*". G. W. Wade (*The Books of the Prophets*, 54) lembra que no *Codex Marchalianus* da LXX (século VI d.C.) encontra-se uma nota marginal para Jl 2,25

destruição de Jerusalém e do seu templo; mas também da futura reconstrução nacional em todas as suas esferas.[86] A relação entre a catástrofe natural e a catástrofe produzida pela invasão inimiga, com uma ação que produz o consequente exílio babilônico, seria fruto da leitura ou releitura deuteronomista da história,[87] atribuindo a magnitude do desastre traçado no escrito de Joel como uma prova do castigo pelos pecados e crimes cometidos por Manassés.[88] Todavia, aceitando-se este posicionamento, a ação purificadora que encontramos empreendida na reforma de Josias ficaria enfraquecida, sem o respectivo valor e significado positivo que lhe foi atribuído;[89] também a iniciativa profética de Jeremias, na tentativa de evitar os grandes danos com a investida babilônica, ficaria sem sentido, mesmo que os frutos desejados não tenham sido alcançados, por causa da impenitência e cega insistência numa pretensa imunidade devido ao templo de Jerusalém.

indicando o sentido metafórico que possuem os nomes atribuídos aos gafanhotos: Ἀλγύτιοι, Βαβυλώνιοι, Ἀσσύριοι,῞Ελληνες, Ῥωμαιοι. Assírios e babilônios são reconhecidos conjuntamente. As quatro classes de gafanhotos de Jl 1,4 dizem respeito a quatro reinos que oprimiram Israel (cf. J. RIBERA-FLORIT, "Targum de Joel", 272). J. D. Nogalski (*Redactional Processes*, 13) refere-se aos gafanhotos como indício dos poderes assírio e babilônico.

[86] Cf. B. PECKHAM, *History and Prophecy*, 657-658; G. S. OGDEN, *A Promise of Hope*, 10-12 e "Joel 4 and Prophetic Responses", 97-106; D. STUART, *Hosea – Jonah*, 232-234.

[87] A respeito das bases que levam os estudiosos a pensarem na hipótese da redação Dtr no *Dodekapropheton*, cf. E. BEN ZVI, "A Deuteronomistic Redaction", 232-261.

[88] Cf. B. PECKHAM, *History and Prophecy*, 658-659; 677-678. Esta atribuição é pouco admissível, pois contradiz o fato do escrito de Joel não sugerir nada a respeito da monarquia (cf. T. Henshaw, *The Latter Prophets*, 282). A responsabilidade individual (cf. Dt 24,16; Jr 31,29-30; Ez 14,12-20; 18,10-20) também não permite tal hipótese.

[89] M. A. O'Brien ("The 'Deuteronmistica History'", 26-32), analisando o período de Israel debaixo da ação dos profetas e reis, não duvida que o reino de Josias tenha sido, de fato, o início de uma nova era e que tenha trazido grandes esperanças para Judá-Jerusalém.

Ao lado disso, advogamos com a falta de dados suficientes para aplicar e determinar tais releituras sobre os referidos acontecimentos históricos. A suposição dos que assim pensam pode ser uma hipótese válida, mas difícil de ser comprovada, pois o escrito de Joel escapa a uma precisa datação e não nos oferece elementos concretos para tal afirmação.

2.2.2. Jl 1 alude ao tema da invasão dos gafanhotos e Jl 2,1-11 alude a uma invasão militar escatológica[90]

Essa tese pode parecer idêntica à anterior, mas nela reside uma distinção sutil entre o conteúdo dos cap. 1 e 2, fazendo aparecer claramente que tipo de relação existe entre os dois acontecimentos.[91]

A ênfase do cap. 1 recai sobre uma catástrofe histórica que abalou e devastou a agricultura, prejudicando a economia do país.[92] Já no cap. 2, em meio a esta situação desoladora, encontra-se um anúncio profético, em termos militares, de uma catástrofe

---

[90] Cf. H. W. WOLFF, *Joel und Amos*, 5-6.48-50; R. J. COGGINS, *Joel and Amos*, 37-39; O. Plöger (*Theocracy and Eschatology*, 96-105) fala de "fulgurante metáfora" e viu no motivo do *yôm* YHWH o material para uma abordagem escatológica. Para uma crítica a Plöger, cf. R. MASON, *Zephaniah*, 106-107; E. Bianchi ("Il giorno del Signore", 16-17) sustenta que no caso de Joel a qualidade deste dia é histórica e não escatológica. M. Lang ("Das Exodusgeschehen", 63) diz que os gafanhotos assumem a cena de uma batalha escatológica e cósmica do *yôm* YHWH, quando YHWH tomará, definitivamente, o comando da história. Mas, questionamos, quando YHWH deixou de ter este comando?

[91] Para D. A. Garrett ("The Structure of Joel", 293): "Os gafanhotos são o tipo correspondente ao antitipo apocalíptico que virá no dia de YHWH. Joel não poderia descrever o segundo invasor nos termos da praga de gafanhotos que só ele e seu povo tinham experimentado. Fazer o contrário seria obscurecer a conexão tipológica existente entre os dois".

[92] H. W. Wolff (*Joel und Amos*, 6.48-49) considera a crise econômica gerada pelas catástrofes como um sinal para a devastação escatológica militar de Jerusalém.

futura vestida de linguagem apocalíptica, da qual se poderá escapar somente através de uma sincera conversão.[93] O argumento verbal aparece como decisivo nesta interpretação, pois a referência à invasão dos gafanhotos é uma realidade já acontecida pela forma verbal no *qatal*, ao passo que a nova invasão em Jl 2,1-11 é descrita como uma realidade ainda não acontecida pela forma verbal no *yiqtol*.[94]

Ao lado do argumento verbal, encontra-se o dado futuro percebido na convocação ao arrependimento. Ele se torna uma possibilidade, uma chance de salvação, também futura, através de uma lamentação nacional (cf. Jl 2,12-14), tendo em vista que a invasão militar ainda não teria ocorrido.[95]

Isto é julgado plausível nesta tese, porque o novo fato não aconteceu e porque o argumento do cap. 2 diz respeito não à invasão de gafanhotos mas sim ao anúncio da futura invasão

---

[93] Para D. A. Hubbard (*Joel and Amos*, 36), a descrição da praga dos gafanhotos, como um exército, é aparente e modelada pela crença de que YHWH move uma "guerra santa" contra o seu próprio povo, para dar-lhe uma lição de obediência. No caso de Joel, a dimensão subjacente é escatológica, porque o profeta projeta um horizonte futuro, onde Israel se encontrará livre, preservado e defendido dos seus habituais inimigos. Todavia, olhando atentamente Jl 1,6 e 4,5, vemos que é o próprio YHWH quem reclama e se lamenta pela invasão da sua terra e pelo saque feito ao tesouro do seu templo.

[94] J. Barton (*Joel and Obadiah*, 69), criticando Wolff, diz que a distinção das formas verbais não constitui um argumento forte e convincente, porque isso é comum nos textos proféticos. Não é necessário pensar que houve uma resposta negativa no primeiro lamento e não há razões para ver no cap. 2 um desastre diferente do primeiro.

[95] G. S. Ogden (*A Promise of Hope*, 27) interpreta a descrição da invasão de Judá como um artifício literário utilizado por Joel com base na lembrança histórica de 587 a.C. Ele projeta o passado no presente, para que o povo busque o auxílio divino. Sustenta seu argumento considerando Jl 2,11-14 uma resposta de YHWH que vem em socorro com o seu exército. Entra, porém, em contradição, pois tinha visto e colocado no termo *yôm* o parâmetro delimitador da unidade inteira de Jl 2,1-11.

militar.[96] Assim, esta tese sai do nível histórico para entrar no nível apocalíptico-escatológico.[97]

O *yôm* YHWH, nesta tese, deve ser entendido não à luz de uma catástrofe natural mas somente como um veículo que serviu para o profeta formular o anúncio da chegada de um povo inimigo, em forma de exército, que marchará contra Jerusalém. Este anúncio é originado pela tradição do inimigo que vem do Norte, trazendo destruição e devastação (cf. Jl 2,20).[98]

2.2.3. Síntese das teses

Em síntese, o anúncio do *yôm* YHWH, descrito em Jl 2,1-11 com grandes detalhes, encontra na ação dos gafanhotos os elementos sobre os quais estabelece e equaciona uma relação para a chegada e ação, histórica ou escatológica, de um exército causador de destruição em linguagem apocalíptica.[99]

---

[96] D. Prior (*The Message of Joel*, 20.47-52) pensa que por detrás da imagem dos gafanhotos está o prelúdio de uma força maior, talvez o inimigo do Norte e com ele um dia de julgamento, que provoca o processo de conversão, um voltar-se para YHWH.
[97] R. J. Coggins (*Joel and Amos*, 42) é partidário desta ideia pela linguagem que se encontra em Jl 2,2.10-11; S. L. Cook (*Prophecy & Apocalypticism*, 167-209) vai mais além e aceita a apresentação do *yôm* YHWH como um evento decisivamente apocalíptico. Todavia, o capítulo dedicado a Joel está marcado por grande confusão terminológica e no fim o leitor não sabe se o escrito é "protoapocalíptico", "apocalíptico" ou "escatológico".
[98] Para G. S. Ogden (*A Promise of Hope*, 11) a inversão é coerente com a mensagem e a fé bíblicas que impulsionam a ação profética: lembrar que YHWH não abandona o seu povo quando este clama por ajuda diante da opressão causada pelas nações estrangeiras.
[99] R. Rendtorff ("Allas for the Day!", 188-189), ao relacionar Jl 2,1-11 com Is 13, percebe que Joel não alude à ira divina. Assim, o inimigo não parece ser o povo eleito.

Estas duas teses tentam resgatar ou apresentar uma alternativa para a antiga interpretação rabínico-cristã do escrito de Joel.[100]

Os diferentes nomes dados aos gafanhotos (cf. Jl 1,4; 2,25) representariam a habilidade do profeta para unir a destruição por meio de uma praga com os diferentes momentos da história em que o povo eleito se viu ameaçado ou esteve realmente nas mãos dos seus inimigos, devido a um pecado que merecia um ato de punição por parte de YHWH.[101]

O julgamento de YHWH aparece em ambas as formas temporais: no presente, pela lembrança da praga de gafanhotos, e no futuro, pela linguagem apocalíptico-escatológica que descreve um exército invasor.

A transição, pelo rito de lamentação, fundamenta a passagem do juízo sobre Judá-Jerusalém para a possibilidade de salvação, no momento em que, assumindo uma atitude penitencial, se aceita a oferta da graça divina e se retorna a YHWH de todo o coração (cf. Jl 2,13).[102]

YHWH não só restitui a bênção material, mas concede algo de Si mesmo (cf. Jl 3,1-5), afirmando nova estabilidade em Sião pela unidade dos que, possuindo a sua רוּחַ, o invocam protetor quando este dia chegar.

A dificuldade de aceitação das teses neste grupo reside na hora de estabelecer os limites entre o histórico, o metafórico e o

---

[100] Além de São Jerônimo, Isho'dad di Merv (*La Bibbia Commentata*, 90), no seu comentário sobre Joel, admite que os diferentes insetos simbolizam diversos invasores e cita para Jl 1,4: תְּגָלַת פִּלְאֶסֶר, שַׁלְמַנְאֶסֶר e סַנְחֵרִיב (reis da Assíria, cf. 2Rs 15,29; 16,7.10; 17,3; 18,9.13; 19,16.20.36); נְבֻכַדְנֶאצַּר (rei da Babilônia, cf. 2Rs 24,1.10.11; 25,1.8.22).
[101] Cf. A. J. EVERSON, *The Day of Yahweh*, 252. Para G. W. Wade (*The Books of the Prophets*, 51), Israel no escrito (cf. Jl 2,27; 3,2.16) é uma referência para Judá.
[102] A. J. Everson (*The Day of Yahweh*, 244) acredita que o dramático movimento da primeira para a segunda parte do escrito indicava que a profecia inteira devia ser entendida como uma composição litúrgica indicada em Jl 2,12-17.

anúncio apocalíptico-escatológico. É mais objetivo que o histórico seja revestido de linguagem metafórica do que a linguagem metafórica seja revestida do histórico.

2.3. A seca e o *yôm* YHWH

2.3.1. A seca foi o elemento precursor do *yôm* YHWH em Jl 2,1-11

Esta tese tem seus argumentos baseados principalmente nas pesquisas de índole redacional do escrito. Neste, identifica-se uma severa e forte seca que provocou as carestias, devido a um longo e constante período sem chuvas. A seca foi a ocasião propícia geradora do anúncio em Jl 2,1-11.[103]

A perspectiva nesta tese toma grande distância das linhas interpretativas precedentes e intenta uma alternativa, a fim de se desvincular do parecer tradicional que via na invasão dos gafanhotos o fato que ocasionara o anúncio do *yôm* YHWH e de todo o escrito de Joel.[104]

A seca passa a ser vista como um real fato catastrófico, a partir do qual o livro conheceria uma série de expansões até alcançar a sua forma final.[105]

---

[103] O. Loretz (*Regenritual und Jahwetag*, 137-138) considera que o livro não foi ocasionado pela praga dos gafanhotos, mas por uma seca severa. Os textos que se referem aos gafanhotos devem ser entendidos como uma expansão dos textos referentes à seca. Segundo S. Bergler (*Joel als Schriftinterpret*, 49-52), porém, houve uma combinação entre a descrição da seca e a descrição da invasão de um exército inimigo.

[104] R. Murray (*The Cosmic Covenant*, 55) aceita que Joel 1–2 poderia ser um eco de um texto litúrgico, com base na convocação para o jejum, utilizado principalmente em tempos de seca, mas que poderia ser usado como alternativa quando ocorresse uma invasão de gafanhotos. Esta hipótese supõe uma liturgia preparada com formulários muito rebuscados, como se para cada ocasião houvesse um culto com um ritual particular.

[105] A obra de W. Rudolph (*Joel*) não teve a mesma repercussão que a de Wolff, mas possui o mérito de considerar as passagens do *yôm* YHWH como unificadoras do livro. As duas catástrofes, da praga dos gafanhotos e da seca, serviram de precursoras para o anúncio deste dia terrível. Sua

A descrição da vinda e ação do inimigo e os textos que se referem ao *yôm* YHWH foram introduzidos e elaborados em Jl 2,1-11 para dar um significado escatológico à catástrofe histórica da seca. Desse modo, a bênção sobre o povo ficaria bem simbolizada no precioso dom da chuva que traz a vida para a terra, renovando os campos, enchendo-os de frutos e garantindo a subsistência de todas as espécies (cf. Jl 2,21).[106] O dom da chuva, portanto, é a resposta de YHWH às preces do seu povo, convalidando as promessas de novas e futuras ações salvíficas (cf. Jl 2,23). O vínculo do *yôm* YHWH com as catástrofes naturais, porém, não fica acentuado em primeiro plano nesta tese. O nexo se dá entre as catástrofes provocadas pela seca e a invasão de gafanhotos, que aparece como um desenvolvimento ulterior da catástrofe originária da seca, a fim de fazer uma ligação do presente com o passado, em particular com as pragas do Egito (cf. Ex 10), aplicadas nesta situação ao povo eleito para inaugurar, pela divina intervenção, a época escatológica em Judá.[107]

Dessa ligação, deriva a descrição do assalto inimigo que vem do Norte justapondo-se ao tema do *yôm* YHWH, que é um anúncio tomado por empréstimo e subjacente em outros escritos proféticos (cf. Jr 4,5-31).[108]

---

perspectiva é positiva, pois a partir destas catástrofes YHWH dará a sua salvação, e o *yôm* YHWH será uma bênção para Israel e uma maldição para as nações. Assim, também, L. J. OGILVIE, *The Communicator's*, 205-206.

[106] Para o significado do termo e sua aplicação em Joel, veja-se a tese doutoral de C. M. D. da SILVA, *Aquele que manda a chuva*, 194-205.

[107] Cf. S. BERGLER, *Joel als Schriftinterpret*, 38-52. Segundo R. Simkins (*Yahweh's Activity in History*, 93), Bergler se equivoca, pois a ligação é de natureza diversa: no Egito foi uma força destruidora da vegetação e em Joel representa a invasão de um exército hostil que marcha contra Jerusalém.

[108] Dessa forma, desapareceria a relação entre a praga de gafanhotos (cf. Jl 1,4; 2,25) e o inimigo que vem do Norte, que estaria subjacente em Jl 2,20 (cf. nota 116).

Joel teria reconhecido nos duros efeitos da seca um sinal precursor para começar a falar do *yôm* YHWH em linguagem escatológica, mostrando, assim, o fruto e o resultado de uma invasão inimiga. A seca surgiria como uma metáfora capaz de denotar o estado desolador em que o país ficou após essa ação avassaladora. Conjuga-se, assim, a seca ao exército inimigo. Todavia, esta tese é confusa, porque, por um lado, não explica em que sentido a praga de gafanhotos e a invasão inimiga se justapõem ao problema principal da seca em forma metafórica. Por outro lado, percebe-se uma retomada da perspectiva de Duhm e Bewer, resgatando o aspecto escatológico, mudando apenas o prisma da desgraça: da invasão de gafanhotos ou da invasão inimiga se passa à devastação de uma seca.

O *yôm* YHWH continua sendo um simples elemento posterior e secundário, que foi acrescentado para transformar a mensagem histórico-metafórica da seca e da invasão dos gafanhotos em prenúncio escatológico.

2.3.2. O *yôm* YHWH e os efeitos atmosféricos[109]

Esta tese propõe uma compreensão para Jl 2,1-11 com base numa real observação das mudanças climáticas que podem ocorrer durante a transição sazonal entre o final do período da seca e a chegada do período portador das chuvas. Tal transição acarreta e pode ser caracterizada por dois tipos de tempestades: uma seca e quente trazida pelo vento oriundo do leste desértico, comumente denominada siroco; e um temporal de chuvas que vem do oeste e traz grandes e benéficas inundações para a região.

O siroco, apesar de criar um grande desconforto e aflição, é esperado positivamente, porque preanuncia que as primeiras

---

[109] Cf. K. S. NASH, "*The Cycle of Seasons in Joel*", 74-80; M. A. Sweeney (*The Twelve Prophets I*, 150-151) segue a tese de Nash como cenário contextual, mas não descarta as demais catástrofes, acreditando que houve no escrito uma junção entre o elemento natural, a praga dos gafanhotos como ameaça (cf. Jl 1,2-20), e o elemento humano, a invasão de nações inimigas (cf. Jl 2,1-14), para falar do *yôm* YHWH.

chuvas do outono estão a caminho. Nesse ínterim, se a tempestade desértica durar muito além do previsto, pode comprometer a chegada do vento ocidental, que é o benéfico portador das chuvas oriundas do Mediterrâneo.[110] O período do siroco prolongado criaria uma situação de grande ameaça para o abastecimento de água, visto que o período seco esvazia praticamente todas as cisternas e reservas de água acumuladas nas barragens. Somente com as primeiras chuvas, que abrem a nova estação climática, este cenário se transformaria, trazendo esperanças para a agricultura, amaciando os sulcos para um novo plantio e para a sustentação de pequeno rebanho, que depende do reflorescimento das pastagens para sobreviver.[111]

Nesse sentido, o texto de Joel não pretende dizer que se está diante de uma invasão de gafanhotos e nem de uma invasão de um exército inimigo. Na ótica do profeta, uma grande tempestade de vento oriental está em curso na direção de Jerusalém, criando um cenário terrificante pela forma como chega, pelos efeitos nefastos que produz e pelo tempo que pode durar.[112]

A linguagem, metafórica e surreal, fazendo YHWH aparecer como uma divindade irritada à frente do seu exército angélico cavalgando seu carro entre nuvens densas e escuras, explicaria as descrições militares do poema.

---

[110] F. S. Frick ("Palestine, climate of", v. 125) afirma que o siroco, *khamsin*, ocorre esporadicamente e é caracterizado por um conjunto de fenômenos que incluem fortes inversões térmicas trazendo calor, vento e areia do deserto da Arábia. O *khamsin* pode durar de dois a três dias ou até três semanas. A temperatura se eleva rapidamente e, desencadeando tempestades, afasta as bênçãos, isto é, nuvens carregadas de chuvas.

[111] No fim do verão, os campos estão secos e os animais magros. As ovelhas são ordenhadas a cada dois ou três dias. Já no fim de um período chuvoso (de outubro a abril), com o florescer dos campos, as ovelhas podem ser ordenhadas até duas vezes por dia.

[112] V. M. Christensen e K. E. J. Jørgensen ("The Locust", 219-220) afirmam que o ataque dos gafanhotos ocorre, geralmente, entre junho e julho. Tal época coincide com o primeiro período transicional na Palestina ("primavera"), com a chegada dos ventos e das primeiras chuvas, quando os campos dariam sinais de mudanças e de vitalidade.

Para Joel, este siroco não é só o precursor, mas é o *yôm* YHWH. Ele é descrito com os sinais teofânicos pelos quais YHWH lidera a natureza, colocando-a contra Judá-Jerusalém. A solução proposta pelo profeta é descrita na convocação de uma assembleia penitencial, onde se suplica o perdão, e o povo se manifesta arrependido diante desta visão terrificante.[113] Neste contexto, a partir de um fenômeno natural e atmosférico, o profeta dirigiu o seu anúncio. Um forte siroco, interagindo longamente no final do verão,[114] acarretou grandes problemas e ocasionou outras devastações, pois o período anterior das chuvas não teria sido abundante e a existência sobre o território já dava sinais de penúria para além do limite suportável.[115]

Esta tese também toma distância das interpretações precedentes, vendo que a crise real não estaria fundamentada numa invasão de gafanhotos ou na invasão de um suposto inimigo, mas ela é o fruto de uma longa ação do siroco que retardou a chegada das chuvas e prolongou a escassez d'água.[116]

Um ponto positivo de inversão e compreensão nesta tese reside na perspectiva apocalíptica ou escatológica que sedem, novamente, a sua primazia ao sentido histórico que se dava ao escrito. Podemos incluir, ainda, a desmistificação da profecia joeliana como meramente antológica.

---

[113] Cf. K. S. NASH, "*The Cycle of Seasons in Joel*", 78.

[114] Admitir esta tempestade como uma ação divina punitiva contra Judá-Jerusalém deveria encontrar maiores fundamentos, pois nela o aspecto positivo não é descartado. Todavia, o siroco destruiria os frutos veraneios e as azeitonas, se durasse além do previsto.

[115] K. S. Nash ("*The Cycle of Seasons in Joel*", 75) supõe que o inverno tenha sido breve e as colheitas precedentes, insuficientes para superar o verão sucessivo.

[116] Em Ex 10,13, um vento oriental trouxe os gafanhotos para o Egito, não deixando vegetação, e, em Ex 10,19, um vento ocidental afastou os gafanhotos e no Egito não ficou nenhum, pois todos foram lançados no mar. Em Jl 2,20, o inimigo é afastado de Judá-Jerusalém em dois sentidos opostos, ou melhor, na direção dos dois mares opostos. A razão divina é apresentada: כִּי הִגְדִּיל לַעֲשׂוֹת. Pelo contexto de Jl 2, porém, é difícil admitir a praga dos gafanhotos como o real inimigo afastado (cf. Jl 2,25).

2.3.3. Uma proposta intermediária e conciliadora[117]

Considerando o conjunto do escrito de Joel, em três tempos – penúria, súplica e resposta favorável –, o tema central não recai sobre a penúria ou sobre a atitude tomada com a súplica, mas está na formulação da resposta de YHWH a partir das crises que Judá está passando, ocasionados pelas ameaças de índole natural e humana (cf. Jl 2,15-4,21).

O vento leste constituiria não um elemento destruidor e negativo, como na tese anterior, mas sim a chave de leitura e a base da resposta na aplicação do julgamento divino diante das crises que o povo está enfrentando.

Por um lado, em Jl 1,2-20 encontram-se as motivações para uma convocação litúrgica em Jerusalém, a fim de implorar a ajuda de YHWH: a libertação da praga de gafanhotos que ameaça a subsistência da nação.

Por outro lado, em Jl 2,1-14 encontra-se a razão para uma nova convocação litúrgica (cf. Jl 2,12-14), na qual se implora nova ajuda de YHWH: a libertação de uma ameaça pior, isto é, de um exército invasor (cf. Jl 2,1-11).

Segundo esta tese, pode-se demonstrar que as duas ameaças, embora distintas, são eventos interligados e inseparáveis na perspectiva profética joeliana que anuncia a proximidade do *yôm* YHWH. Este dia resume as duas faces da crise existencial e desencadeia uma teofania salvífica, simbolizada pela ação do siroco, com elementos da própria história salvífica.[118]

A força do vento leste, que podia ameaçar as colheitas e a subsistência dos povos, torna-se sinal de uma ação divina

---

[117] M. A. Sweeney (*The Twelve Prophets I*, 151-154) assume uma postura que considera o caráter litúrgico do livro segundo as perspectivas de Kapelrud, Ahlström, Ogden e a identificação da natureza da lamentação segundo Wolff e Crenshaw.
[118] R. W. Klein ("The Day of the Lord", 517-522) insiste nos aspectos teofânicos da linguagem utilizada pelos profetas em relação a YHWH no momento do seu *yôm*.

TENDÊNCIAS INTERPRETATIVAS | 63

favorável.[119] Os efeitos são terrificantes, capazes de criar e realizar os sinais das mudanças cósmicas que acompanham a manifestação do *yôm* YHWH descritas em Jl 2,1-11.

Nesta ação estaria a resposta da súplica diante da crise agrícola e também a libertação de Israel diante do ataque inimigo, pois uma tradição sobre a ação de YHWH pelo vento se tornou alternadamente um símbolo tanto da punição como da restauração para Israel.[120]

O objetivo a ser alcançado é a libertação da penúria. A importância do culto, realizado no templo sob a direção dos sacerdotes, é evidente.[121] YHWH é invocado para que tenha compaixão e responda aos apelos, num momento de crise, lembrando os feitos grandiosos do passado (cf. Ex 15 e Jz 4–5).

O fato será não um sinal escatológico, que culminaria com o fim da história, mas sim um símbolo que denota, simultaneamente, que YHWH vem com força impetuosa, como no vento, para punir os perversos, fazer justiça, trazendo o dom da chuva (cf. Jl 2,21) e proteger os de reto coração do seu povo, capacitados, pelo espírito, para invocar o seu nome (cf. Jl 3,1-5).

2.3.4. Síntese das teses

Em síntese, estas últimas três teses possuem vários elementos em comum, mas cada uma salvaguarda uma particularidade específica.

---

[119] Uma afirmação dessa natureza para Judá-Jerusalém encontra dificuldades de aceitação pelo fato de que o tempo da colheita dos grãos na Palestina não ocorre durante este período de transição climática. Uma invasão com o intuito de saques agrícolas teria certo sentido caso a colheita da azeitona e dos frutos veraneios, em outras regiões, tivesse sido comprometida por alguma causa atmosférica desconhecida (cf. Jz 6,11).
[120] Cf. Ex 14–15; Is 11,15; 27,2-13.
[121] H. Simian-Yofre (*Amos*, 122) cogita a possibilidade de estarmos diante de dois momentos penitenciais: um não sucedido e um sucedido, porque a primeira ação litúrgica não foi eficaz, visto que o *yôm* YHWH não tinha ainda realizado o seu papel.

O primeiro dado comum e positivo é facilmente identificável nas duas primeiras, quando tentam uma forte desvinculação do texto de Jl 2,1-11 em relação à praga de gafanhotos, provocando uma exceção na interpretação habitual. A terceira tenta uma via intermediária, apresentando a ação do vento leste como sendo o elemento que se coaduna, de forma favorável, com a resposta de YHWH às súplicas de lamentação que lhe foram dirigidas.

O critério básico neste grupo de teses fundamenta-se na percepção das alterações climáticas da Palestina, caracterizada, particularmente, por duas estações, comumente designadas: período seco e período chuvoso. Um ponto crítico residiria na redução do clima palestinense a estes dois períodos, sem denotar o acentuado grau de importância que os dois períodos de transição representam para estas duas grandes estações.[122]

O segundo dado comum é a tentativa de ver e propor, como alternativa, a calamidade da seca como sendo o sujeito precursor que originou a crise de subsistência e deu base para o anúncio do *yôm* YHWH. Sobre este aspecto, a terceira tese busca, também, uma explicação natural para os fenômenos cósmicos que acompanham o anúncio deste dia.

Enfim, o terceiro dado comum diz respeito à importância litúrgica. No culto não se implora a libertação de um inimigo que supostamente venha do Norte, comparável ou não à praga de gafanhotos ou a um exército hostil, mas vê-se metaforicamente o fenômeno atmosférico produzido pela calamidade que gera ou prorroga o período da seca. A última tese interpreta o vento leste não como desfavorável mas sim como uma ação salvífica.

2.4. *Considerações gerais sobre os três grupos de teses*

Todas as sínteses reunidas se orientam para as seguintes concepções: uma praga de gafanhotos real ou metafórica, identificável ou não com um exército hostil, um forte período de seca,

---

[122] O primeiro, do início de abril à metade de junho, e o segundo, da metade de setembro ao final de outubro (cf. F. S. FRICK, "Palestine, climate of", 119.122-125).

uma invasão militar inimiga ou a chegada do siroco se tornaram a ocasião e o motivo para o profeta Joel interpretar, preconizar e anunciar a existência e a chegada do *yôm* YHWH.

O objetivo visava a uma convocação santa, isto é, uma assembleia litúrgica, onde os habitantes de Judá-Jerusalém, realizando um culto de lamentação, se demonstrassem realmente arrependidos (cf. Jl 2,12-14) e prontos para receber a divina visita. Assim como YHWH revela suas intenções aos seus profetas, elas são transmitidas ao povo, de modo que este conheça seus desígnios e esteja conscientemente preparado para o juízo (cf. Am 3,7).

Se o culto for autêntico e sincero, o fim das catástrofes pode acontecer, confirmado pelo anúncio de que YHWH continua sendo ciumento, não por seu povo, mas por sua terra (cf. Jl 1,6; 2,18a). Entretanto, mudando o quadro de penúria, Ele se mostraria, também, compassivo para com o seu povo (cf. Jl 2,18b).[123] Esta inversão de critério estaria de acordo com a primeira instância sobre a autenticidade de uma profecia (cf. Dt 18,21-22).[124]

O *yôm* YHWH, em tais circunstâncias, alcança inteligibilidade, segundo essas teses, a partir da descrição que está presente nas diferentes catástrofes identificadas, prefigurando que o ajuste de contas sobre as nações, no combate final, corresponde a uma reversão do quadro crítico, graças ao arrependimento do povo diante de YHWH, que resolve retroceder no juízo.

---

[123] O sentido em Jl 2,18 (cf. Jl 1,6-7) é diferente de Os 2,10-14, visto que em Oseias YHWH recorda a sua ação favorável em contraposição ao não reconhecimento por parte do povo que será punido (cf. H. SIMIAN-YOFRE, *Il deserto degli dei*, 22-29).
[124] Cf. J. A. SANDERS, "Hermeneutics in True and False Prophecy", 21-41; D. N. FABIAN, "Prophetic fulfillment", 18-20.

Os três grupos de teses também podem ser sintetizados em quatro tipos de abordagens: histórica, protoapocalíptica, apocalíptica[125] e escatológica.[126]

Todavia, não aparece claramente que YHWH, no dia do seu julgamento, impregnará o campo de Josafá como os gafanhotos impregnam os campos, invadindo o território como um exército inimigo, nada deixando subsistir. E ainda, como acontece durante uma forte seca, tudo ficará desolado como um deserto. Ao lado disso, não se explica por que somente em Sião uma fonte afluirá e irrigará os sulcos de Judá-Jerusalém (cf. Jl 4,18).[127]

Se este parecer procede, daríamos um passo a favor da ligação de todas as catástrofes presentes em Jl 1,4-20 com as citadas no cap. 4, pelo alcance abrangente do *yôm* YHWH. Este dia começaria a figurar em primeira ordem, sobretudo em sentido contrário, como a base para explicar as catástrofes e não ser por elas explicado, sem ter que desvalorizar Jl 4,4-8.19.[128]

3. Uma chave alternativa de interpretação

Os livros proféticos, em particular o *corpus* do *Dodekapropheton*, são vistos e estudados como um grupo de escritos ou uma

---

[125] O escrito de Joel, pela ênfase do *yôm* YHWH, é visto como transição da profecia para a apocalíptica (cf. W. W. CANNON, "The Day of the Lord", 33-34; J. D. NEWSOME Jr., *The Hebrew Prophets*, 186-188; O. PLÖGER, *Theocracy and Eschatology*, 96-105; H. W. WOLFF, *Joel und Amos*, 12; S. F. MATHEWS, "The Power to Endure", 35-36; E. CORTESE, *Tra Escatologia*, 7-15; M. A. SWEENEY, *The Twelve Prophets I*, 150-151).

[126] R. W. Klein ("The Day of the Lord", 523-524) já notara a falta de clareza com relação à dimensão escatológica do *yôm* YHWH e que a carência existe porque esta temática não é tratada com uma definição precisa do termo "escatologia".

[127] P. G. Schwesig (*Die Rolle*, 294), seguindo o esquema de Os 14,2-9, fala de "tensão" aplicada a YHWH e não como conversão atuada pelo povo (*sola gratia?*).

[128] Cf. J. D. NOGALSKI, *Redactional Processes*, 26-57.

obra literária que preservou o דְבַר־יְהוָה em forma de oráculos.[129] Nestes oráculos encontramos anúncios de condenação e anúncios de salvação intercalados: ora dirigidos para Israel, ora para Judá--Jerusalém e ora para as nações estrangeiras.[130] A palavra dirigida às nações denota a compreensão profética da ação divina[131] que se alarga para além dos horizontes do povo eleito, revelando que no fundo YHWH desejava e agia em dimensão universal.[132]

As teses anteriormente apresentadas demonstraram uma notória dificuldade no momento de serem enquadradas e de terem seus paradigmas estabelecidos num modo evidente e coerente. Na verdade, se utilizamos a tese de Wolff como parâmetro, percebe--se que os estudos posteriores à sua obra se orientaram a favor da sua tese, contra a sua tese ou tentando propor uma via intermediária que reconciliasse o possível as hipóteses e salvaguardasse o que de plausível existe em cada uma das vias de interpretação para Jl 2,1-11.

Em nossa proposta, o primeiro passo reside no reconhecimento de que o escrito de Joel possui uma dinâmica unitária bem refletida nos temas que entrelaça,[133] a saber: (a) uma invasão de

---

[129] Cf. M. A. SWEENEY, *The Twelve Prophets I*, XV-XXXIX.
[130] Cf. J. A. SANDERS, "Hermeneutics in True", 24; M. Duggan (*The Consuming Fire*, 363-375) propõe a leitura conjunta de Abdias e Joel sob o prisma do julgamento e da salvação, com base no *yôm* YHWH, na qual se formula uma visão final da história.
[131] S. Herrmann (*Time and History*, 67-68) diz que Israel, pela fé, projetou--se para além das suas crises, que eram ocasião para a realização das promessas salvíficas de YHWH. O passado que expressava a promessa revelava as iniquidades, mas o futuro que expressava o julgamento também revelava a total realização dessas promessas (cf. Is 40,1-2).
[132] Cf. R. J. COGGINS, *Joel and Amos*, 19; E. BOSSHARD-NEPUSTIL, *Rezeptionen*, 338-339.
[133] Uma postura equilibrada percebe que o resultado final do escrito revela unidade. P. L. Redditt ("The Book of Joel", 71) aceita que a unidade de pensamento não precisa, necessariamente, depender da unidade de autoria. J. D. Nogalski ("Joel as 'Literary Anchor'", 100) reconhece que o escrito de Joel não se distancia dos pontos de interesse da tradição profética: a fertilidade ou carência agrícola, a centralidade de Judá-Jerusalém e a teodiceia. Estes temas recebem nova luz pelo tema do *yôm* YHWH.

gafanhotos (Jl 1,4; 2,25);[134] (b) um período de seca (Jl 1,12.18), que, por sua vez, favorece plausivelmente o surgimento de incêndios naturais (Jl 1,19.20);[135] (c) uma alusão à invasão inimiga, potente e devastadora (Jl 1,6-7);[136] (d) o chamado à conversão sincera (Jl 2,12-14);[137] (e) a efusão do espírito sobre "toda a carne" (Jl 3,1-2);[138] (f) a santificação de uma guerra onde ocorrerá

---

[134] D. A. Garrett ("The Structure of Joel", 291) defende a unidade do escrito, tentando resolver o papel de Jl 2,1-11.20 no conjunto, mas dá muito valor à praga de gafanhotos.

[135] J. Limburg (*Hosea*, 58) interpreta a seca dos pastos, pela ação do fogo, como uma imagem metafórica da desolação causada pelo ataque dos gafanhotos. Todavia, nada impede que tenha sido uma represália inimiga ao passar pelo território. M. A. Sweeney (*The Twelve Prophets I*, 161) fala de coerência literária do escrito, mas não admite conexão da seca e das queimadas com a praga dos gafanhotos, pois seria o método de favorecer o descanso do solo em função da sua revitalização.

[136] Segundo o nosso parecer, estes versículos não continuam a ideia sobre a praga de gafanhotos, mas apresentam um prelúdio que corresponde aos motivos que levarão, no cap. 4, à condenação das nações que maltrataram o povo eleito (cf. Jl 2,6). D. Aberbach (*Imperialism and Biblical Prophecy*, 61-63) postula a ideia de Jl 1,5-12 ser uma metáfora que descreveria a ação babilônica sobre o Egito em 601 a.C., usando Judá como "passagem de guerra". Isso corresponderia aos saques efetuados que devastaram os recursos agrícolas da região. A alusão aos gafanhotos não seria estranha (cf. Jz 6,5 e Is 33,4).

[137] T. W. Raitt ("The Prophetic Summons", 33-36) diz que a estrutura do chamado profético ao arrependimento consiste em um apelo (incluindo a fórmula do mensageiro, um vocativo, uma advertência) e uma motivação (incluindo uma promessa, uma acusação, uma ameaça). O autor conclui que Jl 2,12-13 é o chamado ao arrependimento. Todavia, para manter a sua estrutura, é preciso considerar o v. 14 onde está uma motivação que corresponde às necessidades emergentes. Fato é que não se diz: "Quem sabe YHWH afastará de vós o *yôm* YHWH". Não se pode negar a estrutura quiástica: no v. 12 o povo é chamado por YHWH: "voltai" (שֻׁבוּ), e no v. 14 ao povo é dito a respeito de YHWH, que "ele voltará/ele se volta" (יָשׁוּב). A reciprocidade é uma nota característica. À ação do povo corresponde a reação de YHWH com o mesmo verbo שׁוב.

[138] T. Henshaw (*The Latter Prophets*, 282-283) duvida da universalidade na concessão desse dom e restringe-o aos judaítas, pois a graça e a piedade lembradas pelo profeta em Jl 2,13-14 não incluem as nações estrangeiras

o julgamento das nações estrangeiras (Jl 4,9);[139] (g) o anúncio da vinda e proximidade do *yôm* YHWH presente e evidente em todos os quatro capítulos (Jl 1,15; 2,1.11; 3,4; 4,14).[140] Ao lado destes temas perpassam outros igualmente conexos e relevantes: (a) a apática inércia dos interlocutores do profeta (Jl 1,3.5.8.11);[141] (b) a penúria de ofertas para o culto no templo (Jl 1,9.13-14.16); (c) o sofrimento dos animais do campo (Jl 1,18.20; 2,22); (d) a convocação de uma assembleia para realizar uma lamentação de índole penitencial visando ao pedido de perdão (Jl 1,13-14; 2,15-17); (e) a súplica do profeta (Jl 1,19-20); (f) o perdão e o restabelecimento da bênção agrícola (Jl 2,19.20.22-24);[142]

---

citadas no escrito como inimigas e dignas de castigo; T. H. Robinson (*Prophecy and the Prophets*, 203) admite um contraste entre esse tom universal do dom e o juízo aplicado às nações; D. E. Gowan (*Theology of the Prophetic*, 184-185) fala de uma promessa de democratização futura, que P. R. Andiñach suspeita que seja uma crítica sutil à distribuição do poder (cf. "El Día de Yavé", 12-13).

[139] P. D. Miller Jr. ("*The Divine Council*", 100-107) tem uma visão categórica quanto à "guerra santa", mas tal afirmação não existe na BH. Em Jl 4,9 temos, literalmente, "santificai uma guerra" (cf. Mq 3,5), onde a "lei do talião" perpassa o sentido da expressão (cf. L. LOHFINK, "La 'Guerra Santa'", 83-84). Os povos inimigos, que maltrataram o povo eleito com guerras e contínuos saques, serão alvo de um juízo divino que os castigará na mesma medida (cf. J. BOURKE, "Le Jour de Yahvé dans Joël", 5; L. C. ALLEN, *The Books of Joel*, 28; D. A. HUBBARD, *Joel and Amos*, 36-37; R. SIMKINS, *Yahweh's Activity in History*, 258).

[140] O. Plöger (*Theocracy and Escatology*, 97) vê que a insistência sobre o *yôm* YHWH no escrito de Joel deveria ser tomada como caminho para esclarecer a unidade do livro.

[141] Ao lado da apatia e inércia do povo, reconhecemos que transcorre em Joel um fervoroso interesse em demonstrar a soberania divina (uso de imperativos) que, a partir de Jl 2,12, crescerá em número, força e grau de ação. O protagonismo inicia em Jl 2,19b com o verbo na 1.c.sg. e não voltará mais ao profeta. Agora só YHWH toma decisões, pois o povo já cumpriu sua parte. Não é pertinente admitir que a soberania seja evidente somente nas várias referências às nações como pensa D. Stuart (*Hosea – Jonah*, 229).

[142] É um aspecto temático de Joel explorado no estudo que propõe o *Dodekapropheton* como um único livro (cf. J. D. NOGALSKI "Joel as 'Literary Anchor'", 100-104).

(g) a importância e estabilidade do monte Sião para Judá-Jerusalém e seus habitantes (Jl 2,1.15.18; 3,5; 4,17.20-21).

Estes temas, unidos com habilidade, criam, com a linguagem persuasiva do *yôm* YHWH, não só uma trama profética unificada mas também um texto unificado e coerente funcionando como discurso exortativo convincente.[143]

Acreditamos que para obter uma compreensão realmente unitária do escrito, concordando com as teses que já tentaram fazê-lo de forma mais sincrônica e respeitando o seu estado atual-final, é fundamental que se retire um equivocado ponto de partida: continuar vendo e interpretando a temática do *yôm* YHWH somente através do prisma das catástrofes, porque tal abordagem causa um grande reducionismo na hora de perceber e indicar o valor dessa fórmula teológica em Joel.[144]

A razão é simples: as catástrofes não são as temáticas centrais do livro, não são os únicos e supostos acontecimentos nele descritos e elas, mesmo tratadas conjuntamente, não são capazes de explicar o sentido pleno para uma manifestação divina num *yôm* que pertence somente a YHWH. O ponto fraco das teses é que estas tratam o conteúdo da expressão como um tema dicotômico: ora a favor do povo eleito ora contra o povo eleito. YHWH não é "sim" e "não", mas a sua ação pode causar um duplo efeito.

A expressão *yôm* YHWH, em sua correlação sintático-gramatical, como elemento linguístico, temático e teológico,[145] foi utilizada por Joel para dar sentido e explicar o tema da invasão de gafanhotos (caso tenha sido real[146]), o tema da seca e as demais

---

[143] Cf. E. R. CLENDENEN, "Textlinguistics and Prophecy", 385-390.
[144] Para G. von Rad ("The Origin", 101-102), a possível praga de gafanhotos em Joel foi um aspecto secundário na sua relação com o *yôm* YHWH. Era importante aplicar e comparar a catástrofe à chegada deste dia como um dia de guerra.
[145] Cf. D. I. ROSENBOIM, "Is 'ה יום", 400.
[146] F. S. Bodenheimer ("Note on Invasions", 146-148) afirma que todas as invasões de gafanhotos conhecidas na Palestina, incluindo as bíblicas, são oriundas do deserto (*Schistocerca gregaria* Forsk originadas nas savanas do Sudão). O ataque acontece, geralmente, em intervalos de 11 a

catástrofes. Além disso, para mostrar que uma guerra não significa uma simples punição divina, mas pode se tornar o meio pelo qual YHWH revela que age como justo juiz, diante do seu povo, por seu povo e não só diante das nações inimigas e opressoras mas também sobre aqueles que estiverem agindo impiamente em Judá-Jerusalém.[147]

Assim, a temática do *yôm* YHWH deve sobressair em primeiro plano,[148] dando sentido aos acontecimentos e temas, acentuando a ação salvífica de YHWH e seus desígnios articulados a partir de um local específico: Sião e seu santuário, onde prorrompe e se repercute o sinal deste dia (cf. Jl 2,1).[149]

A ênfase dada a Sião revela um sionismo profético positivo e não uma ideologia política, constatando que, em Joel, o monte Sião não aparece preso às falsas certezas que se criaram em torno à monarquia, à cidade santa e ao templo como fundamentos para a sua inviolabilidade na história.

---

13 anos durante o final do inverno e início da primavera. V. A. Hurowitz ("Joel's locust plague", 597-603), sem fazer alusão a Jl 2,1-11, revê um texto extrabíblico ("Sargon it's hymn to Nanaya") como possível fonte de Jl 1,4-20. Ele chama J. A. Thompson de superficial ("Joel's locusts", 55; cf. nota 64) e que isso se transmitiu nos estudos de quem o segue. Para Hurowitz, seria necessário relativizar o parecer de quem reduz a alusão aos gafanhotos a uma simples metáfora (cita P. R. Andiñach, "The locusts", 433-441). Todavia, a possível fonte histórica não invalida a aplicação metafórica aos exércitos hostis (cf. notas 85 e 100).

[147] Não se trata de vincular ou não o *yôm* YHWH com o tema da ira, mas propor que a justiça divina, embora permita que o justo sofra com o ímpio, não o submete à mesma sorte final (cf. T. LONGMAN, "Psalmo 98: A Divine Warrior", 267-274; R. M. GOOD, "The Just War", 390-392; J. D. NEWSOME Jr., *The Hebrew Prophets*, 184-188). Is 33,13-16 evoca o medo que os pecadores, habitando em Sião, devem ter por estarem ao lado de YHWH, que é santo e justo. A ira de YHWH é a sua "insuportável" santidade.

[148] Cf. W. W. CANNON, "The Day of the Lord in Joel", 38-45.

[149] W. Rudolph (*Joel*, 2.23) nota que o término da miséria e o início das promessas (cf. Jl 2,19-27) diminuem o valor dado à praga dos gafanhotos e à seca, mostrando que tais acontecimentos não poderiam ser mensageiros ou precursores do *yôm* YHWH.

Este nosso estudo, subordinando os demais temas ao *yôm* YHWH, acentua e revela que YHWH é o monarca e o único Deus de Sião. No local do seu santuário, Ele pode ser invocado e receber as ofertas que simbolizam sua presença constante na criação (cf. Dt 26,1-11). Motivo suficiente para Joel interpelar seus interlocutores a respeito da situação da carência de ofertas.

O *yôm* YHWH, neste sentido, reveste-se de e demonstra uma ação temporal de YHWH, indicando que Ele vive no meio do seu povo.[150] A salvação acontecerá para além dos sofrimentos vindos com as calamidades agrícolas,[151] pois fará o povo sair da apatia religiosa e de fé causadas pelas maldades e torturas infringidas pelos inimigos (cf. Jl 1,5-7; 4,1-8.19).[152]

A partir dessas considerações preliminares, assumimos que o anúncio de Jl 2,1-11 não pode figurar, no escrito de Joel, como uma investida de YHWH contra si mesmo, sua cidade e seu santuário. Este anúncio surge como força profética persuasiva e antecipação lúcida para Joel propor as soluções que se seguirão a partir da conversão, da súplica sacerdotal e da decisão benéfica de YHWH que reverte a sorte do seu povo.[153]

---

[150] J. S. Croatto ("Las Langostas del libro de Joel", 250) admite como possível a perspectiva positiva, evocando as correspondências de um administrador provincial ao seu monarca, preocupado com as invasões de gafanhotos e os danos para a agricultura. Croatto, porém, considera as alusões do *yôm* YHWH como inserção redacional (Duhm). Nossa visão compreende que é pela temática que se dá a unidade de leitura ao escrito.

[151] Cf. O. BOROWSKI, "Agriculture", 95-98. As calamidades e os seus efeitos nefastos não deixaram grãos para uma nova semeadura (cf. Jl 1,17).

[152] A identificação do inimigo, segundo D. Stuart (*Hosea – Jonah*, 231-234), pode ser retomada, mas em sentido oposto e sem a necessidade de apelar para uma violação da aliança que exija a aplicação de uma sanção ao povo eleito.

[153] Isso não contradiz que a destruição de Jerusalém, com a consequente deportação dos judaítas para a Babilônia, tenha sido vista como um ato de justiça de YHWH. No escrito de Jeremias, a destruição e o exílio poderiam ter sido evitados pela conversão (cf. Jr 4,5-31), se o regente צִדְקִיָּה e as lideranças tivessem aceito a submissão pacífica e a rendição aos babilônios após a primeira investida em 597 a.C. (cf. Jr 27,11-12; 2Cr 36,15).

A temática possui, então, uma dupla função religiosa na história de Judá-Jerusalém. Ela figura, por um lado, como um elemento que ilumina e decifra os possíveis fatos já realizados ou que deixaram as marcas visíveis; e representa, por outro lado, uma abertura de critério capaz de iluminar e dar a chave de leitura para os possíveis e futuros acontecimentos.[154]

Assim, além de demonstrar a existência e a soberania de YHWH, o *yôm* YHWH manifesta a sua ação sobre o mundo e seus habitantes, a partir da sua santa habitação em Jerusalém. YHWH será exaltado no seu templo, exaltando o seu povo sofrido ao libertá-lo da sua crise de fé (cf. Jl 2,23.26).

A base para tal afirmação reside no fato de que YHWH é o único Deus da criação, do êxodo, da aliança,[155] da história e o maior conivente por zelar pelas suas irrevogáveis escolhas (cf. Jl 2,13b.14.18).[156]

Joel é um profeta atento e que sabe refletir com fé sobre a situação vigorante, convencido de que nada está falido, mas que tudo está diante e nas mãos de YHWH.[157] Ele habita no meio do

---

[154] O caráter futuro pode permanecer, sem a necessidade de haver uma dimensão apocalíptica ou escatológica, pois uma ação futura será sempre um acontecimento "na e da" história. Um futuro para além da história já não seria um elemento temporal.

[155] Cf. E. BIANCHI, "Il giorno del Signore", 20; D. LAUNDERVILLE, "Joel: Prophet and Visionary", 81; P. R. ANDIÑACH, "El Día de Yavé", 15; J. M. Ward (*Thus Says the Lord*, 242-243) relaciona a dupla função do *yôm* YHWH: (a) litúrgica, para provocar a decisão na ação da assembleia (cf. Jl 1,15; 2,1-11), e (b) literária, para encorajar os ouvintes a esperarem com paciência a ação de YHWH (cf. Jl 3,4; 4,14).

[156] Cf. A. PREMINGER – E. L. GREENSTEIN, *The Hebrew Bible*, 464-465. Após Joel ter sido autorizado como profeta para falar em seu nome (cf. Jl 1,1), YHWH exorta e introduz, em primeira pessoa, o tema da conversão com seus gestos típicos: jejum, pranto e lamentos (cf. Jl 2,12). É o caminho não para o povo sair de uma desgraça, mas para que YHWH se mostre zeloso pela sua terra e tenha piedade do seu povo (cf. Jl 2,18). S. Bergler (*Joel als Schriftinterpret*, 272-273) fala de um êxodo novo e cósmico.

[157] O profeta demonstra ter conhecimento da penosa realidade, mas não fica prisioneiro dela, pois sabe que, pela presença de YHWH, ela pode ser transformada em bênção abundante. O movimento da história salvífica

seu povo e não é só o Deus da libertação ou da criação, mas é שַׁדַּי (cf. Jl 1,15), presente e disposto a agir em qualquer situação capaz de colocar em risco a existência do seu povo, que em última instância afeta o seu divino projeto para a humanidade.

Ao lado da temática do *yôm* YHWH está a preocupação do profeta com a subsistência e o valor do culto, para que a última palavra do escrito não seja um equívoco (cf. Jl 4,20-21) em relação à primeira (cf. Jl 1,2-3).[158]

3.1. Elementos centrais da chave alternativa: a dicotomia, a crise agrícola, a ausência de pecado e a crise de fé simbolizada na apatia e inércia

Os homens no mundo contemporâneo demonstram-se muito hábeis, propensos e racionalmente acostumados a distinguir entre "dado natural" e "dado sobrenatural". Com isso, criam dicotomias em realidades unitárias.

Os homens no mundo antigo e semítico, pelo contrário, por estarem envolvidos numa atmosfera religiosa e de fé, não viam e não admitiam a separação entre estes dois dados. Os acontecimentos naturais, bem como as predisposições bélicas,[159] eram julgados como efeitos das relações que se estabeleciam entre o humano e o divino. Estes se empenhavam como parceiros, assumindo responsabilidades, direitos e mútuas obrigações.

A dicotomia, se assim podemos chamar para o mundo antigo, era sinal de uma quebra nas relações estabelecidas e assumidas, como acontece num pacto ou aliança, implicando decisões e sanções morais justas. Estas envolviam gêneros particulares de ação,

---

serve de base para ele distinguir o que está debaixo dos acontecimentos: o amor salvífico de YHWH (cf. Jl 2,13-14; Jn 3,9).

[158] Seria uma redução ligar Jl 1,2-3 só à praga dos gafanhotos ou ao contexto das catástrofes (assim faz P. G. SCHWESIG, *Die Rolle*, 118), pois esta exortação abrange o todo da mensagem e culmina na palavra de YHWH em Jl 4,20-21. O termo רוּחַ dá apoio à nossa argumentação (cf. Jl 1,3; 2,2 [em 2,17, a assembleia representa gerações]; 4,20). Para W. Rudolph (*Joel*, 23-24), Jl 1,2-3 visa somente o conteúdo dos cap. 1 e 2.

[159] Antes de uma batalha, é preciso consultar YHWH (cf. 1Rs 22).

como no culto de lamentação para suplicar o perdão e obter a bênção do restabelecimento do solo, revigorando, interna e externamente, a adoração no seio da comunidade pelas ofertas que seriam levadas ao templo (cf. Dt 26,5-11).[160]

O escrito de Joel, neste sentido, levanta alguns questionamentos, pois, além das perspectivas que envolveram o abalo econômico com a falta dos gêneros agrícolas,[161] o profeta também manifesta uma clara preocupação com os animais do campo (cf. Jl 1,18.20; 2,22), sem mencionar nenhum tipo de culto sacrifical, pois os animais já estão sacrificados pela penúria.[162]

Assim, é lícito indagar: seria possível conceber e aceitar YHWH como fonte da qual procede tanto a carestia como a salvação, revertendo toda uma precária situação num retorno quase paradisíaco, desde que aconteça uma verdadeira conversão de um pecado não mencionado?[163]

---

[160] Cf. R. MURRAY, *The Cosmic Covenant*, 44; Dt 26,5-10 (cf. Ex 3,8) mostra que a Páscoa era celebrada como uma totalidade canônica da história da salvação e compreendia o movimento completo que ia da libertação ao dom e posse da terra.

[161] J. Limburg (*Hosea*, 55-56) vê o livro como um movimento entre crise e solução.

[162] Os animais mencionados no escrito de Joel não são destinados a um culto sacrifical, mas já se encontram sacrificados pela situação. Existe certa correspondência com Os 5–7. Perguntaríamos ainda: esta preocupação de Joel com os animais não poderia ser comparada à insólita participação dos animais nas ordens emitidas pelo rei de Nínive? Existe em Jonas uma solidariedade, pois homens, do maior ao menor, e animais, gado graúdo e miúdo, devem fazer penitência, jejuar e se converter. Gestos com os quais eles esperam alcançar de YHWH a revogação da sentença. O resultado é positivo e, com isso, admite-se que também os animais tiveram seu mérito no processo que reverteu e moveu a piedade de YHWH (cf. Jn 3,1-10). Joel, fazendo-se voz dos animais, não estaria dizendo: vê YHWH a miséria e o sofrimento dos animais e aceita-a, igualmente, como penitência. Talvez isso seja uma saída para o impasse criado sobre o v. 18 (cf. M. BECK, *Der "Tag YHWHs"*, 152; cap. III, nota 64).

[163] Cf. G. S. OGDEN, *A Promise of Hope*, 7-12; D. E. GOWAN, *Theology of the Prophetic*, 182-183.

E se existisse um pecado subentendido?[164] É lícito indagar a respeito dele, a fim de que se esclareça o motivo que teria levado YHWH a aplicar um castigo tão grande para os habitantes de Judá, afetando Jerusalém e no fundo provocando, como antes aludido, um castigo para "si mesmo"?

O que Joel não deixa entrever, quanto ao castigo aplicado ao povo eleito, Amós o prenunciou para o reino do Norte,[165] Abdias o aplicou a Edom e às nações[166] e Sofonias parece aplicar ao reino do Sul.[167] Todavia, o contexto destes escritos é diferente por denunciar e deixar entrever vários tipos de pecados capazes de suscitar a indignação e a ira de YHWH principalmente contra as lideranças nos dois reinos.[168]

Joel, contudo, silencia e não apresenta nenhum pecado como causa dos males sofridos.[169] Isso é um fato constatável, difícil de julgar e que deve ser respeitado,[170] para não conceber, prontamente, o *yôm* YHWH em Jl 2,1-11 como um anúncio de castigo

---

[164] H. Simian-Yofre (*Amos*, 122-123) sugere que em Joel estaria subentendida uma culpa digna de uma punição ou que, no mínimo, uma ordem divina interrompida deveria ser restabelecida. Todavia, no texto joeliano, o ritmo do culto é a única realidade que aparece interrompida pela falta de ofertas e que causa forte preocupação no profeta.

[165] Cf. cap. VI.

[166] Cf. cap. VI.

[167] Cf. cap. IV e cap. VI.

[168] G. S. Ogden (*A Promise of Hope*, 11) aceita que Jl 2,1-11 é um lamento não por um pecado, mas pela maldade que as nações estrangeiras fizeram a Israel. M. Beck (*Der "Tag* YHWH*s"*, 142) nota que, para os defensores da interpretação de Joel no contexto unitário dos Doze profetas, a questão do pecado se liga à idolatria combatida em Oseias.

[169] Este silêncio não significa o fim dos pecados, como pensa T. Henshaw (*The Latter Prophets*, 282); mas também não significa que é o tema central e a causa do julgamento divino em Joel, como pensa E. Achtemeier (*Minor Prophets I*, 115).

[170] J. L. Crenshaw ("Joel's Silence", 255-259 e "Who Knows", 185-196) desaprova a atitude dos que tentam adivinhar o pecado ou a situação de pecado que exigiria uma conversão, pois tal procedimento seria uma violência ao escrito de Joel.

que se abaterá contra Judá-Jerusalém, pelo simples fato da alusão que se faz de uma cidade invadida (cf. Jl 2,10).

No escrito de Joel não há nenhum aceno direto a uma violação dos níveis da aliança, sintetizados no decálogo.[171] Então, se um castigo procede, ficaria comprometida uma abordagem do livro de Joel segundo a ótica e o esquema deuteronomista, que sintetiza a sua compreensão da história numa linguagem que intercala: pecado – castigo – clamor – libertação.[172]

Ao lado disso, não se pode excluir, a *priori*, a possibilidade de estarmos diante do problema que surgiu sobre o sofrimento do justo e que se reflete na teologia a respeito da retribuição que cabe às ações humanas.[173]

O escrito de Joel serviria de proposição profética, ainda na linha do restabelecimento da bênção como encontramos no livro de Jó,[174] de modo que, no final da narrativa, tudo se resolve não pelo reconhecimento de um pecado explícito, mas pelo reconhecimento da insensatez da criatura em relação ao Criador. No caso de Joel, segundo o nosso parecer, seria o reconhecimento da própria apatia e inércia em relação à fé.[175]

---

[171] G. W. Ahlström (*Joel and the Temple*, 26-34) admite que a praga dos gafanhotos denotaria um pecado contra a ideologia da aliança e cita Dt 28,38, o que é pura suposição.

[172] Na vocação de Gedeão, alguns elementos se ligam ao contexto do escrito de Joel. As constantes invasões dos madianitas são comparadas à ação dos gafanhotos e são um verdadeiro flagelo para Israel (cf. Jz 6,5; Jl 1,4); e Gedeão é denominado "homem forte e valoroso" (Jz 6,12), características que em Jl 2,2.7.11 são atribuídas ao עַם רַב וְעָצוּם.

[173] Cf. D. FLEER, "Exegesis of Joel 2:1-11", 160; B. PECKHAM, *History and Prophecy*, 657-658; K. KOCH, "Is There a Doctrine of Retribution", 59.64-65. O tema da retribuição, com uma análise dos aspectos bíblicos e extrabíblicos, é devidamente apresentado por H. SIMIAN-YOFRE, *Sofferenza dell'uomo*.

[174] É possível ler o livro de Joel à luz de Jó 2,10? Ou melhor, concebê-lo dentro da ótica da teologia deuteronomística, em particular no contexto de Dt 27–30? Uma tendência neste sentido encontra-se em G. BERNINI, *Sofonia*, 108-109.

[175] Os aspectos de Jl 1,2-3.5 buscam tirar a comunidade da apatia e da inércia que estão tendo diante das dificuldades agrícolas e da ação dos inimi-

Além disso, o culto sacrifical no livro de Jó (cf. Jó 42,7-9) serviu para aplacar a ira divina contra os amigos interlocutores e não para perdoar Jó de algum pecado. Serviu também para anteceder a bênção que traria os novos dons para o "justo sofredor". Todavia, esta nova bênção, no fundo, não devolveria os bens perdidos, particularmente os filhos falecidos.

É, portanto, coerente afirmar que uma bênção retirada não pode ser substituída por outra bênção infundida, mesmo se a posterior possuirá e apresentará proporções maiores e superiores que a anterior.[176]

Visto dessa forma, a bênção reflete, no escrito de Joel, a possibilidade de a vida continuar existindo a partir de um culto que não oferece dons a YHWH, mas oferece, rasgando o coração e não as vestes, a própria condição de penúria diante do ridículo espetáculo que YHWH poderia passar diante do desdenho dos povos inimigos (cf. Jl 2,13-17) e que no final se reverte, mostrando que serão eles que receberão o desdenho como juízo.[177]

Como entender um chamado incisivo à conversão, com tantos elementos penitenciais, se não houve uma causa explícita? As

---

gos, provocando uma solução religiosa pela ação dos sacerdotes (cf. M. di GANGI, *The Book of Joel*, 17-20). Uma forte ameaça de intervenção divina adquiriria uma forma de encorajamento e robustecimento da fé, alimentando nos ouvintes-leitores a esperança de que dias melhores chegariam. Um ponto facilmente observável numa causa com duplo efeito.

[176] Tal afirmação se aplica a Jl 3,1-5. Os fatos trágicos da história, no plano universal da salvação, não são tomados como aspectos meramente negativos, mas como ocasiões que revelaram a ação de YHWH que determinava, em eventos presentes, o prelúdio positivo do futuro (cf. R. B. Y. SCOTT, *The Relevance of the Prophets*, 139-141).

[177] O pedido de piedade se faz objetivando a salvação que demonstre a soberania de YHWH, não deixando que as nações o ridicularizem. Tal súplica está em função do zelo que só YHWH pode e deve demonstrar por si mesmo. Não há referência, nos lábios dos sacerdotes, às carestias, mas à maldade dos inimigos que não pode ficar sem punição.

carestias são efeitos, e não a causa, dos males da comunidade e fazem do profeta um intercessor.[178] Se os males procedem de YHWH, neste caso particular do escrito de Joel contradizem o sentido do restabelecimento da justiça e abririam espaço para uma reavaliação da ideia subjacente ao direito de YHWH entrar em litígio com o seu povo, tornando-o injusto[179] e contrariando a afirmação que o reconhece como bondoso e misericordioso (cf. Jl 2,13-14).

Enfim, não convence uma interpretação que simplesmente diga: "Não interessou ao profeta ou ele decidiu não se ocupar com o fato que desencadeara a sua mensagem", deixando que tudo recaia sobre as carestias.

Ao nosso juízo, a índole insistente na temática do *yôm* YHWH é uma posição do profeta a respeito destes problemas, e a compreensão deste anúncio é a sua chave interpretativa a partir da estreita relação entre o *yôm* e YHWH diante da apática inércia da comunidade.[180]

No escrito de Joel, está subjacente a reunificação do povo eleito, de modo que as carestias da primeira parte poderiam ser vistas como metáforas das desgraças operadas com a dispersão e o esvaziamento de Judá-Jerusalém pela ação das nações estrangeiras. Por isso, elas receberão no *yôm* YHWH uma justa retribuição por seus crimes (cf. Jl 4).[181]

---

[178] S. E. Balentine ("The prophet as intercessor", 162) só admite Jl 2,17 como exemplo de intercessão no livro; mas, a nosso ver, Jl 1,19-20 é uma intercessão condizente com a situação calamitosa que abate os animais e da qual o profeta se faz porta-voz.
[179] Cf. H. SHAPIRO, "Joel", 201. O contexto do *yôm* YHWH em Jl 4,14 não criaria problemas, pois Jl 4 mostra YHWH que decide disputar com as nações estrangeiras para fazer justiça ao seu povo (cf. P. BOVATI, *Ristabilire la Giustizia*, 210.320-321.350).
[180] Cf. W. W. CANNON, "The Day of the Lord", 42-44.
[181] Não partimos do pressuposto de que Jl 4,4-8.18-21 deva ser tratado somente como texto secundário, como fazem M. Beck (*Der "Tag* YHWHs", 146) e P. G. Schwesig (*Die Rolle*, 135-140). Tal postura enfraqueceria uma justa compreensão da temática unitária do *yôm* YHWH na profecia de Joel.

A reunificação e o restabelecimento da soberania de YHWH como único monarca, num escrito que não traz alusões ou indícios de um suposto período monárquico, contra as forças opressoras naturais e humanas, são também um vínculo descrito na ação entre o *yôm* e YHWH em todas as partes do livro. Assim, o juízo que o *yôm* YHWH acarreta pode ser visto como uma bênção implícita em Jl 2,1-11 a favor da soberania divina.

Se com Amós o *yôm* YHWH sai de um equívoco, em meio à falsa ideia de prosperidade, e passa a ser visto como um dia de punição que não só atingirá as nações estrangeiras e inimigas, mas também será aplicado contra os malvados e ímpios do próprio povo eleito;[182] com Joel este dia de juízo e de ajuste de contas se encaminha de uma situação de penúria econômico-religiosa, pela qual Judá-Jerusalém está passando com as carestias e com a dispersão do seu povo, para um futuro promissor pelo domínio irrevogável de YHWH com o seu povo novamente reunido e protegido em Sião.

Os resultados obtidos com o culto após a descrição do *yôm* YHWH serão: a bênção agrícola, o aniquilamento do inimigo setentrional, a efusão do espírito, o dom da invocação do nome divino, a libertação dos cativos, a reunião os dispersos, com a consequente convocação e vitória sobre as nações malvadas, para culminar com a exaltação da soberania de YHWH, que promete vingar o sangue inocente (cf. Jl 4,19.21).[183]

Se o anúncio do *yôm* YHWH em Jl 1,15 é um sinal associado à praga dos gafanhotos[184] e Jl 2,1-11 é uma retomada desta

---

[182] Isso daria compreensão para a tese de H. Simian-Yofre (cf. nota 164).
[183] Cf. W. W. CANNON, "The Day of the Lord", 38; G. S. OGDEN, *A Promise of Hope*, 10-16; B. C. BIRCH, *Hosea*, 125-131.
[184] A. J. Everson (*The Day of Yahweh*, 250) vê que a associação da praga dos gafanhotos com a iminente catástrofe é a proposta central de Jl 1 e sobre ela o primeiro anúncio do *yôm* YHWH está ancorado, pois Jl 1,16-20 torna visível os sinais de destruição. A questão será discutida no cap. III.

associação, aplicando-o à invasão de um exército inimigo,[185] questionamos: como é possível que uma mesma temática possa assumir dois papéis, quase ambíguos, num mesmo capítulo e ser, a partir dos cap. 3 e 4, um sinal de libertação e salvação para o povo já profundamente abatido, depauperado, sofrendo com as carestias e ainda tendo que passar por um castigo futuro preconizado por tal dia?[186]

Esta suposta incoerência, vista na perspectiva de uma causa de duplo efeito, faria com que as possíveis contradições cedessem espaço à perspectiva unitária do escrito em função da salvação desejada.[187] Então, o valor genitivo do *yôm* YHWH não só exprime uma pertença, mas indica causalidade, dando a entender que YHWH é o autor concreto deste *yôm*.

Isso esclarece o sentido do conteúdo inteiro a ser narrado e transmitido às futuras gerações (cf. Jl 1,2-3), evitando a sua redução apenas às catástrofes e exaltando a ação de YHWH, o qual ouve a súplica insistente do seu povo.[188]

Assim, podemos dizer que Jl 2,1-11 é também uma imagem condizente com a futura ação salvífica que não deixa impunes, se for o caso, os membros do povo eleito que porventura tenham

---

[185] Cf. M. T. McHATTEN, *The Day of Yahweh*, 154-163; T. HIEBERT, "The Day of the Locust", 19-22; R. SIMKINS, *Yahweh's Activity in History*, 257.

[186] D. STUART, *Hosea – Jonah*, 231; J. M. Ward (*Thus says the Lord*, 242) diz que existe, antes de se passar do contexto de penúria ao de salvação, a passagem de uma calamidade, que afetou a economia, para a ameaça universal com o *yôm* YHWH.

[187] P. C. Craigie (*Twelve Prophets*, 87-88) sugere que este dia possui, para o profeta, um duplo caráter: para os adoradores de YHWH sua face é de bênção e para os inimigos sua face é de destruição. Esta posição é mecanicista, pois a mudança de atitude do povo não denotaria uma real conversão, mas o desejo de se ver livre do julgamento divino.

[188] A passagem de uma realidade a outra constitui a pedra de tropeço dos estudiosos. O modo mais fácil de resolver a questão é apelar para a cisão do livro ou para o dualismo temático do *yôm* YHWH. Jl 1,15-20; 2,1-11 seriam a reflexão pós-exílica para gerar a consciência geral do pecado (cf. M. BECK, *Der "Tag* YHWHs*"*, 140.312).

sido coniventes com a invasão estrangeira, agindo contra os próprios compatriotas.[189] As perguntas que suscitamos são resolvidas pelos estudiosos com base no modo como eles estruturam o escrito de Joel, o que nos exige, mesmo que de forma breve, uma abordagem condizente com a natureza dos temas que se intercalam com a temática do *yôm* YHWH.[190]

3.2. Questões conexas do *yôm* YHWH com a cisão do livro

Existe uma cisão no livro? Os estudiosos apontam duas possibilidades, e isso nos permite dividi-los em dois grupos:[191] (a) os que são pela cisão entre Jl 2,17 e 2,18; (b) os que são pela cisão entre Jl 2,27 e Jl 3,1.

Para os adeptos do primeiro grupo, a primeira parte (Jl 1,2–2,17) é concebida como uma mensagem descritiva de uma desgraça nacional que gira em torno das três direções já referidas em relação ao *yôm* YHWH. Já a segunda parte (Jl 2,18–4,21) é concebida como uma resposta de YHWH a essas circunstâncias, visto que Ele se manifesta favorável e concede ao seu povo, como resposta, graça e salvação advindas também com a manifestação do *yôm* YHWH.[192]

---

[189] Cf. Is 1,27-28; 5,16; 10,22; 59,16; Jr 9,24; P. R. ANDIÑACH, "El Día de Yavé", 9.
[190] Cf. J. D. NOGALSKI, *Redactional Processes*, 1-6.
[191] Fazem exceção G. S. OGDEN, *A Promise of Hope*, 4-9; M. A. SWEENEY, *The Twelve Prophets I*, 151-152; T. Henshaw (*The Latter Prophets*, 278-283) dividiu o escrito em três partes. Jl 2,17 e Jl 2,28 seriam momentos de transição no conteúdo do livro.
[192] H. W. WOLFF, *Joel und Amos*, 6-7; J. D. W. WATTS, *The Books of Joel*, 15.31; L. C. ALLEN, *The Books of Joel*, 39-43; D. STUART, *Hosea*, 226-227; D. A. HUBBARD, *Joel and Amos*, 39; L. J. OGILVIE, *The Communicator's*, 206-207; J. A. RIMBACH, "Those Lively Prophets", 302-304; R. SIMKINS, *Yahweh's Activity in History*, 77-78; J. L. CRENSHAW, *Joel*, 29-34; E. ACHTEMEIER, *Minor Prophets I*, 115-162; B. C. BIRCH, *Hosea*, 126-127.

Para os adeptos do segundo grupo, a primeira parte (Jl 1,2–2,27) é histórica e contém informações relativas aos acontecimentos da época em que o profeta atuou. Já a segunda parte (Jl 3,1–4,21) contém um conteúdo escatológico, para além da época do profeta, com promessas de bênçãos para Judá e condenação, num julgamento, das nações inimigas. Jl 2,27 é considerado o divisor porque YHWH fala em primeira pessoa.[193]

Todavia, segundo o nosso parecer, estas duas formas de divisão do livro não são convincentes e não oferecem soluções para as questões suscitadas sobre a temática do *yôm* YHWH pelos seguintes motivos.

É estranho que a resposta favorável de YHWH, a partir de Jl 3,1, não testemunhe mais os elementos essenciais que a protagonizaram ao lado do profeta: a praga dos gafanhotos, a seca,[194] a figura do sacerdote[195] e o papel do templo como intermediários entre a situação catastrófica e a solução desejada[196] na súplica do

---

[193] W. RUDOLPH, *Joel*, 24; E. TESTA, "La Profezia di Gioele", 873-874; L. ALONSO SCHÖKEL – J. L. SICRE DIAZ, *Profetas II*, 926; R. D. PATTERSON, *Joel*, 233; R. MASON, *Zephaniah*, 99.103; D. PRIOR, *The Message of Joel*, 17; J. BARTON, *Joel and Obadiah*, 3-14.

[194] W. Rudolph (*Joel*, 23-24) julga essa ausência como uma prova de que as catástrofes não eram mensageiras do *yôm* YHWH e, por isso, era natural que não fossem mencionadas nos cap. 3 e 4, onde YHWH manifestará a sua bênção pelo perdão.

[195] J. R. Linville ("The Day of Yahweh", 98-113) argumenta a favor da presença implícita dos sacerdotes em Jl 3,1-5 e que não existem motivos para aceitar uma ausência da ação sacerdotal na segunda parte do livro.

[196] P. L. Redditt ("The Book of Joel and Peripheral Prophecy", 225-240) explica as diferenças entre as duas partes do livro pelo contexto sociorreligioso de Joel. Por detrás deste escrito, estaria um movimento dos seguidores de Joel, com uma profecia que visava democratizar a ação cultual para além do ministério sacerdotal do templo, estendendo-a aos membros da comunidade de forma carismática (cf. Jl 3,1-5). Todavia, tal antagonismo carece de fundamentos e é uma conclusão precipitada para um escrito que não nos dá informações sobre o próprio profeta, como o próprio Redditt já havia visto ("The Book of Joel", 69).

profeta.[197] Estes aspectos essenciais cederam espaço para a temática do julgamento contra as nações (cf. Jl 4), antecedida apenas pelo dom do espírito (cf. Jl 3,1-5). A opressão pela qual passou o povo eleito terminará. Isto já havia sido previsto, através do anúncio favorável do *yôm* YHWH (cf. Jl 2,1-11) em forma de prelúdio metafórico (cf. Jl 2,6),[198] principalmente quando o texto termina afirmando o comando de YHWH diante do seu exército (cf. Jl 2,11).

Tal passagem é um elemento que, segundo o nosso parecer, revela uma importante faceta do *yôm* YHWH em Jl 2,1-11 diante da seguinte questão: por que YHWH manifestou-se favorável aos apelos do povo?[199] Uma possível resposta advém do único testemunho direto, no escrito de Joel, de um incisivo נְאֻם־יְהוָה (Jl 2,12).[200]

Nesta mudança, reside não só uma total inversão mas também o fato de que as nações que antes estavam numa situação de bem-estar passarão, com o advento do juízo divino, a um estado de penúria (cf. Jl 2,6; 4,1-8.19). Judá-Jerusalém, que antes vivia um estado de penúria, passará a um estado de bem-estar, porque YHWH está no comando do seu exército libertador (cf. Jl 2,11).

Existe progressão nesta passagem que vai da penúria agrícola à penúria urbana e interliga as duas esferas em que gira a vida do povo eleito. Assim, como a vida da cidade depende do que o campo é capaz de produzir, a vida do campo precisa do que

---

[197] Joel não seria um profeta cultual só porque eleva uma súplica a YHWH (cf. Jl 1,19-20) ou porque provoca a ação dos sacerdotes (cf. Jl 2,15-17).
[198] Jl 2,6 se refere ao exército invasor (cf. P. R. ANDIÑACH, "El Día de Yavé", 7).
[199] B. C. Birch (*Hosea*, 127) admite que a resposta favorável de YHWH para a penosa situação tenha provocado a inversão temática e a sua aplicação em maior escala.
[200] Sendo coerentes com a história da criação, na qual tudo foi feito porque YHWH pronunciou sua Palavra (Gn 1,1-3), a reversão em Joel também acontece porque YHWH se pronuncia, e a conversão do povo acontece pela força que a Palavra divina produz, e não pela capacidade do povo de se converter (cf. M. L. C. LIMA, "A Volta de Deus", 279-282).

acontece na cidade, principalmente do ofício sagrado no templo, para continuar produzindo sob as bênçãos de YHWH.

Segundo este contexto, a temática do *yôm* YHWH manifesta ser um elemento central para as demais temáticas do escrito e denota sua dúplice relação na sequência que identificamos: crise agrícola/crise urbana; salvação urbana/salvação agrícola. O templo, com o seu culto, é o epicentro, e o *yôm* YHWH a sua linguagem condizente e convincente diante dos ouvintes convocados e congregados em assembleia litúrgica.

O culto possui a capacidade de condensar todas as dimensões temporais, abrindo uma perspectiva que fundamenta e ajuda na compreensão da história como local das manifestações de YHWH a favor do seu povo.[201] As ações de YHWH experimentadas no passado, pelos antigos, são vividas como reais pelos atuais celebrantes (cf. Ex 13,3-10; Sl 118,24). Com isso, o ato salvífico do ontem constitui o ato salvífico no hoje da celebração e se torna o motivo de esperança para novas intervenções salvíficas de YHWH.

As nações que investiram contra o povo eleito receberão a sua devida paga (cf. Jl 1,6-7; 2,17.20; 4,1-21). Este é um elemento que se destaca muito mais no conjunto do escrito do que a praga dos gafanhotos ou a seca assoladora, que desapareceram totalmente de cena.

No lugar de admitir cesuras, que identificariam partes no escrito em Jl 2,18 ou 2,27, vemos que as ideias contidas em Jl 1–2 levam à compreensão de Jl 4, havendo não uma dicotomia na mensagem mas sim uma real progressão, que tem como ponte ou elo o pequeno capítulo de Jl 3,1-5.[202]

A passagem de uma situação à outra é o objetivo da mensagem final com o favor aplicado e evidenciado para Judá-Jerusalém

---

[201] As teses de S. Mowinckel e G. von Rad poderiam ser conciliadas, porque nas duas o *yôm* YHWH é um dia particular da vitória divina, que deve ser festejado no culto (cf. cap. VI, nota 89).

[202] M. Beck (*Der "Tag* YHWH*s"*, 160-161) critica E. Bosshard-Nepustil e postula que a mudança em Jl 2,12 revelaria a intencionalidade do autor, demonstrando o sentido dramático da tensão entre o tom ameaçador e a continuação em tom de esperança.

pelo juízo contra as nações inimigas na base da "lei do talião", assegurando, incisivamente, a presença e o comando de YHWH em Sião (cf. Jl 4,20-21). A nossa proposta percebe e explicita que tipo de vínculos existem entre Jl 2,1-11 e Jl 3–4, evitando reducionismos na compreensão unitária que o *yôm* YHWH acarreta para a totalidade do escrito de Joel.[203]

3.3. Continuidade ou descontinuidade temática?

Na apresentação das tendências interpretativas, ficou patente que alguns estudiosos oferecem critérios válidos para mostrar que existe descontinuidade entre o anúncio do *yôm* YHWH em Jl 2,1-11 e a praga de gafanhotos. É um fato inegável que o tema dos gafanhotos está presente na profecia joeliana (cf. Jl 1,4; 2,25) e, por isso, é discutido pelos estudiosos.[204] Como tema bíblico, pode ser considerado um elemento que denota a presença providencial de YHWH, tanto para salvar como para castigar o seu povo ou os inimigos do seu povo. Ex 10 é exemplo contra o Egito.

Todavia, pode-se dizer que o tema dos gafanhotos é um fato discutível quando relacionado com o *yôm* YHWH, que também aparece como sinal da presença providencial de YHWH nos dois sentidos, mas com uma sutil diferença em Joel, porque nesta profecia o *yôm* YHWH possui um duplo efeito: é um evento salvífico para o seu povo e um castigo para os inimigos.

Para demonstrar esta posição, as duas temáticas serão consideradas, no nosso trabalho, pelo critério da distinção, para não

---

[203] P. G. Schwesig (*Die Rolle*, 116.305) realizou uma intertextualidade entre Jl 2,1-11 e Jl 4,1-3.9-17, mas manteve a perspectiva de castigo para os dois anúncios.

[204] Joel usa um vocabulário diversificado quanto aos gafanhotos: גָּזָם - *gāzām*, אַרְבֶּה - *'arbeh*, יֶלֶק - *yeleq*, חָסִיל - *ḥāsîl*. A razão para tal uso ainda não tem uma explicação satisfatória. Para uma discussão do problema, cf. H. W. WOLFF, *Joel*, 30-32; Y. PALMONI, "Locust", 145; E. FIRMAGE, "Zoology", 1155-1159; R. SIMKINS, *Yahweh's Activity in History*, 101-120; R. C. STALLMAN, "אַרְבֶּה", 491-495; P. RIEDE, *Im Spiegel der Tiere*, 194-198.

confundir um fato histórico com uma linguagem metafórica.[205] Com isso, o grau de relação, levando em conta o conjunto, respeita o teor das duas temáticas em Joel.[206]

Jl 1,2-20 busca descrever, com exclusividade, as várias catástrofes naturais e os efeitos que se verificaram na vida do povo de Judá, com fortes reflexos em Jerusalém, alterando em particular a rotina do templo.

Em Jl 1,2-3 encontra-se o primeiro e forte chamado de Joel aos seus interlocutores presentes e futuros. A mensagem profética é relevante porque, inserida numa comunidade religiosa, deve se tornar patrimônio e herança a ser transmita de geração em geração como testemunho de que YHWH está falando através da leitura que Joel faz da realidade.[207]

O profeta lê e interpreta não somente o que de catástrofe natural tenha acontecido, mas principalmente como YHWH agiu, dentro de um contexto exortativo que, na totalidade do escrito, encontrará novos rumos a partir do que Ele falará pessoalmente (cf. Jl 2,12).

Em Jl 1,4-14 temos o início de uma grande fala do profeta. Ele trata de exemplificar o sentido, alcance e efeitos da devastação provocada pelas catástrofes, tendo no centro da sua preocupação

---

[205] M. Lang ("Das Exodusgeschehen", 66-67) relaciona os gafanhotos de Jl 1,4; 2,25 com Ex 10, dizendo que coisas antigas e já conhecidas são engrandecidas para dizer coisas novas. Assim, a praga dos gafanhotos se transforma em exército avassalador.

[206] Cf. R. SIMKINS, "God, History", 455; J. D. Nogalski ("Joel as 'Literary Anchor'", 103; *Redactional Processes*, 2-6.23.120-121) vê o papel dos gafanhotos em dois caminhos: (a) expressar a destruição da fertilidade agrícola e (b) antecipar um ataque inimigo.

[207] Seria incompleto e pouco coerente pensar que o conteúdo da expressão הֶהָיְתָה זֹּאת בִּימֵיכֶם וְאִם בִּימֵי אֲבֹתֵיכֶם (Jl 1,2b) seja uma simples alusão às catástrofes, apesar do realismo, como faz P. R. ANDIÑACH, "El Día de Yavé", 1. A nosso ver, é mais importante transmitir às novas gerações não a lembrança das desgraças mas sim o modo como elas foram a ocasião para YHWH se manifestar e realizar, como no passado, as maravilhas a favor do seu povo, revelando-se presente na sua história (cf. Jl 1,3; 2,13-14). Cf. G. S. OGDEN, *A Promise of Hope*, 15.

a ausência de ofertas para a casa de YHWH (cf. Jl 1,9.16)[208] e a aridez dos pastos, que provoca a ânsia dos animais (cf. Jl 1,19-20). Nesse sentido, um templo sem ofertas é como uma esposa sem o esposo e como o campo sem pastos para o rebanho.

A praga dos gafanhotos relembrava, neste contexto, não o sofrimento durante a opressão no Egito, mas a ação salvífica de YHWH. Ao lado desta, a seca representava a peregrinação pelo deserto e os benefícios que YHWH proporcionou aos libertos durante os quarenta anos do deserto.[209]

Entre a praga dos gafanhotos e a seca, a menção do inimigo potente como um leão, animal feroz (cf. Jl 1,6-7), aparece como o representante tanto dos inimigos que o povo encontrara antes de tomar posse da terra prometida, quanto dos inimigos que continuamente invadiam e destruíam suas plantações durante o período dos juízes.[210]

Estas três hipóteses, assim concebidas, serviriam perfeitamente para: (a) recordar o que tudo isso representou na história do desenvolvimento do povo eleito até a sua fixação no território; (b) instruir as futuras gerações para que não percam a sua única referência salvífica: YHWH.

Após o primeiro anúncio do *yôm* YHWH (cf. Jl 1,15), o profeta empregaria uma forma tradicional de lamentação, pela convocação de uma assembleia litúrgica, para enfatizar que as

---

[208] T. Henshaw (*The Latter Prophets*, 282) nota que o culto ameaçado é um fato relevante no escrito de Joel, porque toca o coração religioso da sociedade judaíta.

[209] O deserto revela-se como o local onde a vida, humanamente dizendo, não existe e não pode existir senão pela garantia de quem se faz vida para o povo como YHWH, o Deus do Sinai, que se manifestou durante os quarenta anos de peregrinação, dando-lhes de comer e de beber, lá onde não se podia plantar e, por conseguinte, não se colhia.

[210] A imagem do leão, que se precipita sobre a sua vítima e a destroça, é usada com frequência na Bíblia para indicar o inimigo ou o malvado, que atenta contra a vida do justo para prejudicá-lo (cf. Jó 4,10-11; Sl 7,3; 10,30; 17,12; 22,14; 57,5; Eclo 4,30; 27,10.28; Lm 3,10; Os 13,7; 1Pd 5,8). Segundo a fé bíblica, somente YHWH pode salvar o homem do leão (cf. Sl 22,22; 35,17; Dn 6,23.28; 2Tm 4,17; Hb 11,33).

catástrofes possuem também um significado histórico-religioso (cf. Jl 1,16-20).

Desse modo, vê-se que a praga de gafanhotos não estaria associada diretamente ao *yôm* YHWH como sua imagem, mas foi esta temática que exatamente lhe serviu para explanar, justificar as catástrofes e reevocar a soberania de YHWH na história, a fim de fortalecer a incisiva convocação à lamentação, segundo as normas dadas pelo próprio YHWH (cf. Jl 2,12).

Por isso, o profeta, devido ao possível e longo período de seca, convoca o povo para um ato público de lamentação no local específico (cf. Jl 1,14; 2,17), através de uma série de estrofes focalizadas especificamente sobre a devastação causada pelo conjunto das três catástrofes e suas consequências.

A profecia de Joel, nesta perspectiva, apresenta uma antítese dos antigos benefícios que acompanharam a história do seu povo, mas que serão reexperimentados a partir da efusão do espírito (cf. Jl 3,1-5). Ele advoga e mostra a importância do nome de YHWH, que poderá ser invocado sem temor pelos futuros favorecidos graças a este dom divino e pessoal.[211]

Então, para que a força da sua mensagem não ficasse reduzida às catástrofes, o profeta usa metáforas fortes do âmbito militar (cf. Jl 2,1-11) e por elas descreve uma manifestação de YHWH evocando os grandes feitos do passado, recapitulando etapas, desde o êxodo até a conquista da terra prometida, culminando com a afirmação da sua presença em Jerusalém, como divino soberano, que salva, fazendo prevalecer a sua justiça.[212]

Se esta ótica procede, o texto de Jl 2,12-17, ao enfatizar que o chamado à conversão deve alcançar um sincero retorno a YHWH, aludiria à dificuldade que Moisés e Aarão encontraram

---

[211] Cf. Nm 11,24-30; Ez 36,21-38.
[212] O evento exodal estabelece uma relação sólida e particular entre YHWH e Israel. Nesta relação se expressa a autorrevelação divina como qualidade fundante e fundamental da teologia que explica e concede sentido à existência do povo eleito como história salvífica (cf. M. LANG, "Das Exodusgeschehen", 61).

nas tentativas de diálogo com o Faraó; mas se aplicaria também à maior dificuldade que estes dois servos de YHWH encontraram para efetuar a missão: lidar com um povo de dura cerviz (cf. Ex 32,9; 33,3.5; 34,9), que na profecia de Joel dá sinais de abatimento na fé pela apatia e inércia diante dos males que está sofrendo, que levam à fome, à sede e ao enfraquecimento corporal e espiritual. A referência em Jl 2,13 à fórmula de misericórdia (cf. Ex 34,6-7; Jn 4,2) é aplicada a este contexto, mostrando dois aspectos da personalidade divina: (a) está sempre pronto a agir com graça e a restabelecer os bens para o seu povo (Jl 2,17 confirma isso, pois do contrário seria inútil pedir piedade); (b) está disposto a punir, se preciso, os inimigos internos e externos do seu povo.[213]

Certamente, seria contraditório declarar inocente um culpado, mas não seria contraditório desejar que um culpado se converta e retome um caminho comparado à via da inocência (cf. Ez 18,23.32; 33,11).[214]

A partir disso, em Jl 2,18-27, com a proclamação da restauração iminente, se diz que YHWH realizará uma copiosa bênção. Esta bênção atinge grandes proporções se vista em seu conjunto: vai das necessidades básicas de uma comunidade, que está sem o mínimo necessário para sobreviver, ao ajuste de contas com os seus opressores.

O juízo sobre os povos se liga à devastação causada pela praga de gafanhotos, pela seca, pelo fogo, e prenuncia que o inimigo que vem do Norte será não só afastado mas também dividido e banido em dois sentidos opostos (cf. Jl 2,20), pois no meio do

---

[213] O livro do Êxodo e os "Profetas Anteriores" possuem exemplos a este respeito. O texto de Ex 34,6-7 é bastante utilizado nos estudos comparativos com o *Dodekapropheton*, e Joel não foge à regra (cf. A. COOPER, "In Praise of Divine Caprice", 144-163; R. van LEEUWEN, "Scribal Wisdom", 31-49; M.-T. WACKER, "Gottes Groll", 107-124; R. SCORALICK, "Auch jetzt noch", 47-69). Quanto aos atributos divinos em Ex 34,6-7, veja-se S. P. CARBONE, "I tredici attributi di Dio", 15-38.
[214] Cf. H. SIMIAN-YOFRE, *Amos*, 123.

seu povo está YHWH e seu poder eficaz diante do perigo (cf. Ex 14,19-20).

Ao lado disso, Jl 3 e 4 têm, igualmente, seus pontos exclusivos e tratam dos novos acontecimentos e dos efeitos salvíficos que se verificarão na vida do povo de Judá, particularmente em Jerusalém, local onde a salvação será manifestada: o ajuste de contas com os que derramaram sangue inocente, cometendo um crime abominável (cf. Jl 4,19.21).

O tema do julgamento das nações estrangeiras, apresentado com traços bélicos (cf. Jl 4), retoma elementos e passa ao primeiro plano depois que, em Jl 2,1-11, o profeta já havia incutido a imagem da liderança bélica de YHWH e das promessas de restauração (cf. Jl 2,12-17).

Pode-se postular que o *yôm* YHWH, em Joel, ainda não possui as características negativas que serão aplicadas para Judá-Jerusalém (cf. Sf 1,7.14-18), porque não existe um explícito pecado cometido, mas uma inércia diante da desolação pela qual o povo está passando. Assim, não se deve conceber a vinda deste dia como um juízo sobre quem já está abatido e depauperado pelas várias situações calamitosas.

A pior praga é a apatia do povo, deixando-se abater pelas dificuldades sem apelar para a providência divina. O profeta entra em cena exatamente para tirar o povo de tal situação com o incisivo anúncio do *yôm* YHWH.

O quadro da reversão dos desígnios divinos sugere que a exortação do profeta à conversão e os atos de lamentação foram acolhidos pelos seus interlocutores.[215] As posições tidas por apocalípticas ou escatológicas passam, desse modo, para um segundo plano na lógica do conjunto e apelam ainda mais para uma realização salvífica ainda intra-histórica.

A partir dos pontos apresentados, passamos à análise de Jl 2,1-11 visando fundamentar melhor nossa tese e alcançar os seguintes objetivos:

---

[215] H. W. Wolff (*Joel und Amos*, 69-70) admite que a resposta de YHWH à oração dos sacerdotes é positiva, porque a ação do povo foi sincera.

a) mostrar que este texto não é um oráculo de condenação dirigido a Judá-Jerusalém, mas um anúncio de juízo que traz esperança porque antecipa a promessa da efusão do espírito (cf. Jl 3,1-5) e o juízo contra as nações (cf. Jl 4);

b) mostrar que o *yôm* YHWH na profecia joeliana é uma temática sem dicotomias e que favorece a leitura unitária do escrito de Joel;

c) mostrar em que sentido o *yôm* YHWH em Joel precede, na ordem do cânon hebraico, o anúncio de Amós, Abdias, Sofonias e Malaquias;

d) mostrar por que existe um sentido negativo em Am 5,18-20 e por que em Sf 1,14-16 o *yôm* YHWH possui tantos atributos funestos, tornando-se nos v. 17-18 uma punição que apresenta um quadro universal;

e) mostrar, enfim, por que a expressão *yôm* YHWH, de temática, se tornou fórmula teológica, para ser lida no *corpus* do *Dodekapropheton* como uma causa de duplo efeito a partir do escrito de Joel.

2
O TEXTO, SUA CONSTITUIÇÃO E ORGANIZAÇÃO

1. Tradução e notas de crítica

Soprai a trombeta em Sião	2,1 a	תִּקְעוּ שׁוֹפָר בְּצִיּוֹן
e dai alarme no meu monte santo,	2,1 b	וְהָרִיעוּ בְּהַר קָדְשִׁי
que estremeçam[1] todos os habitantes da terra;	2,1 c	יִרְגְּזוּ כֹּל יֹשְׁבֵי הָאָרֶץ
porque está vindo o *yôm* YHWH,	2,1 d	כִּי־בָא יוֹם־יְהוָה
porque está próximo.	2,1 e	כִּי קָרוֹב׃
Dia de treva e escuridão,	2,2 a	יוֹם חֹשֶׁךְ וַאֲפֵלָה
dia de nuvem densa e negrume,	2,2 b	יוֹם עָנָן וַעֲרָפֶל
como a aurora é estendida[2] sobre os montes;	2,2 c	כְּשַׁחַר פָּרֻשׂ עַל־הֶהָרִים

---

[1] C.-A. Keller (*Joël*, 121, nota n. 3) considera a forma verbal יִרְגְּזוּ um imperativo, mas estaria bem empregada como *jussivo* e de acordo com o contexto expressa um volitivo.

[2] Segundo a Vg, פָּרֻשׂ qualifica שַׁחַר, mas a LXX considera-o um predicado de עַם. Todavia, optamos por um particípio passivo, cf. JM §50c.

um povo numeroso e poderoso,	2,2 d	עַם רַב וְעָצוּם
como ele não foi feito desde sempre,	2,2 e	כָּמֹהוּ לֹא נִהְיָה מִן־הָעוֹלָם
e depois dele não se desejará[3] fazer outro,	2,2 f	וְאַחֲרָיו לֹא יוֹסֵף
por anos de geração em geração.	2,2 g	עַד־שְׁנֵי דּוֹר וָדוֹר׃
Diante dele devora um fogo,	2,3 a	לְפָנָיו אָכְלָה אֵשׁ
mas atrás dele arderá uma labareda;	2,3 b	וְאַחֲרָיו תְּלַהֵט לֶהָבָה
como o jardim do Éden era a terra antes dele,	2,3 c	כְּגַן־עֵדֶן הָאָרֶץ לְפָנָיו
mas depois dele será um deserto de desolação	2,3 d	וְאַחֲרָיו מִדְבַּר שְׁמָמָה
e também supérstite não há por causa dele.	2,3 e	וְגַם־פְּלֵיטָה לֹא־הָיְתָה לּוֹ׃
Como aspecto de cavalos é o aspecto dele,	2,4 a	כְּמַרְאֵה סוּסִים מַרְאֵהוּ
e como cavaleiros, assim, eles correrão:	2,4 b	וּכְפָרָשִׁים כֵּן יְרוּצוּן׃
como som de bigas sobre o topo das montanhas eles saltarão,	2,5 a	כְּקוֹל מַרְכָּבוֹת עַל־רָאשֵׁי הֶהָרִים יְרַקֵּדוּן
como som da chama de fogo devora o restolho,	2,5 b	כְּקוֹל לַהַב אֵשׁ אֹכְלָה קָשׁ
como povo poderoso em ordem de batalha.	2,5 c	כְּעַם עָצוּם עֱרוּךְ מִלְחָמָה׃

---

[3] É possível ler um *yiqtol* em vez de um *jussivo*, cf. GK § 109d.

Diante dele[4] se contorcerão[5] povos,	2,6 a	מִפָּנָיו יָחִילוּ עַמִּים
todas as faces acumularão rubor.	2,6 b	כָּל־פָּנִים קִבְּצוּ פָארוּר:
Como guerreiros[6] correrão,	2,7 a	כְּגִבּוֹרִים יְרֻצוּן
como homens de guerra subirão *a* muralha,	2,7 b	כְּאַנְשֵׁי מִלְחָמָה יַעֲלוּ חוֹמָה
e cada um na sua via eles caminharão[7]	2,7 c	וְאִישׁ בִּדְרָכָיו יֵלֵכוּן
e não se desviarão do seu rumo.	2,7 d	וְלֹא יְעַבְּטוּן אֹרְחוֹתָם:
E cada um a seu irmão eles não oprimirão,	2,8 a	וְאִישׁ אָחִיו לֹא יִדְחָקוּן
cada um no seu sentido eles caminharão	2,8 b	גֶּבֶר בִּמְסִלָּתוֹ יֵלֵכוּן
e através de[8] dardos caídos eles não romperão.	2,8 c	וּבְעַד הַשֶּׁלַח יִפֹּלוּ לֹא יִבְצָעוּ:
Na cidade eles invadirão,	2,9 a	בָּעִיר יָשֹׁקּוּ
na muralha eles correrão,	2,9 b	בַּחוֹמָה יְרֻצוּן

---

[4] מִפָּנָיו pode ser uma causa eficiente: "por ele", cf. P. G. SCHWESIG, *Die Rolle*, 144.

[5] "Contorcer" expressa uma ação externa, mas também denota a dor que se sente internamente, semelhante aos espasmos de uma mulher em trabalho de parto (cf. Jr 4,19; 6,24; 22,23; 50,43; Mq 4,9), cf. A. BOWLING, "חוּל", 437-440.

[6] A tradução do termo גִּבּוֹרִים por "guerreiros", em vez de "valentes", mantém a relação sinonímica com כְּאַנְשֵׁי מִלְחָמָה "como homens de guerra" ou simplesmente, como possível hendíadis: "soldados", mas preferimos manter uma tradução literal.

[7] אִישׁ, com valor coletivo, justifica o plural dos verbos (cf. F. ZORELL, "אִישׁ", 45; JM §147*d*).

[8] בַּעַד, como preposição ou advérbio, é normalmente aceito em contextos de súplica (cf. Ex 32,30; Nm 21,27; Is 8,19); uma função enfática do termo encontra-se em discursos proféticos (cf. Jr 7,16; 11,14), cf. E. A. MARTENS, "בַּעַד", 197.

nas casas eles subirão,	2,9 c	בַּבָּתִּים יַעֲלוּ
através das janelas eles entrarão como ladrão.	2,9 d	בְּעַד הַחַלּוֹנִים יָבֹאוּ כַּגַּנָּב:
Diante dele estremeceu[9] a terra,	2,10 a	לְפָנָיו רָגְזָה אֶרֶץ
tremeram os céus;	2,10 b	רָעֲשׁוּ שָׁמָיִם
sol e lua escureceram	2,10 c	שֶׁמֶשׁ וְיָרֵחַ קָדָרוּ
e as estrelas recolheram seu brilho.	2,10 d	וְכוֹכָבִים אָסְפוּ נָגְהָם:
Mas YHWH dá sua voz diante do seu poder,	2,11 a	וַיהוָה נָתַן קוֹלוֹ לִפְנֵי חֵילוֹ
porque é muito amplo o seu acampamento,	2,11 b	כִּי רַב מְאֹד מַחֲנֵהוּ
porque é poderoso agente da sua palavra;	2,11 c	כִּי עָצוּם עֹשֵׂה דְבָרוֹ
porque grande é o *yôm* YHWH	2,11 d	כִּי־גָדוֹל יוֹם־יְהוָה
e terrivelmente forte,	2,11 e	וְנוֹרָא מְאֹד
e quem o suportará?[10]	2,11 f	וּמִי יְכִילֶנּוּ:

– v. 1:
a) Optamos pela tradução literal da locução: כֹּל יֹשְׁבֵי הָאָרֶץ.[11]
b) Assumimos בָּא como um particípio m.sg. O presente indicativo ativo da LXX (πάρεστιν), seguido pela Vg (*venit*), não

---

[9] Admitimos os verbos deste versículo como perfeito profético (cf. JM §112*h*).
[10] A forma verbal יְכִילֶנּוּ com sufixo é um *hápax* que não cria dificuldades de sentido.
[11] L. Alonso Schökel (*Antologia della Poesia hebraica*, 63) traduz por uma hendíadis "os camponeses", levando em conta o contexto agrícola descrito por Joel.

contradiz a assunção de um particípio.¹² A sequência final, כְּ קְרֹב, reafirma e apoia a nossa opção.¹³

– v. 2:
Na base da mudança sugerida pela BHS^app são consideradas duas possibilidades: שַׁחַר como um substantivo em forma defectiva de שָׁחוֹר (cf. Lm 4,8)¹⁴ ou כִּשְׁחֹר como um particípio m.sg. ("como escuro"), onde, mudando apenas as vogais, acrescentar-se-ia mais uma característica para o *yôm* YHWH.¹⁵ Todavia, a ortografia e o complemento favorecem a aceitação da vocalização do TM כְּשַׁחַר.¹⁶

– v. 4:
A mudança do pronome singular na frase não verbal (v. 4a) para um plural na frase verbal (v. 4b) levou à harmonização na LXX e no Tg, enquanto a Vg parece supor um texto hebraico com a cesura no início do v. 4.¹⁷

---

[12] L. C. Allen (*The Books of Joel*, 64) e W. S. Prinsloo (*The Theology of the Book of Joel*, 41) reconhecem que pode ser um *qatal*, mas optam por um particípio devido à progressão entre a forma *yiqtol* יָבוֹא de Jl 1,15 e בָּא de Jl 2,1.

[13] Syr inicia o v. 2 com כִּי קְרֹב do final do v. 1 visando harmonizar o texto. A LXX e a Vg apoiam a divisão que seguimos do TM.

[14] O sentido temporal, como em Os 6,3; 10,15, apoia o sentido de "luz da manhã ou aurora". W. Rudolph (*Joel*, 51) traduz por " luz" e dele não se distancia H. W. Wolff (*Joel und Amos*, 43), que traduz por "luz da manhã".

[15] A opção advém de alguns textos: שְׁחוֹרָה, no feminino, "negra/morena", referindo-se à cor da pele do sujeito que fala (cf. Ct 1,5); e שָׁחֹר, no masculino, "negro", referindo-se à cor do pelo, no contexto das prescrições sobre as afecções do couro cabeludo (cf. Lv 13,31.37). Cf. J. A. BEWER, "Joel", 95-96; T. H. ROBINSON, *Die zwölf Kleinen Propheten*, 60; L. C. ALLEN, *The Books of Joel*, 68-69.

[16] Não há evidências, segundo a *BHQ*, p. 75, para se realizar a correção que fora sugerida pela *BHK*³ e pela *BHS*. A LXX ("ὄρθρος"), a Vg (*"mane"*) e o Tg ("כְּנִיהוֹר צַפְרָא" = "luz da manhã") interpretaram o termo como "aurora" e o mesmo sentido em Is 58,8 e Os 6,3 apoiam igualmente a leitura do TM (cf. H. W. WOLFF, *Joel und Amos*, 52; D. BARTHÉLEMY, *Critique textuelle III*, 632-633).

[17] B.-K. Kopfstein ("The Hebrew Text of Joel", 32) pensa que a conexão gramatical esteja na base da divergência pronominal na sequência dos v. 3-7 da Vg.

– v. 6:

Este versículo apresenta uma estranha construção קִבְצוּ פָארוּר: um *piel qatal* 3.m.pl. da raiz verbal קבץ[18] e פָארוּר, um substantivo abstrato, utilizado somente aqui e em Na 2,11. O sentido dado pela LXX, que traduziu nos dois casos com uma frase não verbal com idêntica construção comparativa (ὡς πρόσκαυμα χύτρας),[19] e o dado pela Vg, que não se distanciou da LXX, ao traduzir o mesmo sintagma diversamente (Jl 2,6: *redigentur in ollam* e Na 2,11: *sicut nigredo ollae*),[20] apoiam o sentido que assumimos na nossa tradução.

– v. 7:

a) Não se obtém uma melhor compreensão, por motivos de métrica, transpondo o termo חוֹמָה para depois do verbo יְרֻצוּן, pois "muralha" pode interagir, perfeitamente, como duplo objeto das duas frases em relação sinonímica. A LXX e a Vg testemunham a favor do TM.

b) A forma verbal יְעַבְּטוּן é um *hápax legómenon*. O uso que se faz da raiz verbal עבט em outros textos hebraicos gerou a dificuldade de consenso.[21] Seguimos o sentido dado pela LXX, que

---

[18] O sentido mais frequente seria o de reunir pessoas ou seres vivos, enquanto, menos frequente, seria o de reunir objetos, como comida, água ou dinheiro. Em Is 22,9, "recolher água"; em Is 62,9, "vindimar"; em Mq 1,7, "juntar os ídolos" (cf. L. J. COPPES, "קָבַץ", 1314-1316).

[19] O termo פָארוּר é, geralmente, aceito como indicador de algo em que se vê o aspecto incandescente, como, por exemplo, uma "fornalha" ou um "forno de argila" em alta temperatura. Esta conotação está subjacente na LXX, que, parafraseando, manteve o sentido do efeito, mas se afastou da frase verbal do TM. O Tg identificou com קדר, "caldeira, marmita" (cf. J. RIBERA-FLORIT, "Targum de Joel", 274).

[20] M. Görg ("Eine formelhalfte", 12-14) tentou explicar o significado do lexema sugerindo que פָארוּר e פרור (forma abreviada sem א) seriam iguais e assumidos do egípcio, originando a raiz חרר para as línguas semíticas. R. Simkins (*Yahweh's Activity in History*, 156), alegando falta de conhecimento adequado do termo, não o traduz, deixando uma lacuna no texto. Tal atitude é injusta, e optar pelo sentido encontrado na LXX e na Vg não contradiz a ideia geral subjacente. A tentativa é de tornar clara, por uma palavra mais familiar, o termo tido por obscuro. Tal ideia geral está subjacente na *BHQ*, p. 75-76.

[21] Este verbo é considerado denominativo (cf. R. L. HARRIS, "עָבַט", 1069). Traduzir por "penhorar" (cf. Dt 24,10; 15,6) não faz muito sentido na

traduziu toda a sentença por καὶ οὐ μὴ ἐκκλίνωσιν τὰς τρίβους αὐτῶν ("e não se giram para o lado deles"). A Vg (*declinabunt*) e a Syr (*nṣṭwn*) parecem depender da LXX.[22]

O uso do verbo κλίνω é uma boa adaptação ao contexto em razão do *hápax*, demonstrando o esforço para interpretar literal e corretamente o verbo, em consideração à ideia subjacente no versículo.[23]

– v. 8:

Literalmente, a locução לֹא יְבַצֵּעוּ significa "não cortarão ou não romperão". A raiz בצע no *piel* pode ser traduzida ainda por "terminar, acabar, rematar" (cf. Is 10,12; Zc 4,9). Não é necessário, porém, com o apoio da LXX e da Vg, aceitar a proposta de transposição que a BHS[app] sugere.[24]

– v. 9:

A formulação הַחַלּוֹנִים é um *hápax*, mas pode ser traduzida, pelo uso da raiz חלל, por "janelas", como atestado na LXX (θυρίδων) e na Vg (*fenestras*).[25]

---

frase, pois ninguém pode dar certezas da sua trajetória (cf. C. F. WHITLEY, " '*bṭ* in Joel 2,7", 101-102).

[22] Cf. J. RIBERA-FLORIT, "Targum de Joel", 274.

[23] O verbo κλίνω contém também o significado de "virar-se ou desviar-se de uma rota" (cf. R. G. LIDDEL – R. SCOTT, *A Greek-English Lexicon*, 961; R. LORENZO, *Vocabolario Greco – Italiano*, 1055-1056). A LXX tentou compreender o sentido, aproximando-se do verbo aramaico עכב, na forma *pael*, que significa "retardar, sacudir, reter", indicando um movimento irregular capaz de desordenar um exército em marcha. Por isso, provavelmente, o Tg leu מְעַכְּבִין, para alcançar o sentido de "desviar" (cf. D. BARTHÉLEMY, *Critique textuelle III*, 633-635; S. P. CARBONE – G. RIZZI, *Aggeo*, 173).

[24] O Tg, interpretando יבצע como derivado de בצע ("lucro, proveito, vantagem"), traduziu por וְלָא מְקַבְּלִין מָמוֹן, "e não aceitarão pecúnia" (cf. Sf 1,18); cf. S. P. CARBONE – G. RIZZI, *Aggeo*, 174-175; *BHQ*, p. 76.

[25] A raiz aceita para este termo é חלל e tem dois significados: (1) "ferir", "perfurar", "traspassar", isto é, fazer um buraco; (2) "profanar", "sujar", "manchar", "contaminar" (cf. D. J. WISEMAN, "חָלַל", 469-472). Em Ez 41,16 encontram-se duas ocorrências de הַחֲלֹנוֹת; a forma singular חַלּוֹן ocorre com a preposição בְּעַד em escritos considerados deuteronomistas (cf. Js 2,15; Jz 5,28; 1Sm 19,12; 2Sm 6,16; 2Rs 9,30.32; 13,17).

– v. 11:
a) A opção da LXX, por um genitivo f.sg. δυνάμεως, favorece a nossa tradução. O termo composto חֵילוֹ requererá, mais adiante, uma atenção maior, não pela dúvida levantada pela BHS[app], mas sim pelas conexões que se estabelecem no conjunto da perícope (cf. v. 1c.6.8).[26]
b) O particípio singular do TM, עֹשֵׂה, foi traduzido pela LXX por ἔργα, um plural neutro. Uma substituição deliberada para sublinhar a força da palavra de YHWH e assim evitar uma leitura que entendesse o povo em marcha com prerrogativas quase divinas.

Os problemas textuais tratados encontraram uma plausível solução sem necessidade de optar por uma mudança no TM. Para as formas *hápax legómena*, resolução satisfatória advém com as antigas versões. Jl 2,1-11 é, então, um texto bem preservado e coerente. Tal coerência constitui o objeto da nossa particular consideração e explicitação na próxima seção.

2. Delimitação e unidade

O TM sugere uma divisão ao colocar uma *petucha* em Jl 1,20 e outra em Jl 2,14. Com isso, admite Jl 2,1-14 como unidade.[27] Todavia, existem bons motivos para considerarmos Jl 2,1-11 uma unidade textual.

O texto imediatamente precedente a Jl 2,1 é uma oração de súplica. Nesta, é o profeta que se dirige pessoalmente a YHWH (cf. Jl 1,19-20).[28] A súplica é justificada tanto pelo contexto de

---

[26] 1Cr 16,30 e Sl 96,9 testemunham a raiz verbal no imperativo m.pl. חִילוּ, usado respectivamente com מִלְּפָנָיו e מִפָּנָיו numa acepção diferente para a raiz חיל. Todas as outras ocorrências, lidas segundo a forma (חֵילוֹ), não possuem a mesma sequência.
[27] Cf. G. S. OGDEN, *A Promise of Hope*, 4; M. A. SWEENEY, *The Twelve Prophets I*, 151-152.
[28] Considerando Jl 1,19-20 um fragmento de lamentação, F. J. Stendebach (*Aggeo*, 110), admite que este texto exprime a súplica de um indivíduo,

penúria (cf. Jl 1,4-14.16-18), como pelas razões expressas no uso frequente da conjunção כִּי, denotando, simultaneamente, a causa e a explicação da calamitosa realidade.[29]

Em Jl 2,1, uma mudança de sujeito faz YHWH entrar em cena com um discurso direto.[30] As vozes verbais no imperativo indicam ações que começam no presente e se estendem ao futuro, enquanto em Jl 1,19-20 as ações estão no passado (אָלֶיךָ - לְהֵטָה - יָבְשׁוּ אָכְלָה).

Com isso, passa-se de um contexto de oração de súplica, pessoal, ao contexto de advertência, coletivo e em tom parenético, que progredirá por meio de um estilo ativamente descritivo anunciando o *yôm* YHWH com os seus típicos elementos.

Portanto, não se constatando a presença de antecedentes formais e textuais capazes de interligar Jl 2,1 com os versículos imediatamente precedentes e tendo em vista a retomada da temática do *yôm* YHWH (cf. Jl 1,15), é plausível assumir que estamos diante de uma nova unidade textual bem delimitada no seu início.

O som de alerta emitido pela trombeta e o sinal de alarme por quem o produz (v. 1ab) relacionam-se por sua vez com o outro extremo da perícope (v. 11a), onde o novo som, na voz de comando de YHWH, prepara o fechamento da unidade.[31]

As proposições explicativas do *yôm* YHWH, introduzidas pela conjunção כִּי (v. 1.11; cf. Ab 15), constituem um elemento-chave e único na estrutura deste texto, enquadrando as informações contidas entre os dois extremos.

---

identificado como sendo o profeta, que busca defender a causa do seu povo e, por isso, se volta para YHWH consciente dos frutos positivos que ela pode gerar (cf. também, P. G. RINALDI, "Gioele", 145-146; J. L. CRENSHAW, *Joel*, 128). L. Alonso Schökel e J. L. Sicre Díaz (*Profetas II*, 935) põem esta oração nos lábios do "chefe do coro", que toma a palavra e introduz na lamentação a voz dos que ainda não se manifestaram.

[29] O uso da conjunção כִּי é um dado patente no escrito de Joel; só em Jl 1,5-20 ocorre onze vezes (v. 5.6.10.11.12.13.15.17.18.19.20).
[30] O sufixo de 1.c.sg., presente em קָדְשִׁי, fundamenta a afirmação sobre a mudança de sujeito. Não seria insensato pensar no amor do profeta por Sião (cf. Ez 20,40; Sf 3,11).
[31] Cf. R. SIMKINS, *Yahweh's Activity in History*, 77-97; S. L. COOK, *Prophecy & Apocalypticism*, 180-184.

As metáforas utilizadas entre os v. 2-7 (dez no total, das quais oito estão abrindo versos) relacionam-se reciprocamente e evocam elementos bélicos. A última comparação sinaliza o efeito-surpresa sobre o alvo mais cobiçado num ataque: a tomada de uma cidade (v. 9). Um colorido todo particular serve para descrever o que o representante do *yôm* YHWH é capaz de fazer na realidade terrestre com repercussões cósmicas (v. 10).

É coerente a imagem que, primeiramente, qualifica o termo "povo", dizendo que ele é: רַב וְעָצוּם (v. 2d), depois o organiza em posição de guerra: כְּעַם עָצוּם עֵרוּךְ מִלְחָמָה (v. 5c), para, enfim, revesti-lo de uma operosidade instrumental submetida à palavra de YHWH: כִּי עָצוּם עֹשֵׂה דְבָרוֹ (v. 11c).

Admitimos outra ligação em que se associa "povo numeroso" (v. 2d) e "amplo acampamento" (v. 11b), pelo uso do mesmo adjetivo (רַב).

O termo עַמִּים (v. 6a) relaciona ainda "habitantes da terra" (v. 1c) e "amplo acampamento" (v. 11ab).

Ao ponderar esta última relação, não se está excluindo a precedente, mas mostrando que se alargam os horizontes, pois a ameaça de um dia tão terrível assim introduz e conclui a longa descrição da viva imagem de um poderoso exército a serviço de YHWH (v. 2d-9).[32]

O recurso ao sufixo de 3.m.sg. em relação ao עַם, repetido dez vezes (v. 2-4.6.10), produz e mantém uma perfeita ligação, serve de fio condutor e não permite que a atenção do ouvinte-leitor se desvie. Uma particularidade no uso deste sufixo é a relação antitética de posição quanto ao estado das coisas que existem "antes dele" e como ficam "depois dele" (v. 3).

O v. 6 age como uma pausa, como uma primeira síntese e como uma ponte que equilibra as partes anteriores (v. 1-5) com as posteriores (v. 7-11), para que a descrição não seja interrompida. Neste versículo são apresentadas as reações de mais de um povo, pois se fala, no plural, de "povos", podendo abarcar o sentido de Jl 2,1c.10a, que sofrem e assumem uma feição desoladora,

---

[32] Cf. A. MEINHOLD, "Zur Rolle des Tag-JHWHs", 213.

estampada na face pelos acontecimentos terrificantes já descritos e que prosseguirão até abalar os céus (v. 10).

Do momento em que os limites se alargam e os efeitos se fazem sentir para além do território onde soou o alarme (Sião), são descritas outras ações avassaladoras como propriedades específicas do עַם, mas que por via indireta se aplicam tanto ao *yôm* YHWH, constituído como "momento temporal" da sua ação, quanto ao próprio YHWH, autor da ordem.

Estes elementos aparecem devidamente combinados na descrição do adestramento bélico que este povo possui e como se move (v. 7c.8b).[33]

As repetições e relações terminológicas que cobrem os v. 2c-9 pintam um excelente quadro bélico e especificam as situações decorrentes.[34]

Um importante papel estrutural da perícope deve ser atribuído aos sintagmas com valor adverbial que permitem a extensão da parte descritiva até o v. 10 (v. 3a: לְפָנָיו; v. 6a: מִפָּנָיו; v. 10a: לְפָנָיו), demonstrando que a ação ultrapassou os limites desejados e teve consequências cósmicas.

O último versículo com duas frases verbais (v. 11a.f), enquadrando três frases nominais iniciadas pela conjunção כִּי, mantém a sua ligação com os versículos precedentes pelos termos: קוֹל, חַיִל, רַב, עָצוּם, יוֹם, יהוה.

A pergunta final reflete e resume inteiramente o contexto em que o *yôm* YHWH foi anunciado e atuado pela descrição de um povo numeroso e potente sob o comando do próprio YHWH.[35]

---

[33] Existe uma correspondência particular entre os termos do v. 7-8 que indicam os גִּבּוֹרִים, que são: אִישׁ, אָח, גֶּבֶר e seu caminho: דֶּרֶךְ, אֹרַח e מְסִלָּה.
[34] Cf. A. MEINHOLD, "Zur Rolle des Tag-JHWHs", 213-214; P. G. SCHWESIG, *Die Rolle*, 145-146.
[35] C.-A. Keller (*Jöel*, 123) prova a unidade da perícope pelos critérios de simetria; R. Simkins (*Yahweh's Activity in History*, 155) divide a perícope em quatro seções pelas formas adverbiais לפניו (v. 3 e 10) מפניו (v. 6), mostrando que isso não fere a unidade. J. L. Crenshaw (*Joel*, 128-129) estrutura em quatro unidades: v. 1-2; 3-5; 6-9; 10-11, mas também a reduz a três unidades: 1-2; 3-9; 10-11; para R. Scoralick ("Auch jetzt noch",

Em síntese, temos o início em tom imperativo com as devidas motivações (v. 1-2c); o desenvolvimento descritivo (v. 2d-5), alcançando, pela pausa, um objetivo relativo (v. 6), do qual a descrição recomeça em função de escopos mais amplos (v. 7-10), para concluir com novas motivações e deixando uma questão em aberto (v. 11f).

Assim, os dados formais e estilísticos aqui apresentados são suficientes para afirmar que Jl 2,1-11 é um texto único que fundiu perfeitamente a temática do *yôm* YHWH com a descrição do עַם רַב וְעָצוּם.[36]

O discurso em tom imperativo em Jl 2,12 (שֻׁבוּ) abre uma nova seção com um explícito oráculo divino, introduzido pelo único uso que se faz da fórmula estereotipada נְאֻם־יְהוָה. Com isso, passa-se do anúncio descritivo do *yôm* YHWH ao contexto de um insistente chamado à conversão.[37] A temática muda e oferecerá

---

49), o texto possui três seções: v. 1-3; v. 4-6; v. 7-11; e A. Meinhold ("Zur Rolle des Tag-YHWHs, 211-216) reconhece a beleza estilística propondo uma construção quiástica:

a (v. 1.2aνα)
  b (v. 2αβb)
    c (v. 3)
      d (v. 4f)
        e (v. 6)
      d' (v. 7.8a)
    c' (v. 8b.9)
  b' (v. 10.11aα)
a' (v. 11aβb)

[36] M. Beck (*Der "Tag* YHWHs", 160) afirma que o anúncio do *yôm* YHWH e a descrição de um povo belicoso são duas temáticas que se acoplaram bem, tornando-se, absolutamente, uma parte da outra. A compreensão desejada com o uso dos imperativos (v. 1b-2aβ) e o modo como se narram os dados sobre este povo (v. 2aγ-10) evidenciam que Jl 2,1-11 constitui um texto bem elaborado (cf. cap. III).

[37] O verbo שׁוב em Jl 2,12 ocupa uma posição estratégica. A raiz é utilizada sete vezes em todo o escrito, mas só neste versículo no imperativo plural, convocando categoricamente a comunidade à conversão não pelo profe-

uma série de fortes admoestações para reunir o povo e suplicar o perdão com base na dinâmica anunciada em Jl 2,1-11.[38] Em Jl 2,13, o profeta faz uma exigência ulterior: a comunidade reunida deve rasgar seus corações e não as suas vestes. É uma imagem restrita e singular de um ato de "violência simbólica", rica de significados, mas que não corresponde à descrição de um sofrimento coletivo (cf. Jl 2,6), nem à notícia de uma cidade fortificada que sofre uma invasão (cf. Jl 2,9).

Estes últimos pontos reunidos reafirmam a nossa posição inicial e conduzem à consciente decisão de não considerar Jl 2,12-14 uma parte integrante do poema, visto que existe a transposição de uma exortação descritiva, que pinta as referências do *yôm* YHWH, para uma nova exortação que inclui gestos concretos de conversão.

Há um espaço e um tempo a serem respeitados entre o poema do *yôm* YHWH, que termina com uma pergunta retórica, e um contundente chamado à conversão, deixando transparecer um novo suspense, porém, segundo o profeta, com um profundo ar de esperança pelo que ele conhece e recorda ao povo quanto à identidade e natureza de YHWH (cf. Jl 2,13-14).

Em virtude do papel recapitulador do v. 11 e aceitando que o v. 6 serve de ponte, Jl 2,1-11 sinteticamente pode ser ilustrado da seguinte forma:[39]

---

ta, mas pelo próprio YHWH. Esta fala é um elemento central no escrito (cf. M. LANG, "Das Exodusgeschehen", 68).

[38] Quanto à dinâmica que flui de Jl 2,1-11, concordamos com R. Scoralick ("Auch jetzt noch", 52); mas esta dinâmica se constata, também, na forma como se comportam os interlocutores e na pronta resposta de YHWH à súplica sacerdotal (cf. Jl 2,12-27).

[39] P. G. Schwesig (*Die Rolle*, 143-147), seguindo A. Meinhold ("Zur Rolle des Tag-YHWHs, 210-216), coloca os prodígios celestes ao lado do v. 11 para manter a relação com o caráter cósmico de Jl 3,3-4. Com isso, porém, perde a conexão com o עַם רַב וְעָצוּם emoldurado pelos sintagmas לְפָנָיו – מִפָּנָיו – לְפָנָיו (v. 3a.6a.10a).

v. 1-2c: Abertura em tom exortativo.
v. 2d-10: Conteúdo em tom descritivo.
v. 11:   Conclusão em tom exortativo.

3. Organização do texto

Na análise precedente, verificou-se e demonstrou-se a existência de uma coerência interna em Jl 2,1-11. O presente passo do estudo visa evidenciar como a sua estrutura global está articulada.

Inicialmente, percebe-se que os extremos do poema apresentam uma similitude de lexemas, de noções e afinidade de ações.[40] No v. 1, sem nenhuma "fórmula de mensageiro", YHWH emite uma ordem duplamente específica: תִּקְעוּ שׁוֹפָר – וְהָרִיעוּ (ação do sujeito A).[41]

O conteúdo inicial está em paralelo sinonímico de complementação. A ordem de YHWH é dada a executores que não são expressamente denominados (destinatário A), mas que pela sua função se tornam também agentes (ação do sujeito B).

No anúncio, o âmbito onde ocorre a ação é determinado e conhecido pelos envolvidos imediatos: בְּצִיּוֹן – בְּהַר קָדְשִׁי (local A); mas o efeito pavoroso a ser produzido (reação do destinatário B) ultrapassará os limites deste primeiro âmbito: יִרְגְּזוּ כֹּל יֹשְׁבֵי הָאָרֶץ (local B).

---

[40] J. D. Nogalski ("The Day(s) of YHWH", 612) afirma que o *yôm* YHWH desenvolve um quadro que inclui múltiplas ideias: o tipo de ação, o destinatário, a razão, o tempo da intervenção e as possíveis conexões literárias. Estas observações são válidas, mas não constituem uma regra fixa, pois em Jl 2,1-11 algumas são passíveis de reconhecimento, enquanto outras não aparecem claramente ou estão ausentes.

[41] A série de imperativos entre o que antecede (Jl 1,2.5.8.11.13.14) e o que segue ao poema (Jl 2,12.13.15-17) deve ser estendida também a Jl 4,9.10.11.13.

A razão, para a ordem e para o seu efeito é dada por duas referências ao *yôm* YHWH: כִּי קָרוֹב – כִּי־בָא (justificação). Este *yôm* YHWH recebe informações adicionais sobre a sua natureza, que abarcam a realidade espaçotemporal (2,2abc). O momento da sua chegada é desconhecido, acenando-se só para a sua proximidade, na certeza de que ele já está em curso.

No v. 11, também sem "fórmula do mensageiro", YHWH domina a cena, entregando algo de si: נָתַן קוֹלוֹ (ação do sujeito A) para um grupo específico e devidamente posicionado: לִפְנֵי חֵילוֹ (destinatário A).[42]

A voz de YHWH, neste último versículo, é justificada por três razões: (1) o espaço onde ocorre a ordem é muito amplo: מַחֲנֵהוּ כִּי רַב מְאֹד (local A); (2) o agente denominado possui uma função relacionada com algo que pertence somente a YHWH: עֹשֵׂה דְבָרוֹ כִּי עָצוּם (ação do sujeito B); (3) o *yôm* YHWH recebe duas novas referências: כִּי־גָדוֹל – וְנוֹרָא מְאֹד (justificação). As notas adicionais a respeito deste dia foram oferecidas no terceiro כִּי da sequência.

O v. 11 termina com uma pergunta, que condensa e cobre a realidade espaçotemporal do emissor, da mensagem e do destinatário (real ou ideal), de forma aberta e genérica (reação). O tempo da ação, como no v. 1, não é dado e fica incerto também na pergunta final.

Cotejando os dados que aparecem nos versículos de abertura e de fechamento do poema (v. 1 e 11), pode-se concluir que:

a) Existe uma semelhança de elementos materiais e formais, que se desenvolve pelos pontos em relação numa sutil inversão na ordem: ação do sujeito – destinatário – reação – local – justificação da ação – notas adicionais (v. 1); e ação do sujeito – destinatário – justificação (da ação local, do destinatário e do *yôm* YHWH) – reação em aberta tensão (v. 11).

---

[42] Ver cap. III, nota 57.

b) Existem informações adicionais quanto ao *yôm* YHWH, embora se encontrem na terceira proposição em forma explicativa (v. 11);

c) A figura do profeta é um sujeito implícito, que aparece somente por detrás dos versículos onde YHWH é o sujeito explícito.[43]

No corpo de Jl 2,1-11, transcorre uma trama descritivo-narrativa (v. 2d-9.10), que combina elementos estilísticos, principalmente comparativos, para falar, evidenciar e tecer considerações a respeito do povo bélico, temática paralela e concomitante, que oferece ulteriores elementos para a compreensão do *yôm* YHWH.[44] Um dado particular e relevante encontra-se na possível assonância entre *yôm* e *'am*, que aparecerão unidos no v. 11.

Esta análise confirma que Jl 2,1-11 apresenta uma elaboração construída num estilo simétrico: (A) – (B) – (A'). Nessa estrutura, a parte B possui uma subdivisão em duas seções anteriores (v. 2d-3 e v. 4-5) e duas seções posteriores (v. 7-8 e 9-10),[45] que se correspondem mutuamente e giram em torno de um epicentro (v. 6). Assim sendo, a unidade textual contém três blocos, mas para ser mais bem estudada será desmembrada em sete seções.[46]

---

[43] O contexto permite considerar que o comando verbal parta de YHWH para o profeta (cf. C.-A. KELLER, *Joël*, 101; J. L. CRENSHAW, *Joel*, 39.117; M. A. SWEENEY, *The Twelve Prophets I*, 160).

[44] R. Alter (*The art of biblical poetry*, 40-43) enfatiza o modo como se compassam os aspectos da marcha com a descrição do exército inimigo que avança e vence tudo.

[45] E. R. Wendland (*The Discourse Analysis*, 234) propõe uma estrutura quiástica imperfeita entre os v. 7-9; "A: Eles (gafanhotos) correm; B: eles ascendem; C: eles se movem; D: eles não fazem (desviar); D": eles não (empurram); C': eles se movem; A': eles correm; B': eles ascendem; P. G. Schwesig (*Die Rolle*, 144), por razões estilísticas, une os v. 7-9.

[46] Cf. E. R. WENDLAND, *The Discourse Analysis*, 232-233; W. S. Prinsloo (*The Theology of the Book of Joel*, 39) apresenta uma simetria para o texto, mas deixa de fora elementos importantes e não considera a natureza dos versos em paralelo sinonímico (por exemplo: 2,1a com 2,1b) ou em paralelo antitético (2,3a com 2,3b). D. A. Dorsey (*The Literary Struc-*

v. 1-2c	exortação ao alarme e justificativas	1ª seção
v. 2d-3	descrição que introduz um agente inédito e devastador	2ª seção
v. 4-5	descrição deste agente em forma de metáforas bélicas	3ª seção
v. 6	descrição do terrível impacto que sua ação causa sobre os povos	4ª seção
v. 7-8	descrição em forma de metáforas sobre as suas táticas de guerra	5ª seção
v. 9-10	descrição do impacto terrestre e celeste que suas ações causam	6ª seção
v. 11	tom exortativo, justificativas e pergunta retórica	7ª seção

– Primeiras conclusões

O ponto de partida, em tom imperativo, pôs a parte descritiva num movimento intensamente acelerado para desvelar a urgência do anúncio. A evolução acontece aludindo às reações dos envolvidos em seus devidos ambientes: um local particular (v. 1ab), um âmbito geral (v. 1c e v. 6), todo o cosmo (v. 10), e as etapas são sintetizadas numa nova parênese que coloca tudo sob a dependência de YHWH.[47]

Com isso, o *yôm* YHWH é apresentado com características singulares: (a) é uma realidade em movimento; (b) está próximo; (c) terrivelmente tenebroso e expansivo; (d) é devastador, grande, forte e talvez insuportável.

Essas características, tomadas no seu conjunto, serão coadunadas a partir do surgimento do עַם רַב וְעָצוּם, que domina toda parte descritiva. O recurso à forma verbal no *yiqtol*, intercalada

---

ture, 273-276) considera que o livro inteiro de Joel está organizado em forma quiástica. R. Simkins (*Yahweh's Activity in History*, 155) admite, validamente, a possibilidade de uma divisão em quatro seções a partir dos termos לִפְנֵי (v. 3.10) e מִפְּנֵי (v. 6): (a) v. 1-2; (b) v. 3-5; (c) v. 6-9 e (d) v. 10-11.

[47] Cf. W. S. PRINSLOO, *The Theology of the Book of Joel*, 44.

com uma série de verbos no *qatal*, mostra que o anúncio do *yôm* YHWH conota uma dimensão futura.[48]

3.1. Os blocos e suas seções

3.1.1. A primeira seção (v. 1-2c)

Ações externas e internas, constatações, razões e justificativas são os elementos constitutivos desta primeira seção, que corresponde ao bloco A. Os dois primeiros versos apresentam os termos numa distribuição paralela e sinonímica: ordens específicas num local específico (v. 1ab). No terceiro verso (v. 1c), uma atitude volitiva, quase um novo imperativo, denota o comportamento interno a ser assumido pelos que ouvem os sinais.[49]

O primeiro כִּי justifica o sentido almejado pelos dois imperativos precedentes (v. 1d). Já o segundo כִּי justifica o sentido do verbo no *jussivo* do terceiro verso (v. 1e). Assim, é possível admitir a seguinte relação: as ordens dadas no v. 1ab são justificadas pelo v. 1d, e a reação anunciada e esperada no v. 1c é justificada pelo v. 1e.

Esta primeira seção está marcada pela atenção atribuída ao termo יוֹם. Ele domina a cena e o conteúdo aludido, atestado pela combinação das características sinônimas em cadeia construta (v. 2ab) para expressar o que se pensa a respeito da sua natureza.

As ações a serem executadas (תִּקְעוּ e וְהָרִיעוּ) são exigidas por causa do *yôm* YHWH. Entre estas ações (v. 1abc) e as descrições

---

[48] H. W. Wolff (*Joel und Amos*, 41-42.48) afirma que o predomínio da forma *yiqtol* (Jl 2,4-9) representa um novo fenômeno no curso da história (escatológico), não podendo ser comparável às formas no *qatal*, que são declarativas de fatos já acontecidos (Jl 1,4-20). Isso denota que Jl 1 e Jl 2 não se referem à mesma catástrofe. Contrário a essa posição, cf. J. Barton (*Joel and Obadiah*, 68-70); o imperfeito pode, também, significar um tempo presente (cf. GK § 107*f-h*).

[49] Jl 2,1a-c ilustra muito bem formas volitivas coordenadas (dois imperativos e um *yiqtol* em posição inicial na frase 2,1c, que poderia soar como um "imperativo indireto", cf. JM § 114a). Todavia, o *yiqtol* com valor *jussivo* não indicaria necessariamente uma ação simultânea (cf. crítica textual ao v. 1, nota 1).

qualificadoras (v. 2abc) encontram-se as causas expressas (dupla conjunção כִּי: v. 1de).

A relação do v. 2abc com o v. 1 é admitida tanto pela repetição do termo יוֹם, que é descrito em "tom negativo"[50] e pela força extensiva com que se propaga, quanto pelo termo הַר, usado de forma específica no singular (v. 1b) e de forma abrangente no plural (v. 2c).

Não há assonâncias marcantes nesta primeira seção, salvo: o som na sequência dos imperativos na 2.m.pl.; o fonema *ar* de בְּהַר e de כְּשַׁחַר; e o recurso fonético atribuído à sibilante שׁ (שׁוֹפָר, קָדְשִׁי, חֹשֶׁךְ, יֹשְׁבֵי).

Os v. 1-2c oferecem uma informação completa e bem articulada. As ideias-base seriam: o sinal deve ser dado porque é uma ordem de YHWH; os habitantes do país devem se aterrorizar, porque esta ordem contém o anúncio da vinda do *yôm* YHWH, que está próximo, é tenebroso e chegará de improviso, como a aurora que, num átimo de tempo, se espalha no horizonte e invade os montes, revelando o espetáculo da sua aparição.[51]

3.1.2. A segunda seção (v. 2d-3)

A seção possui duas subseções que iniciam o desenvolvimento progressivo no conjunto do bloco B. O paralelismo antitético é visível, marcante e capaz de criar um forte impacto para o ouvinte-leitor.

A primeira subseção (v. 2d-g) introduz um elemento novo עַם רַב וְעָצוּם e oferece algumas informações. Este povo entra em cena sem que se dê dado particular algum sobre ele: origem,

---

[50] A relação antitética entre "dia claro" e "dia escuro" expressa, metafórica e respectivamente, "visibilidade – clareza" – "invisibilidade – distorção". Isso pode ser justificado pelo senso comum e religioso: nuvens carregadas e escuras, sinal de chuvas; nuvens brancas e leves, sinal de vazio. Logo, o aspecto tenebroso pode ter um valor positivo.
[51] A sombra que se espalha contornando os montes reflete bem a ideia assumida no texto. C.-A. Keller (*Joël*, 120-121) liga כְּשַׁחַר פָּרֻשׂ עַל־הֶהָרִים (v. 2c) ao verso seguinte.

O TEXTO, SUA CONSTITUIÇÃO E ORGANIZAÇÃO | 113

identificação étnica etc. É uma inédita aparição, como a aurora, mas sem precedentes históricos.

A presença de 2,2d causa certa estranheza e não permite, à primeira vista, que a relação comparativa siga um curso normal em 2,2e-g, que seria perfeitamente cabível como continuação das características atribuídas ao termo יוֹם. O curso do texto, porém, não é prejudicado, e 2,2d é um dado que enriquece o conjunto.[52] Os sufixos de 3.m.sg., acentuados nas imagens metafóricas e antitéticas, podem se referir ao עַם como sujeito executor, assumindo uma função que elucida a sua relação com o *yôm* YHWH como seu representante.[53]

As locuções temporais (מִן־הָעוֹלָם e עַד־שְׁנֵי דוֹר וָדוֹר), relativas ao עַם, mostram uma perspectiva que enquadra dois extremos: um ponto de partida e um ponto de chegada. Este povo é de uma envergadura única e inédita na história: como ele não houve antes e não haverá outro igual depois dele.

Passado e futuro se concentram no momento da criação do עַם רַב וְעָצוּם. Por isso, nada impede de aplicar esse fator inédito também ao *yôm* YHWH, obtendo-se uma estreita conexão: não houve um dia como este, e depois dele não haverá outro igual, quando o עַם רַב וְעָצוּם estiver em ação.

---

[52] Uma terminologia muito próxima encontra-se em Ex 1,7.9-10.12. Não estão ausentes do contexto as imagens da opressão e da guerra, onde os israelitas são tidos como povo numeroso e forte. Isso faz dele o alvo decisivo para procurar o seu extermínio. Em Jl 2,2 o exterminador é que é qualificado como numeroso e potente. Todavia, o sentido que desejamos aludir, antes de assumir qualquer postura de relação categórica, verificará a plausibilidade de considerar o conjunto dos acontecimentos que precedem a libertação em Joel como importados dos sinais precursores do dia da libertação de Israel do Egito. Este dia libertador poderia ser a origem da tradição do *yôm* YHWH e do seu emprego particular em Joel.

[53] A mudança se justificaria pelo seguinte argumento: não representaria uma ideia inteligível dizer "um dia numeroso e poderoso". Por isso, no lugar do יוֹם, a introdução do seu representante visível – um עַם incomparável – oferece sentido e enriquece ainda mais esta progressão, de modo que pelo עַם רַב וְעָצוּם o יוֹם se torna igualmente רַב וְעָצוּם.

A segunda subseção (2,3), rica em imagens vivas e sugestivas, está organizada a partir das formas adverbiais anteriores nos dois pares de versos que estão em paralelismo antitético (2,2f).

O terceiro verso é um aspecto central desta subseção e introduz uma comparação evocando um elemento que retratava o ambiente ideal das origens (כְּגַן־עֵדֶן). O sufixo de 3.m.sg., presente nos cinco versos, realiza a ligação com a seção precedente.

O quinto verso assume uma característica complementar e conclusiva (2,3e), mostrando, pela locução verbal negativa (לֹא־הָיְתָה), a triste consequência sobre os que ocupavam o alegre espaço destruído depois da passagem do עַם רַב וְעָצוּם.

Em síntese, podem-se dizer duas coisas:

a) Os dados característicos em 2,2d-g apresentam uma notícia sobre este עַם e, igualmente, podem exprimir e justificar as atitudes exigidas nos três primeiros versos de 2,1abc.

b) As formas adverbiais, "diante/depois de" e "atrás/antes de", estão em relativo contraste jogando com um triplo sentido: temporal, espacial e qualitativo (2,3). O עַם explica as ações desencadeadas e os efeitos produzidos sobre a terra abatida e destruída, razão pela qual se duvida da possibilidade de existir sobreviventes (v. 11f).

3.1.3. A terceira seção (v. 4-5)

A seção foi subdividida em cinco versos por estar construída num nítido estilo comparativo, introduzido pela preposição כְּ, a fim de criar um forte impacto no ouvinte-leitor, que já se encontra em estado de desolação.

As metáforas tiradas do ambiente bélico são a forte característica desta seção ao lado dos efeitos onomatopaicos.[54] O imaginário da guerra é visto no elemento descritivo da tática utilizada para imprimir terror e pânico.

---

[54] Cf. L. ALONSO SCHÖKEL – J. L. SICRE DÍAZ, *Profetas II*, 937.

Nos verbos predomina a 3.m.sg., e as comparações dizem respeito ao עַם, que se apresenta organizado como uma cavalaria que avança em sua posição de guerra. A última informação propõe uma disposição militar genérica (v. 5c), que será desenvolvida pela ideia da infantaria (cf. v. 7-8).[55]

Não faltam elementos de conexão com as seções precedentes. Vários termos reaparecem: "monte" (הָר) com o v. 1; "fogo" (אֵשׁ) "devora" (אָכְלָה) "chama", nas suas duas atestações (לֶהָבָה e לַהַב) com o v. 3ab; "povo numeroso" (עַם עָצוּם), que se liga, particularmente, ao v. 2d e de certa forma preparará o v. 11c. O sufixo de 3.m.sg. é importante elemento de ligação.

O alcance de um primeiro clímax, com os elementos empregados e a forma com a qual se descreve a sucessão dos acontecimentos, é a primeira conclusão obtida. A cena é movimentada pelas imagens que decorrem dos verbos utilizados. O impacto produzido se demonstrará ainda mais evidente na seção seguinte.

3.1.4. A quarta seção (v. 6)

Apenas dois períodos verbais compõem esta breve seção, que é o centro do bloco B, mas funciona como epicentro do poema inteiro. Os verbos indicam a força que os acontecimentos precedentes alcançaram. O termo עַם no plural é um dado que se destaca neste contexto universalizado.

Os povos se demonstram impotentes diante do עַם רַב וְעָצוּם (v. 2d e 5c). Eles aparecem como expectadores inertes, que, aterrorizados, assistem à impiedosa investida destruidora e sequer empreendem algum tipo de resistência. O impacto do horror fica fortemente estampado nas suas faces.

Esta seção central corresponde bem à atitude exigida no verso 2,1c ("estremecerão todos os habitantes da terra"), avalia o acontecimento e antecipa a dúvida retórica do v. 11f ("e quem o suportará?").

---

[55] Cf. P. G. SCHWESIG, *Die Rolle*, 146.

Neste versículo, nota-se a inversão programática da posição do sujeito nas duas frases a partir da construção com o substantivo פָּנֶה. No primeiro período temos: מִפָּנָיו (valor adverbial) – verbo – sujeito; mas no segundo período ocorre a inversão, onde מִפָּנָיו é um elemento subentendido: כָּל־פָּנִים (o sujeito composto) – verbo – objeto. De forma esquemática:

advérbio	verbo	sujeito
"diante dele" > מִפָּנָיו	"se contorcerão"	"os povos"
advérbio	sujeito	verbo + objeto
"diante dele > מִפָּנָיו"	"todas as faces"	"acumularão rubor"

Vê-se que a relação sinonímica entre "os povos" e "todas as faces" denota, através da intensidade na reação, que este עַם é realmente uma força capaz de gerar o estupor do medo. Os pontos precedentes (v. 1-5) são avaliados neste versículo e os subsequentes (v. 7-9) são preparados para, no v. 10, atingir um novo clímax, que revelará o sentido do conjunto (v. 11).

3.1.5. A quinta seção (v. 7-8)

A seção está em direta relação com os v. 4-5 e mostra a passagem das comparações preliminares, no âmbito de organização e formação de guerra, às comparações quanto à execução de um ataque ao alvo desejado.

As informações estão dispostas numa ordem muito fluida, explícita e que explicam a última notícia do verso 5c. Um leitor atento percebe o ritmo assonântico dos termos, em paralelismo sinonímico, que se repetem ou se evocam mutuamente, sobretudo pelo recurso ao ן paragógico já utilizado precedentemente nos versos 4b e 5a.

A atenção ao alvo é elucidada pelos termos בִּדְרָכָיו (v. 7c) e בִּמְסִלָּתוֹ (v. 8b) unidos pelo verbo יֵלֵכוּן, podendo ter o plural אֹרְחוֹתָם (v. 7d) como seu objeto.

A sequência semelhante (v. 7c e 8b) e o uso polivalente da raiz נבר (v. 7a e 8b), além de enquadrar esta seção, elucida a habilidade dos guerreiros, mostrando que eles são capazes de vencer todos os obstáculos.

Três importantes pontos de contato devem ser enfatizados: (1) a insistente repetição do verbo רוץ na 3.m.pl. com ן paragógico e a sua dupla forma de *scriptio* (plena no v. 4b e defectiva nos v. 7a.9b); (2) a visível ligação temática através do termo מִלְחָמָה (v. 5c e v. 7b); (3) o desdobramento da informação inicial de עַם רַב וְעָצוּם confirmando o uso coletivo do termo עַם, pois identifica o povo: כְּאַנְשֵׁי מִלְחָמָה e כְּגִבּוֹרִים.

Os v. 7-8 oferecem, assim, uma clarificação quanto à vinda deste representante de YHWH quando o seu *yôm* chegar. Este povo demonstra a sua habilidade devastadora diante de tudo e a todos, vislumbrando-se a sua capacidade de organização no ataque que lhe renderá vitória.

Desse modo, o versículo seguinte alarga o alcance da descrição precedente e mostra como acontece a total invasão de uma cidade, fazendo abalar, como reflexo do seu agir, os sólidos elementos da criação.

3.1.6. A sexta seção (v. 9-10)

Estes dois versículos correspondem aos v. 2d-3 e emendam realidades que evocam e focalizam os ambientes vitais para a existência não só humana, mas de tudo que vive e respira na criação, fechando o bloco B.

No v. 9 encerram-se quatro informações muito exatas e elaboradas em sequência pelo uso da preposição בְּ. Os períodos verbais produzem um forte compasso rítmico (יַעֲלוּ – יְרֻצּוּן – יְשֹׁקֻּוּ).

O objetivo foi alcançado e todos os espaços foram devidamente ocupados pelo עַם רַב וְעָצוּם. Os verbos em 3.m.pl. evidenciam a ligação com o que vinha sendo executado, demonstrando que a cidade fortificada não foi capaz de se defender, mas acabou sendo completamente invadida e sequer pôde oferecer algum tipo de resistência eficaz (cf. v. 7-8).[56]

---

[56] O termo שֶׁלַח, que traduzimos por "dardos", indica uma pálida tentativa de afastamento do inimigo, mas sem resultados (cf. R. D. PATTERSON, *Joel*, 248; S. YEIVIN, "שֶׁלַח", 134-144; S. E. LOEWENSTAMM, "וּבְעַד הַשֶּׁלַח", 62).

A cidade não é identificada. Dela somente se sabe o que possui de característico: "muralha", "casas" e "janelas", isto é, os espaços superados e tomados pelo עַם רָב וְעָצוּם. Não se oferece notícia alguma a respeito dos seus habitantes e não se diz se nela houve supérstite à diferença da afirmação contida no v. 3: "וְגַם־פְּלֵיטָה לֹא־הָיְתָה לּוֹ" ou como ficaram (cf. v. 6). Não há indícios, portanto, que apontem diretamente para Jerusalém, uma vez que o v. 11 fará ainda uma referência ao "acampamento do baluarte de YHWH", criando um paradoxal contraste,[57] pois seria lógico pensar que o exército invasor se instalaria na cidade, visto que não foi votada ao anátema (cf. Js 6,17-21; Ml 3,24), mas totalmente invadida.

Quanto ao estilo, nota-se que o v. 10 apresenta um paralelismo numa inversão programática da posição dos termos colocados dois a dois.[58] No primeiro e no segundo períodos, temos: לְפָנָיו – verbo – sujeito (v. 10ab), mas no terceiro e no quarto períodos ocorre a inversão: sujeito composto – verbo – objeto (v. 10cd). O sintagma לְפָנָיו é um elemento que apareceria subentendido no segundo, terceiro e quarto períodos.

Em forma de esquema, temos:

advérbio	verbo	sujeito
"diante dele" > לְפָנָיו	"estremeceu"	"a terra"
("diante dele > לְפָנָיו")	"tremeram"	"os céus"
advérbio implícito	sujeito	verbo
("diante dele > לְפָנָיו")	"sol e lua"	"escureceram"
("diante dele > לְפָנָיו")	"e as estrelas"	"perderam o seu brilho"

A relação nos dois primeiros períodos é sinonímica quanto aos extremos, terra e céus, e nos dois últimos é sinonímica quanto

---

[57] Cf. M. A. SWEENEY, *The Twelve Prophets I*, 150-152.
[58] A construção a partir do sintagma פָּנֶה (v. 6) é um dado literário particularmente observado pelos estudiosos (cf. W. S. PRINSLOO, *The Theology of the Book of Joel*, 43-44; J. L. CRENSHAW, *Joel*, 125-126; P. G. SCHWESIG, *Die Rolle*, 144), mas não a sua inversão programática a favor do conjunto.

aos corpos celestes. A intensidade e força irresistível que se atribui a este עַם, através dos verbos, permite prolongar os efeitos das suas ações sobre os elementos da criação.[59]

O *yôm* YHWH está próximo (2,1de) e pode ser caracterizado de forma visível no evento inédito que o manifesta pela descrição do surgimento e ação do povo bélico. O poema consegue, então, no v. 10, extrapolar o âmbito urbano, mostrando que a criação fica envolvida numa atmosfera que retoma as características enunciadas no início do poema (2,1-2c).

3.1.7. A sétima seção (v. 11)

Esta última seção é aberta e fechada pela consoante ו em relação a YHWH. Em וַיהוה reside não um valor aditivo, à diferença do verso 10d, que se refere às estrelas (וְכוֹכָבִים), mas sim adversativo, produzindo a mudança do sentido descritivo para uma nova exortação, que introduz o sujeito da ação.

Se a atenção vinha sendo dada às capacidades bélicas do povo forte e potente, agora todos os elementos anteriormente enunciados a seu respeito se calam e repousam submetidos à voz de comando de YHWH, que tem o controle de toda a situação.

As três frases nominais, que se iniciam pela conjunção כִּי, estão em sequência de subordinação, embora a última, com dupla caracterização, acrescente dados ao que havia sido dito sobre o *yôm* YHWH em 2,1.[60]

A conclusão, através de uma pergunta retórica, não permite que se perca o vínculo com a descrição anterior. A questão final é um período sintático completo, que transparece um traço não pessimista mas sim provocador e coadunado com o enunciado inicial (2,1c), fazendo com que o clímax do poema não esteja na

---

[59] Pelo uso de לִפְנָיו, a perturbação cósmica é também vista como fruto da presença e ação deste povo. Os reflexos e reações produzidos dão a ideia de retorno ao caos.
[60] Cf. R. B. DILLARD, "Joel", 275-276; R. SIMKINS, *Yahweh's Activity in History*, 159; P. G. SCHWESIG, *Die Rolle*, 145.

reação dos povos (v. 6), na invasão da cidade fortificada (v. 9), na convulsão cósmica (v. 10),[61] mas sim na voz de YHWH.

Muitos elementos mostram a ligação deste último versículo com os precedentes: o nome divino YHWH e em particular a expressão *yôm* YHWH (v. 1bd); a conjunção כִּי (v. 1de); o substantivo קוֹל (v. 5); a forma adverbial לִפְנֵי (v. 3ac.6a.10a); os adjetivos רַב (v. 2d) e עָצוּם (v. 2d.5c). Constata-se, pela construção do versículo, a mudança em relação à realidade indicada no sufixo de 3.m.sg. Este, agora, está intrinsecamente relacionado a YHWH, à diferença do seu uso anterior que o vinculava, em sequência, ao termo עַם. Esta mudança parece-nos intencional, a fim de deixar para o final a revelação do verdadeiro sujeito que está por detrás dos acontecimentos e que detém o total domínio da situação dramaticamente descrita. Se é YHWH, o temor e o tremor possuem razão de ser, como também a certeza de que a salvação é possível (cf. Jl 2,12-14; 2Cr 32,20-22).

3.2. O conjunto de Jl 2,1-11

A perícope tem início com um sinal sonoro, alertando quanto ao iminente acontecimento: o advento do *yôm* YHWH. As primeiras ordens, pelo contexto, foram dadas em Sião, monte santo de YHWH (2,1ab), onde está situada Jerusalém e nela a construção mais importante: o templo, que está em estado de penúria devido às carestias.

Ligado ao advento deste dia está o advento de um povo bélico inédito e imbatível. O poema, além de descrever metaforicamente o seu aparecimento, deu precisas características e falou do seu procedimento bélico no ataque de uma cidade fortificada, completamente invadida, fazendo abalar inclusive o firmamento. Só

---

[61] Esta linguagem permite um tom provocativo, visto que ouvintes-leitores compatriotas ou contemporâneos, particularmente se forem religiosos, sentir-se-ão tocados a respeito do que mais conta sobre a natureza de YHWH e sobre os impulsos que levaram o profeta a fazer tal anúncio (cf. R. J. COGGINS, *Joel and Amos*, 42).

no final se revelou que o עַם רַב וְעָצוּם é um executor da palavra de YHWH, mas não foi especificado se a destruição descrita tenha sido executada, de quem YHWH se fez inimigo e por quais razões. Estas notícias são inexistentes em Jl 2,1-11. As últimas informações, contidas no v. 11, submetendo tudo a YHWH, criam e atingem um forte clímax, mas ainda incompleto. Novas conclusões são esperadas, como cenas de um filme que não termina. A pergunta final anuncia a possibilidade de um novo desfecho dependente de novos eventos.

A viva linguagem empregada faz da perícope uma grande metáfora, que antecipa o advir de outros dois grandes alvos da mensagem: a efusão do espírito (cf. Jl 3,1-5) e o juízo dos povos inimigos (cf. Jl 4,1-21).[62]

As seções, embora dominadas pela grande variedade de elementos em paralelismo (comparativos e antitéticos), apresentam-se efetivamente bem interligadas, constituindo a sua riqueza literária.[63]

A presença estratégica da expressão יוֹם יְהוָה nas extremidades do poema (v. 1.11) constitui o elemento-chave, pois através desta a visão de conjunto pode ser identificada mais facilmente.

Em cada uma das seções intermediárias, o sufixo de 3.m.sg. manteve o ritmo e o constante ponto de contato entre elas, não permitindo que se perdesse a verticalidade ascendente e o desenvolvimento do entrelaçamento da temática do *yôm* YHWH com a temática do *'am* YHWH.

As imagens, tomadas da convocação militar, se enquadram bem em relação ao *'am*, apresentado numa ordem crescente de movimento: (1) formação, (2) marcha, (3) aceleração, (4) investida contra a cidade e (5) resultados. Esta descrição se desenrola como uma trama perfeita, com início, meio e fim determinados entre os dois extremos que anunciam o *yôm* YHWH.[64]

---

[62] Cf. L. C. ALLEN, *The Books of Joel*, 66.
[63] Cf. E. R. WENDLAND, *The Discourse Analysis*, 232-233.
[64] Sinais de um elaborado poema (cf. R. ALTER, *The Art of Biblical Poetry*, 40-43).

A vivacidade e o colorido que a parte descritiva revelou encontram, porém, um momento de relativo repouso no último versículo, quando se menciona, numa sucessão de causas e efeitos, que o povo bélico (חֵילוֹ) e o acampamento (מַחֲנֵהוּ) se tornam inertes e submissos ao comando de YHWH, por causa dos três כִּי referidos ao *yôm*.

O tecido textual, outrossim, dispõe de uma apresentação, que poderíamos dizer quase completa, do âmbito da criação, se não fosse a tênue referência aos "cavalos" (v. 4a: סוּסִים) e a menção genérica de "todos os habitantes da terra" (v. 1c: כֹּל יֹשְׁבֵי הָאָרֶץ).[65] O conjunto, por estes elementos, estaria a indicar igualmente um perfeito retorno ao caos, se não fosse a pausa introduzida pela pergunta retórica que deixa no ar e sem resposta um intrigante questionamento: o descrito aconteceu ou poderá acontecer?

Todavia, é preciso reconhecer que essa pergunta retórica revela outra questão que ficou escondida ao longo do poema: que ou quem deveria ser identificado no último sufixo? Esta questão poderia ter três respostas: (a) o *yôm* YHWH que está vindo, está próximo, é grande e terrivelmente forte; (b) o *'am* YHWH que surge e age imbativelmente; (c) YHWH, a quem tudo está devidamente submetido. A combinação destas três possibilidades realizou, com técnica brilhante, a colocação da descrição do povo bélico (v. 2d-10) entre o *yôm* YHWH e o próprio YHWH, que age pessoalmente através deles (v. 1 e 11).[66]

---

[65] Cf. D. A. HUBBARD, *Joel and Amos*, 34-35; R. SCORALICK, "Auch jetzt noch", 57. Este dado pode ser vivamente completado, se considerarmos os vários animais mencionados no escrito: gafanhotos (1,4; 2,25); leão (1,6) e, metaforicamente, em 4,16, o verbo שָׁאַג aplicado a YHWH, como se fosse um leão (cf. Jr 25,30; Am 1,2; 3,8; Os 11,10; Jó 37,4); bois e ovelhas (1,18); animais selvagens (1,20) e animais do campo (2,22). Somente em Jl 3,1-5 não encontramos a menção a um animal. As razões podem ser evidentes: uma nova criação regida pelos homens revestidos do espírito de YHWH.

[66] Cf. M.-T. WACKER, "Gottes Groll", 113; M. LANG, "Das Exodusgeschehen", 66.

A dimensão espaçotemporal, presente nos termos com valor adverbial (v. 2.3.4.6.10), visou manifestar a ação bem disposta deste *'am*, mas evidenciou, outrossim, mais duas notas do *yôm* YHWH: (a) deve ser concebido como uma entidade concreta e distinto por seus predicados particulares: "está vindo" (v. 1d: בָּא), "está próximo" (v. 1e: קָרוֹב), "é tenebroso" (v. 2ab: יוֹם חֹשֶׁךְ וַאֲפֵלָה), "é grande" (v. 11d: גָּדוֹל), "é terrivelmente forte" (v. 11e: וְנוֹרָא מְאֹד); (b) por ter origem comum com o *'am* em YHWH, torna-se com ele agente de YHWH, dando relevo à pergunta: "e quem o suportará?" (v. 11f).

Para a organização final do texto e seu conjunto, é significativo que o último versículo reúna uma gama de elementos recapituladores, de modo que a ênfase recai sobre a primeira frase verbal: וַיהוָה נָתַן קוֹלוֹ לִפְנֵי חֵילוֹ (v. 11a).

A menção de YHWH, no último versículo, remete a toda a evolução descritiva para o Deus de Israel (cf. Jl 1,15).[67] O verbo נָתַן desempenha toda a sua força semântica, precisamente porque a simples ligação sintagmática וַיהוָה נָתַן קוֹלוֹ ocorre somente aqui em toda a BH.[68] Com isso, nada do que foi descrito ou acenado ficou fora do pleno domínio e comando de YHWH.

A organização em três blocos, que identificamos em Jl 2,1-11, permite ainda que o texto possa ser esquematizado e apresentado com mais riqueza de detalhes, facilitando a sua compreensão. Propomos o seguinte esquema:

---

[67] É interessante perceber que, se no ato da criação tudo se faz porque וַיֹּאמֶר אֱלֹהִים (Gn 1), aqui tudo se submete a YHWH porque é Ele quem נָתַן קוֹלוֹ (Jl 2,11).
[68] Os termos em Hab 3,10 são interligados, mas possuem um sujeito diferente, buscando descrever a criação como aliada nas ações divinas.

Bloco A (v. 1-2c)	soprai [...] gritai [...] aterrorizem-se [...] porque o *yôm* YHWH está vindo, porque está próximo;
Bloco B (v. 2d-10)	a (v. 2d-g): um povo incomparável; b (v. 3): uma consequência caótica na terra vista como perfeita: jardim do *'ēden*; c (v. 4-5): metáforas: imagem bélica pautada nos instrumentos utilizados pelos soldados; d (v. 6): impacto terrificante c' (v. 7-8): metáforas: imagem bélica, pautada na tática utilizada pelos guerreiros; b' (v. 9): uma consequência caótica numa cidade perfeita: muralha, casas e janelas a' (v. 10): terra, céus, sol, lua e estrelas se atormentam
Bloco A' (v. 11)	Mas YHWH dá a sua voz [...] porque [...] o *yôm* YHWH é grande e terrivelmente forte; quem o suportará?

A existência de coesão entre as seções de Jl 2,1-11 favorece a aceitação de um único texto bem redigido, onde aparecem combinadas as temáticas, do *yôm* YHWH e do עַם רַב וְעָצוּם sob o único domínio de YHWH.[69]

Esta análise revela ainda dois pontos complementares sobre o texto:

a) O profeta é alguém que sabe ler os sinais dos tempos presentes na sua história e por eles interpretar a concepção teológica a respeito de YHWH.[70] O primeiro anúncio do *yôm*

---

[69] M. Beck (*Der "Tag* YHWHs", 162-167) faz uma síntese das principais tendências e teorias sobre as dúvidas quanto à unidade de Jl 2,1-11.

[70] As calamidades naturais (invasão dos gafanhotos, seca, incêndio etc.), as calamidades produzidas pelos inimigos que invadem e destroem (cf. Jl 1,6) e a inércia ou torpor diante deste quadro (cf. Jl 1,2-3.5) servem para o profeta agitar a consciência dos seus destinatários. A partir das lideranças, todos devem se unir numa grande súplica a YHWH, que manifestou o seu poder, a sua vontade e a sua grandeza justamente sendo lento na ira e rico em bondade, capaz de deixar, no lugar da maldição, a sua bênção (cf. Jl 2,13-14). O profeta é alguém que conhece os desígnios de YHWH,

YHWH (Jl 1,15) revelou que Ele é שַׁדַּי e, na sua expansão (Jl 2,1-11), explicita o alcance dessa qualidade divina.[71]

b) O profeta é alguém que busca demonstrar o que sabe sobre YHWH, a fim de que YHWH seja reconhecido pelo seu povo, em particular, e entre as nações como o único soberano da história.

Por estes dois pontos, Joel dirige o ouvinte-leitor para a compreensão de que YHWH não quer, não pode e não deve ser ridicularizado no meio da sua herança e principalmente entre as nações (cf. Jl 2,17; Ex 32,11-14).[72] Portanto, uma melhor avaliação deste conjunto deve ser buscada e tender a uma dinâmica apresentação da relação que existe em suas partes.

3.3. A relação entre as seções

3.3.1. Que tipo de anúncio?

Duas questões orientam este ponto da pesquisa: que tipo de texto é proposto nas seções e através delas? Existem, além do *yôm* YHWH, outros elementos capazes de evidenciar o tipo de vínculo subjacente aos três blocos, visto que em Jl 2,1-11 constata-se a presença de uma relação entre dois modos de apresentar a mensagem: exortação e descrição?[73]

---

porque sabe ler e interpretar os sinais presentes na realidade. Por isso, é qualificado para falar no seu nome (cf. Am 3,7.13) e possui, inclusive, liberdade para se indignar com Ele (cf. Jn 4,2).

[71] Cf. cap. III.
[72] Cf. G. S. OGDEN, "Joel 4 and Prophetic Responses", 102; J. R. Linville ("Letting the 'Bi-word" Rule in Joel 2:17", 1-15) diz que o termo משל está acumulando os seus dois significados, "provérbio" e "domínio", pois os povos serão rebaixados por YHWH.
[73] As ideias e informações aqui considerados não querem antecipar uma interpretação do texto, mas servem apenas para introduzir e ilustrar as reflexões que terão seu devido lugar mais a seguir e que ajudarão a formular o gênero literário.

A: Exortação de YHWH	→	o *yôm* YHWH vem como trevas
B: Descrição metafórica	→	o *yôm* YHWH e a imagem de um 'am "YHWH"
A': Exortação de YHWH	→	o *yôm* YHWH vem como dupla possibilidade

Alguns estudiosos acreditam que Jl 2,1-11 seja um oráculo de condenação para o povo eleito,[74] pois um ápice é atingido quando acontece a invasão de uma cidade, identificada como sendo Jerusalém (cf. Jl 2,9).[75] Que a exortação inicial de YHWH ordene um alarme em Jerusalém é uma pertinente e plausível afirmação, visto que a cidade está implicitamente presente e pode ser duplamente identificada pela menção do termo "Sião" e pelo qualificativo específico "meu monte santo".[76]

A reação de terror, se aplicada a כֹּל יֹשְׁבֵי הָאָרֶץ, poderia ser justificada tanto pela descrição da proximidade do *yôm* YHWH como pela evolução da temática de um povo e das suas qualidades bélicas sobre a reação dos povos (v. 6). Essa reação revelaria uma faceta da causa de duplo efeito.[77]

O texto de Jl 2,1-11 terminou com uma pergunta que deixa em suspense a ideia de um desfecho final totalmente catastrófico. Os verbos podem perfeitamente indicar algo ainda não

---

[74] O critério básico reside na aceitação de Amós realizar uma reversão sobre o sentido do *yôm* YHWH (cf. Am 5,18-20). J. Jeremias (*Amos*, 131-132) afirma que a forma retórica de Amós condicionou a história da profecia sobre o *yôm* YHWH. Amós não criou a expressão, mas a usa contra os seus ouvintes. Seu argumento é tirado da análise que faz do contexto e da forma enfática de לָכֶם (cf. Am 5,18b).
[75] Cf. R. SIMKINS, *Yahweh's Activity in History*, 155.
[76] C.-A. Keller (*Joël*, 124) critica os que identificam o conteúdo do poema visando a Jerusalém e ao templo. Sião faz parte da teofania e não é vítima da ação de YHWH. A base está na diferente utilização da forma verbal יָבוֹא: בוא em 1,15 e בָּא em 2,1.
[77] B. C. Birch (*Hosea*, 127-128) e J. L. Crenshaw (*Joel*, 47-50) consideram o *yôm* YHWH sobre o prisma tanto do julgamento quanto da salvação, porque o profeta têm presentes no seu anúncio as duas perspectivas.

acontecido, pois não há sinal algum de castigo motivado no corpo do poema, bem como chamado algum à conversão. Assim, seria de todo incoerente pensar, de imediato, que YHWH condenasse seu povo sem dar a ele uma oportunidade de se salvar e desejasse ver destruída a sua cidade santa.

Se por um momento admitíssemos que a cidade mencionada é Jerusalém, verifica-se que, entre o som do alarme, a criação do עַם רַב וְעָצוּם, sua partida, obstáculos, povos conquistados, formação de batalha até chegar o momento da invasão, com a consequente tomada da cidade, o autor estaria querendo dar tempo ou ganhar tempo para um propósito a princípio desconhecido ou prestes a ser revelado.[78]

As proporções mais alargadas (v. 6) e o envolvimento dos elementos da criação (v. 10) podem estar sendo usados como imagens metafóricas para que não se identifique a cidade atacada com Jerusalém.

Não há uma descrição do *yôm* YHWH, mas sim um anúncio entrelaçado com a descrição do עַם רַב וְעָצוּם. Se existe o desejo implícito de dar uma resposta para a pergunta final, o texto deixou, propositadamente, em aberto, tendo a força de provocar reações que se verificam em todos os âmbitos e esferas conhecidas (cf. Jl 2,1.3.6.9.10).

É incoerente admitir que o profeta, na unidade antecedente, suplique pelos campos secos e queimados demonstrando sua esperança em YHWH (cf. Jl 1,19-20) e receba como resposta uma imagem de destruição a ser anunciada e aplicada a Jerusalém. Ela é ponto de partida de um sinal, e não o palco de uma ação déspota de YHWH, que, sem referências explícitas, é categoricamente o comandante de tudo que transcorre no poema (v. 11).

Diante desse parecer, assinalaremos três momentos em evolução que podem oferecer outras razões e lançar novas bases para mostrar que Jl 2,1-11 contém um anúncio favorável que se encontra entre a súplica do profeta (cf. Jl 1,19-20) e o incisivo chamado à conversão (cf. Jl 2,12-14).

---

[78] Cf. J. L. CRENSHAW, *Joel*, 49; P. R. ANDIÑACH, "El Día de Yavé", 9.

3.3.1.1. Anúncio de destruição como provocação à conversão

Jl 1 apresenta situações desoladoras pelas imagens vivamente utilizadas. Logo no início, percebe-se a preocupação em evidenciar algo que não pode ser esquecido, mas que deve ser transmitido por várias gerações, ficando sempre presente na existência de quem ouve ou lê este escrito (cf. Jl 1,2-3).[79] O fato de evocar e agrupar épocas distintas tece uma trama histórica muito coerente: *presente* que lembra o *passado* para que no *futuro* o momento atual continue vivamente lembrado. A notícia que intercala diferentes nomes de um mesmo inseto (cf. Jl 1,4; 2,25), em contínua atividade, pode ser tomada como exemplo metafórico não só de povos inimigos, mas também de épocas e gerações que se sucedem.

A partir da lembrança destes dados, vários e diferentes acontecimentos catastróficos começam a ser descritos como algo passado, mas onde os seus efeitos ainda ecoam e fazem parte do presente de quem faz a descrição.

A vinha é uma imagem de grande relevância no contexto bíblico para indicar não só a terra prometida, mas o povo formado e tratado com tanto carinho por YHWH.[80] Ela foi, como se depreende do texto, a primeira a ser golpeada e acusa-se o motivo desta desgraça como resultado de uma ação bélica devastadora e impiedosa: "Porque *um* povo potente subiu contra a minha terra" (כִּי־גוֹי עָלָה עַל־אַרְצִי עָצוּם; Jl 1,6) e, assim, contra o meu povo.

Associada à imagem da videira, menciona-se a ruína da figueira, que igualmente é vista como símbolo de prosperidade e

---

[79] Estes versículos deixam entrever uma preocupação presente na literatura sapiencial e que também se encontra em textos proféticos. H. Simian--Yofre (*Il deserto degli dei*, 137) demonstra que Os 14,10 é uma reflexão sapiencial facilmente identificável pela menção ao "sábio" e que Os 13,13 já acenava para o seu contraposto.

[80] A título de exemplo, citamos: Gn 9,20 diz que o patriarca Noé se torna cultivador de vinha; Nm 13,23 afirma que a terra destinada aos libertos produz grandes uvas; Is 5,3-7 e Jr 12,10 relacionam YHWH e a vinha.

bem-estar para os habitantes da terra prometida,[81] mas também se aplica simbolicamente ao povo eleito (cf. Os 9,16; Mt 21,19).

A vinha e a figueira estão destruídas, isto é, a carestia toma o lugar da prosperidade, indicando um povo depauperado e uma terra assolada. Tal ideia será visível no decorrer da descrição, que ocupará os versículos seguintes intercalando consequências e atitudes que deverão ser tomadas (cf. Jl 1,8-14.16-18).[82]

A última atitude, intensa e relevante, é uma oração de súplica que brota nos lábios do profeta num contexto que menciona uma idêntica causa ou método aplicado (cf. Jl 2,3): "Porque um fogo devora as pastagens do deserto" (כִּי אֵשׁ אָכְלָה מִדְבָּר, Jl 1,19-20).[83]

Com base nesses dados, pode-se postular que Jl 2,1-11 seja "um anúncio de destruição", que interpela e prepara os habitantes de Sião para assumir uma atitude de conversão. A imagem criada com o jogo de palavras "antes dele" e "depois dele" (v. 2.6.10), porém, conduz à solução que se vislumbra "antes do pedido de piedade" e "depois do pedido de piedade" (cf. Jl 2,17),[84] que acontece mediado pelo uso apropriado do verbo שׁוּב intercalando os sujeitos da fala: YHWH e o profeta (cf. Jl 2,12-14).[85]

O povo inimigo comparado ao leão devastador (cf. Jl 1,6) não é o mesmo que reaparece em Jl 2,2d, mas este surgirá como o forte rival daquele. YHWH o cria potente e numeroso (רַב וְעָצוּם), portador de uma significativa singularidade: surgirá de forma

---

[81] Cf. 1Rs 5,5; Mq 4,4; Zc 3,10.
[82] Os motivos pelos quais destacamos Jl 1,15 do contexto anterior serão apresentados no cap. III.
[83] Uma sutil diferença reside na falta de artigo para מִדְבָּר em Jl 1,19 e a direta relação da conjunção כִּי, que se apoia na conjunção aditiva que acompanha וְ + אֵשׁ em Jl 1,20. L. Alonso Schökel e J. L. Sicre Díaz (*Profetas II*, 936) constatam que Jl 2,1-11 acolhe da seção precedente duas imagens: o fogo que devora e o *yôm* YHWH.
[84] Cf. R. SCORALICK, "Auch jetzt noch", 59-60.
[85] Esse duplo movimento encontra-se bem claro no relato sobre o reinado de Ezequias (cf. 2Rs 18,1–20,21 // 2Cr 29,1–32,33) diante da ameaça da invasão assíria. Todavia, em ambas as recensões, um período de prosperidade antecede tal ameaça.

inédita e sem possibilidades de repetição (v. 2d-g) para executar sua palavra (v. 11).[86] A diferença terminológica entre גּוֹי e עַם e entre רַב וְאֵין מִסְפָּר e רַב não é desprovida de sentido. Verifica-se que se deseja claramente estabelecer uma distinção entre as duas entidades. O final de Jl 2,17 estabelece também outra distinção entre os dois termos, agora citados no plural: עַמִּים e גּוֹיִם. O novo povo (2,2d), exclusivo e anônimo, será o elemento que fará tremer os outros povos (עַמִּים, cf. 2,6).[87] Portanto, pode-se postular que este ʽam será no yôm YHWH uma ação positiva de YHWH capaz de livrar os habitantes de Sião da possível vergonha entre os povos, mas se eles se dispuserem a acolher a mensagem de Jl 2,1-11 saindo da apatia e obedecendo a voz de YHWH e do profeta (cf. Jl 2,12-14). Isso justifica as ações exigidas e executadas em Jl 2,15-17.

3.3.1.2. Anúncio de destruição como revelação do poder divino

Do toque da trombeta à pergunta final transcorre uma revelação, paralela e concomitante ao anúncio do yôm YHWH, que possui um palco cenográfico aterrorizante e condizente com a transcendência de YHWH, o Deus que Israel descobre no Sinai.[88] Um Deus que se revela na imanência da história e que é o palco dos seus feitos grandiosos a favor do seu povo.[89]

---

[86] A fórmula temporal em 2Rs 18,5 (ausente em 2Cr 29,1-2) foi aplicada a Ezequias.
[87] W. S. Prinsloo (*The Theology of the Book of Joel*, 44) já havia detectado as etapas do movimento que se verificam na passagem do âmbito nacional (2,1) ao internacional (2,6), chegando ao âmbito cósmico (2,10) debaixo da ação do עַם רַב וְעָצוּם.
[88] A. F. Anderson e G. Gorgulho ("Joel", 1027) reconhecem que Jl 2,1-11 reflete um juízo sobre a realidade, em que YHWH manifesta a sua presença e se revela operante no meio do seu povo como fez na teofania do monte Sinai (cf. Ex 19,16-18; Dt 4,11).
[89] Cf. cap. IV.

Todos os elementos que causam pânico e terror aos libertos na teofania do Sinai poderiam ter sido utilizados por Joel para transmitir uma mensagem que identifica YHWH pelo seu poder de comandar as forças que operam na criação.[90] A ação destruidora descrita entre os v. 2d-9 oscila no tempo e no espaço, isto é, na história, onde o passado ensina que o presente pode conhecer uma futura solução e indica para o povo que a ação divina ainda pode se manifestar favorável (cf. Jl 1,2-3). Nesse sentido, estamos diante da revelação do poder divino que salva. Isso contraria os que pensam que Jl 2,1-11 seja uma mensagem de castigo e punição, que poderiam ocorrer caso não houvesse obediência à voz divina (cf. Jl 2,12) e ao conhecimento que o profeta tem de YHWH (cf. Jl 2,13-14).

3.3.1.3. Anúncio de destruição como proposta de salvação

Os termos adverbiais contrastantes, "antes dele/diante dele", "depois dele/atrás dele" e os elementos comparativos, que formam o corpo do poema encontram-se justificados pelas expressões "porque está vindo o *yôm* YHWH, porque está próximo" (v. 1) e "porque grande é o *yôm* YHWH e terrivelmente forte" (v. 11).

Todavia, para YHWH não existe um antes ou depois, mas pelo seu *yôm* as referências de espaço e de tempo servem para colocar o interlocutor diante do anúncio de destruição como motivo da sua intervenção salvífica, depende só da "sua voz", pois quem escuta a voz de YHWH e não fica indiferente a ela (cf. Jl 3,1-5) experimentará a salvação (cf. Jl 4,16).

Não há no poema nenhum período condicional. Tudo partiu de uma ordem e se concluiu com a certeza de que diante da voz de YHWH o seu baluarte está pronto a agir, "porque é poderoso agente da sua palavra" (v. 11c).

---

[90] Cf. J. JEREMIAS, *Theophanie*, 99; T. HIEBERT, "Theophany in the OT", 505-511.

A pergunta "e quem o suportará?" pode ser assim parafraseada: "E quem se salvará diante da decisão de YHWH?". Esta pergunta abre a perspectiva ulterior, onde YHWH (e o profeta) chamará os interlocutores à conversão, mostrando-lhes a resposta: quem se voltar para Ele de todo o coração tendo os sinais que acompanham este retorno (cf. Jl 2,12-14).[91]

– Primeiras conclusões

Os três momentos há pouco mencionados deixam entrever que estamos diante de um anúncio de destruição complexo, porque aponta a manifestação do poder divino por imagens terrificantes, a fim de revelar, que por detrás de tudo, está a sua proposta de salvação. Portanto, as referências subjacentes ao *yôm* YHWH pela ação do עַם רַב וְעָצוּם denotam que YHWH:

a) é o Deus de Sião que pode revidar e destruir o inimigo poderoso e numeroso (cf. Jl 1,6), vindo em auxílio do seu povo no ato em que cria ineditamente este עַם רַב וְעָצוּם, que é agente da sua palavra (cf. Jl 2,2d.11c);

b) é o Deus de Sião que age principalmente para purificar e santificar o seu povo, pois uma ação do Deus Santo requer a santidade de um povo santo.[92]

c) é o Deus de Sião que, pelos dois motivos precedentes, não deixa impune os inimigos internos e externos do seu povo.

---

[91] Como em Ex 34,6-7, os destinatários de Joel se encontram ante uma decisão que os envolve com a Torah (cf. T. B. DOZEMAN, "Inner-Biblical Interpretation", 222; M. LANG, "Das Exodusgeschehen", 71-72).

[92] O povo eleito deve purificar-se para participar do culto (cf. Ex 19,10-15), consciente de que não bastam os gestos rituais dos sacrifícios (cf. Lv 17,11), mas é preciso a pureza do coração (cf. Sl 51), de modo que se demonstre a justiça e a obediência como gestos de amor (cf. Dt 6,4-9; Is 1,4-20) capazes de refletir o mandamento da santidade (cf. Lv 19,2; 20,26), quando se passa por duras provações (cf. Dn 7,18-22).

A compreensão desses momentos e dos seus efeitos antecipa a resposta para a pergunta colocada pelos que lidam continuamente com o sagrado: לָמָּה יֹאמְרוּ בָעַמִּים אַיֵּה אֱלֹהֵיהֶם (cf. Jl 2,17).[93] Embora tenhamos encontrado uma inter-relação positiva entre as seções do poema, deparamo-nos, agora, com uma questão conexa, abrangente e, relativamente, complexa: as informações e articulações nele contidas permitem que se determine mais especificamente o seu gênero literário?[94]

Os três blocos que compõem Jl 2,1-11 possuem enfoques literários distintos e que se alternam: exortação, descrição de uma ação bélica e nova exortação. Esta alternância dá ao texto um tom e estilo particular.

Bloco A: *exortação de* YHWH

- Exortação (v. 1abc): é o primeiro elemento literário identificável. O seu conteúdo, que comanda uma dupla ação de alarme, aparece no AT, basicamente, em dois contextos: convocação para uma guerra ou convocação para uma ação litúrgica.[95] Ambos, porém, coincidem sob um mesmo aspecto: reunir uma assembleia para realizar um objetivo específico e próprio, de acordo com a razão do momento ou situação.[96]

---

[93] Em Ex 32,12, לָמָּה יֹאמְרוּ faz parte da intercessão de Moisés sobre o risco de o povo ser exterminado por YHWH, dando motivos para o Egito se gloriar do fato. A súplica feita por Moisés aplaca a ira de YHWH, mas exige que o povo seja purificado do pecado. Na citação de Joel, vê-se o alargamento ao universo das nações (בָעַמִּים).
[94] A questão é pertinente. E. R. Clendenen ("Textlinguistics and Prophecy", 388-390.392-399) reconhece que Joel não apresenta na sua mensagem uma situação de pecado que exija uma mudança e que sua profecia está caracterizada e motivada por julgamento e esperança.
[95] Cf. H. SIMIAN-YOFRE, *Amos*, 66-67. A título de exemplo, citamos: Jz 3,27; 6,34; 7,8.16; Os 8,1 (sinal relacionado ao perigo); Os 5,8 (função figurativa) e Lv 25,9; Sl 46,6; 81,4; 98,6; 150,3; 2Cr 15,14 (sinal relacionado ao culto).
[96] M. A. Sweeney (*The Twelve Prophets I*, 162) afirma a esse respeito: "No presente caso, pressupõe-se tanto a ameaça do dia de YHWH como o chamado para apelar liturgicamente para que YHWH o adie". Os elementos

- Motivação (v. 1de): executada em forma explicativa, onde se apresenta, igualmente, uma dupla causa para que a exortação precedente encontre uma devida ressonância nos ouvintes-leitores.

Estes dois primeiros pontos possuem a força de expressar não uma ideia mas sim uma realidade que advém de YHWH justificada pelo anúncio do *yôm* YHWH.

- Descrição (v. 2ab): este elemento literário expande a dupla causa presente na motivação, enquanto desdobra alguns aspectos deste יוֹם, oferecendo aos destinatários quatro notas qualificativas referentes à sua natureza.

- Comparação (v. 2c): o presente recurso linguístico não deixa dúvida quanto ao aspecto precedente. Todavia, para alargar a descrição das imagens terrificantes, a comparação operada indica e exemplifica o caráter da fluidez e mobilidade do modo como o *yôm* YHWH surge (v. 1de).

Assim sendo, as três frases do v. 2a-c reunidas, criam um ambiente de pavor, mas também de esperanças, vinculam os elementos antecedentes com os subsequentes, introduzidos pela mescla literária, a fim de formar o contexto que fundamenta a primeira exortação do bloco A.

Bloco B: *descrição metafórica*

- Descrição (v. 2d): sem nenhum tipo de ligação ou transição semântica, entra em cena um novo elemento: עַם. Este é portador de duas características inerentes, conexas e próprias ao momento de sua criação: רַב וְעָצוּם.

- Comparação (v. 2ef): o עַם toma corpo através dos efeitos linguísticos elaborados a partir dos referenciais de tempo

típicos da ação da natureza, do culto e da guerra possibilitam alargar os horizontes do *yôm* YHWH pelas imagens teofânicas.

e espaço. Os traços específicos são tirados do campo semântico próprio do universo militar, com a intenção de gerar a ideia já emitida na exortação do bloco A.

Os componentes que pertencem a esta descrição central (v. 2d-9) fazem com que o alerta diga respeito não ao culto,[97] de modo direto, mas a uma investida bélica que surge, cresce, age de forma imbatível e atinge, figuradamente, grandes proporções (v. 10).

Um dado muito significativo deste bloco B é a linguagem de "uma guerra em curso", sem que povos estejam em confronto direto. A descrição deste עַם está revestida de operosidade, mas a sua ação fica atenuada em âmbito meramente metafórico, tratando-se de um algo não acontecido ou puramente ideal no vislumbre de quem o anuncia e de quem o ouve ou lê.

Bloco A': *Exortação de* YHWH

– Exortação: este último aspecto do versículo é emblemático, recapitulador e sintetizador para o conteúdo. Embora o versículo não contenha um verbo na forma imperativa, o uso desejado e comum na 3.m.sg. para נתן denotaria, claramente, uma ação de comando.

YHWH, sujeito direto, cria através da ação-comando um pânico muito maior em relação a tudo que fora anteriormente descrito.[98] Isso induz a pensar que, no fundo, o objeto forte a ser suportado é o próprio YHWH, que se manifestará no seu *yôm* por meio de um povo numeroso e poderoso, visto que עַם e חֵילוֹ se correspondem mutuamente.

---

[97] Js 6,1-21 narra a fantástica tomada de Jericó colocando lado a lado aspectos cultuais e bélicos, fazendo sobressair não a astúcia humana mas sim o comando divino, visto que tudo deve acontecer de acordo com as suas determinações (cf. Js 6,2). Fica evidente que quem conquista a cidade de Jericó é YHWH.
[98] A voz de YHWH causa trepidação a quem ouve: 2Sm 22,14; Jó 36,32–37,5; Is 30,30; Jr 25,30; Am 1,2.

A partir do conteúdo e da forma como estão articulados, avaliando as tentativas de classificação existentes, mas propondo a plausibilidade de um sentido positivo para o anúncio contido em Jl 2,1-11, intentamos, a seguir, um parecer mais claro quanto ao gênero literário da perícope.

3.3.2. Algumas propostas de classificação

A preocupação com esta unidade textual tem sido feita e buscada pelos estudiosos, mas o valor e o sentido que lhe dão para uma leitura unitária do livro ainda não são totalmente convincentes.[99] O modo de definir e classificar, pela variedade de propostas, denota não só a complexidade do texto, mas também a dificuldade que emerge, como delineamos, das teses interpretativas.

Denominar Jl 2,1-11 como "oráculo de condenação", "anúncio de destruição", "proclamação da majestade divina", "hino a YHWH como divino combatente recitado numa grande liturgia penitencial" são rótulos que não condizem, como dito antes, com a totalidade do conteúdo presente na perícope e com a sua função no escrito inteiro.[100]

A partir dos dados obtidos na análise estrutural, percebemos que este passo metodológico não deveria abrir, de imediato, vias hermenêuticas. Tal procedimento se verifica nos comentários, pois não há imparcialidade e respeito pelo texto na hora de definir o seu gênero literário.

Em primeiro lugar, apontaremos algumas propostas de classificação que julgamos significativas e, em segundo lugar, cotejando-as com o sentido literário encontrado nos três blocos, apresentaremos a nossa opção.[101]

---

[99] Cf. J. BARTON, *Joel and Obadiah*, 68-70.
[100] A clareza sobre esta afirmação será o objeto do estudo apresentado no cap. III.
[101] Uma apresentação exaustiva das perspectivas assumidas pelos críticos ultrapassa o objetivo que consideramos necessário e determinativo para este ponto. Alguns acréscimos, ideias e posturas, quando válidos, serão dados nas notas.

Keller afirma que Jl 2,1-11 é um poema completo e coerente.[102] Na introdução ao seu comentário, classifica-o como um discurso do profeta que celebra o *yôm* YHWH e seu irresistível exército num contexto litúrgico penitencial.[103] No final do mesmo, porém, tenta dar um sentido mais preciso à sua concepção e considera o texto um cântico à glória de YHWH.[104] Embora Keller reconheça a inexistência ou o indício no poema de uma súplica, a sua classificação permanece redutiva. Se existe um motivo para celebrar a glória de YHWH, acreditamos que isso deva ser visto numa perspectiva salvífica. No máximo, podemos aceitar que o parecer de Keller faça do anúncio do *yôm* YHWH um forte argumento capaz de suscitar uma súplica,[105] algo que se verificará, de fato, em Jl 2,17.

---

[102] P. G. Schwesig (*Die Rolle*, 158), seguindo Wolff, admite que o estilo literário de Jl 2,1-11 encontrou uma forma adequada pela compacidade, que o define como poema.

[103] R. B. Dillard ("Joel", 243-244.280-281) reconhece que os problemas e teorias, quanto à datação do escrito de Joel, poderiam ser um elemento favorável em prol da sua função literária. Este escrito, enquanto unidade, refletiria o seu valor de texto litúrgico, utilizado por ocasião de uma lamentação nacional ou pelo menos seria um exemplo histórico de como se realizava tal lamento diante das diversas circunstâncias em que a comunidade seria convocada com uma finalidade ritual específica.

[104] Cf. C.-A. KELLER, *Joël*, 102.123.126. Algluns, aproveitando as conclusões de Keller, buscam oferecer alternativas: P. D. Hanson (*The Dawn of Apocalyptic*, 123-126), relacionando Jl 4 com Jl 2, propõe que este texto seja classificado como um "Hino ao Divino Guerreiro" num estilo mais apocalíptico; J. D. W. Watts (*The Books of Joel*, 12-13) afirma: "Joel é, claramente, uma profecia pública, não um oráculo privado. Seu lugar no desenvolvimento da adoração israelita é, portanto, de grande importância".

[105] Neste sentido, pode-se aceitar certo valor pedagógico do texto, como pensa S. Romerowski (*Les Livres de Joël*, 85.102), que, embora limite seu parecer a uma descrição de invasão de gafanhotos conjunta com a desolação causada pela seca, acredita que isto se tornou a ocasião para o profeta lançar o seu apelo ao povo, a fim de que ele se arrependa, abrindo assim a perspectiva transformadora de Jl 2,12-17.

Wolff considera o escrito de Joel uma grande lamentação litúrgica. Nesta, Jl 2,1-11 é um grito de alarme, que consiste, preponderantemente, no seu aspecto descritivo.[106] A perícope, então, é uma descrição sobre a invasão de um exército apocalíptico. É uma imagem futura que foi tirada, reelaborada e associada à descrição da praga de gafanhotos do cap. 1. Esta imagem futura, com base num acontecimento prévio, serviu ao autor como representação e inspiração para elaborar a nova descrição que conteria o anúncio escatológico do *yôm* YHWH.[107] Todavia, a argumentação, com base na vivacidade descritiva deste poema e nos particulares acenos bélicos, não permite que seja considerado, *a priori*, um texto escatológico ou que possa ser incluído, categoricamente, como pertencente ao gênero apocalíptico.[108]

As exortações do início e do final de Jl 2,1-11, consideradas a partir do gênero teofânico, enfraquecem a postura de Wolff, mesmo se levarmos em conta a falta de provas que determinem a realização histórica do anúncio.

Segundo Allen, este texto é uma unidade bem entrelaçada. Nele se percebe uma contundente advertência, a fim de justificar o precedente ataque dos gafanhotos por uma terminologia que evoca a vinda do juízo divino.[109] A partir disso, classifica a pe-

---

[106] Cf. H. W. WOLFF, *Joel und Amos*, 8-9. Nesta mesma linha, W. H. BELLINGER, Jr., *Psalmody and Prophecy*, 86-89.
[107] Cf. H. W. WOLFF, *Joel und Amos*, 45-46.
[108] S. L. Cook (*Prophecy & Apocalypticism*, 171.175) afirma, a partir do parecer de Wolff, que o livro emerge como uma unidade graças ao papel, estrutura e centralidade de Jl 2,1-11, tematicamente conexo a "Joel 1–2, que expressa o medo de 'uma possível desolação apocalíptica' e Jl 3–4, 'uma esperança pela salvação apocalíptica'; isso fez de Joel um texto apocalíptico produzido pelas autoridades do templo: a escatologia apocalíptica de Joel descreve a intervenção definitiva de Deus como um juízo universal"
[109] S. Romerowski (*Les Livres de Joël*, 42), de acordo com Allen, afirma que houve dois ataques; o primeiro aconteceu sobre os campos e o segundo sobre a cidade. B. C. Birch (*Hosea*, 140) segue a linha da continuidade

rícope como uma descrição, que reúne os elementos capazes de provocar uma justa reação na comunidade. Conclui dizendo que é uma descrição de ameaça de guerra.[110] Embora o parecer deste autor respeite os elementos que compõem e se alternam no texto (advertência e descrição), deixa, por exemplo, sem esclarecimento a relação existente entre o *yôm* YHWH e o עַם רַב וְעָצוּם. Com isso, fica reduzida a descrição simplesmente ao sentido que brota do ataque e invasão dos gafanhotos.

Prinsloo acredita que em Jl 2,1-11 se está forjando, deliberadamente, uma clara ligação entre esta perícope e a unidade precedente (Jl 1,2-20). Assim Jl 2,1-11 não é uma descrição de um novo acontecimento, não é uma real e nova invasão da praga de gafanhotos e não se trata de um exército apocalíptico,[111] mas constitui um novo estágio do seu pensamento: é uma versão intensificada, isto é, uma hipérbole que retoma as catástrofes da praga de gafanhotos e da seca para descrever o iminente *yôm* YHWH unido à dramática descrição do impiedoso exército que ataca e invade totalmente uma cidade.[112]

O parecer de Prinsloo fica também enfraquecido pelo fato de que admite a forte ligação com o conjunto precedente, insistindo na descrição, mas não desenvolvendo os aspectos que se interligam com o conjunto textual ulterior.

Para Ogden, Jl 2,1-11 pode ser definido como um grito de alarme, porque o escrito de Joel é uma obra literária baseada sobre uma lamentação litúrgica, que inicia com um chamado à lamentação, seguida de gritos de lamento, onde YHWH responde

---

temática da invasão de gafanhotos, mas associando-a ao aspecto do julgamento divino com base em Jl 1,15.
[110] Cf. L. C. ALLEN, *The Books of Joel*, 66-67.
[111] E. Achtemeier (*Minor Prophets I*, 130-135) concebe Jl 2,1-11 como anúncio de um exército apocalíptico de Deus, mas aplicado ao inimigo que vem do Norte (Jl 2,20).
[112] Cf. W. S. PRINSLOO, *The Theology of the Book of Joel*, 39-40; R. B. Dillard ("Joel", 270) denomina Jl 2,1-2 "grito de alarma, ataque de guerra" contra Israel e concebe a ação do profeta como um oráculo de guerra.

favoravelmente, mas se atinge um ponto alto com as promessas do divino auxílio para as crises que Judá enfrenta.[113] Notamos e ressaltamos, porém, que o som do alarme e a voz de YHWH não podem ser equiparados quanto ao sentido (v. 1 e v. 11). Não há no texto indícios do grito de guerra que tentava demonstrar o poder e a força do contingente disposto à batalha. Do mesmo modo, não se deve confundir o som do alarme com os gritos de invocação na súplica a YHWH. O texto, em si, não reflete uma ação litúrgica, embora sirva de motivação para tal.

Simkins mantém categoricamente a conexão entre a notícia da praga de gafanhotos de Jl 1,4 e a descrição bélica no poema do *yôm* YHWH. Nesta linha, Jl 2,1-11 seria uma segunda descrição da precedente praga de gafanhotos pelo longo tempo que ela perdurou (cf. Jl 2,25). Após esta consideração, reconhece que há no texto uma ordem de alarme seguida de uma detalhada descrição do ataque que sofre a cidade de Jerusalém.[114]

A nosso ver, Simkins é muito otimista na sua interpretação de cunho naturalista. Se tal associação realmente existe, julgamos que seja mais sensato pensar nos efeitos que decorrem de uma invasão de gafanhotos, enquanto danos provocados e que exigem tempo para a natureza se restabelecer, do que conceber o fenômeno com tal envergadura temporal.[115]

Crenshaw, conservando as ideias centrais do texto, classifica-o como: advertência para soar um alarme e descrição de uma invasão inimiga em curso. Este autor traça o perfil de Jl 2,1-11 recordando as posições de Kapelrud[116] e Wolff, mas se inclina e

---

[113] Cf. G. S. OGDEN, *A Promise of Hope*, 8-12.
[114] Cf. R. SIMKINS, *Yahweh's Activity in History*, 154-155.
[115] Cf. D. STUART, *Hosea – Jonah*, 232-234.
[116] A. S. Kapelrud (*Joel Studies*, 6) considera que no conjunto de Jl 2,1-18 reside um forte e insistente apelo ao arrependimento, formulado com mais detalhes que no cap. 1. No conjunto de Jl 2,1-18, os v. 1-11 contêm a ordem para alarmar o povo e as descrições do desastre. Assim, a proposta do texto não é fazer uma descrição poética sobre o *yôm* YHWH, mas oferecer o *background* ameaçador para o chamado à conversão.

se aproxima, ao colocar o texto numa circunstância penitencial, à concepção de Keller.[117]

Enfim, Barton resume posições a ele precedentes, combate e se distancia largamente de Wolff e de todos os que seguiram sua linha apocalíptico-escatológica, aproximando-se da concepção hiperbólica de Prinsloo e da visão naturalista de Simkins. Assim, classifica o texto simplesmente como descrição que retoma a calamidade da praga dos gafanhotos.[118]

Para ele, a descrição está formulando uma nova imagem a fim de falar de uma mesma realidade, simplesmente assumindo uma modalidade estilística diferente da precedente. A linguagem hiperbólica objetiva salvaguardar e distinguir o elemento histórico, que está intuído no poema, do elemento apocalíptico, que se encontrará somente depois de Jl 3.

Através desta breve avaliação das posturas, percebe-se que Jl 2,1-11 é definido como pertencente a este ou aquele gênero não como fruto de uma acurada análise do texto, mas em razão do que cada um dos críticos julgou significativo, fixos principalmente na imagem dos gafanhotos e deixando de lado outros aspectos relevantes.[119]

3.3.3. Nossa proposta de classificação

O fato de Jl 2,1-11 ser uma magnífica peça literária e não poder ser considerado simplesmente a partir do contexto que o precede demonstra, já pela exortação inicial (v. 1-2), que se desejou desdobrar e intensificar o anúncio do *yôm* YHWH por meio das fortes imagens que giram em torno do surgimento de um povo bélico. YHWH aparece como a razão e a justificação das ações nele contidas, e não como um suposto pecado cometido (v. 11).

A partir disso, o texto pode ser visto como um oráculo de juízo que descreve, idealisticamente, um perigo iminente, compatível

---

[117] Cf. J. L. CRENSHAW, *Joel*, 129-130.
[118] Cf. J. BARTON, *Joel and Obadiah*, 70.
[119] Cf. o resultado das tendências interpretativas apresentadas no cap. I.

ao anúncio de uma guerra que começará o seu curso e alcançará seu êxito.[120] Todavia, o conteúdo de Jl 2,1-11 não se ajusta às normas evidentes de uma retórica profética fixa, como no caso de uma palavra de julgamento contendo um anúncio de condenação, pois neste texto não se encontram os elementos que aportariam na identificação desta natureza.[121] O imaginário bélico em Jl 2,1-11 é um fenômeno muito significativo no quadro que o profeta busca tecer com a temática do *yôm* YHWH, abrindo e fechando o poema em evolução parabólica.[122] Mas com que finalidade? É possível considerar o oráculo de guerra como uma variação do anúncio de julgamento.[123] Em vários textos YHWH, aparece agindo em batalha para defender Israel de seus inimigos (cf. Ex

---

[120] J. van der Ploeg ("Eschatologie im Alten Testament", 390) considera o juízo dentro de um oráculo, uma ocasião que fundamenta e abre a possibilidade de mudança sem indicar, necessariamente, uma dimensão escatológica, pois um anúncio de juízo pode ser transformado em palavra de salvação se houver arrependimento e penitência.

[121] Cf. E. R. CLENDENEN, "Textlinguistics and Prophecy", 393.395. Comumente se reconhecem quatro partes numa profecia de desastre ou palavra de julgamento: o chamado de atenção, a acusação, a fórmula do mensageiro e o anúncio contendo a predição dos desastres; a estes C. Westermann (*Grundformen prophetischer*, 130) havia incluído o encargo ao mensageiro (cf. 1Rs 21,18-19; 2Rs 1,3-4).

[122] Com que objetivo? B. C. Birch (*Hosea*, 142-143) percebe que, por detrás do anúncio do *yôm* YHWH, está o temor do profeta sob a ótica do julgamento. Para F. E. Deist ("Parallels and Reinterpretation", 64-65), o profeta não estaria falando das calamidades em sentido literal, mas criou, simplesmente, um mundo literário metafórico para descrever o caráter terrificante do *yôm* YHWH.

[123] Quando um oráculo de guerra era usado por um profeta no lugar de um oráculo de desgraça ou julgamento contra as nações estrangeiras, visava--se a dois escopos: (1) anunciar a derrota do inimigo e (2) reafirmar, para o seu povo, que YHWH é a sua proteção e a sua segurança (cf. W. W. KLEIN, *Introduction to biblical Interpretation*, 300). A profecia de Joel, tomada no seu conjunto, expressaria bem este duplo movimento.

15,3; Nm 10,35; Js 10,42).[124] No caso de Jl 2,1-11, tal procedimento poderá ser aplicado? É preciso retomar os elementos, vendo se neles encontramos um modo de compreender o que está em jogo e se existe uma relação entre o desastre contido no poema e a sua razão (*"yôm* YHWH; עַם רַב וְעָצוּם; YHWH"?).

Apesar da profecia de Joel não conter uma referência explícita a um pecado e não se mover em função da aliança infringida em algum aspecto, vê-se que a base do seu discurso, proeminentemente exortativo, apresenta quatro elementos facilmente identificáveis no conjunto da profecia: (a) uma situação catastrófica que precisa ser mudada; (b) a convocação da comunidade para se posicionar e tomar parte na mudança; (c) os argumentos ou fatores usados pelo profeta para motivar os seus compatriotas a agir em favor da mudança; (d) a ação divina favorável que decide mudar a situação.[125]

A base deste discurso é simples, o foco inicial é o povo, e a organização do pensamento articula-se de forma lógica, mas YHWH será o personagem central e que aparece evidenciado no poema e em toda a profecia.

Jl 1,2-3 deu o tom do esquema: uma ação comunitária que envolverá o povo e YHWH: um acontecimento, que já faz parte do passado, mas que é visível no presente pelas suas consequências, que deve ser o conteúdo de uma mensagem a ser transmitida e preservada com atenção. Estes dois versículos iniciais sintetizam a profecia e servem-lhe de introdução.

Em Jl 1,4-20, encontramos todos os três elementos bem entrelaçados. As calamidades que afetam a agricultura, a pecuária e a rotina litúrgica do templo são as situações que precisam ser

---

[124] Um oráculo de guerra pode incluir alguns ou todos os seguintes elementos: convocação para a batalha, convocação do herói combatente, convocação ao lamento, batalha em curso, anúncio de vitória ou derrota, hino de vitória ou proclamação de insulto ao inimigo derrotado (cf. D. L. CHRISTENSEN, *Transformations of the War Oracle*, 15). Exemplos de tais oráculos ocorrem em Am 1–2; Is 13–21; 23; 34; Jr 46–51; Ez 25–32; 35; 38–39; Jl 4,1-16; Ab 1-21.

[125] Cf. E. R. CLENDENEN, "Textlinguistics and Prophecy", 388-389.

urgentemente mudadas e exigem uma pronta solução para que povo, animais e culto não se extingam totalmente. O profeta, ao descrever o momento nefasto, demonstra-se lúcido e preocupado quanto à sua gravidade. Ele incita os interlocutores a tomar uma postura diante dela. A comunidade necessita, no fundo, de uma pronta intervenção de YHWH para que a sua casa não fique sem as oblações. O culto a YHWH depende, então, da sobrevivência do seu povo. Assim, em primeiro lugar é preciso despertar a comunidade para a situação. Partimos desta afirmação, pois acreditamos que o principal problema a ser solucionado por Joel diz respeito à fé depauperada de um povo que se tornou apático e inerte diante do seu sofrimento.

O anúncio do *yôm* YHWH em Jl 2,1-11 será o forte argumento usado pelo profeta. Ele sabe que os interlocutores precisam e devem ser convencidos de que algo pode ser feito, porque, segundo Joel, o quadro só será revertido por YHWH, mas Ele não dispensa a parte que toca ao povo realizar. O tom de lamentação estará presente para acentuar que a mudança não virá como uma obra humana, mas será a resposta divina aos apelos dos sacerdotes. Ao povo cabe assumir uma postura de fé diante de YHWH com os gestos penitencias e a súplica de perdão (cf. Jl 2,12-14.15-17).[126]

---

[126] Se tomarmos o sentido e o conteúdo do Sl 7, verificaremos que pedir piedade não exige, necessariamente, que exista um pecado de fato; basta ver o uso da partícula אם (v. 4.5.13). O Sl 7, em conjunto com a profecia de Joel, não criaria perturbações em relação, por exemplo, à "lei do talião" e, embora não haja um explícito "juramento de inocência", a ação de YHWH a favor do seu povo, revertendo o quadro de penúria, apoiaria a sua suposição como proclamação divina. Aceita-se que existam vestígios de salmos no *Dodekapropheton* (cf. E. S. GERSTENBERGER, "Psalms in the Book", 254-262). A maior afinidade entre o Sl 7 e a profecia de Joel é mostrar que só uma intervenção de YHWH, justo juiz, pode pôr fim ao momento terrível pelo qual passa a comunidade e o seu templo. Se há um lamento em Jl 1,4–2,18, ele é também uma confissão de fé, uma certeza inquebrantável na providência divina (cf. Jl 2,23), que prorrompe em ação a favor do seu povo para punir os culpados. A resposta, como no salmo, será uma retribuição justa, imediata, social e religiosa (cf. G. RAVASI, *Il Libro dei Salmi I*, 165-176).

Os vários âmbitos existenciais estão envolvidos: agrícola (cf. Jl 1,5-7.10-12.17); litúrgico (cf. Jl 1,9.14.16); pastoril confinado e campestre (cf. Jl 1,18.19-20). Estes âmbitos reunidos ressaltam o valor da vida integrada: homens, animais e culto (YHWH) aparecem inseparáveis (cf. Jn 3,6-8). O tom eloquente que sintetiza os três elementos é dado por Jl 1,15 contendo o primeiro anúncio do *yôm* YHWH, que passará ao primeiro plano em Jl 2,1-11 e seguirá como fio condutor de todas as ações que YHWH decidiu realizar.

O anúncio do *yôm* YHWH pode ser comparado às palavras de estímulo usadas pelo líder para motivar o espírito de quem vai à guerra. A mudança que o profeta deseja obter é a vitória sobre o já nefasto momento. Em Jl 2,1-11, busca-se alimentar o povo para que obtenha a solução participando dela ao lado de YHWH, como soldados ao lado do seu comandante.

Os três recursos linguísticos anteriormente identificados (exortativo, descritivo e exortativo) compõem um quadro que confirma que YHWH é quem agirá e efetuará a mudança necessária, porque é Ele quem ordena o anúncio.

YHWH domina a cena, do início ao fim, pelo *yôm* YHWH (aspecto temporal) e pelo povo bélico em ação (aspecto instrumental). A coesão em Jl 2,1-11 parece refletir o primeiro passo positivo obtido pela ação de Joel sobre o que precede (cf. Jl 1,4-20). Todos os convocados formam agora uma comunidade capaz de superar os mais altos e difíceis obstáculos que se possam apresentar a um exército que sai para a batalha e quer ser vitorioso.

Se isso procede, Jl 2,12-14 atinge a comunidade com a motivação interior para que haja unidade nos objetivos de acordo com a vontade de YHWH. Em Jl 2,11, aponta-se como característica do exército de YHWH a capacidade de ouvir e agir como executor da sua palavra. Os dois traços característicos são agora expressos nas atitudes assumidas e praticadas por aqueles que, sob a presidência dos sacerdotes, se dirigem ao seu comandante e justo juiz.

Todas as atitudes motivadas e reunidas convergem para Jl 2,18, pois apresentam os dois fortes argumentos do povo em relação a YHWH. A Ele é pedido exatamente o que Ele *é* e tem demonstrado *ser* na sua história: שַׁדַּי zeloso pela sua terra e movido pela sorte do seu povo com compaixão, isto é, não é alheio à miséria devidamente apresentada em Jl 1,4-20.

A partir de Jl 2,19 o discurso exortativo profético, que girou em torno dos seus três elementos, cede espaço à voz do seu comandante, YHWH, que anuncia e apresenta a mudança para muito além do que foi esperado e solicitado. O protagonismo assumido por YHWH pode agora deixar o seu povo quiescente diante das promessas. Ele já determinou o que fazer.

Esse movimento, presente na profecia de Joel, reapresenta, de certa forma, o conteúdo de Ex 3, sem que exista, porém, a dúvida metódica e conflituosa de Moisés em relação à possível reação do povo que já havia clamado por libertação (cf. Ex 2,23-25).

Porque o povo possui fecundidade imbatível, criando pânico nos inimigos, encontra-se com a sua existência ameaçada (cf. Ex 1,7.9 com Jl 2,2d; Ex 1,10 com Jl 1,4-14.16-20).[127] A função sacerdotal imprescindível da estirpe de Moisés, para realizar a libertação dos hebreus do Egito (cf. Ex 2,1-24; 3,1), encontra correspondência na ação sacerdotal exigida em Joel.[128]

Estes elementos suscitados, por um lado, não nos permitem, *a priori*, concluir que Jl 2,1-11 seja um oráculo, no sentido conhecido do termo. Todavia, a falta da fórmula estereotipada que o introduz não representa um critério definitivo que descarte esta possibilidade.[129]

---

[127] Cf. S. BERGLER, *Joel als Schriftinterpret*, 275; M. LANG, "Das Exodusgeschen", 66.
[128] Os fenômenos cósmicos, também, permitem uma reminiscência aos atos salvíficos operados por YHWH, cf. o termo מוֹפֵת (Jl 3,3; Ex 4,21; 7,3; Dt 6,22; Jr 32,30; Ne 9,10).
[129] P. G. Rinaldi ("Gioele", 147) afirma que este texto é um oráculo, independente da ausência da fórmula כה אמר יהוה, porque a expressão נְאֻם־יְהוָה (Jl 2,12) e כַּאֲשֶׁר אָמַר יְהוָה evocam um anúncio já feito ou uma palavra já proferida (cf. Jl 3,5). W. S. Prinsloo (*The Theology of the Book of Joel*, 39) admite que "תִּקְעוּ שׁוֹפָר" (Jl 2,1) pode ser aceita como uma fórmula estereotipada que introduz a seção sobre o poema. Quanto aos aspectos da fórmula נְאֻם־יְהוָה, cf. F. BAUMGÄRTEL, "Die Formel *ne'um yahwe*", 277-290.

Determinar, por outro lado, o poema como anúncio de uma catástrofe tem seu lado positivo e seu lado negativo. O positivo pode ser defendido pelo imaginário elaborado em suas partes, em função também do seu objetivo pedagógico: tirar o povo da apatia e reforçar o valor da figura sacerdotal. Já o negativo, no modo como ele termina, brota imediatamente da dúvida quanto à realização do que foi descrito com tanto colorido.

O poema, reunidos os seus elementos literários, é, então, um oráculo de juízo que descreve a soberania de YHWH, Deus de Sião, pela ação de um povo bélico criado para operar justiça na vinda do seu *yôm*. É um oráculo, porque toda a ação profética está subordinada, desde o título, a YHWH (cf. Jl 1,1), e as sentenças emanadas, pelos imperativos ou pelo tom parenético, mantiveram os vínculos com ele e confirmam esta classificação (cf. Jl 2,1.11).

É um juízo porque existe uma forte ação que se abate sobre a realidade a partir do que faz o עַם רַב וְעָצוּם, onde predomina a linguagem descritiva da sua campanha e fabulosa conquista militar. Está subjacente, outrossim, o tema da vitória de YHWH, de Deus pródigo e combatente na batalha.

Por isso, o poema apresenta a sugestiva relação entre o anúncio do *yôm* YHWH e a descrição do עַם רַב וְעָצוּם. Se os efeitos acarretarão uma condenação ou uma libertação, não podem ser imediatamente identificados no texto, apesar de a voz de YHWH que comanda ser um critério jurídico que garante o final segundo os seus desígnios.

Assim sendo, encontramo-nos ante uma macroestrutura exortativa, produzida com riqueza de elementos da tradição sobre o *yôm* YHWH com base nas guerras de YHWH reunidas com a descrição do עַם רַב וְעָצוּם.[130]

Este oráculo possui a força capaz de despertar e tirar os destinatários da inércia e induzi-los à ação penitencial,[131] mas coloca-

---

[130] Cf. E. R. WENDLAND, *The Discourse Analysis*, 256-257; K. A. D. SMELIK, "The Meaning", 247.
[131] Cf. A. S. KAPELRUD, *Joel Studies*, 6.

-os livres e conscientes de que também depende deles a obtenção de uma resposta favorável diante da pergunta que o profeta deixou em suspense no anúncio do *yôm* YHWH.

Por detrás desta macroestrutura está uma imagem religiosa muito simples: "YHWH", pelo profeta, diz ao povo: "faça isto" por "causa disto", de modo que, no final, o próprio profeta, retomando a fala com a dúvida retórica, sobre um possível resultado, deixe ao destinatário a resposta à indagação: "E quem resistirá?". Embora não se trate de uma guerra realmente acontecida, mas a acontecer (cf. Jl 4), ela está subjacente ao texto, através da sua linguagem e imagens, qualificando e confirmando Jl 2,1-11 como um oráculo de juízo. Todavia, é preciso propor uma questão.

3.3.4. Em que sentido Jl 2,1-11 é um oráculo de juízo?

Esta questão passa, necessária e brevemente, para o campo da definição: que se entende por oráculo de juízo e em que sentido este gênero poderia ser assumido e aplicado ao conteúdo exortativo-descritivo de Jl 2,1-11?[132]

Em primeiro lugar, um oráculo de juízo, expresso numa palavra profética, deve manifestar em sua natureza a revelação de uma verdade sobre uma realidade concreta através de uma dúvida ou acusação.[133]

Em segundo lugar, esta revelação acarretará ou não na aplicação da justiça,[134] de acordo com a mesma verdade, contra um indivíduo ou um grupo que, por explícita razão, possa ser denominado criminoso, injusto ou merecedor de uma pena ou um castigo condizente com o reato praticado.[135]

Todavia, qual o critério e a medida a serem seguidos na hora de aplicar a justiça, de modo que a ação de juízo possa acontecer sem que ela se torne, igualmente, uma pena e uma culpa para

---

[132] Cf. C. WESTERMANN, *Grundformen prophetischer Rede*, 124-125.
[133] Cf. L. MONLOUBOU – F. M. DUBUIT, "Giudizio", 476-477.
[134] Cf. P. DACQUINO, "La Formula Giustizia di Dio", 102-119.366-382; I. FERNANDEZ, "Giustizia Divina", 637-638.
[135] Cf. O. O'DONOVAN, "Pena", 1021-1024.

quem a decretou e a executou ao culpado? O critério no AT será a equidade e o controle da justiça privada.

O exemplo bíblico clássico se refere à lei da vingança pessoal e desproporcional ou, como foi classificada, "lei de Lamec" (cf. Gn 4,23). Esta lei será superada e suplantada pela "lei do talião",[136] que imprime, na sociedade, a equidade exatamente como critério fundamental:[137] "Olho por olho, dente por dente, mão por mão, pé por pé, queimadura por queimadura, ferida por ferida, contusão por contusão" (cf. Ex 21,23-25; Lv 24,17-20; Dt 19,21).[138]

Concomitante a esta evolução, a pena capital era também possível, pois Dt 19,21 acrescenta "gola por gola" (נֶפֶשׁ בְּנֶפֶשׁ), que pelo sentido se chega a "vida por vida" ou "pessoa por pessoa". O contexto, porém, é de uma sentença pública emitida por gente competente, sacerdotes e juízes, a partir do testemunho válido de no mínimo duas pessoas (cf. Dt 19,15).[139]

---

[136] Cf. S. E. LOEWENSTAMM, "Exodus XXI, 22-25", 352-360; R. WESTBROOK, "Lex Talionis", 52-69; H. B. HUFFMON, "Lex Talionis", 321-322.

[137] O Direito Consuetudinário de *Hammurabi* § 196.197 dizia: "Se um *awīlum* destruiu o olho de um (outro) *awīlum*, destruirão o seu olho. Se um *awīlum* quebrou o osso de um *awīlum*, quebrarão o seu osso". A aplicação da "lei do talião" hammurabiana estava ligada à condição social da pessoa lesada. Era um direito do *awīlum* (homem livre), porque aos escravos a pena era feita pela compensação financeira (cf. A. ALT, "Zur Talionsformel", 408-409; E. BOUZON, *O Código de Hammurabi*, 181-182). Ou o berço é comum ou o AT se apropriou de tal princípio legislativo transformando-o (cf. G. CARDASCIA, "La place du talion", 169-183). P. Heger ("Source of Law in the Biblical", 325.333-334) cita alguns exemplos e advoga a favor dos ajustes para tornar as leis compatíveis com a teologia israelita. A importância é atribuída e marcada pela diferença entre o feito pelo homem e o dado por YHWH.

[138] O *yôm* YHWH, na profecia de Abdias, vigora como "lei do talião" (Ab 15-16; cf. cap. IV e cap. VI). Este critério básico parece ter subsistido e vigorado ainda como norma aplicável no tempo de Jesus (cf. Mt 5,38).

[139] Um tribunal, enquanto tal, deve ser formado não só por pessoas competentes e capazes de julgar os casos, mas por pessoas justas, isto é, consideradas corretas no seu modo de pensar e de agir conforme a lei, de modo

A pena capital, assim, aparece como o máximo castigo aplicável a uma pessoa (ou grupo) apresentada como culpada, julgada e condenada, a ponto de ter sua vida extirpada para satisfazer a justiça, manter a ordem e não deixar o erro se alastrar (cf. Nm 16). Por conseguinte e por via associativa, a destruição da terra, em particular dos campos férteis, com consequências funestas para a vida humana e animal, poderia ser comparada a uma pena capital, pois onde faltam os meios e os recursos básicos à sobrevivência, a morte é questão de pouco tempo. Seria esse um sentido aplicável a Jl 2,1-11?

Segundo a concepção bíblica, YHWH legisla a ponto de sacrificar uma vida, porque só ele tem o governo do mundo e só ele realmente conhece o íntimo de cada homem (cf. Jr 11,20; 17,10; Sf 1,12; 3,5). O juízo divino é, assim, uma presença constante na história, da qual nenhum culpado poderá fugir. Com a execução do seu juízo, YHWH discerne e favorece a causa dos justos (cf. Sl 7,12-13a; 2Mc 12,6).

YHWH não tolera um reato merecedor de punição (cf. Gn 18,20; 19,13), principalmente quando um malvado prepotente tenta fugir ou ficar impune pela astúcia, pela falta de provas ou pela incapacidade humana de ir além das aparências diante da matéria a ser julgada.[140]

Mas quais são os meios utilizados por YHWH para deliberar um juízo? Tomaremos como exemplo uma atitude de justiça e uma falta cometida, ambas realizadas pelo rei Davi, com ressonâncias cultuais e contendo elementos que podem ser considerados fantástico-fantasiosos.

No primeiro caso, devido uma carestia de três anos, YHWH faz Davi entender que só pela aplicação da "lei do talião" o

---

que seja possível promover e estabelecer a paz entre as partes litigantes (cf. P. BOVATI, *Ristabilire la Giustizia*, 10).

[140] Um típico exemplo encontra-se em Dn 13, conservado somente pela LXX (cf. P. BOVATI, "Quando le fondamenta sono demolite", 28).

problema se resolverá, isto é, satisfazendo a justiça equitativa (cf. 2Sm 21,1-14).[141] No segundo caso, YHWH está irritado com Israel e, por isso, incita Davi a tomar uma atitude que se reverterá em punição indireta para Davi e direta para Israel, pois o extermínio será freado no momento em que a punição se aproximar de Jerusalém (cf. 2Sm 24,1-25; 1Cr 21,1-30).

Nos dois episódios temos uma estrutura evidente: culpa – ira divina – expiação. A culpa, nos dois casos, é a razão para que YHWH manifeste o seu descontentamento e permita a carestia e a peste.[142] A ira divina evoca o direito de YHWH entrar em litígio com o seu povo, devido ao pecado, mas está sempre associada com a sua justiça. A expiação é o meio pelo qual se aplaca e se satisfaz a ira de YHWH.[143]

As realidades dadas em Jl 2,1-11 nos permitiriam cogitar um contexto judicial através da guerra somente se levássemos em conta a totalidade do escrito em função da punição a ser efetuada contra as nações estrangeiras que serão convocadas justamente para essa finalidade (cf. Jl 4,2.9-13).[144]

Nesse sentido, perguntamos: por que se deve aplicar a "lei do talião", através da guerra, a esses povos e não a Judá-Jerusalém?

---

[141] O Cronista não conservou esse episódio.

[142] A pena do flagelo foi escolhida por Davi sob uma certeza de fé: "Respondeu Davi a Gad: muita angústia para mim; pois bem, devemos cair nas mãos de YHWH, porque grande é a sua compaixão, e não nas mãos dos homens" (2Sm 24,14).

[143] A ira de YHWH está velada no mistério da sua santidade e não pode estar submetida aos critérios humanos, pois ela nunca será injusta, mesmo se no momento é incompreensível (cf. X. LEON-DUFOUR, "Ira", 564-565).

[144] R. M. Good ("The Just War", 387.391-392) concebe a guerra no antigo Israel como uma atividade judicial, um julgamento legal da parte de YHWH para resolver disputas entre Israel e as nações circunvizinhas. Aplica este conceito a Jl 4,1-3.9-13, vendo que Joel declara todos os elementos de um processo forense, que justificam e dão as razões para ser aplicada às nações. Esta guerra é não só uma punição mas também uma justa retribuição, como prova de que YHWH possui o controle da história.

Porque o *yôm* YHWH em Joel é uma fórmula que nos concede relacionar a ação divina do seu juízo mais em favor do povo oprimido pelas catástrofes do que com o castigo das instâncias opressoras.

Uma guerra, na antiguidade, possuía uma gama muito grande e complexa de situações que fundamentavam as suas motivações e que podiam levar os povos a um combate frontal. Dentre estas, destacamos:[145]

a) a busca e o controle dos recursos favoráveis à própria subsistência;

b) o orgulho do que se vê superior aos demais, manifestando assim não a "norma do poder" mas sim o "poder da norma" que concebe, como potente, aquele que é capaz de subjugar, revelando-se mais forte;[146]

c) a inimizade causada por algum tipo de violação étnica ou de aliança entre as partes contraentes;

d) a imagem e o conceito que se têm da presença, da vontade e da ação da própria divindade que concebe e permite a guerra.

Todavia, poderíamos sintetizar estas quatro motivações a partir de um denominador comum, "o interesse de domínio", que justifica a eliminação do incômodo, quando a vida pessoal ou do grupo é ameaçada.

O campo moral e o religioso, neste sentido, se tocam reciprocamente. A base cultural é ambivalente, e o seu terreno movediço.[147] Somente as divindades, segundo a mentalidade bélica

---

[145] Cf. J. L. McKENZIE, "Guerra", 463.
[146] Cf. 2Rs 18,13-37; 2Cr 32,1-19; Is 36,1-22. Para E. Galbiati e A. Piazza (*Pagine difficili della Bibbia*, 325), subjaz o sentido de "devorar ou ser devorado". O uso da raiz אכל em Jl 2,1-11 poderia ser pensado neste sentido.
[147] Cf. A. DEPURY, "Guerra", 656-658.

do Antigo Oriente Próximo, detinham o poder para desencadear uma guerra e nela o pânico capaz de vencer, subjugar ou eliminar completamente o inimigo (cf. Ex 23,20-23).[148] Israel está inserido neste contexto, segundo o qual a prática da guerra pertencia tanto à esfera divina quanto à esfera humana (cf. Sl 74,12-23; 89), mas adaptou-a ao monoteísmo para mostrar a realização terrena do plano de YHWH.[149] Diante disso, algumas questões devem ser colocadas: qual a relação, num oráculo de juízo, entre guerra e castigo divino? Qual é a lei da guerra quando está em jogo a existência, o desenvolvimento, a prosperidade, a liberdade e o direito de viver de um povo, em particular, do povo de YHWH? O conceito de guerra divina poderia ser o suporte para o oráculo de juízo e uma base para a elaboração literária de Jl 2,1-11?[150]

De acordo com Jz 5,2.11.13, Israel se denomina עם יהוה, expressão que pode designar não só "povo de YHWH", mas poderia ser entendida como "milícia de YHWH".

Desse modo, Israel poderia ser percebido como um exército aliado e a serviço do seu Deus, que pessoalmente, em função dos seus desígnios, conduzia as guerras e fazia estremecer os inimigos (cf. Jz 5; 1Rs 20,23). Israel, defendendo a causa de YHWH, está defendendo a sua causa e, por conseguinte, YHWH, defendendo e assumindo as misérias do seu povo, estava defendendo e assumindo a sua própria causa.

---

[148] Cf. H. AUSLOOS, "Exod 23,20-33", 555-563.
[149] Cf. L. LOHFINK, "La 'Guerra Santa'", 84-85. Uma teologia da guerra no AT como exercício da justiça legal de YHWH é plausível de ser admitida (cf. R. M. GOOD, "The Just War in Ancient Israel", 399-400). A literatura profética foi escrita dentro de um contexto em que a guerra, como uma forma específica de violência, era um elemento comum e constante usado muitas vezes como justiça humana (cf. T. E. FRETHEIM, "'I was only a little angry'", 365).
[150] Nm 21,14 refere-se ao ספר מלחמת יהוה; objeto do estudo de D. L. CHRISTENSEN, "Nm 21,14-15", 359-360; N. H. Tur-SINAI, "Was there an Ancient", 146-148.

Típicos oráculos de guerra do AT encontram-se no âmbito da conquista da terra da promissão tanto no livro de Josué como no livro dos Juízes.[151] Em Samuel e Reis, luta-se na guerra para manter-se na posse da terra. Se a época favorável e propícia, para sair e empreender uma guerra, correspondia ao fim da estação das chuvas, isto é, ao período da primavera (cf. 2Sm 11,1), quando a terra oferecia as primícias da colheita, e o campo de batalha estaria seco para o uso dos carros de guerra e podia ser sustentado com víveres para os guerreiros.[152] Então, como Judá-Jerusalém que se encontra em desolação com a sua agricultura devastada pela invasão dos gafanhotos, pela seca, pela falta de recursos para se sustentar, para prover o necessário ao culto e, até os animais imersos neste sofrimento, poderia sobreviver a uma guerra divina?

Diante dessa questão, não nos faltariam argumentos para considerar a situação apresentada em Jl 2,1-11 sob o prisma de uma ação bélica de YHWH,[153] não contra mas sim a favor do seu povo e da sua cidade santa.[154] Isso nos permite, agora, deflagrar como incorreto e inconcebível o modo de pensar daqueles que ainda admitem que Joel está se dirigindo com um anúncio do *yôm* YHWH contra o povo eleito. Então, se não é justo aplicá-lo a Judá-Jerusalém, a quem se dirige este oráculo de juízo?[155]

---

[151] A sequência comumente aceita pelos estudiosos para o livro dos Juízes (pecado – castigo – clamor – salvação) poderia oferecer uma base de compreensão para o oráculo de juízo de Jl 2,1-11 se o escrito possuísse uma referência clara de pecado ou ao menos fosse um elemento subentendido. Todavia, o escrito não oferece fundamento algum.

[152] Num estágio anterior à instituição da monarquia em Israel, uma guerra era sustentada em particular por agricultores e pastores, os quais, sob o comando de um juiz ou líder tribal, se tornavam guerreiros dispostos a defender seus vilarejos, o resultado das suas plantações e seus pequenos rebanhos diante das incursões inimigas que se desencadeavam para saquear, comprometendo a subsistência do grupo (cf. Jz 6).

[153] Cf. T. HIEBERT, "Warrior Divine", 876-880.

[154] Cf. Sl 48; 118,10-14; 121,2; 124; 2Rs 19,32-36.

[155] Se, para vários estudiosos, o profeta Joel estaria se ocupando do culto no sentido de reconduzi-lo para a justiça, deveríamos, ao menos, encontrar

O texto, por conseguinte, aporta numa situação dialética. As questões internas, pelos diversos elementos até agora levantados, exigem um novo passo no estudo, que mostre de forma sistemática os níveis e as relações textuais do poema. Uma análise dos contatos *ad intra* e *ad extra* do livro, como proporemos a seguir, podem ajudar a dirimir ou, no mínimo, a atenuar esta situação dialética e as dúvidas ainda latentes.

um substrato teológico da vitória com base não na guerra, coisa claramente expressa no poema, mas sim no uso da justiça mediante o culto, dado este que só se encontrará em Jl 2,12-17.

3

INTERTEXTUALIDADE
AD INTRA DO LIVRO

1. O texto em si mesmo

A terminologia presente em Jl 2,1-11 é significativa, capaz de acentuar os diferentes aspectos que caracterizam o anúncio do *yôm* YHWH e evidenciar o alcance da sua intertextualidade com todo o escrito joeliano.

Os termos mais utilizados na elaboração das seções e que, sem dúvida, atraem a atenção do ouvinte-leitor, são:[1] הַר (v. 1.2.5); אֶרֶץ (v. 1.3.10); רגז (v. 1.10); בוא (v. 1.9); יוֹם (v. 1.2.11); יהוה (v. 1.11); עַם (v. 2.5.6); רַב (v. 2.11); עָצוּם (v. 2.5.11); פָּנֶה (v. 3.6.10.11); אכל (v. 3.5); אֵשׁ (v. 3.5); רוץ (v. 4.7.9); קוֹל (v. 5.11); מִלְחָמָה (v. 5.7); חוֹמָה (v. 7.9).

Nessa perícope não existe uma raiz verbal predominante, mas o uso da raiz רוץ se destaca, pois apresenta a dinâmica acelerada da investida dos guerreiros desenvolvida nos v. 4-5, juntamente com a raiz עלה nos v. 7.9.

Estes termos articulam uma linguagem próxima do ambiente e contexto bélico-militar. Isso confere ao texto movimento, fazendo dele um veículo apto a transportar para a esfera sensitiva

---

[1] Cf. Tabela I. Adotamos a forma absoluta para substantivos e adjetivos, e no caso dos verbos indicamos somente a raiz, salvo onde o verbo for um particípio com valor de substantivo ou adjetivo.

e intelectiva dos destinatários a noção de que o *yôm* YHWH é um dia de guerra que revela a justiça divina.² O recurso literário à sinonímia encontra-se presente em quase todos os versículos.³ Ao lado disso, as ideias de contorção e de terror realçam os aspectos do anúncio bélico e causam fortes efeitos sobre os envolvidos *ad intra* de Jl 2,1-11: רגז (v. 1c.10a); חיל (v. 6a.11a); רעשׁ (v. 10b); ירא (v. 11e).

O uso pertinente e repetido do sufixo de 3m.sg., referindo-se ao עַם רַב וְעָצוּם (v. 2.3.4.6.7.8.10), a YHWH e ao seu *yôm* (v. 11), possui várias funções no texto: (a) oferece beleza de cadência e estilo do início ao fim; (b) mantém a progressão do tema bélico; (c) produz a dimensão espaçotemporal que envolve pessoas, lugares e situações pela alternância rítmica do advérbio אַחַר (v. 2.3) com o substantivo פָּנֶה, que assume valor adverbial (v. 3.6.10).

O sentido coletivo do termo עַם e das suas ações militares justifica o uso verbal no plural (v. 4b.5a.7cd.8ac.9) e faz com que este עַם interaja junto à realidade do *yôm* YHWH como sujeito e foco de atenção.⁴

A correspondência metafórica entre os v. 4-5 e 7-8 confirma e revela a portentosa categoria bélica deste exército suscitado por YHWH (v. 2):

– v. 4a: a metáfora do aspecto como cavalos;

– v. 4b: a metáfora dos cavaleiros e como correm;

– v. 5a: a metáfora do som das bigas;

---

2 Cf. C.-A. KELLER, *Joël*, 120-122.124-125.
3 בְּהַר קָדְשִׁי e צִיּוֹן (v. 1); חֹשֶׁךְ – אֲפֵלָה – עָנָן – עֲרָפֶל (v. 2) e קָדַר (v. 10c); עוֹלָם e דּוֹר וָדוֹר (v. 2); לַהַב e לֶהָבָה (v. 3.5); מִלְחָמָה e גִּבּוֹרִים (v. 7); אִישׁ (v. 7.8) e גֶּבֶר (v. 8).
4 A identificação metafórica de עַם (v. 2d) com os "cavaleiros" (v. 4b) e com os "guerreiros" em ação (v. 7a) também justifica o uso verbal no plural. O mesmo pode ser dito a respeito do valor coletivo de אִישׁ com o sufixo de 3.m.pl. e do seu sinônimo גֶּבֶר (v. 7). O v. 10a retoma o sufixo na 3.m.sg. sem romper com a temática do *yôm* YHWH.

- v. 5b: a metáfora da ação produzida pelo fogo sobre o restolho;
- v. 5c: a metáfora da sua organização "no campo de batalha";
- v. 7a: a metáfora dos guerreiros e a reafirmação de que eles são homens valorosos e intrépidos (v. 7b);
- v. 8: propõe a tríplice atestação de que eles não se autoatacam, não se desviam do objetivo (cf. v. 7c) e não saem do rumo, quando atacados.

Percebe-se, outrossim, uma série de vocábulos, que se referem tanto ao ser humano: יֹשְׁבֵי (v. 1c); עַם (v. 2d.5c.6a); אִישׁ (v. 7a.8a); אָח (v. 8a) e גֶּבֶר (v. 8b); עֹשֵׂה (v. 11c); quanto ao seu ambiente vital: הַר (v. 1b.2c.5a); אֶרֶץ (v. 1c.3c.10a); גַּן־עֵדֶן (v. 3c); עִיר (v. 9a); בַּיִת (v. 9d) e מַחֲנֵהוּ (v. 11b).

O ambiente, sofrendo mudanças pelo fogo que devora (אֵשׁ אָכְלָה: v. 3a.5b) o גַּן־עֵדֶן (v. 3c) e deixa no seu lugar um מִדְבַּר שְׁמָמָה (v. 3d), compromete indiscutivelmente a existência de todos os habitantes.

Os grandes elementos da criação, רָגְזָה אֶרֶץ (v. 10a), רָעֲשׁוּ שָׁמַיִם (v. 10b), שֶׁמֶשׁ וְיָרֵחַ קָדָרוּ (v. 10c) e וְכוֹכָבִים אָסְפוּ נָגְהָם (v. 10d), pelos verbos que os acompanham, não entram em cena como meros expectadores, mas como sujeitos passivos da grande perturbação ocasionada pelas devastadoras ações do עַם רַב וְעָצוּם, porque ele é עָצוּם עֹשֵׂה דְבָרוֹ (v. 2d-9.11c).

A presença de YHWH no v. 11 conectado às seções precedentes através dos termos com sufixo de 3.m.sg., מַחֲנֵהוּ – חֵילוֹ – קוֹלוֹ, dos imperativos, תִּקְעוּ e וְהָרִיעוּ (v. 1ab), do עַם רַב וְעָצוּם, que é seu feito inédito (v. 2d) e da terminologia militar, coloca-o não só como comandante, mas como principal sujeito e objeto do poema, antecipando o horizonte da sua futura vitória sobre os inimigos (cf. Jl 4,2.4-8.19).[5]

---

[5] Uma causa de duplo efeito respeita a realidade objetiva do *yôm* YHWH no escrito, sem a necessidade de apresentá-lo como dois anúncios distintos,

O termo גָּדוֹל evidencia no v. 11d uma particular perspectiva teológica para o *yôm* YHWH. Este adjetivo, além de dar uma nova qualidade para o *yôm*, surge em conformidade com os atributos que foram predicados para o povo: רַב, עָצוּם e מְאֹד (v. 2d.11b.e). Isso realiza uma sutil conexão entre o *yôm* e o עַם, pois ambos estão a serviço de YHWH.

Os limites do texto bem enquadrados (v. 1 e 11), além do já dito sobre a sua delimitação,[6] atestam uma grande sintonia estrutural e ocasionam um movimento centrípeto das seções (v. 6), revelando uma peculiar relação do conjunto com a esfera do último versículo. A saber: o som do alarme (v. 1ab) e a voz de YHWH (v. 11a) atestam que nos extremos encontra-se o efeito que se deseja produzir sobre um grupo de indivíduos: o primeiro para os habitantes da terra (v. 1c), incidindo também sobre todos os povos (v. 6), e o segundo para o baluarte de YHWH (v. 11b).

O anúncio do *yôm* YHWH justifica o porquê da iniciativa divina, pois as características deste dia figuraram em primeiro plano (v. 1d-2c.11de).

A construção verbal não denota um fato ocorrido, mas aponta para um momento indeterminado da história submetido à voz de YHWH. Nesse sentido, o surgimento do עַם רַב וְעָצוּם (v. 2d) e o que é metaforizado em função dele revelam a força que recai sobre o momento final, quando se afirma claramente o seu papel no plano divino: כִּי עָצוּם עֹשֵׂה דְבָרוֹ (v. 11c).

A pergunta retórica no v. 11c confirma a não realização do que foi anteriormente descrito e recupera os dados, passo a passo, para que o *yôm* YHWH seja associado ao עַם רַב וְעָצוּם. As imagens se entrecruzam propositalmente para formarem o cenário que se pretende criar e contemplar com a ação de YHWH: a manifestação da sua justiça, que acarreta um efeito punitivo e um efeito benéfico-salvífico.[7]

---

como fazem: J. Bourke ("Le jour de Yahvé", 5), P. P. Sébastien (*L'annonce du jour de* YHWH, 230) e P. G. Schwesig (*Die Rolle*, 116-117).
[6] Cf. cap. II, ponto 2.
[7] Cf. P. DACQUINO, "La formula 'Giustizia di Dio'", 118.

– Primeiras conclusões

O ponto sobre a organização do texto, no capítulo anterior, mostrou que Jl 2,1-11 possui uma estrutura objetiva que favorece a associação entre o *yôm* YHWH e o עַם רַב וְעָצוּם.[8] A análise do vocabulário, anteriormente traçada, reafirma e mostra que a temática do *yôm* YHWH fica devidamente enriquecida em função da sua inter-relação com esse povo e com YHWH.[9]

Os v. 1-2c e 11, centrados sobre a vinda, proximidade e grandeza do *yôm* YHWH, asseguraram que a inserção descritiva do עַם רַב וְעָצוּם (v. 2d-10) não constituísse uma temática paralela, capaz de distorcer a fórmula *yôm* YHWH, mas juntas fossem uma trama coerentemente elaborada.

O texto, com imagens metafóricas e discorrendo sobre um exército em ação no *yôm* YHWH, aponta para o objetivo último: a autoridade de YHWH que submete a si tudo o que existiu, existe ou continuará existindo, bem como o que aconteceu, acontece ou poderá acontecer aos habitantes da terra e para as nações estrangeiras, a partir do sinal dado em Sião (v. 1).

A clareza da função do *yôm* YHWH e do עַם רַב וְעָצוּם confirmam a apresentação deste dia como uma causa de duplo efeito: um juízo de condenação para os ímpios e, simultaneamente, um juízo de salvação para os justos. O efeito terrificante estampado sobre a face dos povos pode testemunhar estas duas coisas (cf. Jl 2,6).

Este oráculo revela o sentido do passado calamitoso e lança, no presente do anúncio, as bases para os destinatários interpretarem os futuros acontecimentos como sinais da ação de YHWH.

---

[8] Os dados sobre o עַם רַב וְעָצוּם, que ocupam o corpo do texto (v. 2d-9), estão organizados com elementos que criam certa linearidade em ascensão, justamente para conduzir ao píncaro do anúncio: YHWH não está ausente de ou indiferente ao que acontece no mundo e em particular com o seu povo (cf. Jl 2,17).

[9] O sufixo de 3.m.sg., que termina o poema, aplica-se cabalmente ao *yôm* YHWH, ao עַם רַב וְעָצוּם e, especificamente, ao próprio YHWH. O temporal, o humano e o divino em ação coincidem e não se excluem, visto que possuem a mesma fonte: YHWH. Com isso, é possível sair de um dilema (cf. M. BECK, *Der "Tag* YHWH*s"*, 164).

O alerta exige que os "habitantes da terra" (v. 1c), através de seus representantes, se preparem para um grande dia em que o ajuste de contas justifica a dúvida final: "E quem o suportará?" (Jl 2,11).[10] O próximo passo visará perceber como esta ideia se processou na elaboração e articulação textual de Jl 2,1-11, favorecendo a criação de uma imagem capaz de transmitir aos ouvintes-leitores o conteúdo do juízo divino subjacente ao *yôm* YHWH.

2. O alcance textual: vocabulário, temas e perspectivas em cada seção

2.1. Os v. 1-2c

2.1.1. Quanto ao vocabulário

A sequência que abre o poema, תִּקְעוּ שׁוֹפָר בְּצִיּוֹן (v. 1a), reaparece idêntica em Jl 2,15a. A primeira está inserida num contexto bélico e a segunda no âmbito específico de uma convocação litúrgica penitencial. As duas juntas abarcam os âmbitos onde se usa o שׁוֹפָר.

Dos três termos que compõem a frase de Jl 2,1a, צִיּוֹן é o único que possui mais quatro atestações no livro. Duas como objeto da preposição בְּ (cf. Jl 4,17.21) e outras duas com valor sintático diverso: (a) em Jl 2,23, צִיּוֹן é o *nomen rectum do nomen regens* בְּנֵי;[11]

---

[10] Em Jl 2,11 não é dito se algo ou alguém poderá ou não suportar o que trará o *yôm* YHWH. Que a dúvida permaneça em aberto talvez seja o objetivo. No Sl 24,3-4, levanta-se uma dúvida, mas o salmista também apresenta uma resposta.

[11] O sintagma, neste versículo, convoca os israelitas à alegria por terem YHWH como o Deus que abençoa e provê todo o necessário para a sua subsistência. O Sl 149 alarga essa certeza aplicando-a ao âmbito da justa retribuição que cabe aos santos. A mesma ideia está também subjacente na referência aos tementes em Ml 3,13-24.

(b) em Jl 3,5, צִיּוֹן é o *nomen rectum do nomen regens* הַר, também objeto da mesma preposição בְּ.[12]

A formulação com a preposição בְּ é usada não só como referência de um lugar específico, mas para obter uma forte conotação teológica, combinando diferentes aspectos de conteúdo.[13] O recurso à raiz verbal רגז, no v. 1c (יִרְגְּזוּ) e no v. 10a (רָגְזָה), reforça a ideia do impacto que se produz na terra (אֶרֶץ) com o anúncio de um dia que possui características da esfera teofânica.[14]

Uma via de compreensão, positiva e importante, se abre para a temática do *yôm* YHWH pelas duas características que lhe são intrínsecas: קָרוֹב "está próximo" (cf. 1,15; 2,1; 4,14) e גָּדוֹל "é grande" (cf. 2,11; 3,4).[15]

Uma exceção para o adjetivo גָּדוֹל aparece em Jl 2,25, onde é usado na fala de YHWH que promete restituir, pelo número de anos de carestia, tudo aquilo que foi destruído pelos gafanhotos, denominados: הֵילִי הַגָּדוֹל.[16]

---

[12] Jl 3,5 acentua o lugar escolhido por YHWH para a construção do seu santuário, seguido da menção de Jerusalém, igualmente objeto da preposição בְּ. É o local onde se invocará o santo nome de YHWH e se obterá aquilo que tanto se espera de um verdadeiro Deus: a salvação.

[13] O nome da cidade santa, יְרוּשָׁלַם, propositalmente, não foi mencionado em Jl 2,1 para preservá-la, mas, por outro lado, encontra-se a expressão בְּהַר קָדְשִׁי, que reaparecerá em Jl 4,17, como elemento intertextual reforçativo da sede de onde YHWH emana a salvação.

[14] Cf. A. MEINHOLD, "Zur Rolle des Tag-JHWHs", 211. P. G. Schwesig (*Die Rolle*, 157) acredita que os lemas חֹשֶׁךְ עָנָן וַעֲרָפֶל, presentes no v. 2, גָּדוֹל וְנוֹרָא e נָתַן קוֹל, no v. 11, são elementos que derivam da tradição teofânica.

[15] O *yôm* YHWH, como "próximo" e "grande", está revestido das perspectivas teológicas inerentes a YHWH, que é קָרוֹב (cf. Sl 34,19; 119,151; 145,18) e é גָּדוֹל (cf. Ex 18,11; Dt 7,21; 1Cr 16,25; Sl 48,2; 95,3; 96,4; 99,2; 135,5; 145,3; Jr 10,6; Ml 1,14).

[16] J. A. Thompson ("The use of Repetition", 102-103.108) reduz o valor interpretativo do escrito de Joel ao identificar muitos termos em Jl 2,1-11 como simples repetições para descrever a ação dos gafanhotos. Se considerarmos tal ação como metafórica (cf. Tg de Jl 2,25), não estaremos isentando o escrito de uma possível e real invasão, que teria inspirado o vocabulário, mas evitaremos reducionismos hermenêuticos. "A eliminação das diferentes espécies de gafanhotos (2,25) significa para o Tg a

O verbo בוא é central por estar sintaticamente estruturado em relação ao *yôm* YHWH. Este verbo ocorre em três modalidades na forma *qal*: (a) no *yiqtol* 3.m.sg. יָבוֹא "ele virá" (Jl 1,15); (b) no *qal* particípio m.sg. בָּא "está vindo" (Jl 2,1);[17] e (c) no infinito construto בוֹא "vir" (Jl 3,4).

Fora destas três atestações, בוא é mencionado ainda uma vez no poema e outras quatro vezes no conjunto do livro:

- no assalto do עַם רַב וְעָצוּם à cidade (cf. Jl 2,9d);
- na convocação dos sacerdotes (cf. Jl 1,13);
- no saque efetuado por Tiro, Sidônia e Filisteia (cf. Jl 4,5);[18]
- na convocação à guerra contra as nações estrangeiras (cf. Jl 4,11.13).

A vinda do *yôm* YHWH, se saltarmos a ordem lógica mas mantermos o contato com este elemento verbal, está condicionada a um acontecimento prévio em Jl 3,4, será precedido pelos fenômenos que se verificam no sol e na lua. Nas outras ocorrências, este dia é o fato que realiza ou condiciona os demais acontecimentos:

- em Jl 1,15, é visto como ação devastadora do Onipotente;
- em Jl 2,1, é o motivo do alarme que faz estremecer os habitantes da terra;

---

compensação que receberá Israel das nações, línguas, governos e reinos que saquearam o país. É uma onda rápida dos inimigos de Israel que Deus tinha enviado como castigo e a recompensa final que outorga a seu povo maltratado" (J. RIBERA-FLORIT, "Targum de Joel", 277).

[17] Quem não considera a forma verbal בָּא como particípio e קָרוֹב com valor adjetival admite as correspondências como uma distinção temporal entre presente (Jl 1,15; 2,1) e futuro (Jl 3,4; 4,14); é o caso de J. A. Thompson ("The use of Repetition", 104.106).

[18] A forma הֲבֵאתֶם está testemunhada ainda em Nm 20,4 e 1Sm 21,16. Em Joel este é o único uso no *hifil* de בוא, indicando a natureza da ação das nações estrangeiras: "Levaram ou roubaram o ouro e a prata", isto é, o tesouro do templo. Fora do contexto direto do *yôm* YHWH (cf. Jl 2,9d), mas mantendo os vínculos, predomina a forma *qal* no imperativo 2.m.pl. (בֹּאוּ). Cf. H. D. PREUSS, "בוא", 538.

O ANÚNCIO DO DIA DO SENHOR

- em Jl 4,14, é a razão da reunião das multidões no vale da decisão.

Ao seu lado, a formulação com a conjunção כִּי é um elemento determinante nestas três ocorrências e só em Jl 3,4 está ausente, justamente por possuir, nos fenômenos do sol e da lua, os sinais precursores da sua chegada. Assim, na maior parte, onde se fala do *yôm* YHWH, a partícula כִּי figura como se fosse a causa para as ações exigidas ou desencadeadas.

O termo *yôm* possui mais cinco ocorrências no escrito, mas sem um vínculo direto com a temática do *yôm* YHWH e desprovido de características evidentes. Quatro estão no plural, sempre como o objeto da preposição בְּ (cf. Jl 1,2; 3,2; 4,1) e uma na locução temporal בַּיּוֹם הַהוּא, frequente no AT, mas única em todo o escrito de Joel (cf. Jl 4,18).[19]

O paralelismo sinonímico do v. 2ab, típico da poesia hebraica, ilustra como a variedade terminológica pode ser utilizada para criar o resultado desejado no anúncio do *yôm* YHWH pautado na experiência sensorial que abarca o campo auditivo (v. 1) e o campo visual (v. 2ab).[20]

---

[19] A locução temporal בִּימֵיכֶם וְאִם בִּימֵי אֲבֹתֵיכֶם de Jl 1,2 parece ser uma referência não ao *yôm* YHWH mas sim à realidade histórica evocada pelo profeta como base da sua ação.
[20] Cf. E. R. WENDLAND, *The Discourse Analysis*, 232-233.

2.1.2. Quanto aos temas e perspectivas

Jl 2,1-2c apresenta temas afins ao conjunto do livro:
- a convocação de uma assembleia (v. 1: cf. Jl 1,14; 2,15-17);
- a sublimidade do monte santo de Sião (v. 1: cf. Jl 3,5; 4,16-17.20-21);
- o "agir ou reagir" humano (v. 1: cf. Jl 1,2.14);
- a escuridão que envolve a realidade temporal (v. 2ab).

Estes temas não são elaborados dentro de uma perspectiva idêntica, mas, apresentados com matizes diferentes, denotam uma qualidade literária e temática para muito além de uma mera repetição terminológica. A vinda deste *yôm* acarreta e mostra uma dramática mudança no curso dos eventos que se seguirão a ele.

O tema da convocação da assembleia, reforçado pelo paralelismo sinonímico, provoca uma reação comunitária de espanto, que se justifica pelo terrível conteúdo descrito. As ordens procedem de YHWH através do seu profeta (cf. Jl 2,1.15-17), mas a razão, o porquê e os objetivos a serem obtidos com o sinal da trombeta são diferentes. A saber:

a) Em Jl 2,1 se deve soar a trombeta por uma dupla razão: "Porque está vindo o *yôm* YHWH, porque está próximo", visando criar impacto nos ouvintes-leitores e gerar a atmosfera terrificante em torno do *yôm* YHWH.[21] A dinâmica será alcançada pelo jogo entre "antes dele" e "depois dele".

---

[21] P. R. Andiñach ("El Día de Yavé", 6), coerentemente, considera que o toque da trombeta é anúncio da proximidade de YHWH e não de uma invasão militar.

b) Em Jl 2,15 ela é exigida após o apelo ao arrependimento e à certeza retórica da fé do profeta (cf. Jl 2,12-14),²² buscando e confirmando o chamado inicial (cf. Jl 1,14): santificar um jejum e reunir uma assembleia completa, a fim de obter, pela ação dos sacerdotes, o favor divino em forma de perdão (cf. Jl 2,17). Tema que não ocorre em nenhuma das seções de Jl 2,1-11.

Esta piedade suplicada diz respeito à situação particular que assola o povo: a vergonha que estão passando com a falta de víveres e a ocasião que isso daria aos inimigos de se vangloriarem ante a ausência ou possível abandono da parte de YHWH: לָמָּה יֹאמְרוּ בָעַמִּים אַיֵּה אֱלֹהֵיהֶם. O conteúdo da súplica não versa sobre o anúncio terrificante deste dia (cf. Jl 2,17).

Ao lado do tema da convocação está o da sublimidade de Sião, que é patente no escrito e tem grande importância no anúncio do *yôm* YHWH. Enquanto o *yôm* representa a dinâmica temporal da ação de YHWH, Sião evoca a dinâmica espacial, onde tempo e espaço se eternizam na história,²³ revelando a presença constante de YHWH e o valor do lugar que Ele escolheu e determinou como sede do seu comando universal.²⁴

---

[22] A certeza é assegurada porque YHWH não permitirá a sua desonra diante dos povos estrangeiros (cf. M. LANG, "Das Exodusgeschehen", 70).
[23] A presença de diferentes ambientes geográficos no livro é sugestiva e oferece uma sequência que vai do espaço genérico ao espaço específico: terra – nações circunvizinhas – Judá – Sião – Jerusalém – entre o vestíbulo e o altar (cf. Jl 1,2–2,17). Daqui se parte num percurso de 360 graus: da sua terra aos povos setentrionais, reunindo o Oriente e o Ocidente (cf. Jl 2,18-20; 4,4.6.19), para que de Sião e Jerusalém (cf. Jl 3,5) todos os povos sejam reunidos no vale de Josafá (cf. Jl 4,2.12), qual vale da decisão (cf. Jl 4,14), onde YHWH fará ouvir a sua voz emanada de Sião e de Jerusalém (cf. Jl 4,16), local onde se situa o templo, fonte da vida (cf. Jl 4,18), porque YHWH, demonstrando a sua justiça, habita e age de Sião (cf. Jl 4,20).
[24] Segundo a perspectiva teológica do livro do Deuteronômio, YHWH escolheu Sião para ali colocar o seu santo nome (cf. Dt 12,3.5.11.21; 14,23-24; 16,2.6.11; 26,2).

Tal importância pode ser perfeitamente confirmada pela conexão que se estabelece entre estes dois temas na perspectiva do futuro juízo: será de condenação para as nações estrangeiras, mas de salvação para os que habitam com YHWH em Judá-Jerusalém (cf. Jl 2,18-27; 3,5 e 4,17).[25]

O tema da ação ou reação humana dos habitantes de Sião, בְּהַר קָדְשִׁי, é interligado aos dois anteriores, porque o sinal emitido no início pelo שׁוֹפָר (cf. Jl 2,1) provoca o tremor dos cidadãos desta terra (רגז) e as características do *yôm* YHWH, no fim, não deixam dúvidas quanto a isso (cf. Jl 2,11).

O tema da destruição percorre o livro e, igualmente, justificaria um comportamento humano condizente com o fato. Todavia, não se afirma ação ou reação alguma das nações estrangeiras, salvo se consideramos uma antecipação em Jl 2,6.[26] Parece que lhes foi negado o direito de sentir, de reagir ou de buscar uma saída diante da justa decisão de YHWH.

As nações mencionadas serão julgadas com base nas atrocidades que cometeram e não poderão apelar. Sendo assim, a salvação de Judá seria um ponto final sobre tais maldades, mas isso reduziria ou comprometeria o sentido do dom do espírito aplicado em âmbito universal (cf. Jl 3,1-5).

Enfim, o tema da escuridão, que caracteriza e envolve a realidade temporal do *yôm* YHWH, não ocorre uma segunda vez no livro (cf. Jl 2,ab). Os textos mais próximos fazem parte da sexta seção, quando se alude à mutação dos grandes luzeiros reguladores do dia e da noite (cf. Jl 2,10).[27]

---

[25] É significativo que os habitantes e a descendência sejam os que enquadram o escrito: Jl 1,2 inicia com יוֹשְׁבֵי הָאָרֶץ e Jl 4,21 termina com וַיהוָה שֹׁכֵן בְּצִיּוֹן. Três passagens transcorrem em paralelo refletindo um aspecto inédito: Jl 1,2-3 (o anúncio da situação); Jl 2,1-2 (o anúncio do *yôm* YHWH e do povo sem igual) e Jl 4,20 (a perene promessa).

[26] Cf., a seguir, item 2.4.2.

[27] שְׁנֵי הַמְּאֹרֹת הַגְּדֹלִים é afirmada em Gn 1,14-18 e no Sl 136,8-9; o *yôm* YHWH evoca, assim, esferas que só o criador domina (cf. P. R. ANDIÑACH, "El Día de Yavé", 7).

2.2. Os v. 2d-3

2.2.1. Quanto ao vocabulário

As expressões עַם רַב וְעָצוּם (Jl 2,2d) e גּוֹי + עָצוּם וְאֵין מִסְפָּר (Jl 1,6) podem ser consideradas semelhantes em sentido oposto, visto que não se está falando a respeito do mesmo povo. O profeta, em Jl 1,6, tomando as dores de YHWH, reconhece a origem de um flagelo acontecido, ao passo que em Jl 2,2d ele reconhece a origem de um instrumento flagelador inédito.

Os termos עוֹלָם + דּוֹר וָדוֹר realçam aspectos temporais equidistantes. עוֹלָם define e indica a qualidade prévia e antecedente à criação do דּוֹר וָדוֹר ;עַם רַב וְעָצוּם define e indica a qualidade ulterior à sua criação, revelando a sua total singularidade entre os que YHWH chama à existência (cf. Jl 2,2ef).

Um eco temático anterior para דּוֹר encontra-se em Jl 1,2-3, onde a sequência temporal estabelecida referia-se ao conteúdo a ser transmitido às futuras gerações. Em Jl 4,20, a mesma formulação alude à perenidade territorial de Judá e da cidade de Jerusalém no contexto das últimas promessas que o escrito apresenta, alargando o mesmo conteúdo.[28]

---

[28] Assumimos, de forma positiva, a possível ligação de Ex 10 com o contexto da praga dos gafanhotos, mas em particular o v. 2 como contexto para a fórmula כי אני יהוה (Ex 10,2), que se coaduna com o sentido da profecia implícito no nome do profeta: יואל. Esta ligação não representa uma dependência literária estrita, mas, de acordo com S. Bergler (*Joel als Schriftinterpret*, 256-258), é um uso provável e consciente do valor exodal. O movimento do vento oriental que traz a praga dos gafanhotos e do vento ocidental que leva embora a praga dos gafanhotos em Ex 10,13.19 tem a ver com Jl 2,20, onde este movimento é aplicado ao inimigo que vem do Norte e não à praga dos gafanhotos. Por não considerarem a estranha inclusão do pedido de perdão por parte do Faraó (cf. Ex 10,16-17) e a insólita resposta favorável por parte de Moisés (cf. Ex 10,18), alguns se equivocam ao recorrer negativamente à ligação com Ex 10 (cf. E. R. WENDLAND, *The Discourse Analysis*, 250; M. LANG, "Das Exodusgeschehen", 64-66; P. G. SCHWESIG, *Die Rolle*, 118-120).

A raiz אכל é efetivamente a mais utilizada, totalizando onze atestações. Como verbo, a forma *qal* possui dois diferentes sujeitos: os gafanhotos e o fogo; curiosamente quatro vezes para cada sujeito:

- quatro vezes no *qal* 3.m.sg: três na sequência que descreve a imagem dos gafanhotos em ação (Jl 1,4) e uma vez, quando se retoma o mesmo tema, indicando uma conexão na reversão do quadro catastrófico (Jl 2,25);

- quatro vezes no *qal* 3.f.sg: duas no fogo devorador das pastagens (Jl 1,19.20), uma sem objeto específico (Jl 2,3) e uma quanto ao restolho (Jl 2,5);

- em Jl 2,26 ocorre duas vezes: uma no *qal* 2.m.pl., seguida da forma no infinito absoluto, para contextualizar e evidenciar a abundância da bênção que provocará o louvor ao nome de YHWH, porque os que foram afligidos com o flagelo dos gafanhotos poderão agir, igualmente, como devoradores.

- enfim, uma única vez a raiz é utilizada como substantivo (cf. Jl 1,16);

O termo אֵשׁ, desta seção, aparece uma segunda vez no poema em cadeia construta (cf. Jl 2,5b); duas outras vezes em Jl 1,19-20 e ainda em Jl 3,3. Esta última é o único caso em que o substantivo não figura como sujeito do verbo אָכַל, mas é um dos três prodígios que aparecerão no céu e na terra, ligando-se à promessa da efusão do espírito ao *yôm* YHWH (cf. Jl 3,1-2).

A formulação תִּלַהֵט לֶהָבָה (Jl 2,3b) é reflexo de לֶהָבָה לִהֲטָה (Jl 1,19). Embora os vocábulos sejam os mesmos, a sequência sintática nesta última encontra-se invertida, e se verifica, igualmente, a diferença na forma verbal.

A locução מִדְבַּר שְׁמָמָה, em cadeia construta (Jl 2,3d), não é a única atestada no escrito. Uma segunda vez faz referência ao Egito e a Edom (cf. Jl 4,19). Além destas, uma correspondência de sentido pode ser reconhecida em שָׁמָּה apresentando uma terminologia homônima (cf. Jl 1,7).

Uma inversão de sentido acontece na formulação פְּלֵיטָה + הָיְתָה de Jl 2,3e, quando será retomada em Jl 3,5, passando do âmbito negativo ao positivo.

2.2.2. Quanto aos temas e perspectivas

Dissemos anteriormente que o tema da destruição é patente no conjunto do escrito. Esta afirmação pode, agora, ser sustentada pelo uso frequente da raiz אכל, que serve para elucidar a relação entre os termos em assonância utilizados no primeiro anúncio do *yôm* YHWH (cf. Jl 1,15). Tal terminologia contrasta com os elementos positivos que sedimentarão a perspectiva salvífica e exaltarão a figura de YHWH no livro (cf. Jl 1,19 e 2,3b).

A destruição causada pelo fogo transforma o local fértil em deserto, sinal de punição (cf. Jl 2,3),[29] mas para quem?[30] No contexto em que se anuncia um juízo sobre os dois últimos inimigos de Judá-Jerusalém, o termo reaparece com o mesmo valor (cf. Jl 4,19). O Egito e Edom terão seus territórios férteis devastados e transformados em deserto por causa do sangue inocente de Judá que derramaram em seus territórios (cf. Abdias).

Existem mais três ocorrências significativas para o termo מִדְבָּר. As duas primeiras como *nomen rectum* do plural feminino נְאוֹת, significando "pastagens" (cf. Jl 1,19.20). A oração do profeta endereçada a YHWH, lamentando-se porque o fogo causou a destruição, contextualiza a referência. A terceira vez ocorre

---

[29] A transformação da terra fértil em מִדְבָּר, que por motivos de escassez hídrica não é apto à agricultura, mostra que essa ação reduz o local propício à vida em região desolada e caótica (cf. Dt 32,10). Como sinal de punição divina, evoca-se o retorno ao caos por causa do pecado (cf. Is 64,9; Jr 22,6; Os 2,5; Sf 2,13; Ml 1,3) e, por isso, o lugar se torna uma terra onde reina o horror e o terror (cf. Sh. TALMON, "מִדְבָּר", 665).

[30] O Sl 97,3 combina elementos muito próximos a Jl 2,3 (אֵשׁ לְפָנָיו תֵּלֵךְ וּתְלַהֵט סָבִיב צָרָיו) e aplica a ação para os inimigos de YHWH. No caso de Joel, estes inimigos serão identificados após o anúncio de salvação em Sião-Jerusalém (cf. Jl 3,5), mas o profeta já deixara um prelúdio em Jl 2,20.27.

exatamente na resposta de YHWH, que reverte o quadro apresentado pelo profeta na sua oração (cf. Jl 2,22).[31]

O jardim do Éden, com o tema do deserto como seu paralelismo antitético, não ocorre uma segunda vez no livro. Todavia, ele serve de transição, e isso se verifica em duas direções. Por um lado, pode-se considerar que uma linguagem teológica está interagindo para apresentar o contraste entre o fértil e o árido, subjacentes aos dois primeiros capítulos do livro. Por outro lado, com certa margem de prudência, pode-se supor que haja uma sutil retomada do tema paradisíaco na referência aos instrumentos agrícolas (cf. Jl 4,10.13) e no oráculo que anuncia a abundância dos bens que caracterizarão a terra prometida בַּיּוֹם הַהוּא (cf. Jl 2,23; 4,18).

Ao lado dessas duas possibilidades, Joel trata do tema do sobrevivente em dois contextos diferentes em que situa a temática do *yôm* YHWH. Na primeira vez, generaliza e abarca todo tipo de ser vivente (cf. Jl 2,6.11). Na segunda vez, particulariza, explicitando que, se haverá sobrevivente, é porque YHWH decidiu infundir a sua רוּחַ sobre toda a carne,[32] habilitando o ser humano a invocar o seu nome divino e obter a salvação (cf. Jl 3,5).[33] Mas

---

[31] Embora não tenhamos em Jl 1,19-20 uma terminologia idêntica, o contexto evocaria a antiga imagem da suspensão de uma lei da natureza, onde o específico do fogo é consumir e nele transformar tudo que tocar ou nele for lançado (cf. Ex 3,1-2). Joel lamenta que "as estepes do deserto foram devoradas pelo fogo", quase que reprovando YHWH por não ter repetido o sinal precursor para a revelação do seu santo nome a Moisés. O jogo de sentido entre יהוה e o nome teofórico do profeta יואל não fica isento de significado, pois "אֶהְיֶה אֲשֶׁר אֶהְיֶה" não é diferente de "eu sou é Deus".

[32] A promessa é radical e abrangente se levarmos em conta a tradição que reconhecia a ação da רוּחַ sobre alguns poucos escolhidos: Gedeão (Jz 6,34), Saul (1Sm 16,14), Ezequiel (Ez 2,2), e, embora Moisés desejasse o dom comunitariamente (Nm 11,29), a רוּחַ foi limitada a setenta e dois anciãos (Nm 11,17.25).

[33] Em Ex 3: YHWH revelou o seu "nome" a Moisés para que fosse um sinal de credibilidade junto ao seu povo oprimido. Em Ex 20,7: YHWH, por ocasião do dom do decálogo no deserto, proíbe os libertos de pronunciá-

sobreviver de que ou de quem? Do *yôm* YHWH, do עַם רַב וְעָצוּם ou de YHWH?

2.3. Os v. 4-5

2.3.1. Quanto ao vocabulário

Esta seção emprega um grande número de metáforas extraídas do âmbito militar, imprime uma peculiar característica no poema e oferece raras repetições em relação ao conjunto inteiro do livro. As metáforas são facilmente identificadas pelo uso de cinco preposições כְּ que introduzem os versos. O v. 5ab constitui uma anáfora (כְּקוֹל), transferindo grandeza de ideias para descrever a ação do עַם רַב וְעָצוּם (v. 2d).

No texto, as metáforas aplicadas a este עַם sutilmente veiculam características para o *yôm* YHWH que se reconhece visível na particular ação deste povo em função da referência especificamente sublinhada no sufixo de 3.m.sg., presente no termo מַרְאֵה e que encontrará seu correspondente paralelo na sentença iniciada com כְּעַם (v. 5c).

Além do verbo אָכַל, anteriormente mencionado, o termo קוֹל (2,5ab) sinaliza o ruído das bigas sobre o topo dos montes e do fogo devorando o restolho.[34] A imagem de uma cavalaria provida de carros de guerra saltando sobre os montes não combina com uma tática válida e comumente utilizada em territórios planos. O enfoque extraordinário fica por conta do imaginário.

-lo falsamente. No contexto de Lv 16: YHWH dá instruções de como o sumo sacerdote procederia no rito de expiação, quando pronunciaria o nome uma única vez. Em Jl 3,1-5: YHWH infundirá o seu espírito tornando os homens aptos não só a profetizar (cf. Nm 11,25-30), mas também a invocar o nome divino em vista da salvação, sem ferir o primeiro mandamento.

[34] W. S. Prinsloo (*The Theology of the Book*, 42) se equivoca ao admitir uma relação analógica entre Jl 2,5b e Jl 1,6.19.20, porque o termo קַשׁ é de natureza diferente do sintagma נְאוֹת מִדְבָּר, bem como a sua aplicação contextual.

קוֹל reaparecerá no v. 11 acompanhado do sufixo de 3.m.sg., como o objeto do verbo נָתַן denotando uma prerrogativa exclusiva de YHWH. A sequência, quase idêntica, se repete em Jl 4,16 em paralelo com o termo יִשְׁאָג ("ruge"), onde YHWH é o sujeito que se contrapõe a Jl 1,6.

A possibilidade de que tenha acontecido uma elipse no início de Jl 2,5 não interfere no sentido, pois a preposição עַל alarga o âmbito desta comparação.[35] Além disso, se tomarmos em consideração o verbo יְרֻצּוּן (v. 4b), percebe-se a lógica das três formas de como agem os guerreiros (v. 5).

O verbo רוּץ reaparecerá mais duas vezes só no poema, sempre na 3.m.pl. e com ן paragógico, feita exceção da forma defectiva que assume, causando certa estranheza, mas reiterando a força e o impacto ocasionados pelo movimento e velocidade da ação dos guerreiros (v. 7a.9b).[36]

2.3.2. Quanto ao tema e perspectivas

O tema da ação bélica mostra o agente, os meios, os obstáculos e o modo como se procede numa batalha. Estes elementos são evidenciados e enriquecidos pelo influxo das metáforas aplicadas em Jl 2,4-5.

Com destreza este עַם se move, conduz e utiliza seus instrumentos aptos à guerra. Isto cria no ouvinte-leitor a sensação de pavor e de impotência para pensar ou preparar qualquer tipo de resistência capaz de enfrentá-lo.

Esta ideia inicial terá seu forte eco em Jl 4, quando se qualifica e se dá a entender que o juízo de YHWH é irrevogável para

---

[35] Alguns, por sucumbirem à conjectura proposta pela BHS[app], introduzem קוֹלָם no texto: K. S. NASH, *The Palestinian Agricultural Year*, 93; R. SIMKINS, *Yahweh's Activity in History*, 156; J. BARTON, *Joel and Obadiah*, 67. J. L. Crenshaw (*Joel*, 119-120), ao contrário, recorda o valor e a posição estratégica do termo בְּקוֹל.

[36] Cf. W. RUDOLPH, *Joel*, 56; L. C. ALLEN, *The Books of Joel*, 71; W. S. PRINSLOO, *The Theology of the Book*, 42.

todas as nações acusadas (כָּל־הַגּוֹיִם מִסָּבִיב) e que elas devem comparecer no local onde ele fará justiça: אֶל־עֵמֶק יְהוֹשָׁפָט (Jl 4,11.12).

Unido ao fator "movimento", estão outros dois fatores que revelam a sensibilidade da cena sobre os sentidos dos destinatários, onde visão e audição fazem reconhecer que se está diante de um povo imbatível (כְּעַם עָצוּם).

O ruído produzido por cavalos que trotam, por bigas que saltam, por restolho em chamas indica a intensidade das imagens e a grande capacidade a favor de uma retórica profética persuasiva. O dado determinante reside na força investida, que se apresenta superior a tudo que se possa pensar.[37] Esta ideia antecipa a razão da pergunta retórica (cf. Jl 2,11f).

Os v. 1ab.5ab.11a, considerados atentamente, revelam uma dinâmica sonora no texto: inicia com o som do alarme, passa pelo som das metáforas e alcança o seu pincaro na voz de comando de YHWH. Sião-Jerusalém figura como a sede em Judá de onde YHWH faz ouvir a sua voz que não danifica o seu povo, mas o salva, rendendo justiça ao seu nome (cf. Jl 4,16).[38]

2.4. O v. 6

2.4.1. Quanto ao vocabulário

A expressão מִפָּנָיו יָחִילוּ עַמִּים possui uma força sintetizadora e serve de referência para todos os povos que serão posteriormente mencionados.

Em Jl 1,6 encontra-se uma informação genérica a respeito de um גּוֹי potente e numeroso, predador como o leão. O último capítulo revelará, nominalmente, cinco povos direta e ironicamente envolvidos no mal digno do castigo: Tiro, Sidon, Filisteia

---

[37] Cf. H. W. WOLFF, *Joel und Amos*, 53-54.
[38] A visão dicotômica do *yôm* YHWH, um contra o povo eleito e outro contra as nações, fez com que P. G. Schwesig (*die Rolle*, 146), seguindo Wolff (*Joel und Amos*, 54), considerasse indistinto o caráter da ameaça e pautasse a sua universalidade na reação dos povos (cf. Jl 2,6).

(מִצְרַיִם: Jl 4,4),[39] Egito e Edom (וֶאֱדוֹם ... מִצְרַיִם: צֹר וְצִידוֹן וְכֹל גְּלִילוֹת פְּלָשֶׁת) Jl 4,19)[40] e dois de modo indireto: gregos e sabeus (שְׁבָאִים – יְוָנִי) Jl 4,6.8).[41] O uso insistente de גּוֹיִם alargará a decisão de YHWH, abrangendo todos os que serão sentenciados (cf. Jl 4,2.9.11.12).

A sequência כָּל־פָּנִים קִבְּצוּ פָארוּר é única em Joel.[42]

O sintagma מִפָּנָיו é menos frequente do que לְפָנָיו não só em Joel, mas em toda a BH.[43] Na verdade, מִפָּנָיו pode também ser considerado um *hápax* no escrito e está intrinsecamente ligado ao terror que os povos experimentam diante do espetáculo produzido pelo עַם רַב וְעָצוּם.[44] Isso se torna explícito com o desafio lançado por YHWH (cf. Jl 4,9-13).

Em Joel, o recurso ao substantivo פָּנֶה é flexível e constante. Seis vezes se encontra só no conjunto do poema (Jl 2,3²ˣ.6²ˣ.10.11) e uma última em Jl 3,4 relacionada ao terceiro anúncio da vinda do *yôm* YHWH.

Em Jl 2,20 o termo פָּנֶה possui um sentido de direção, aparecendo ligado à ação favorável de YHWH, quando decide afastar e dividir o inimigo que vem do Norte, destinando-o a um ambiente desolado e deserto (cf. Jl 2,3). Apesar de irem rumo aos dois

---

[39] Cf. J. A. THOMPSON, "The use of Repetition", 106.
[40] Se o anúncio do *yôm* YHWH fosse dirigido aos habitantes de Judá-Jerusalém, não faria sentido uma menção tão genérica. O escrito de Joel possui numerosas referências aos membros do povo eleito e aos personagens que aparecem como destinatários da profecia. Cf. cap. III, sobre o *yôm* YHWH em Jl 1,15.
[41] E. R. Wendland (*The Discourse Analysis*, 227) evidencia o contraste rítmico utilizado nestes dois versículos, criando um particular efeito literário e limitando a estrutura do texto. Essa particularidade aumenta o sentido e a razão do juízo divino.
[42] Na 2,11 aplica semelhante reação aos habitantes de Nínive diante da sua ruína.
[43] No uso do sintagma מִפָּנָיו está subjacente a postura de pânico, terror, medo ou temor assumida diante de uma situação ou pessoa (cf. Ex 4,3; 1Sm 17,24; Is 19,1; Hab 2,20).
[44] Cf. W. RUDOLPH, *Joel*, 70; W. S. PRINSLOO, *The Theology of the Book*, 43.

mares, não poderão sobreviver, pois exalarão seu cheiro de morte (וְעָלָה בָאְשׁוֹ וְתַעַל צַחֲנָתוֹ).⁴⁵ Desta sentença favorável, que causa o aniquilamento do inimigo que vem do Norte, pode-se entrever uma aplicação precursora, em torno da pergunta final do v. 11, que corroboraria o valor positivo de Jl 2,1-11.

2.4.2. Quanto ao tema e perspectivas

Jl 2,6 apresenta o tema que poderia se classificado como "o transtorno ou reação visível dos povos", devido ao modo como o עַם רַב וְעָצוּם surge, se organiza e age em batalha. O pânico estampado nas faces faz transparecer a imagem do terror que se evidencia utilizando o verbo חוּל.

A ideia do transtorno, assim considerada e descrita a partir da perspectiva das vítimas que percebem a aniquilação que se aproxima,⁴⁶ antecipa e ressoa perfeitamente aplicável ao que YHWH decidiu realizar no julgamento das nações estrangeiras.⁴⁷

Ação bélica, terror e juízo se entrecruzam sem limites de fronteiras. Se isto procede, por detrás de יִרְגְּזוּ כֹּל יֹשְׁבֵי הָאָרֶץ (v. 1c) está um horizonte que ultrapassaria o âmbito territorial de Judá-Jerusalém, onde se deu o alarme, e encontraria seu possível paralelo na convocação bélica de Jl 4,9.

---

⁴⁵ E. R. Wendland (*The Discourse Analysis*, 226-227) afirma que se atinge um clímax nas ações de YHWH com o afastamento e a destruição do inimigo que vem do Norte.
⁴⁶ Cf. M. A. SWEENEY, *The Minor Prophets I*, 163; J. L. CRENSHAW, *Joel*, 131.
⁴⁷ Cf. R. SIMKINS, *Yahweh's Activity in History*, 159-169; J. BARTON, *Joel and Obadiah*, 73. H. W. Wolff (*Joel und Amos*, 46) alarga os horizontes dessa ameaça para além de Judá devido ao estilo e conteúdos teofânicos.

2.5. Os v. 7-8

2.5.1. Quanto ao vocabulário

A principal marca do vocabulário empregado nestes dois versículos refere-se à marcha dos guerreiros, que, dispostos em filas, atacam sem retroceder. Aquilo que acontece é um movimento que interfere na terra e inclusive fará abalar os céus (v. 10).

Os termos em paralelismo גִּבּוֹרִים + אַנְשֵׁי מִלְחָמָה (v. 7) são metáforas que especificam e qualificam militarmente a ação atribuída a עַם רַב וְעָצוּם (cf. Jl 2,2d).

Se no v. 7 a formulação כְּאַנְשֵׁי מִלְחָמָה יַעֲלוּ se refere à metáfora que descreve uma ação, em Jl 4,9 os mesmos termos (אַנְשֵׁי הַמִּלְחָמָה + יַעֲלוּ), sem o aspecto comparativo e numa estrutura sintática diversa, são inseridos no contexto da convocação à guerra que YHWH move contra as nações a favor do seu povo.

A forma verbal יְעַבְּטוּן é um *hápax*, cujo significado indica a prerrogativa particular dos homens de guerra.[48]

Curiosamente, a construção paralela dos v. 7-8 pauta as ações na retidão de sentido físico, que é perfeitamente identificável, mas a formulação בִּדְרָכָיו aparece outras dez vezes na BH em relação aos mandamentos, como a fonte que não deixa o fiel perder a sua retidão no sentido moral.[49]

Esta relação ficaria bem evidenciada se consideramos a existência de uma atenção particular entre os fatores positivos (v. 7abc.8ab) e negativos (v. 7d.8c) de cada um ao seguir o seu caminho sem oprimir o próximo.[50]

---

[48] Fora do contexto de Joel, a raiz עבט ocorre ainda em Dt 15,6[2x].8[2x]; 24,10. Nestes textos a prerrogativa particular recai sobre a bênção e o bem penhorado.

[49] Cf. Dt 8,6; 19,9; 26,17; 28,9; 30,16; 1Sm 8,3; 1Rs 2,3; Sl 119,3; 128,1; Is 42,44.

[50] Cf. A. MEINHOLD, "Zur Rolle des Tag-JHWHs", 212.

2.5.2. Quanto aos temas e perspectivas

O tema que se pretende desenvolver pode ser designado: a persistência que faz alcançar o objetivo. Nenhuma iniciativa se antepôs à ação desta marcha militar. Tal ideia é devidamente confirmada pelo v. 8, que mantém um paralelismo sinonímico com o v. 7, esclarecendo o sentido subjacente do substantivo plural בִּדְרָכָיו. Em Is 42,24 encontramos uma pertinente conexão para os dois sentidos de retidão anteriormente mencionados. Jacó foi alvo de saques, e Israel pisoteado pelos passantes, exatamente porque não caminharam com retidão, isto é, não observaram a instrução de YHWH (בְּתוֹרָתוֹ; cf. Ml 3,23-24).[51]

O contexto do referido texto isaiano (cf. Is 42,18-25) poderia oferecer alguns elementos para uma profícua compreensão do contexto joeliano. Em Isaías a situação é desfavorável ao povo eleito por justos motivos.[52] Em Joel a situação reflete-se favorável no momento do ataque, porque poderia estar subjacente não as prerrogativas bélicas desse povo mas sim a retidão dos justos que, apesar dos obstáculos, alcançam o objetivo desejado.

Não se pode afirmar a *priori* que o conteúdo do escrito de Joel abra ao ouvinte-leitor uma perspectiva distante desta retidão moral, visto que a temática da restauração iniciará em Jl 2,12 e seguirá até o final do livro.

O povo eleito sairá da situação de penúria exatamente ao reconhecer a razão da sua carestia e, embora o contexto dos v. 7-8 aponte para um comportamento do povo bélico, a retidão mencionada e a busca diligente do seu objetivo não denotam,

---

[51] Na incapacidade do povo está uma certeza profética: só YHWH pode conduzir, porque Ele, por amor a si mesmo e à sua justiça, é o autor, o doador e aquele que engrandece a תּוֹרָה, tornando-a gloriosa. Existe simbiose entre o povo de YHWH e a lei de YHWH: o povo está para a lei como a lei está para o povo; é o povo que é lei e é a lei que está num povo, pois ambos são manifestação de YHWH (cf. Dt 4,6-8; 30,14; Is 51,7).

[52] O motivo que inspira Is 42,18-25 é duplo: a cegueira e a surdez espirituais aplicadas a Judá-Israel, separados politicamente, mas unidos sob o sigilo do mesmo Deus.

necessariamente, que se esteja fazendo um uso metafórico da imagem dos gafanhotos, mas sim da ação dos justos.

Com isso, identifica-se o tema da justiça e da retidão do comportamento subjacentes às metáforas utilizadas nestes dois versículos. O povo bélico em ação é um povo justo em ação, porque faz a vontade de YHWH.[53]

YHWH, ao criar o עַם רַב וְעָצוּם, estaria manifestando a sua justiça divina através dele, particularmente porque o contexto joeliano reflete uma situação de tribulação material e de perigo para a fé dos seus destinatários.

Se é assim, a fórmula teológica do *yôm* YHWH em Jl 2,1-11 está em relação com a salvação dos oprimidos, antecipando o consequente castigo dos seus opressores. É um anúncio que celebra idealisticamente os benéficos efeitos que advirão com a chegada deste dia.[54]

2.6. Os v. 9-10

2.6.1. Quanto ao vocabulário

Esta seção, em comparação às outras, apresenta o maior número de termos em contato com outros versículos da profecia joeliana. O plural הַחֲלוֹנִים, nesta forma, é também único em Joel.

O v. 9, que descreve a investida, assalto e tomada da cidade fortificada, possui algumas ligações remissivas com os v. 7-8 (בְּעַד, יָרְצוּן, חוֹמָה), mas com o restante do livro goza de exclusividade.[55]

---

[53] A inimizade entre justos e injustos remonta, segundo a história religiosa de Israel, aos primórdios da criação (cf. Gn 3,15).

[54] O castigo dos inimigos (cf. Jl 1,6; 2,6; 4,1-21), após a efusão do espírito (cf. Jl 3,1-5), assegurava a salvação para os que, oprimidos, foram justificados, por sua retidão (cf. Jl 2,7-8). Assim, a ação dos astros no *yôm* YHWH demonstrava o governo do mundo por parte de YHWH em conexão com a manifestação da sua justiça (cf. Sl 9,2.6-7.9; 67,5; 96,13; 97,6.10-11; 98,9; 99,1-3.9).

[55] Jr 46,16 mostra YHWH como o responsável pelo tropeço dos soldados egípcios.

A única repetição se verifica no termo בַּיִת, que está no plural, ao passo que as outras ocorrências aparecem no singular e em referência ao templo (cf. Jl 1,9.13.14.16). A formulação אֶרֶץ + רָעֲשׁוּ שָׁמַיִם (v. 10b) encontra-se também em Jl 4,16 com uma tênue inversão, sendo utilizada explicitamente com referência à ação de YHWH, onde o termo אֶרֶץ muda de posição no período.

O sentido do verbo רָעֲשׁוּ, no caso do verso 10b, se esclarece com a identificação do seu sujeito plural שָׁמַיִם. A causa para tal tremor advém do sujeito que reside no sufixo de 3.m.sg. do termo לְפָנָיו. Já no caso de Jl 4,16, o mesmo verbo רָעֲשׁוּ tem como sujeito os dois extremos, céus e terra, mas o motivo para tal tremor está claro nas ações de YHWH em paralelo.[56]

Em Jl 2,10cd é dito: שֶׁמֶשׁ וְיָרֵחַ קָדָרוּ ("o sol e a lua escurecerão"), enquanto em Jl 3,4 se acrescentam informações tanto para o sol como para a lua: הַשֶּׁמֶשׁ יֵהָפֵךְ לְחֹשֶׁךְ וְהַיָּרֵחַ לְדָם. A formulação inteira do v. 10cd é repetida, literalmente, em Jl 4,15: שֶׁמֶשׁ וְיָרֵחַ קָדָרוּ וְכוֹכָבִים אָסְפוּ נָגְהָם. O substantivo חֹשֶׁךְ que em Jl 2,2a, havia sido predicado ao *yôm* YHWH, é aqui predicado ao sol.

2.6.2. Quanto aos temas e perspectivas

O tema das trevas e da escuridão cria uma atmosfera terrificante tanto espacial como temporal. É um elemento patente no livro que serve de fundo e contexto para falar e engrandecer o tema da esperança, que brota das ações que se localizam no contexto do *yôm* YHWH.

A reversão da natureza, especificada na menção dos grandes luzeiros, evidencia o aspecto recapitulador. Os temas se entrecruzam, de modo que שֶׁמֶשׁ וְיָרֵחַ em Jl 4,15 recapitula Jl 3,4 que, por sua vez, recapitula Jl 2,10. Existe progressão nesta formulação teológica: Jl 4,14 está em relação a Jl 3,4, que retoma de Jl 2,1.11

---

[56] Esta identificação explícita pode favorecer a interpretação não só do sufixo de 3.m.sg. de Jl 2,10a, mas também revelaria que, em última análise, YHWH é o sujeito de todas as referências deste sufixo no poema.

algo que já havia sido anunciado em Jl 1,15 ao falar da onipotência divina.

2.7. O v. 11

2.7.1. Quanto ao vocabulário

No v. 11 há um dado singular: dos vinte e um termos que foram usados para compô-lo, sem contarmos os sufixos de 3.m.sg. e as três ocorrências da conjunção כִּי, dezessete termos não se repetem no versículo, fazendo dele o segundo período mais longo de todo o poema depois do v. 2.

A raiz חיל totaliza quatro ocorrências no livro com valor diferente: três vezes como substantivo (cf. Jl 2,11.22.25) e uma vez como verbo (cf. Jl 2,6).[57]

O substantivo מַחֲנֵה e a forma verbal יָכִילֶנּוּ são únicos em Joel.

No livro utilizam-se duas formulações com semelhante terminologia para transmitir a mesma ideia, onde YHWH é sempre o sujeito verbal. A frase יְהוָה נָתַן קוֹלוֹ encontra uma duplicata em Jl 4,16 (וַיהוָה + יִתֵּן קוֹלוֹ), exaltando a ação de YHWH no centro do seu poder (Sião).

As qualidades do *yôm* YHWH, כִּי־גָדוֹל יוֹם־יְהוָה וְנוֹרָא, também se repetem, reafirmando a certeza da sua vinda: בּוֹא יוֹם יְהוָה הַגָּדוֹל וְהַנּוֹרָא (Jl 3,4).

O verbo נָתַן, além de sua presença em Jl 2,11, é usado outras sete vezes no escrito (cf. Jl 2,17.19.22.23; 3,3; 4,3.16). YHWH é o

---

[57] Cf. F. ZORELL, "חיל", 226-267. Embora não seja fácil distinguir as raízes חול e חיל, é possível que a segunda seja derivada da primeira por uma forma de defecção ou redução de uma consoante "ו" em "י" ou que as duas raízes derivem das consoantes חל (cf. A. BAUMANN, "חיל", 899). Em Jl 2,6 parece significativo o emprego da raiz חיל com suas acepções diferentes, quer para indicar a contorção, um giro em torno de si mesmo, e que não exclui, no caso das contrações do parto, a força que se deve fazer para dar à luz; quer para indicar força bélica (cf. Jl 2,11.25) ou, no sentido translado (cf. Jl 2,22), mostrando a força interna que faz a figueira e a videira darem os seus frutos. Na base das três, reside algo comum: um estado potencial que foge ao controle do ser implicado na ação.

sujeito direto em cinco passagens. Em Jl 2,22, a figueira e a videira aparecem como o sujeito, mas a fala do profeta afirma que a restauração vem de YHWH, fazendo d'Ele o sujeito indireto.[58] A única exceção (cf. Jl 4,3) mostra que YHWH é sabedor do que as nações fizeram com os jovens do seu povo (cf. Ex 3,7-10). Percebe-se, portanto, que, no conjunto do livro, este verbo tem a ver em particular com YHWH e que seu uso, propositalmente, é feito somente após o sentido evidenciado em Jl 2,11. O v. 11, retomando o estilo e o tom exortativo do v. 1, amplia as informações sobre o *yôm* YHWH combinando-as com a designação do baluarte de YHWH. A sequência e verticalidade são mantidas através da tríplice repetição do sufixo de 3.m.sg. presente nos termos חֵילוֹ, מַחֲנֵהוּ e דְבָרוֹ.

O *yôm* YHWH, por tudo isto, se torna uma expressão abrangente, e sua característica temporal alarga-se para a dimensão espacial, que contém a presença de YHWH e do seu poderoso exército, qualificado por ser רַב מְאֹד e por possuir uma função particular no plano divino: כִּי עָצוּם עֹשֵׂה דְבָרוֹ.

---

[58] Comparando Am 9,11-15 com Sf 1,12-13, encontramos elementos e temas comuns que se coadunam com Jl 1,5-7.12 (penúria); 2,21-24 (restauração); 4,1.18.20 (abundância perene; cf. Sf 2,7; 3,14-20; cf. F. BARGELLINI, "Il ruolo canonico", 151-153). A profecia de Amós termina com uma promessa de restauração que parece mais dirigida a Judá do que a Israel, mas está bem refletida no conjunto (cf. Am 4,6.7.9; 5,16-17). As cidades arruinadas serão reconstruídas e novamente habitadas. As vinhas serão plantadas e o seu fruto consumido em celebração festiva. Em Sf 1,12-13 acontece o contrário: os incrédulos e indiferentes construirão casas, mas nunca as habitarão; eles plantarão vinhas, mas nunca provarão do seu fruto. Vê-se que as promessas finais de Amós aparecem invertidas no início da profecia de Sofonias, porque o povo é pecador e impenitente. A sorte será diferente para o resto pobre que YHWH deixará habitando Judá-Jerusalém (cf. H. SIMIAN-YOFRE, *Amos*, 181-187).

2.7.2. Quanto aos temas e perspectivas

O v. 11 apresenta vários temas em conexão:
- a voz de comando de YHWH;
- a grandeza do exército;
- o "agente da palavra de YHWH";
- as características do *yôm* YHWH;
- a pergunta retórica.

O tema da ação de YHWH, como aquele que está à frente de um exército, pode ser reconhecido como um argumento tratado em outros textos do escrito de Joel (cf. Jl 2,20.25; 4,11). Uma razão para apresentar YHWH como comandante de um exército encontra bom apoio já no início do livro (cf. Jl 1,6),[59] onde YHWH se lamenta, pela voz do profeta, por aquilo que foi feito contra a sua terra.[60]

Existe em Jl 1,6 uma terminologia muito próxima ao conteúdo presente em Jl 2,2e: a particular repetição dos termos עָצוּם e עַם רָב como sinônimo de גּוֹי + וְאֵין מִסְפָּר. A grandeza do exército transparece nesta qualificação. Na verdade, ao enunciar "agente da palavra dele (YHWH)", percebe-se o cruzamento de dois temas, pois a expressão dentro da oração explicativa é um duplo caso no genitivo de posse.

O sufixo de 3.m.sg., substituto de YHWH, faz as vezes de *nomen rectum* tanto do substantivo "palavra" como do particípio substantivado "agente": aquele que é agente da palavra, no fundo, é agente de YHWH.

---

[59] YHWH combate a favor do seu povo (cf. Ex 14,25; Js 10,14.42; 2Cr 20,29; Is 30,32; Jr 21,2), mas também contra o seu povo (cf. Is 63,10).

[60] Se esta observação procede, seria contraditório associar a nação potente e numerosa à praga dos gafanhotos, pois YHWH estaria em contradição, lamentando-se de algo que fez a si mesmo (cf. Jl 2,25). Cf. E. ACHTEMEIER, *Minor Prophets I*, 125.

A pergunta retórica, "e quem o suportará?", pode ser considerada um autêntico tema, pois o v. 11 apresenta aspectos que recordam a sublimidade divina: "numeroso", "poderoso", "grande", "terrível" e "forte". Estes aspectos são elementos teofânicos servindo de base para o *yôm* YHWH.[61]

Os três elementos mais uma vez se entrecruzam, e a pergunta deixa em suspense não só a resposta mas também quem ou o que se pode suportar: YHWH, seu *yôm* ou o agente da palavra divina? Não se trata, simplesmente, de entender o verbo יְכִילֶנּוּ do ponto de vista daquilo que é mensurável, mas, também, não basta relacioná-lo com o tema da ira divina, que se manifesta visível e terrível no *yôm* YHWH, sem perceber contra quem se aplica, de forma concreta, a ação justa de YHWH.

2.8. Conclusões sobre o alcance textual de Jl 2,1-11

O paralelismo encontrado nos termos, expressões e temas que precedem Jl 2,1-11 não significou que o poema recupera o tema dos gafanhotos apresentado em Jl 1,4 e retomado em Jl 2,25. O uso insistente de metáforas introduzidas pela conjunção כְּ (sete vezes em Jl 2,4-5.7) também não seria uma prova de que se está diante da mesma temática e de que o horror do *yôm* YHWH esteja endereçado, por causa disso, ao povo eleito.

O discurso profético em nome de YHWH (cf. Jl 1,1.6), a emissão da sua voz de comando, nos extremos do poema (cf. Jl 2,1.11), e a surpreendente descrição da reação dos povos (cf. Jl 2,6) antecipam e prenunciam o percurso da restauração que será o assunto do escrito a partir de Jl 2,12, onde o tema da conversão passa da motivação à concretização.

A descrição sobre a essência do povo bélico traçada em Jl 2,2d-9 alude, de forma convincente e em tom de revanche, a

---

[61] A LXX traduziu utilizando o adjetivo ἐπιφανής e duplicando o termo μεγάλη, a fim de evidenciar a incapacidade humana diante deste dia, visto que o pronome está no dativo f.sg. e é relativo ao termo dia, que é, também, um termo f.sg.

conexão com o tema da ação inimiga em Jl 1,6 e não com uma invasão de gafanhotos.[62]

É prudente pensar que tal ligação seja um recurso profético, procurando jogar com uma ambiguidade dos termos, favorecendo a intencionalidade contida no uso metafórico: o povo que surge debaixo do comando de YHWH é insuperavelmente mais poderoso do que o citado em Jl 1,6 e o sobrepujará, porque o עַם רַב וְעָצוּם é um eficaz agente de YHWH, enquanto aquele é o devastador "da minha terra" (de YHWH).

A destruição causada pela praga de gafanhotos, pela seca, pelo fogo e pela invasão de um exército inimigo age no nível metafórico e se torna arquétipo para os tempos de severa aflição, coadunando-se bem com todas as formas de maldade praticadas pelas nações inimigas do povo eleito.[63]

Assim, Jl 1,2–3,5 serviu para apresentar um caminho que partiu dos desastres, passou pela forte imagem de advertência de Jl 2,1-11 e atingiu a primeira fala direta de YHWH (cf. Jl 2,12) conectada com a fala e as certezas do profeta sobre o que YHWH é capaz de fazer (cf. Jl 2,13-14; 4).[64]

---

[62] F. E. Deist ("Parallels and Reinterpretation", 64-66) cogita uma possibilidade sensata, mas não definitiva, "que o Profeta não falou sobre uma praga literal e seca total, mas estava apenas criando um mundo literário de calamidades para servir como metáforas que descrevessem o caráter do dia do senhor. O 'gênero' do texto é, portanto, descrição, mas não de um fenômeno 'real', e sim de uma concepção teológica".

[63] Esse argumento solidificaria a presença de Jl 4,4-8.18-21 para o conjunto inteiro.

[64] T. M. Bolin (*Freedom beyond Forgiveness*, 168-172) trata de Jl 2,13-14 na sua relação com Jn 3,9; 4,2; visto que são as duas únicas variantes a respeito de Ex 34,6-7 sobre os atributos divinos. A temática da situação revertida em Joel tem início a partir de Jl 2,12 e se estenderá até o final do escrito, mas já estava implícita em Jl 1,2-3. Em vez de admitir duas variantes, poder-se-ia ver em Joel e em Jonas duas formas corretas de aplicação e interpretação de Ex 34,6-7, em Joel para o povo eleito e em Jonas para as nações estrangeiras (Mq 7,18-20 soa como síntese). Os dois se encontram sob o aspecto da conversão das atitudes como elemento necessário e fundamental para que a graça e a compaixão aconteçam (cf. B. EGO, "The Repentance of Nineveh", 248). T. B. Dozeman ("Inner-

A convocação litúrgica possui, a partir de Jl 2,1-11, os elementos necessários para apresentar uma assembleia diante de YHWH (cf. Jl 2,15-17), agindo segundo a sua ordem (שָׁבוּ)[65] e certa de que a resposta poderá ser favorável (cf. וַיַּעַן em Jl 2,19). A intervenção de YHWH é apresentada em três níveis de relação: com a criação, com os seres humanos e com o carisma profético, bem visíveis na sua resposta favorável (cf. Jl 2,19–3,5). Nestes níveis interagem a justiça, a compaixão e a salvação como exercício da sua soberania, pois sendo onipotente nada lhe escapa (cf. Jl 1,15).[66] A análise prosseguirá a partir da relação com as demais referências joelianas ao *yôm* YHWH para verificar os níveis de contato com Jl 2,1-11. As convergências e divergências elucidarão como os elementos ratificam o conteúdo e a função profético-teológica

---

-Biblical Interpretation", 214-216) busca demonstrar que Jn 3,1–4,11 fornece uma interpretação irônica de Jl 2,1-17. Ele reconhece que existem contrastes entre os contextos de Joel e Jonas, principalmente levando em consideração que em Jonas o chamado à penitência e à conversão, à diferença de Joel, aparecem na ordem expressa pelo rei de Nínive. Isto não criaria problemas se colocássemos a posição de Nínive e de seus habitantes no quadro dramático do julgamento de Jl 4, visto que ali as nações estrangeiras acusadas não reagem, mas apenas devem padecer as consequências, pois as nações não apresentam argumentos ou assumem gestos de penitência. A profecia de Jonas revela que YHWH lhes dá outra chance e não aplica a sentença decretada em virtude da conversão assumida como obediência e por pura misericórdia. Isto confirma, igualmente, o domínio universal de YHWH sobre todas as nações e complementa o foco exclusivo de Jl 2,17. O mais difícil na profecia de Jonas não foi levar uma palavra de destruição que pudesse suscitar a conversão, mas sim mostrar o quanto foi difícil para YHWH convencer seu profeta a reconhecer que, se há gente a salvar, Ele está disposto a tudo para que isso aconteça (cf. Jn 4). Para E. Cortese ("Per una Teologia dello Spirito", 31), "é também um último golpe contra o fechamento do hebraísmo".

[65] No texto, a exortação שֻׁבוּ עָדַי está unida à expressão בְּכָל־לְבַבְכֶם como em Dt 4,29; 30,10, e, no v. 13, intensifica a exortação pelo uso da locução וְשׁוּבוּ אֶל־יְהוָה אֱלֹהֵיכֶם como em Os 14,2-3b, onde o verbo שׁוב é utilizado numa locução preposicionada: וּבְצוֹם וּבְבְכִי וּבְמִסְפֵּד.

[66] Cf. C. J. DEMPSEY, *The Prophets: A Liberation*, 146.

dessa temática no escrito de Joel (*ad intra*) e para além dele (*ad extra*).

3. Jl 2,1-11 e as demais referências ao *yôm* YHWH

Neste ponto, trataremos de alcançar dois objetivos imediatos e conexos, visando atingir um terceiro: perceber o sentido e enquadrar o *yôm* YHWH em cada referência textual no escrito de Joel (Jl 1,15; 3,3-4; 4,14-15), a fim de obter ulteriores informações sobre a relevância de cada um com Jl 2,1-11 e vice-versa. Estes objetivos ajudarão a perceber como a formulação teológica *yôm* YHWH avia a mensagem no livro.

3.1. O sentido do *yôm* YHWH em Jl 1,15

Ai, pelo dia!	1,15 a	אֲהָהּ לַיּוֹם
Porque está próximo o *yôm* YHWH,	1,15 b	כִּי קָרוֹב יוֹם יְהוָה
e como devastação do onipotente *ele* virá.	1,15 c	וּכְשֹׁד מִשַּׁדַּי יָבוֹא:

A locução de abertura, "ai, pelo dia", introduz a exclamação por um *yôm* que precede imediatamente o primeiro anúncio do *yôm* YHWH não só no escrito de Joel, mas também em todo o *Dodekapropheton*, mostrando-o como um evento temporal futuro oriundo do onipotente.[67] אֲהָהּ לַיּוֹם é *hápax* em todo o AT.[68] Já o sintagma לַיּוֹם é frequentemente usado na BH.

---

[67] Os pormenores de Jl 1,15 resumem a mensagem sobre o *yôm* YHWH como sinal do onipotente na história. Isso justifica o amplo espaço que dedicaremos a este ponto.

[68] A locução הָהּ לַיּוֹם, inserida no contexto do anúncio da vinda de um *yôm* para YHWH em Ez 30,2-3, possui uma sequência semelhante: interjeição, preposição, artigo e substantivo. הָהּ é a única referência na BH, com valor meramente exclamativo.

O substantivo *yôm*, determinado por artigo, se torna único e particular.[69] Isto pode ser confirmado pelo fato de que o *yôm* é também o objeto da preposição לְ. Não há necessidade de traduzi-lo: "ai por 'este' dia".[70]

Jl 1,15c apresenta uma assonância intencional entre os termos שֹׁד e שַׁדַּי.[71] O último termo oferece uma conotação teológica: o *yôm* que virá é fruto de uma propriedade específica de YHWH: ser onipotente.[72]

O verbo יָבוֹא conclui enfaticamente o versículo, está no *yiqtol* e tem o *yôm* YHWH como sujeito da frase anterior כִּי קָרוֹב יוֹם יְהוָה.

---

[69] O TM apresenta o texto consonantal com artigo, sublinhando o caráter excepcional deste *yôm*. Este dia não faz parte do curso habitual e ordinário do tempo, é inédito e por isso não precisa ser concebido como uma realidade ultra-histórica.

[70] Cf. M. Beck (*Der "Tag* YHWH*s"*, 152): "Ai, o Dia!". Não existem razões para considerar, gramaticalmente, o pronome demonstrativo זֶה como adjetivo enfático (cf. Est 3,14; 8,13), indicando um "hoje" ou uma situação vigente, como pensam alguns: W. RUDOLPH, *Joel*, 47; E. JENNI, "יוֹם", 714; P. G. SCHWESIG, *Die Rolle*, 121. Em Am 5,18 temos uma construção próxima, לָמָּה־זֶּה לָכֶם יוֹם יְהוָה, onde o uso do pronome demonstrativo se ajusta ao motivo interrogativo (cf. JM § 143*f-g*). Embora a sentença, introduzida pela interjeição, pareça incompleta, a ideia profética subjacente é muito clara no contexto do anúncio (cf. cap. IV e cap. VI).

[71] O jogo de palavras deriva, talvez, da raiz שדד, "ser forte, agir com violência, devastar" (cf. V. P. HAMILTON, "שָׁדַד", 1527-1528). Em Jl 1,10 temos uma antecipação desse estilo: "שָׁדַּד שָׂדֶה"... "אָבְלָה אֲדָמָה"... "הֹבִישׁ תִּירוֹשׁ"; cf. S. ROMEROWSKI, *Les Livres de Joël*, 73.

[72] Muitos mss editados trazem מִשַּׁדַּי, mantendo a regra da assimilação (cf. JM §103*d*. por exemplo: Jó 24,1; 27,13; Is 13,6). Para a relação com Is 13,6, cf. cap. V. A LXX leu provavelmente: שֹׁד מִשֹּׁד (ταλαιπωρία ἐκ ταλαιπωρίας) e manteve a assonância, propondo que a devastação vem de devastação ou a desgraça vem de desgraça, isentando, assim, a origem divina (cf. M. HARL, *Les Douze Prophètes*, 53). Todavia, com a Vg, que se distancia da LXX (*et quasi vastitas a potente veniet*, "e como uma devastação do potente"), e considerando que o Tg, parafraseando em sua construção perifrástica, acentua a incumbência e conotação futura deste dia, é possível manter a leitura do TM (cf. K. J. CATHCART – R. P. GORDON, *The Targum of the Minor Prophets*, 66; S. P. CARBONE – G. RIZZI, *Aggeo*, 164).

O *yôm* é percebido e apresentado como algo em movimento, que avança, mas que ainda não alcançou o seu destino e objetivo, não devendo ser confundido com as catástrofes anteriormente descritas (cf. Jl 1,4-7.12.17-20).[73] Três traduções para יָבוֹא são gramaticalmente possíveis e corretas: "veio", "está vindo" ou "virá". Todavia, a sequência precedente com o valor do adjetivo קָרוֹב apoia a opção pelo futuro.[74] Assim, o primeiro anúncio do *yôm* YHWH (cf. Jl 1,15) rompe com o esquema verbal anterior, no âmbito do forte apelo profético (cf. Jl 1,13-14), e introduz um dado novo para o contexto, até ele reentrar em cena, tendo início a expansão do seu horizonte temático (cf. Jl 2,1-11).[75]

A este ponto, é lícito introduzir uma questão: onde encaixar e como situar Jl 1,15?[76] Não é possível descartar totalmente a sua relação com os versículos anteriores (Jl 1,13-14), visto que ele poderia ser a conclusão desta unidade;[77] mas, também, não é

---

[73] Cf. P. R. ANDIÑACH, "El Día de Yavé", 3-5. Assumimos a conjunção כִּי no sentido causal (cf. J. MUILENBURG, "The Linguistic", 135-160 [p. 148 em particular]; W. T. CLASSEN, "Speaker-oriented", 24-46). A. Aejmelaeus ("Function and Interpretation of כִּי", 193-209) refere-se a um כִּי "de evidência", capaz de oferecer um sentido mais abrangente, expressando a razão pela qual algo é afirmado e não, simplesmente, a razão pela qual algo é dito.

[74] קָרוֹב é tomado aqui como um adjetivo m.sg. em sentido temporal, designando que a aproximação deste *yôm* YHWH pertence à esfera de um evento futuro e provavelmente iminente (cf. R. P. CARROLL, "Eschatological Delay", 53-55).

[75] J. BOURKE ("Le Jour de Jahvè", 5-31) considera o *yôm* YHWH como uma chave de leitura para entender o livro inteiro, mas ignora este versículo no seu conjunto.

[76] P. G. Schwesig (*Die Rolle*, 121-122), seguindo Wolff (*Joel und Amos*, 27), enquadra o v. 15 no conjunto de Jl 1,5-20, vendo-o como um grito de horror devido à situação catastrófica. Ele é base para as palavras que emite e para a convocação que exige.

[77] É possível admitir Jl 1,13-14 como um texto aberto e fechado por imperativos. As ordens são emitidas incisivamente e dirigidas aos responsáveis religiosos da comunidade (הַכֹּהֲנִים). Através deles, tais ordens deverão che-

prudente admitir ou excluir, de imediato, a sua conexão com os versículos posteriores (Jl 1,16-18.19-20).[78] Este impasse inicial provoca outras questões que servem, metodologicamente, não só para decidir quanto à justa colocação de Jl 1,15 no seu contexto, mas para ajudar a ver a sua relação temático-textual com Jl 2,1-11.[79]

- Seria o v. 15 a razão e o conteúdo da convocação exigida pelo profeta aos responsáveis do culto (v. 13), visto que deverão envolver todas as classes do povo numa assembleia santa no templo de YHWH (v. 14)?[80]

- Seria uma resposta para o último imperativo do v. 14 (וְזַעֲקוּ)?[81]

- Seria uma forma geradora de impacto, para abrir, introduzir e explicar as subsequentes constatações que serão apresentadas nos v. 16-18, motivando a primeira instância da súplica amargurada que o profeta pessoalmente dirigirá a YHWH (v. 19-20)?[82]

---

gar aos anciãos e a todos os habitantes do país (assim, Jl 1,2-3 antecipa Jl 1,14).

[78] Cf. G. V. SMITH, *The Prophets as Preachers*, 235; M. BECK, *Der "Tag YHWHs"*, 152.

[79] J. D. Nogalski (*Redactional Processes*, 3) considera Jl 1,15-20 uma descrição calamitosa da seca e que este é o contexto para interpretar o primeiro anúncio do *yôm* YHWH. Todavia, ele ignora a junção temática que ocorre em Jl 1,19-20, onde se encontra uma clara referência à devastação causada pelo fogo, dominando muito mais a cena que o fato da seca, principalmente pelo uso da raiz אכל.

[80] Cf. K. MARTI, *Das Dodekapropheton*, 123; D. STUART, *Hosea – Jonah*, 239.

[81] J. Trinquet (*La Sainte Bible: Habaquq – Abdias – Joël*, 64-65) afirma que Jl 1,15 e 2,17 correspondem aos apelos dos sacerdotes a YHWH no templo. Para L. Alonso Schökel e J. L. Sicre Díaz (*Profetas II*, 934), a assembleia é presidida pelos líderes do povo. C.-A. Keller (*Joël*, 102.115-118) vê um discurso do profeta que complementa as ordens precedentes.

[82] O último imperativo do v. 14 está no plural (וְזַעֲקוּ) e diz respeito aos que devem elevar o grito de lamentação a YHWH. O outro grito do v. 19, que é um sinônimo, é emitido na 1.c.sg. (אֶקְרָא), levando a crer que o sujeito desta ação é o profeta. Isto não permite, a *priori*, a aceitação do v. 15

- Seria, enfim, um elemento de transição ou uma ponte, que serve tanto para reforçar as ordens emitidas como para evidenciar o plano de ação diante da realidade derivada da carestia, apressando a realização do ritual?[83]
- Ou seria um tom profético convincente e consciente de que YHWH, à diferença do povo, não é inerte nem ausente da situação penosa que Judá-Jerusalém está experimentando?

As respostas são tão numerosas quanto as perguntas. Tentaremos obter, através dos níveis de relação literária, um parecer sintético e plausível.

Em primeiro lugar, a convocação do v. 13 (אִסְפוּ) é perfeitamente motivada, levando em conta a situação de penúria indicada no contexto de Jl 1,4-12. Os dois verbos no imperativo (שִׁמְעוּ, que abre a série de imperativos até chegar ao seu sinônimo no *hifil* הַאֲזִינוּ do v. 14) denotam o objetivo inicial: atrair a atenção e envolver os diretos destinatários.

Os anciãos (הַזְּקֵנִים) e todos os habitantes do país (כֹּל יֹשְׁבֵי הָאָרֶץ) devem refletir e tomar uma posição consciente diante da situação até então nunca experimentada (cf. Jl 1,2-3.10-12) de modo a sair e superar a apatia e inércia instaladas.[84]

A menção inicial dos destinatários tinha sido genérica e metafórica em Jl 1,2. O autor empregou um verbo geral (שִׁמְעוּ) com um

---

como parte integrante dos v. 16-18 e nem como parte integrante dos v. 13-14, pois o seu papel ultrapassa o horizonte dos dois blocos.

[83] H. W. Wolff (*Joel und Amos*, 22) aceita a unidade de Jl 1,5-14 por causa da forma de lamentação; A. Kapelrud (*Joel Studies*, 4.93-108) considera Jl 1,13-20 uma unidade, mas não trata o v. 20 com o conjunto; L. C. Allen (*The Book of Joel*, 40.55-64) vê em v. 13-20 uma seção que convoca os sacerdotes à súplica; M. Beck (*Der "Tag* YHWH*s"*, 153-155) trata Jl 1,15-20 como uma retomada da lamentação e, discutindo os problemas suscitados pelos críticos quanto à originalidade e função do v. 15, reconhece que nele existe unidade de composição; P. G. Schwesig (*Die Rolle*, 121) concebe o v. 15 como o centro de Jl 1,5-20, pois as desgraças descritas se referem ao *yôm* YHWH, visto que, com base nele, adquirem forma e cria-se a urgência para a convocação à lamentação.

[84] Cf. G. W. AHLSTRÖM, *Joel and the Temple*, 130.

sujeito particular (הַזְּקֵנִים) e empregou um sujeito geral (כֹּל יֹשְׁבֵי הָאָרֶץ) com um verbo particular (וְהַאֲזִינוּ).[85] Assim, passava-se do âmbito particular ("anciãos") ao âmbito geral ("habitantes da terra").

Pode-se dizer que os dois verbos se assemelham e estão numa ordem de intensidade: do simples e genérico "ouvir", uma voz ou um som, se alcança o específico "escutar" um sujeito que fala ou algo capaz de emitir o seu som por conta própria.[86]

Os destinatários, nomeados e ridicularizados como "embriagados" e "bebedores de vinho" (Jl 1,5), são profeticamente revelados e acusados como apáticos e anestesiados diante da caótica realidade (cf. Jl 1,10-11).

A dura reprovação do profeta vai além e se expressa ainda na triste imagem da jovem, virgem e viúva, que lamenta a perda do esposo (cf. Jl 1,8).

As metáforas usadas, na verdade, dizem respeito aos que lidam com o campo: agricultores e viticultores, isto é, são aqueles que, além de serem os responsáveis pelo cultivo dos grãos, das uvas e das azeitonas, estão vazios de alegria e murchos como as sementes (cf. Jl 1,11-12).[87]

Os sacerdotes também têm bons motivos para estar de luto (cf. Jl 1,9).[88] A carência gerada pela falta de ofertas interrompeu o serviço ministerial no templo e tirou deles o necessário para o sustento de suas famílias.[89]

---

[85] Cf. G. SALVATERRA, "Analisi Poética di Giole 1,2-12", 61-64.
[86] A respeito do paralelismo verbal entre האזינו e שמעו, cf. H. W. Wolff (Hosea, 123).
[87] Na terminologia empregada em Jl 1,11-12 são reconhecidos os recursos fônicos (cf. E. R. WENDLAND, The Discourse Analysis, 225-226).
[88] A oferta das primícias agrícolas fornecia o necessário para manter no templo os serviços religiosos e o sustento dos sacerdotes (cf. Jl 1,9.13). Se a legislação contida em Dt 16,1-17 (com seus vários paralelos no livro do Êxodo) e Dt 26,1-11 podem ser referências ético-religiosas, a alusão à carestia comprometeu a sua execução e todo o seu significado festivo. O luto dos sacerdotes aparece justificado (cf. Dt 14,22-23.27). Para outros detalhes, cf. R. Albertz (Historia de la Religión de Israel I, 391.401.418).
[89] Em Ml 3,10 a lamentação, em tom de desafio, está presente nos lábios de YHWH.

Diante deste quadro, a exclamação que abre uma sentença incompleta (v. 15a) e exige complementos (v. 15bc) poderia denotar a ação exigida pelo último imperativo de Jl 1,14.

Todavia, esta interjeição, por sua singularidade e força expressiva, marca um novo início, quebrando a sequência dos imperativos da seção precedente[90] e interrompendo a lógica descritiva das catástrofes que vinha sendo desenvolvida.[91] A sua continuidade ou retomada, sem recorrer a novos imperativos, reaparecerá em Jl 1,16-18.

Assim, a realidade que é evocada em Jl 1,15 não corresponde a um acontecimento do passado e não justifica os fatos desastrosos já ocorridos. Este anúncio, na concepção de quem fala, é algo dito no presente em vista de um futuro, uma forte razão para dizer: קָרוֹב. Perfeitamente coerente com a sequência nestes versículos e com os outros anúncios (cf. Jl 2,1; 4,14).[92]

A destruição, que irromperá e virá da parte do Onipotente (מִשַּׁדַּי), será diferente de tudo até agora descrito. Esses dados favorecem a identificação de Jl 1,15 como uma pausa explosiva e introdutória do *yôm* YHWH na mente e na voz do profeta, que virá elucidada e completada em Jl 2,1-11.[93]

O ouvinte-leitor começa a ser preparado para a futura exposição da natureza das características específicas que acompanham este dia e para os novos acontecimentos que envolverão a mesma temática (cf. Jl 3,4; 4,14).

---

[90] W. S. Prinsloo (*The Theology of the Book*, 12-27) admite que Jl 1,13-14 faça parte da primeira seção (Jl 1,2-14); já C.-A. Keller (*Joël*, 102) separa os v. 2-4 e faz do v. 5 o início de uma nova seção (Jl 1,5-14). Em Ez 30,2 a situação é diferente, pois a sentença exclamativa aparece como sendo o objeto do imperativo plural הֵילִילוּ.
[91] Cf. J. TRINQUET, *La Sainte Bible: Habaquq – Abdias – Joël*, 75.
[92] B. Duhm sustentou que em Jl 1,15 residia um dado já acontecido. P. G. Schwesig (*Die Rolle*, 121) retoma essa ideia para indicar as catástrofes sobre o culto, os homens e os animais, causadas pela praga de gafanhotos e pela seca.
[93] Cf. D. ELLUL, "Introduction au Livre de Joel", 426-429; P. R. ANDIÑACH, "El Día de Yavé", 4; E. ACHTEMEIER, *Minor Prophets I*, 135.

Jl 1,15 lança as bases para a contemplação do horizonte temático do *yôm* YHWH *ad intra* do livro e *ad extra* no *Dodekapropheton*.[94] O grito do profeta não é um lamento pelas catástrofes, mas sim um sinal profético do que será anunciado como moção e comando divino diante da situação deplorável. A ordem de convocação inicial (cf. Jl 1,13-14) encontrará a sua realização lógica depois da descrição do *yôm* YHWH (cf. Jl 2,12-17).[95] A única menção da fórmula נְאֻם־יְהוָה,[96] que geralmente inicia ou conclui um oráculo, ocorre só em Jl 2,12. Depois dela, segue-se uma terminologia, repetitiva e insistente, buscando indicar a sincera conversão que toda a comunidade é chamada a ter antes que os sacerdotes apresentem a súplica.

Assim, as ações revelam etapas bem concatenadas na preparação de um eficaz rito penitencial. A motivação de tudo isso deriva do conhecimento que o profeta possui de YHWH e do que Ele é capaz de fazer quando encontra sinceridade no íntimo e nas ações do seu povo santificado.[97]

Estas atitudes coerentemente assumidas corresponderão ao apelo divino (cf. Jl 2,12-14) e justificarão a futura súplica de perdão pelos sacerdotes no local determinado do santuário: "Entre o vestíbulo e o altar" (Jl 2,17).[98]

---

[94] G. W. Ahlström (*Joel and the Temple*, 130) acredita que Jl 1,15 está ligado com o *Leitmotiv* do livro: mostrar que a característica deste dia é uma ação particular de YHWH. Nós preferimos introduzir e utilizar a noção de *fórmula teológica*.
[95] P. G. Schwesig (*Die Rolle*, 119.159), por admitir Jl 2,1-11 como um oráculo contra Jerusalém, vê o chamado à conversão como consequência da ameaça do *yôm* YHWH. Todavia, as catástrofes descritas em Jl 1,4-14.16-20 são suficientes para induzir e sustentar a lamentação do povo pela ação sacerdotal (cf. Jl 2,17).
[96] Cf. S. BRETÓN, *Formulario profetico*, 214-216.219.226.
[97] Cf. J. L. CRENSHAW, "Who Knows", 185-196. O mesmo autor não aceita uma total dependência de Jl 2,13 em relação a Ex 34,6-7 (192-193).
[98] P. Oliver ("Bref Parcours du Livre", 42-46) designa este espaço como lugar privilegiado e bipolar, onde se escuta o que YHWH tem a dizer e se

Antes que isso aconteça, o profeta, partícipe do estado de penúria, é o primeiro a desempenhar o papel de intercessor.[99] Ele eleva a YHWH a sua voz em prece não pelo anúncio que fez, não pelo povo, mas pelos animais (בְּהֵמוֹת) que sofrem com a falta de condições para a sua sobrevivência, porque os campos estão secos, queimados, e os canais sem água (cf. Jl 1,19-20).

O motivo para tal súplica não é, de imediato, uma visão e ação antecipadas do primeiro anúncio do *yôm* YHWH, quase como se ele não tivesse acontecido, mas uma associação com as catástrofes naturais. A sua voz se eleva a YHWH do lugar em que ele se encontra e profetiza.[100]

O termo יוֹם de Jl 1,15b está no singular e ligado a YHWH, como sujeito da oração explicativa com uma conotação diversa do plural temporal indeterminado utilizado em Jl 1,2. Então, que tem a ver o primeiro anúncio do *yôm* YHWH no conjunto deste capítulo?

Uma primeira impressão nos faria considerar este versículo deslocado do contexto em que se encontra.[101] O mesmo não pode ser dito quando visto e associado ao conjunto do livro inteiro e em particular com Jl 2,1-11.[102]

---

elevam a Ele as súplicas por todas as necessidades, materiais e espirituais, individuais e comunitárias.

[99] O papel intercessor do profeta não é algo incomum. Existem pontos de contato com ilustres personagens do AT, dando antecedentes e fundamentos, de modo que a ação de Joel, que suplica diante das calamidades e suas consequências, encontra aproximação e apoio na figura de Moisés (cf. Ex 17,9-13; 32,11-14; Nm 14,13-20; 21,7-9; Sl 106,23), de Samuel (cf. 1Sm 7,8-12; 12,19-23), de Elias (cf. 1Rs 17,19-24; 18,41-46), de Jeremias (cf. Jr 15,11; 18,20; 42,2) e de Ezequiel (cf. Ez 3,17-21; 9,8; 11,13; 33,1-9).

[100] Cf. R. SIMKINS, "God, History", 445.

[101] Cf. J. A. BEWER, "Joel", 50.86-87; T. H. ROBINSON, "Joël", 61; a dúvida permanece em recentes comentários: J. BARTON, *Joel and Obadiah*, 105.

[102] A. S. KAPELRUD (*Joel Studies*, 51-63), por um lado, criticou os que propunham os textos do *yôm* YHWH como adição apocalíptica rompendo com a métrica do texto; e, por outro lado, defendeu a autenticidade deste

A colocação estratégica inicial do primeiro anúncio do *yôm* YHWH revela três dados desta fórmula teológica em Joel: pode figurar como um oráculo independente;[103] possui uma função específica em relação ao contexto de penúria; e oferece o horizonte para o ouvinte-leitor perceber o sentido do anúncio e do seu conteúdo (cf. Jl 2,1-11) em função do restante do escrito (cf. Jl 3,5; 4,14) e do objetivo final (cf. Jl 4,18-21).[104] Assim, Jl 1,15 abre-se pela interjeição e conclui-se com a menção da qualidade que identifica patriarcalmente o Deus do povo eleito: YHWH é *šadday*.[105] O v. 16 retoma a temática da carência do v. 12, razão pela qual desapareceu a alegria entre os homens e na casa de Deus, mas que voltará pela sua ordem (cf. Jl 2,21.23). Jl 1,15 apenas retarda o anúncio de Jl 2,1-11.

3.1.1. A relevância de Jl 1,15 para Jl 2,1-11

Admitida a possibilidade de Jl 1,15 ser uma ponte entre os versículos anteriores (Jl 1,4-14) e os posteriores (Jl 1,16-20), com vistas à revelação do porquê e das características deste *yôm* como um dia divino e específico, a sua apresentação está articulada através de três breves segmentos.

O primeiro reflete uma espécie de espanto e reação diante de uma situação de pânico pelo *yôm* (v. 15a). O segundo identifica e explicita a origem e proximidade deste *yôm*, revelando-o como

---

versículo com base nas relações internas e externas desta temática, pois a sua presença não é motivo de perturbação, mas é o elemento pertinente e integrante tanto para a métrica como para o contexto do livro.

[103] Cf. R. MASON, *Zephaniah*, 99.

[104] Colocando ou criando uma dependência literária de Jl 1,15 em relação a Is 13,6 e Ez 30,2-3, produzir-se-ia a tensão desejada para a mudança que ocorrerá na aplicação às nações estrangeiras, visto que em Isaías o *yôm* YHWH recai sobre a Babilônia e em Ezequiel sobre o Egito (cf. M. BECK, *Der "Tag* YHWHs", 156).

[105] A analogia entre YHWH e *šadday* resume os elementos fundamentais da fé veterotestamentária: o Deus que se revelou a Moisés em vista da libertação dos hebreus do Egito é o Deus dos Patriarcas, comumente conhecido por *'ēl šadday* (cf. Gn 17,1; 28,3; 35,11; Ex 6,3; Ez 10,15).

procedente de YHWH (v. 15b). E o terceiro, em paronomásia,[106] atesta-o pela metáfora uma qualidade, de certo modo "negativa", da onipotência divina (v. 15c).[107]

Em forma esquemática, o v. 15 está assim organizado:

1º seguimento: v. 15a	אֲהָהּ לַיּוֹם	*Geral*
2º seguimento: v. 15b	כִּי קָרוֹב יוֹם יְהוָה	*Específico*
3º seguimento: v. 15c	וּכְשֹׁד מִשַּׁדַּי יָבוֹא	*Complementar*

A interjeição que abre o primeiro seguimento (אֲהָהּ), porque não recupera as catástrofes, antecipa os dados terrificantes que serão apresentados em Jl 2,1-11. Esta informação reflete, nos lábios de quem a pronuncia, a ligação ao som do alarme e à dúvida final (cf. Jl 2,1.11f).[108]

A conjunção כִּי (v. 15b) justifica a menção da qualidade que antecede o vínculo entre o *yôm* e YHWH, e serve para explicar o estado de ânimo diante da iminência do evento que trará duras consequências. Uma inversão no conjunto da descrição ocorre com a introdução de duas notas: existe um *yôm* específico que possui atributos específicos: é קָרוֹב e é de יהוה.

A preposição כְּ (v. 15c) ligando a nova informação à anterior serve para acrescentar um elemento particular: este *yôm*, *nomen regens* do *nomen rectum* YHWH, denota que ele é uma ação pertencente e desencadeada pelo próprio YHWH, justificando a nota complementar.[109]

---

[106] Cf. E. R. WENDLAND, *The Discourse Analysis*, 228.
[107] YHWH é onipotente tanto para criar e tirar do caos, estabelecendo um desígnio a favor do homem criado à sua imagem (cf. Gn 1,1–2,4a), como para exterminar e fazer retornar o caos, de onde refaz todas as coisas (cf. Jr 1,10). A estabilidade das leis fixadas por Ele no universo penhorará a nova ordem (cf. Jr 31,35-40), que cria novos céus e nova terra (cf. Is 65,17; 66,22-23). Para uma complementação sobre esta ideia, no caso de Sf 1,18, ver, a seguir, cap. IV.
[108] Cf. A. R. FAUSSET, *Jeremiah – Malachi*, 515.
[109] Cf. R. D. PATTERSON, *Joel*, 242-243.

Assim, as preposições כְּ e מִן, nesta frase construta complementar, fundamentam a comparação, a proximidade e a origem divina deste dia. A assonância marcante entre שׁד, que é objeto da preposição כְּ, e o substantivo שַׁדַּי evidencia e confirma a relação entre os termos. O verbo, posto no fim da frase, não só conclui o período, mas denota o movimento deste anúncio terrificante que será recuperado em Jl 2,1d.

A primeira alusão ao *yôm* YHWH na profecia de Joel, em si mesma e apesar da sua brevidade, reúne e apresenta essas informações numa linha de desenvolvimento que vai da percepção humana da realidade à definição divina sobre ela, lançando as bases para a sua exposição em Jl 2,1-11.

Então, "ai, pelo dia" associa a experiência de desgosto de quem fala à dimensão temporal de acontecimento renovador. O *yôm*, objeto da preposição לְ, está livre para assumir um complemento, pois sua única característica nesta locução é a sua determinação que o classifica como elemento capaz de causar um suspiro em quem fala e em quem ouve.

Mas por que causa essa reação? O dado sucessivo trouxe a explicação persuasiva: este *yôm* é determinado e intrinsecamente unido a YHWH. Isso equivale a dizer: YHWH está presente no tempo e está próximo.[110]

Assim, Jl 1,15 condensa intensas informações: um aspecto temporal presente no *yôm*, um aspecto de movimento e mobilidade presente no adjetivo קָרוֹב e na forma verbal יָבוֹא, um aspecto portentoso, digno de temor, presente na metáfora com שׁד e, enfim, um duplo aspecto relativo ao *yôm* que o faz específico e identificável no tempo.

Nesse sentido, a profecia joeliana não deixará dúvidas para o ouvinte-leitor quanto ao anúncio do *yôm* YHWH: ele não pertence somente à esfera humana, mas é desencadeado por YHWH, Deus da história do povo eleito.

---

[110] A afirmação liberta o primeiro anúncio das catástrofes descritas em Jl 1,4-14.16-20.

Se essas informações são suficientes para introduzir um dia inusitado na realidade, por suas combinações humano-divinas, é preciso, porém, dar ao ouvinte-leitor outros elementos que revelem a intencionalidade daquele que, em última análise, ordenou e está por detrás da mensagem. O contexto literário nos permitirá emitir um parecer.

3.1.2. O valor para o contexto literário

Jl 1,15 está precedido por constatações e exortações. As constatações são facilmente identificáveis, bem como os seus motivos, pois o contexto está demarcado por dez orações explicativas introduzidas pela partícula כִּי (v. 5.6.10.11.13.15.17.18.19.20).

Fazendo um retrocesso temático-linear, a informação que precede o primeiro anúncio do *yôm* YHWH em Joel pode ser definida como ação religiosa.

Jl 1,13-14 está construído com nove imperativos na 2.m.pl.[111] dirigidos a um grupo social específico: os כֹּהֲנִים que são os "ministros do altar" – "ministros do *meu* Deus".[112] Do profeta parte a ordem para os sacerdotes, que, por sua vez, devem "proclamar", "convocar" e "reunir" os "anciãos e todos os habitantes do país" para "gritarem" a YHWH.

O motivo para tantas ordens revela a preocupação do profeta que se encontra quase ao centro dos v. 13-14: "Visto que a casa do vosso Deus está privada de oferta e oblação" (v. 13ef). Isso concede um peso particular às consequências que recaem sobre a liturgia cotidiana e, nela, sobre a relação religiosa e social, pessoal e comunitária com YHWH.

Os dados de Jl 1,13-14 estão precedidos, por sua vez, pelas constatações nefastas, que assolaram a agricultura do país e comprometeram o serviço religioso no templo (cf. Jl 1,9).

---

[111] קַדְּשׁוּ – קִרְאוּ – אִסְפוּ – הֵילִילוּ – סִפְדוּ – חִגְרוּ (v. 13) וְזַעֲקוּ – בֹּאוּ – לִינוּ (v. 14).
[112] O sufixo de 1.c.sg. pode perfeitamente ser aplicado ao sujeito da fala, que, neste caso, se identifica com o profeta. Este sufixo contrasta com outros dois na 2.m.pl. quando aponta o santuário como "casa do vosso Deus" (v. 13f) e logo a seguir "na casa de YHWH vosso Deus" (v. 14e).

Jl 1,4-12 fornece as informações que explicam o jejum que se abate sobre a "casa de Deus" e sublima o sentido do jejum exigido pelo profeta para os que nela se apresentarão. Assim como o templo está em "jejum", a atitude do povo deve ser consorte: "Proclamai um jejum". O povo deve passar, consentindo e com sentido, pelo que o templo e os animais estão passando (cf. Jl 1,18.19-20). A associação é patente, mas, se as catástrofes vêm de YHWH, no fundo, fizeram mal a Ele mesmo.

Jl 1,4, apresentando uma sequência estranha e única em toda a BH (Jl 2,25 retoma invertendo a ordem dos termos), causa a primeira interrupção na linha exortativa iniciada com o uso dos imperativos. Essa interrupção desviou a atenção dos estudiosos,[113] que até hoje se dividem quanto à interpretação deste inseto devorador e passível de ser devorado.[114] Por causa disso, eles deixaram de ver que a força do versículo deve, indubitavelmente, ser buscada no insistente uso do verbo אָכַל utilizado também para outros sujeitos no livro (em particular em Jl 2,26).

Jl 1,5-7 retoma o discurso no tom imperativo do v. 3 e faz um grande salto de qualidade, passando do minúsculo inseto devorador ao leão, animal forte e feroz.[115] A locução "a minha terra" indica o direito do proprietário de reclamar por ela aos seus administradores.[116] Estes versículos são mantidos conjuntamente pelo contexto em torno da videira e do vinho.

[113] Que situação estaria por detrás do tríplice uso do adjetivo f.sg. זֹאת? Que substantivo estaria ele qualificando? Podemos descartar já de início os quatro nomes dados aos gafanhotos, pois todos são masculinos, mas não ao conjunto das ações apresentadas no escrito e que são dignas de serem transmitidas para as novas gerações. Por isso, não partilhamos a insistente posição de J. D. Nogalski (*Redactional Processes*, 15-17.22; "Joel as 'Literary Anchor'", 6-9) ao defender que este adjetivo refere-se ao chamado de arrependimento e às promessas contidas em Os 14.
[114] A afirmação é confirmada pelas "tendências interpretativas" apresentadas no cap. I.
[115] Tal comparação nada será diante de YHWH (cf. Jl 4,16).
[116] A linguagem, segundo H. W. Wolff (*Joel und Amos*, 33), induz a pensar que estamos diante de um profético discurso divino. Isso não cria problemas (cf. Jl 1,1).

Os dons da paz e do bem-estar, presentes nas *videiras* e nas *figueiras*, foram destruídos, e os usuários pelo torpor da "embriaguez" nada fizeram ou nada puderam fazer para defendê-las diante do inimigo.[117] Diante dessa devastação, antecipa-se o tema da compaixão de YHWH (cf. Jl 2,13-14) e da justiça divina aplicada às nações estrangeiras opressoras (cf. Jl 4).

No vértice da descrição, digna de se tornar uma ocasião de lamentação fúnebre, está um paralelo entre o que falta aos homens e o que falta à casa de Deus: à jovem[118] falta o esposo prometido e ao templo a oferta prometida.

A subsistência está comprometida pela carestia. Os campos devastados e os frutos perdidos. O pior deste estado nefasto reside no sentido metafórico da aridez agrícola que atinge seu ápice com a aridez humana, onde se resumem os efeitos: "Por isso secou o jubilo entre os filhos dos homens".[119]

A forma verbal antitética demonstra que a descrição profética quis chegar ao sentido máximo da calamidade: a falta da alegria (שָׂשׂוֹן) entre os בְּנֵי אָדָם é uma situação que deriva da falta de dons para o templo (v. 9).

O resultado indica que homens e terra devem chorar, como a virgem que estará sem filhos, não por incapacidade sua para

---

[117] Em Dt 26,5, alude-se ao grande número dos filhos de Israel no Egito, no contexto dos dons a oferecer, ao passo que Jl 1,6 inverte a afirmação para sublinhar o ataque sofrido; com isso, o povo eleito, que era forte, grande e numeroso, se tornou fraco e incapaz de se livrar do assalto inimigo, bem como passa a não ter nada a oferecer no templo (cf. R. ALBERTZ, *Historia de la Religión de Israel I*, 149-154).

[118] O profeta utiliza um termo também aplicado a Sião, בְּתוּלָה (cf. Jr 31,10-14) e um termo que possui grande carga negativa, בַּעַל, utilizado aqui simplesmente como esposo de matrimônio não consumado e não como sinal de idolatria.

[119] É mister concluir a descrição de forma explicativa (כִּי־הֹבִישׁ שָׂשׂוֹן מִן־בְּנֵי אָדָם), mas ao mesmo tempo dando as razões para o pranto não entre os homens em geral mas sim entre os filhos do povo eleito (cf. W. RUDOLPH, *Joel*, 46).

gerar, mas porque perdeu aquele que a tornaria mãe, isto é, o prometido esposo.[120] Assim, vê-se que o antecedente a Jl 1,15 está construído por uma série de calamidades que se abateram עַל־אַרְצִי "contra a minha terra" (Jl 1,6). YHWH até aqui não disse absolutamente nada em primeira pessoa. O sujeito da fala, que pode ser identificado com a pessoa do profeta, está tomando as dores e fazendo-se intérprete dos sentimentos de YHWH.[121]

Neste sentido, o primeiro anúncio do *yôm* YHWH não deveria ser tomado como conteúdo de um "grito a YHWH" (v. 14), mas como o suspiro do sujeito profético que reconhece a chegada de um *yôm*, com qualidades exterminadoras, com o qual YHWH assinala a sua onipotência, e se contrapõe ao inimigo: כִּי־גוֹי עָלָה עַל־אַרְצִי עָצוּם וְאֵין מִסְפָּר (Jl 1,6).

Em Jl 1,16-20 constata-se uma situação insólita. Quem fala nestes versículos parece ter esquecido o que já tinha dito antes ou, então, muda-se o sujeito protagonista, visto que comparece o sufixo de 1.c.pl. duas vezes no v. 16: "nossos olhos" e "nosso Deus".[122]

Este versículo poderia ser uma correspondência às ordens emitidas no início de Jl 1,5 ou presente em Jl 1,11-12. Todavia, encontram-se ideias que complementam as anteriores. Agora falta comida na mesa e alegria, não entre os filhos dos homens, mas "na casa do nosso Deus". Esta informação seria de todo

---

[120] A profecia é enriquecida ao intercalar na exortação três verbos que significam "chorar": אבל - אלה - בכה (Jl 1,5.8.10).
[121] H. W. Wolff (*Joel und Amos*, 33) percebe que a linguagem induz a pensar que YHWH é o sujeito deste discurso profético; as falas fluem entrelaçadas (cf. R. SCORALICK, "Auch jetzt noch", 50). Todavia, com J. L. Crenshaw (*Joel*, 81) e com P. G. Schwesig (*Die Rolle*, 120) reconhecemos que não existe em Joel uma clara distinção entre a fala de YHWH e a do profeta, pois tudo é דבר יהוה (cf. Jl 1,1).
[122] A dificuldade levou W. Rudolph (*Joel*, 48) a desvincular conscientemente estes fatos da catástrofe ocasionada pela praga dos gafanhotos e a propor os novos acentos como sinais da proximidade do *yôm* YHWH.

incoerente se aplicada às características do primeiro anúncio do *yôm* YHWH ou se resultasse num futuro castigo (cf. Jl 2,1-11).

Nesta lógica, o tema da seca e do desespero ampliam os dados que precederam Jl 1,15: existem sementes, mas estão mofadas e não servem nem ao plantio, nem ao preparo do alimento (cf. Jl 1,17). O verbo הָרַס antecipa uma razão para o jogo das palavras no final do v. 15.

Por tudo isso, não faria sentido algum pensar que YHWH vai destruir o que já está destruído, mas faz sentido prever que Ele afastará e destruirá quem por ventura causou a destruição (Jl 1,4 com 2,25;[123] Jl 1,6-7 com 2,20: imagens metafóricas ou que antecipam Jl 4?).

Finalmente, em Jl 1,19-20, o porta-voz reassume a fala e por primeiro cumpre a ordem dada, percebendo-se incluído nela: אֵלֶיךָ יְהוָה אֶקְרָא. O profeta não grita em nome da comunidade e nem a favor dela, pois, por ela e por ele, deverão gritar os sacerdotes (cf. Jl 2,15-17), mas ele se faz voz daqueles que não a possuem: o deserto, as árvores e os animais selvagens.

O *yôm* YHWH anunciado em Jl 1,15, por mais que esteja precedido por um suspiro de lamentação (v. 15a), não deveria ser considerado um anúncio negativo para um povo faminto, um templo vazio de ofertas, com campos destruídos e animais à beira da morte. Não faz sentido que וּכְשֹׁד מִשַּׁדַּי יָבוֹא destrua o que já está, neste caso, desolado e destruído pelo fogo.

O ouvinte-leitor bem situado diante da catástrofe interpretada pelo profeta, passará a saber em que consiste este *yôm* YHWH, como ele vem e para quem ele vem como um extermínio do Onipotente.

---

[123] Se em Ml 3,8-12 YHWH promete bênçãos, evocando o seu amor, tão logo o povo abandone a sua negligência e traga ofertas ao templo, vê-se que com muito mais razão YHWH, em Joel, não tem motivos para castigar, pois a falta de ofertas é fruto da carestia, e não um ato de negligência por parte do povo. Quanto aos problemas com o termo אכל em Ml 3,11, cf. V. A. Hurowitz ("Critical Notes", 327-330).

Uma vez que o conteúdo do grito a ser elevado a YHWH foi dado e em parte já executado pelo profeta, constatamos o que se segue.

A situação da terra, dos homens e dos animais foi comparada à desolação, aparentada com a aridez que relembra o momento importante do deserto na história do povo eleito, quando saiu do Egito.[124] A situação instalada com a catástrofe demonstra-se contrária e contraditória ao sentido da "terra prometida", terra em que, segundo várias passagens do Deuteronômio, corre "leite e mel" (Dt 6,1-9; 11,9; 26,9.15).

A situação calamitosa advém de três causas particulares e de uma quarta derivada: a ação voraz da praga dos gafanhotos, uma investida inimiga e uma seca, que pode ser a razão para o fogo surgir e devorar os campos ressequidos ou uma alusão metafórica das larvas depositadas na vegetação.[125] A praga de gafanhotos (cf. Jl 1,4) e a investida do inimigo (cf. Jl 1,6-7) podem estar em relação muito estreita entre si (cf. Ex 14,12-20), mas com nenhuma delas se identifica uma ação desfavorável da parte de YHWH e muito menos o *yôm* YHWH anunciado em Jl 1,15.

A situação produziu consequências nefastas na "terra prometida": tirou o fruto dos campos, as ofertas do templo, a alegria dos filhos dos homens e o nutrimento dos animais. Tudo reunido

---

[124] Com Moisés libertando e guiando um povo difícil de salvar e conduzir; com Oseias no combate à idolatria; com Jeremias, que luta diante do seu povo impenitente, antes da queda do reino do Sul; e com Ezequiel, que, na Babilônia, deve ser um sinal capaz de traduzir para os exilados o sentido do sofrimento pelos pecados cometidos e não deixar que a fé se empobreça.

[125] G. Silvestri (*Gli animali*, 122-123) fala sobre o comportamento dos gafanhotos a partir de Jl 2,1-11 e cogita que o termo latino *locusta* deriva, provavelmente, de *loca usta*, que significaria "lugares queimados". Mas, se os gafanhotos e sua ação devastadora são um "sinal do juízo divino e personificação do mal", como entenderíamos a permissão divina para comê-los, sem que os eleitos se contaminassem?

pode ser dito da seguinte forma: tirou a possibilidade de o ambiente e de os homens continuarem a sua existência, pois abalou o centro da vida religiosa.[126] YHWH é o único capaz de reverter este quadro, pois só Ele é שַׁדַּי, o esposo fiel de Israel (cf. Os 2,4-25).

A situação calamitosa exigiria uma pergunta de fundo: que aconteceu antes ou qual a raiz para todos esses males? Jl 1,2-3 introduziu uma exigência diante do que se constata: o presente, visto aos olhos do passado e em função das futuras gerações, deve encontrar uma resposta e fazer dela um patrimônio a ser transmitido pelo menos por quatro gerações.[127] Para que isso aconteça, é preciso sair do torpor e chorar (cf. Jl 1,5).

A situação descrita em Jl 1,4-14.16-20 deixa implícita outra pergunta: que acontecerá depois de tudo isso? A única realidade que está suspensa e que necessita de mais pormenores é exatamente o anúncio prévio de um dia que pertence unicamente a YHWH (cf. Jl 1,15).

Os elementos contidos em Jl 1,16-18 não representam um evento, um fenômeno sucessivo ou uma resposta para o anúncio do *yôm* YHWH[128] e Jl 1,19-20 não contém uma súplica que pudesse ter como causa ou pudesse ter sido provocada pela chegada desse dia. A razão da súplica é perfeitamente identificável no que segue à partícula כִּי: a ação do fogo que devorou as pastagens do deserto (v. 19.20).

Em Jl 1,19-20 são reunidos dois diferentes espaços que poderiam ser considerados contrastantes entre eles, "estepe do

---

[126] Essas consequências confirmam o que foi dito sobre o período propício para a guerra e a constatação de que Jl 2,1-11 é um oráculo favorável (cf. cap. II).

[127] Curiosamente, a palavra dirigida a Sofonias é situada e seguida de uma genealogia que remonta excepcionalmente a quatro gerações (Sf 1,1; cf. Ex 34,7).

[128] Não faz sentido admitir que a pergunta retórica de Jl 1,16 antecipe e obtenha como resposta a crise anunciada por Amós, para o reino do Norte, e por Sofonias, para o reino do Sul (cf. M. BECK, *Der "Tag* YHWH*s"*, 158), porque a miséria em Joel não é um sinal e nem fruto de um castigo divino ligado ao *yôm* YHWH.

deserto" (נְאוֹת מִדְבָּר) e "campo cultivável" (שָׂדֶה), juntos são uma imagem para אַרְצִי (Jl 1,6: uma alusão aos dois reinos?). Com isso, verifica-se que o fogo não se limitou às estepes do deserto, mas atingiu as árvores plantadas em solo fértil (cf. Jl 1,18). A falta de água e de pastagens conclui esse primeiro quadro desolador e antecede o novo anúncio do *yôm* YHWH (cf. Jl 2,1-11).

Os aspectos gerais e específicos aparecem interagindo lado a lado. Não foi suficiente despertar as mentes anestesiadas dos destinatários para a triste situação vigente, mas vemos que o profeta pessoalmente se volta para YHWH e lhe suplica a favor dos animais selvagens que anelam por YHWH como anelam pelos cursos de água: גַּם־בַּהֲמוֹת שָׂדֶה תַּעֲרוֹג אֵלֶיךָ (Jl 1,20a).[129]

Ao longo de Jl 1,2-20, o profeta é um grande protagonista. Nenhum dos destinatários, envolvidos em suas exortações, entrou em cena, e YHWH só aparece indiretamente (cf. Jl 1,6). Ambos se tornam destinatários da fala de Joel em tom exortativo, descritivo e de súplica, quando o profeta se volta para clamar a YHWH.

O contexto profético transcorreu em dois ambientes: o campo (שׂדה: v. 7.10.11.12.18.19.20) e o templo (בית אלהים: v. 9.13.14.16) debaixo do sigilo abrangente de אֶרֶץ (v. 2.6.14).

Em resumo, pode-se dizer que Jl 1,4-20 manifesta a experiência pessoal do profeta em torno da situação e do que pode ser feito diante dela: reunião sacra no templo, jejum, lamentação e invocação fiducial, como testemunho eficaz para as futuras gerações saberem o que se deve fazer em tempos de crise (cf. Jl 1,2-3).

Se é preciso uma boa motivação para isso acontecer, Jl 1,15 tem a prerrogativa de autoridade. Só YHWH é capaz de pôr um

---

[129] O termo plural בַּהֲמוֹת joga com a sua dupla acepção: "bestas" e "hipopótamo". Esta última estaria muito bem enquadrada na referência dos canais secos (cf. G. J. BOTTERWECK, "בְּהֵמָה", 534). A tipologia empregada para a sede dos animais remete imediatamente para a necessidade dos fiéis em relação a YHWH (cf. Sl 42,2; 63,2), mas também para o sentido de providência, visto que tudo que vive e respira, que tem a רוּחַ, depende d'Ele (cf. Jó 40,15-17; Sl 8; Jl 3,1-2).

INTERTEXTUALIDADE *AD INTRA* DO LIVRO | 207

fim à penúria: porque o *yôm* YHWH *está* próximo e é uma ação do Onipotente.[130]

Mas quando e como Ele agirá? Jl 2,1-11 começará a responder, Jl 2,12-18 revelará as exigências e em Jl 2,19-27 o quadro será revertido, abrindo e alargando as novas perspectivas sobre o *yôm* YHWH (cf. Jl 3,1–4,21).

3.2. O sentido do yôm YHWH em Jl 3,3-4

E colocarei sinais nos céus e na terra,	3,3 a	וְנָתַתִּי מוֹפְתִים בַּשָּׁמַיִם וּבָאָרֶץ
sangue e fogo e colunas de fumaça.	3,3 b	דָּם וָאֵשׁ וְתִימֲרוֹת עָשָׁן:
O sol se mudará para trevas,	3,4 a	הַשֶּׁמֶשׁ יֵהָפֵךְ לְחֹשֶׁךְ
e a lua para sangue;	3,4 b	וְהַיָּרֵחַ לְדָם
antes de vir o *yôm* YHWH,	3,4 c	לִפְנֵי בּוֹא יוֹם יְהוָה
o grande e o terrível.	3,4 d	הַגָּדוֹל וְהַנּוֹרָא:

Na formulação וְתִימֲרוֹת עָשָׁן, o *nomen regens* תִּימָרָה aparece só no plural construto e com o *nomen rectum* עָשָׁן (cf. Ct 3,6).[131] A sequência וְהַיָּרֵחַ לְדָם é única em todo o AT.

A forma verbal בּוֹא, se traduzida por um particípio m.sg., não distanciaria o seu sentido na frase, mas a opção por um infinito construto é sintaticamente mais coerente e se sustenta pelo valor adverbial de לִפְנֵי.

O terceiro anúncio do *yôm* YHWH encontra-se inserido na unidade textual de Jl 3,1-5.[132] A fórmula introdutória de índole

---

[130] No Sl 136, o salmista, após relembrar diversos momentos da história, termina dando um salto de qualidade, onde a sua certeza na providência divina pode ser aplicada a qualquer estado de penúria futura (v. 23-26).

[131] É um genitivo difícil de classificar e não deve ser considerado, estritamente, um genitivo de "matéria", porque enfatiza a imagem metafórica que realiza o seu objetivo.

[132] Jl 3,1-5 é um texto que difere, segundo as versões modernas, na numeração dos capítulos. A sua forma também difere se compararmos as edições da BH. A *BHK* trazia este texto num estilo prosaico, mas a *BHS*

narrativo-temporal, וְהָיָה אַחֲרֵי־כֵן (v. 1)¹³³ abre a unidade sem perder o contato com o que antecede e para ser concluída com um oráculo de salvação (v. 5).¹³⁴

Entre os extremos, YHWH é o sujeito direto de uma dupla promessa contida nas ações verbais em 1.c.sg.: אֶשְׁפּוֹךְ (v. 1.2); וְנָתַתִּי (v. 3); e confirmadas pelo sufixo de 1.c.sg. no termo רוּחִי "meu espírito" (v. 1.2), contrastando com os verbos descritivos que se seguem na 3.m.sg. (v. 4-5).

Embora Jl 3,5 apresente uma mudança no sujeito que fala, a unidade textual não é rompida.¹³⁵ O profeta refere-se diretamente à palavra de YHWH e interpreta o duplo anúncio da possível salvação para todos os que invocarem o nome de YHWH, mas abrindo o horizonte do favor divino para além das fronteiras de Sião-Jerusalém.

As novas intervenções de YHWH acontecerão segundo uma efetiva disposição vinculada aos fatos anteriores a Jl 3,1 e oferecem um contexto favorável para os fatos que se seguirão a partir de Jl 4,1.¹³⁶

Ao lado dessas constatações, percebe-se a mudança temática introduzida pela sequência temporal inusitada em toda a BH

---

reorganizou-o em versos, deixando apenas indícios da antiga versão em prosa (veja-se o paralelismo criado entre o v. 4 e v. 5; cf. J. BARTON, *Joel and Obadiah*, 97). Na *BHQ* tais indícios praticamente desapareceram.

¹³³ A construção dessa fórmula é única em Joel. A mais comum é וַיְהִי אַחֲרֵי־כֵן. Em Jr 16,16; 21,17; 49,6, emprega-se וְאַחֲרֵי־כֵן.

¹³⁴ Cf. W. S. PRINSLOO, *The Theology of the Book*, 80; F. E. DEIST, "Parallels and Reinterpretation", 70; P. R. ANDIÑACH, "El Día de Yavé", 10-11; R. SIMKINS, *Yahweh's Activity in History*, 209-219; J. BARTON, *Joel and Obadiah*, 93. Na *BHQ* tais indícios praticamente desapareceram.

¹³⁵ J. L. Crenshaw (*Joel*, 171) aceita Jl 3,5 como uma nova unidade, pois o profeta intervém com uma instrução e relaciona os dados com um território específico.

¹³⁶ P. G. Schwesig (*Die Rolle*, 133) acredita que Jl 3,1-5 justifica o porquê do *yôm* YHWH se transformar num benévolo ato escatológico a favor do povo eleito.

(בַּיָּמִים הָהֵמָּה וּבָעֵת הַהִיא).¹³⁷ Esta mudança, porém, está visivelmente conexa aos sentidos que se podem obter entre os termos "sobreviventes" e os "repatriados", que seriam, em primeira instância, os que sobreviveram, não ao *yôm* YHWH, mas sim aos abalos da fé com as carestias e foram chamados por YHWH.

YHWH reaparece, após a interpretação do profeta (cf. Jl 3,5), como protagonista do retorno dos שְׁבוּת, evidente jogo semântico com שׁוּב (Jl 4,1), e da congregação das nações para entrar com elas em processo de julgamento sem chances de reversão das causas: dispersão de Israel e divisão da terra, ambas heranças de YHWH (cf. Jl 4,2); tráfico infantil (cf. Jl 4,3); roubo, tráfico e violência feita aos filhos do povo eleito (cf. Jl 4,6.8.19).¹³⁸

A unidade de Jl 3,1-5 pode ser estruturada em três breves seções, que integram três conteúdos explicados por um quarto:

a) Um oráculo que anuncia o acontecimento inédito da efusão do espírito "sobre toda a carne" (v. 1-2). O termo בָּשָׂר e a locução כֹּל אֲשֶׁר־יִקְרָא estão em paralelo sinonímico. A repetição da אֶשְׁפּוֹךְ אֶת־רוּחִי abre e fecha a seção.¹³⁹

b) Sinais cósmicos proféticos que precedem o contexto do novo anúncio da vinda do *yôm* YHWH (v. 3-4).¹⁴⁰

c) Um oráculo favorável vinculando a salvação à invocação do nome de YHWH num lugar específico: Sião-Jerusalém,

---

[137] Estas duas fórmulas aparecem unidas aqui e em Jr 50,4 exatamente no contexto em que Jeremias anuncia a queda da Babilônia e prevê a libertação dos israelitas.

[138] H. W. Wolff (*Joel und Amos*, 67) admite um novo início em Jl 4,1, porque ali emerge a perspectiva ligada aos vários povos e não mais um discurso ligado somente a Jerusalém, como se depreende em Jl 3,5.

[139] Cf. J. A. THOMPSON, "The use of Repetition", 103.

[140] A seção pode ser admitida e afirmada pela repetição do termo דָּם (v. 3b e 4b), pelo recurso fonético que se destaca na sibilante שׁ e pelos elementos qualificativos do *yôm* YHWH, resumindo o conteúdo descrito.

mas deixando YHWH livre para agir além destas fronteiras (v. 5).[141]

Analisando estas três breves seções, constata-se que:

- Jl 3,1 apresenta uma terminologia que justifica a dimensão profética do escrito e parece resumir a origem e o dom particular desta experiência religiosa em Israel: חֶזְיֹנוֹת יִרְאוּ – חֲלֹמוֹת יַחֲלֹמוּן – נִבְּאוּ – רוּחַ.[142] Pela efusão do espírito é possível "se tornar profeta", "sonhar sonhos" e "ver visões". Os três campos são tidos como veículos da comunicação divina.[143]

- Jl 3,2 alarga a promessa da efusão do espírito alcançando os "servos e servas", mas nada se diz sobre a ação e

---

[141] A dificuldade textual apontada pela BHS[app] e *BHQ* para o v. 5 não interfere diretamente no sentido desejado (cf. W. RUDOLPH, *Joel*, 70-71; J. L. CRENSHAW, *Joel*, 170). R. Simkins (*Yahweh's Activity in History*, 211), cotejando as posturas, destaca que a correção por haplografia, proposta por E. Sellin, ainda é a mais plausível, na qual o termo original seria ובירושלם da linha anterior (cf. Ab 17). Todavia, o texto não oferece problemas de leitura, e o termo pode ser entendido como: "e entre os sobreviventes".

[142] D. E. Gowan (*Theology of the Prophetic Books*, 184-185) lembra com propriedade que para Israel o dom do espírito e da profecia oferece um acesso direto à vontade de YHWH nos níveis de conhecimento e de comportamento.

[143] A terminologia específica e relativa à atividade profética é aplicada a pessoas distintas. Nela se expande o âmbito do dom da רוּחַ (Jl 3,1-2). Isso também está dito, mais de uma vez, por Ezequiel (cf. Ez 11,19; 36,26-27; 37,14; 39,29; retomado depois por Zacarias com interesse messiânico, cf. Zc 12,10-14), pois o dom da רוּחַ provocará a difusão universal da profecia (cf. E. CORTESE, "Per una Teologia dello Spirito", 22). Joel, no seu escrito, aparece identificado pela filiação. Ele não recebeu um carisma que o qualificasse como profeta, mas possui o ministério pelo דְּבַר־יְהוָה que lhe foi dirigido (cf. Jl 1,1). Ao lado disso, o seu ministério se funda no anúncio de outro construto: o *yôm* YHWH, que conduz à conversão do estado de ânimo.

INTERTEXTUALIDADE *AD INTRA* DO LIVRO | 211

consequências deste dom para eles com relação à profecia, aos sonhos e às visões referidas em Jl 3,1.

- Jl 3,3-4ab introduz uma nova ação de YHWH que faz dos extremos, céu-terra, dos astros que habitam os céus, mas governam o dia e a noite na terra, sinais que poderíamos denominar não só teofânicos, mas proféticos enquanto podem ser identificados como precursores da chegada do *yôm* YHWH, que além de ser grande passa a ser "aterrorizante" (v. 4cd).[144]

- Assim sendo, Jl 3,5 reúne os elementos anteriores (cf. Jl 1,2–3,4), dando-lhes novo alcance de significado, e antecipa o direito de YHWH entrar em litígio com as nações opressoras por seus crimes (cf. Jl 4).

"E, então, todos os que invocarem o nome de YHWH se protegerão", isto é, os que receberam a vitalidade para isso pelo dom do espírito (Jl 3,1-2), com a condição de que estejam no monte Sião e em Jerusalém, pois ali "existirá uma fuga" (תִהְיֶה פְלֵיטָה), "conforme falou YHWH".[145]

O final do versículo deixa o ouvinte-leitor perturbado, visto que a escapatória terá um grande raio de ação e alcançará inclusive o supérstite que YHWH chamar (וּבַשְּׂרִידִים אֲשֶׁר יְהוָה קֹרֵא).[146]

---

[144] Mais uma vez o particípio nifal נוֹרָא (cf. Jl 2,11) foi traduzido pela LXX por um adjetivo feminino (ἐπιφανής): de ירא "temer" se passa a ראה "ver, manifestar", de certa forma condizente com o contexto profético.

[145] Quando YHWH falou? Por questão lógico-temporal é preciso reconhecer que o sentido da frase "כַּאֲשֶׁר אָמַר יְהוָה" encontra-se em todos os dados precedentes, mas em particular em Jl 1,1; 2,1.11.12.19–3,4 e reenvia à fórmula "כֹּה אָמַר יְהוָה". L. Sembrano (*La Regalità di Dio*, 137) afirma, completando a noção de C. Westermann (*Basic Forms*, 100-115), que a fórmula "כֹּה אָמַר יְהוָה", além caracterizar o profeta como enviado divino, sugere implicitamente que a mensagem comunicada provém de YHWH enquanto rei, possuindo, também, uma dimensão régia.

[146] A propósito do termo plural שְׂרִידִים, H. W. Wolff (*Joel und Amos*, 82) acredita que seja uma referência ao grupo dos diretos destinatários do profeta. W. Rudolph (*Joel*, 72) e A. Deissler (*Zwölf Propheten I*, 82) o

As promessas favoráveis de YHWH, disposto a operar a salvação para todos os que a Ele se dirigirem, invocando o seu nome (cf. Jl 3,1.5), enquadram e contextualizam o novo anúncio do *yôm* YHWH, preconizado pelos sinais prodigiosos, justapostamente estruturados (cf. Jl 3,3-4), mas também une os dados anteriores com os dados posteriores, alargando o sentido salvífico de Jl 2,1-11.

3.2.1. A relevância de Jl 3,3-4 para Jl 2,1-11

Por que e como se relacionam temas distintos na unidade Jl 3,1-5: a larga efusão do espírito, os sinais cósmicos, o *yôm* YHWH e a invocação do nome de YHWH? Esta reunião de temas, na verdade, serve para evidenciar a presença e a função do *yôm* YHWH já traçado em Jl 2,1-11.[147]

Embora Jl 3,3-4 retome as metáforas cósmicas contidas em Jl 2,10 (cf. 2,2ab) e o dado da iminente chegada do *yôm* YHWH em Jl 2,1.11 (cf. Jl 1,15; 4,15), percebe-se que o horizonte e o alcance do conteúdo ultrapassam, mais uma vez, o âmbito do povo de Judá-Jerusalém (cf. Jl 2,6).

O período sintático em Jl 3,3 está construído de modo simples, fluente e claro. O sujeito da ação verbal, com valor transitivo, é YHWH. O duplo objeto do verbo, exigindo complementos de especificação, faz com que os substantivos assumam um valor adverbial de lugar, indicando onde se realizarão os sinais anunciados: בַּשָּׁמַיִם וּבָאָרֶץ.

Nesse sentido, o sol e a lua, como sujeitos passivos, participam também como protagonistas na realização da ordem de YHWH. Vê-se, assim, que o *yôm* YHWH não é o responsável por tal mudança, mas sim YHWH.

---

aplicam aos judeus da diáspora. J. L. Crenshaw (*Joel*, 170) o atribui aos que foram vítimas do comércio escravo de Jl 4,7. P. G. Schwesig (*Die Rolle*, 133) reconhece que não é necessária uma determinação exata, mas liga Jl 3,5 a Jl 2,11 quanto à dúvida deixada em suspense.

[147] W. S. Prinsloo (*The Theology of the Book*, 87-90) oferece uma síntese sobre a história da redação de Jl 3,1-5.

Os termos determinados, וְהַיָּרֵחַ... הַשֶּׁמֶשׁ, aumentam a especificação anterior provocando a transformação nos dois grandes e principais luzeiros da criação, que são os regentes do dia e da noite, isto é, de um *yôm* completo (cf. Gn 1,16; Sl 136,7-9). Um único verbo, com valor transitivo indireto no *nifal yiqtol* (יֵהָפֵךְ), está regendo os dois termos de dupla valência, no sujeito e no objeto preposicionado (לְדָם e לְחֹשֶׁךְ), para introduzir a mutação na natureza tanto do sol como da lua (v. 4ab).

O dado temporal está sublinhado pela sequência לִפְנֵי בּוֹא em referência ao *yôm* YHWH, núcleo do oráculo, qualificado por um adjetivo גָּדוֹל e um particípio atributivo הַנּוֹרָא também com valor de adjetivo (v. 4d).

A concatenação das imagens que recaem sobre a centralidade deste terceiro anúncio do *yôm* YHWH é uma característica particular e relevante para a compreensão da temática que foi anteriormente desenvolvida através das metáforas bélicas e que alcançaram a esfera celeste em Jl 2,10 e reaparecerão em Jl 4,15 como sinais do juízo aplicado às nações hostis.[148]

Assim, os sinais cósmicos prometidos relacionam-se, quanto à antecedência, muito mais com a vinda do *yôm* YHWH do que com a efusão do espírito e a invocação do nome de YHWH.[149] A profecia, desse modo, se certifica da sua validade e autenticidade como mensagem.[150]

Dessa análise alcançam-se os seguintes resultados:

---

[148] P. G. Schwesig (*Die Rolle*, 132-134) admite que as dimensões cósmicas de Jl 2,10; 3,4; 4,15 possuem caráter escatológico. O ofuscamento dos astros se liga a Jl 2,10; 4,15, enquanto, "sangue e fogo e colunas de fumaça", seriam uma metonímia bélica que reenvia às metáforas de Jl 2,3-5.7-9 e aos apelos de batalha contidos em Jl 4,9-14.

[149] Em Ml 3,23, a vinda de Elias precede a vinda do *yôm* YHWH (cf. cap. VI). Não existem razões particulares para interpretar a efusão do espírito como sinal precursor da vinda deste dia, como pensa A. Gelin ("L'Annonce de la Pentecote", 17-18). É possível vê-los como dois anúncios que se completam num influxo recíproco.

[150] Cf. S. WAGNER, "מופת", 750-759.

O *yôm* YHWH continua "próximo", apesar da ausência do adjetivo קָרוֹב, e pertencente à categoria de evento futuro ou ainda não realizado. O verbo בוא, que tem como seu antecedente a forma verbal יֶהְפֵּךְ indicando o que acontecerá no sol e na lua "antes" ou "diante" da vinda do *yôm* YHWH, ampara e corrobora esta afirmação.

O que precede imediatamente esta quarta ocorrência do *yôm* YHWH reforça o seu significado profético (cf. Jl 3,1-2). Todavia, a fórmula de abertura (וְהָיָה אַחֲרֵי־כֵן) exige que a compreensão e a conexão sejam estendidas também ao conteúdo anterior a ela (cf. Jl 2,19b-27), onde YHWH aparece como o sujeito da fala e das ações alcançadas como resposta à sua palavra reforçada pela palavra do profeta (cf. Jl 2,13-14).

As ações refletem os benefícios que YHWH quer conceder e correspondem, perfeitamente, às necessidades citadas pelo profeta (cf. Jl 1,4-14.16-18) e incluídas na súplica sacerdotal (cf. Jl 2,17). Elas adquirem força expressiva de significado como parte integrante desta súplica (cf. Jl 2,18).[151]

O jejum e o pranto, no pedido de piedade, contendo a pior injúria que poderia sofrer o povo eleito e YHWH diante da sátira das nações, reforçam o sentido dos verbos e seus respectivos objetos: para com a tua herança (נַחֲלָתְךָ) "desejo sôfrego" e para com o seu povo (עַמּוֹ) "grande piedade" (Jl, 2,17).

Jl 2,17-18, se unidos, encontram frutuosa correspondência nos versículos seguintes, manifestando que YHWH é o Deus do território, o único capaz de protegê-lo, zelando pelos seus habitantes (Jl 2,19-27; cf. Zc 1,14; 8,2).

Em consequência, temos em Jl 2,19 a resposta positiva de YHWH ao desejo do seu povo (עַמּוֹ) enviando (שֹׁלֵחַ) o grão, o

---

[151] O sentido de ação subjuntiva pode ser admitido perfeitamente como expressão do desejo humano, mas também como reconhecimento da liberdade divina para agir. Assim os verbos יִבְכּוּ e יֹאמְרוּ na 3.m.pl. expressam com תִּתֵּן a ordem do desejo (Jl 2,17), abrindo espaço para a sequência no *wayyiqtol* que manterá essa conotação volitiva nos v. 18-19. A sequência verbal de Jl 2,18-27, intercalando as formas *yiqtol*, *jussivo* e *qatal* com *waw* inversivo, reforçam essa afirmação.

vinho novo e o óleo,[152] demonstrando-se verdadeiramente ciumento "por sua terra" (לְאַרְצוֹ), assegurando-lhes a sua dignidade no presente: "E não vos dou ainda em desonra aos povos" (וְלֹא־אֶתֵּן אֶתְכֶם עוֹד חֶרְפָּה בַּגּוֹיִם).[153]

As ações favoráveis de YHWH atingem vários objetivos e recapitulam momentos do povo errante no deserto, onde constantemente os libertos reclamavam por comida e bebida, desejando inclusive voltar para o Egito (cf. Ex 16,3; 17,3; Nm 20,5; à diferença de Jl 2,12-14).

O afastamento da vergonha, duplamente assinalado em consonância com Jl 2,17.19, condiz com o afastamento da situação de penúria, fazendo reconhecer traços da aliança de YHWH com o seu povo em diferentes níveis de relação:[154] (a) *subsistência*: "Devorareis o alimento e ficareis satisfeitos"; (b) *cultual*: "Louvareis o nome de YHWH vosso Deus, que fez convosco maravilhas"; (c) *política*: "E não estarão envergonhados meu povo para sempre" (Jl 2,26.27); d) *institucional*: "E conhecereis que no meio de Israel eu estou, pois eu sou YHWH vosso Deus e não outro" (Jl 2,27).

Quanto ao que se segue, Jl 4,1 introduz uma promessa de YHWH soando incongruente com tudo aquilo que até o presente momento foi abordado: אֲשֶׁר אָשׁוּב אֶת־שְׁבוּת יְהוּדָה וִירוּשָׁלָ͏ִם. Isso tem a

---

[152] O contraste evidencia a realidade entre um passado penoso e um futuro promissor, porque YHWH está "enviando", ato presente, não os dons desejados, mas as condições climáticas para eles existirem (cf. Jl 2,23). Este contraste mostra que a temporalidade não é equidistante como pensa J. A. Thompson ("The use of Repetition", 104-106).

[153] A partícula הִנֵּה com sufixo de 1.c.sg., além de situar a conexão com o evento anterior, associa a resposta de YHWH ao fato (cf. L. ALONSO SCHÖKEL, "Nota Estilística", 74.79). O particípio assegura a resposta de YHWH como ação no presente e concede base para a nossa tradução do verbo נָתַן também no presente.

[154] As informações de Jl 2,16-27 sintetizam e direcionam a atenção do ouvinte-leitor para diversos momentos da sua história, fazendo-o ver que a presença de YHWH no meio do seu povo revela a sua unicidade: Ex 8,18; Nm 14,14; Dt 4,35.39; 1Rs 8,60; Is 12,6; 45,5.6.14.21.22; 46,9; Ez 37,28; 48,3. Estes textos testemunham a favor do primeiro mandamento (cf. Ex 20,2-3; Dt 5,6-7).

ver com o tema do retorno dos exilados e com a anterior situação de carestia?[155]

O exílio babilônico é o mais conhecido e marcante da história de Judá-Jerusalém. Foi uma experiência dramática para o povo eleito, porque todos os pontos de apoio que possibilitavam a vida na terra prometida foram derrubados: a monarquia, a cidade capital e nesta o templo com o seu culto diário. Eram sinais da presença e garantia da proteção divina.[156]

O texto de Jl 1,6-8 e a insistência no descrever a perda do grão, do vinho novo e do óleo em função do templo e da miséria instalada (cf. Jl 1,9-12.16-17) oferecem uma imagem contextual muito próxima à situação dos primeiros anos do exílio em Judá-Jerusalém, onde o contingente dos remanescentes era formado pelos que deveriam lidar com os campos.[157]

Todavia, a presença marcante dos הַזְּקֵנִים (Jl 1,2) e dos הַכֹּהֲנִים (Jl 1,9) junto aos כֹּל יֹשְׁבֵי הָאָרֶץ (Jl 1,2.14), que devem ser convocados e reunidos em assembleia no templo בֵּית יְהוָה אֱלֹהֵיכֶם (Jl 1,14), não nos autoriza a afirmar que o contexto histórico se refere ao período do exílio, mas também não exclui a sua lembrança, se acontecido, ou o seu anúncio como algo possível de acontecer.[158] A profecia é aberta para os dois direcionamentos.

---

[155] P. G. Schwesig (*Die Rolle*, 116-178) estabeleceu uma relação entre Jl 2,1-11 e 4,1-3.9-17, mas manteve uma interpretação presa à imagem dos gafanhotos, insistindo na ação de YHWH contra Jerusalém no anúncio do primeiro poema e admitindo a sua reversão no segundo poema com base na reversão temática que ocorre em Os 14,2-9. Todavia, M. L. C. Lima (*Salvação entre Juízo*, 145-147.279) mostra que a reversão não é o resultado de uma simples mudança de atitude em YHWH; ela acontece como processo histórico que deu uma dupla base para a perspectiva da conversão (v. 2-4), a iniciativa do amor e cura divinos (v. 5) e a promessa de restauração (v. 6-9).
[156] Este parecer é admitido como resultado final no Dt por alguns estudiosos. Cf. M. A. O'BRIEN, *The Book of Deuteronomy*, 95-128; A. ROFÉ, *Deuteronomy*, 1-13.
[157] Cf. 2Rs 25,12; Jr 39,10; 52,16.
[158] O exílio sob o prisma da pregação profética, se acontecido, é uma realidade que se tornou lição de vida ou uma realidade a ser evitada, caso ainda não tenha acontecido, cf. Jr 4,5-31 (cf. cap. V).

Assim sendo, podemos finalmente considerar o que se segue. Jl 3,1-5 é uma ponte temática[159] que recapitula os momentos anteriores e concede ao ouvinte-leitor a chave de leitura para perceber o que estará por detrás da estranha ligação temporal em Jl 4,1a: כִּי הִנֵּה בַּיָּמִים הָהֵמָּה וּבָעֵת הַהִיא.
A situação do *yôm* YHWH no presente anúncio (cf. Jl 3,4cd) não se sobrepõe a Jl 2,1-11, não o diminui diante do dom do espírito, ao carisma profético, aos sinais cósmicos e à possibilidade de salvação para todos os que, habilitados, invocarão o nome de YHWH, mas confirma Jl 2,1-11 como elemento histórico-salvífico no escrito de Joel.

Se haverá uma salvação, pode-se supor um juízo que continua implícito na vinda do *yôm* YHWH, bem como na afirmação de que YHWH está chamando "sobreviventes", isto é, salvando inclusive das consequências deste dia sobre as nações que poderiam satirizar a sua herança, duvidando da sua presença em Jerusalém e do cuidado por seu povo (cf. Jl 2,17).

Os acontecimentos passados, presentes ou futuros são dependentes de YHWH, quer por permissão quer por providência (cf. Jl 2,1-11). Nesse sentido, Jl 3,5 introduziu um elemento do passado que ressoa no presente como garantia para o futuro: כַּאֲשֶׁר אָמַר יְהוָה. Isto sublima o favor material concedido a partir de Jl 2,19-27 e alcançará clareza plena em Jl 4.

3.3. O sentido do *yôm* YHWH em Jl 4,14-15

Multidões, multidões no vale da decisão;	4,14 a	הֲמוֹנִים הֲמוֹנִים בְּעֵמֶק הֶחָרוּץ
porque está próximo o *yôm* yhwh	4,14 b	כִּי קָרוֹב יוֹם יְהוָה
no vale da decisão.	4,14 c	בְּעֵמֶק הֶחָרוּץ:
Sol e lua escureceram	4,15 a	שֶׁמֶשׁ וְיָרֵחַ קָדָרוּ
e as estrelas retraíram o seu brilho.	4,15 b	וְכוֹכָבִים אָסְפוּ נָגְהָם:

---

[159] P. G. Schwesig (*Die Rolle*, 134) considera que Jl 3,1-5 tem a "função de retardar".

A forma singular, הָמוֹן, está bem atestada, e seu significado devidamente estabelecido de acordo com o sentido dado pelo contexto, mas o seu estado plural e duplicado (הֲמוֹנִים) é um *hápax* em Joel e na BH.[160] A nossa tradução respeita o jogo plural dos dois termos, mantém a aliteração assonântica e salvaguarda a sua evocação onomatopaica.[161] O contexto proporciona um sentido militar, que faz perceber a ideia implícita de exércitos, tropas, batalhões etc. (cf. Jz 4,7).[162]

O contexto de Jl 4,9-13, combinando diferentes situações a respeito do combate, abre o espaço para falar em tumultos e confusões como traços que caracterizam as nações diante da chegada do juízo divino (cf. Jl 4,14).

A última ocorrência literal da expressão *yôm* YHWH na profecia de Joel encontra-se inserida também num amplo campo bélico, num capítulo considerado como uma unidade literária em si mesma (cf. Jl 4,1-21).[163]

---

[160] Para o valor enfático aplicado ao juízo: J. A. THOMPSON, "The use of Repetition", 102; G. A. MIKRE-SELASSIE, "Repetition and Synonyms", 231; D. MARCUS, "Nonrecurring Doublets", 61.

[161] O plural הֲמוֹנִים é polissêmico e com diferentes possibilidades de tradução: "tumultos, aglomerações, multidão de pessoas, comoção de ânimo, profusão de sentimentos em massa", revelando as sensibilidades intrínsecas ao termo. Para o sentido gramatical da repetição de um substantivo, cf. JM § 135e.

[162] O Tg traduziu, apropriadamente, por מַחֲנֶה: "exércitos e exércitos" ou "acampamentos e acampamentos" (cf. K. J. CATHCART – R. P. GORDON, *The Targum of the Minor Prophets*, 73; S. P. CARBONE – G. RIZZI, *Aggeo*, 201). E. Achtemeier (*Minor Prophets I*, 158) recorda que o som produzido do termo hebraico sugeriria o ruído de um exército em situação de batalha.

[163] Cf. W. RUDOLPH, *Joel*, 74-76; L. J. OGILVIE, *The Communicator's*, 206-207; A. D. DORSEY, *The Literary Structure*, 273-276. Isso, porém, não eximiu a retomada de dúvidas antigas (cf. S. BERGLER, *Joel als Schriftinterpret*, 102) em recentes estudos: P. G. Schwesig (*Die Rolle*, 161-162), que considera (1) Jl 4,1-3.9-17 outro poema do *yôm* YHWH, pleno do desejo salvífico de YHWH, lacerado, porém, pela inclusão de Jl

Esta unidade, porém, é passível de discussão e poderia ser subdividida em quatro ou mais seções[164] e isso faz do quinto anúncio em Jl 4,14 um foco de discussões, onde as opiniões se contrastam entre aqueles que:

a) colocam o v. 14 fechando a seção de Jl 4,9-14 e admitem que nos v. 12-13 existe uma retomada do tema do juízo sobre as nações (cf. Jl 4,2);[165]

b) aceitam o seu papel numa seção maior, Jl 4,9-17, em virtude dos vários pontos de contato semântico;[166]

c) propõem Jl 4,14-15 como uma nova seção, porque, além de possuir uma afinidade com os elementos utilizados na grande descrição do *yôm* YHWH (cf. Jl 2,1-11), daria sentido à nova situação que se anuncia em Jl 4,16-17, pois YHWH reentra na cena como sujeito que define o que acontecerá.[167]

Considerando estas três perspectivas, acreditamos que existem vários elementos aptos a fazer de Jl 4,9-13 uma seção

---

4,4-8, que interrompe a sua integridade, e (2) Jl 4,18-21 uma conclusão redacional posterior que serviu para fechar o escrito inteiro.

[164] J. Barton (*Joel and Obadiah*, 14), por exemplo, divide Jl 4,1-21 em oito seções e as comentará separadamente.

[165] E. Testa ("La Profezia di Gioele", 873-874) admite Jl 4,9-14 como sendo a quinta seção e a intitula "o vale de Josafá".

[166] Cf. H. W. WOLFF, *Joel und Amos*, 6-7; J. D. W. WATTS, *The Books of Joel*, 15.31; L. ALONSO SCHÖKEL – J. L. SICRE DÍAZ, *Profetas II*, 946-947; O. LORETZ, *Regenritual und Jahwetag*, 140-163; E. ACHTEMEIER, *Minor Prophets I*, 115-162; R. MASON, *Zephaniah*, 99.103; B. C. BIRCH, *Hosea*, 126-127; J. D. Nogalski (*Redactional Processes*, 4-6.26-57) reconhece quatro seções em recíproca relação. Este capítulo será particular para sua hipótese redacional sobre os Doze Profetas.

[167] C.-A. Keller (*Joël*, 151-152) havia identificado em Jl 4,14-16 a terceira estrofe da seção 4,9-17 e foi seguido por J. BARTON, *Joel and Obadiah*, 105.

independente,[168] deixando os v. 14-15 mais unidos ao que se segue (v. 16-17).

Em primeiro lugar, o uso da forma verbal imperativa cria entre os v. 9-13 uma moldura, abrindo e fechando a seção, mas também mantém melhor a ideia central sobre a temática do juízo das nações pautada sobre fortes reatos (cf. Jl 4,2-3.5-6.19).[169]

Em segundo lugar, a temática do juízo é justificada por três períodos em subordinação explicativa, introduzidos pela conjunção כִּי. As orações apresentam simultaneidade metafórica pelos verbos e instrumentos descritos.

O momento exato para o juízo chegou e, exatamente como se faz quando a messe está pronta para ser segada e a vinha para ser vindimada (cf. Jl 4,10.13), a justiça divina vai começar sobre as nações.[170]

Em Jl 2,26-27, YHWH vincula a extinção da fome à abundância dos dons, que levarão o seu povo ao louvor do seu nome, reconhecendo que "YHWH vosso Deus" (duas vezes) é o único feitor das maravilhas e que não permite a vergonha para o seu povo (duas vezes).[171] Esta promessa encontra futura concretização na convocação ao combate (cf. Jl 4,9-13).

Por esses dados, a nossa proposta de delimitação reconhece, em parte, a opinião "c", sem, contudo, descartar a existência

---

[168] A sobreposição de termos combinados e intercalados (anadiplose) pode favorecer a individuação desta seção (cf. E. R. WENDLAND, *The Discourse Analysis*, 234-235).

[169] Para P. G. Schwesig (*Die Rolle*, 135), Jl 4,1-3.9-17 explica como Sião, de supremo lugar ameaçado (Jl 2,1aα) pode se tornar um lugar de refúgio definitivo (Jl 3,5; 4,16-17).

[170] Existe contraste de mentalidade entre Jl 4,10, Is 2,4 e Mq 4,1-3 (cf. Zc 9,10; E. CORTESE, *Tra Escatologia*, 25-28) quanto à fulgurante ação e promessa de YHWH de uma nova sociedade sem violência (cf. L. LOHFINK, "La 'Guerra Santa'", 88; A. SCHART, *Die Entstehung*, 268-269).

[171] A duplicação não deve ser interpretada como ditografia, mas é uma reiteração que cria coesão formal, coerência semântica, e ilustra para os ouvintes-leitores a benéfica relação entre YHWH e o seu povo (cf. E. R. WENDLAND, *The Discourse Analysis*, 233).

de uma conexão entre os v. 14-15 e 16-17, onde o anúncio do *yôm* YHWH adquire um melhor sentido de enquadramento e centralidade.[172]

Assim, o texto de Jl 4,14-17 sugere que a convocação acontece porque o *yôm* YHWH "está próximo" e os sinais cósmicos o confirmam.[173] A alusão aos estrangeiros coaduna-se bem com a menção do monte santo (cf. Jl 3,5) e a santidade alcançada com a purificação, fruto da punição dos inimigos.[174] Então, Jl 4,14 pode ser aceito como início de uma nova seção na grande unidade de Jl 4, devido à sua construção assindética e à intensidade alcançada com a duplicação do termo הֲמוֹנִים, realizando uma moldura perfeita com o termo וְזָרִים "estrangeiros", que fecha a seção (v. 17),[175] à diferença da insistência que vinha sendo dada ao termo גּוֹיִם (Jl 4,9.11.12).

Ao centro desta seção encontra-se a ação de YHWH que faz sentir o seu poder e direito de entrar em litígio com os inimigos do seu povo, julgando-os sem ter que deixar Sião-Jerusalém. É suficiente que a voz de YHWH ressoe como som de trombeta e

---

[172] P. R. Andiñach ("El Día de Yavé", 16) considerou dentro do quadro de Jl 4,1-17.
[173] São Jerônimo traduziu כִּי קָרוֹב por "*quia iuxta est*" (cf. Vg de Ab 15; Sf 1,7.14). O termo latino *iuxta*, como advérbio, significa "ao lado" e como adjetivo "próximo". Vê-se que o sentido é perfeitamente mantido. As duas precedentes (cf. Vg de Jl 1,15 e 2,1) foram traduzidas por "*quia prope est*". Utilizando *prope*, jogou com a força do termo latino, acenando para o fato da proximidade e para o modo acelerado com que avança.
[174] Cf. R. D. PATTERSON, *Joel*, 264-266; J. D. Nogalski (*Redactional Processes*, 41) considera e defende Jl 4,9-17 como uma seção, mas reconhece a ideia consistente em 4,14-17, quando pretende justificar a ligação temática com Jl 4,18-21. A relação feita por F. E. Deist ("Parallels and Reinterpretation", 71-73) entre Jl 2,10-11 e 4,14-17, com base conceitual, corrobora a nossa delimitação. Ele assume a temática como reinterpretação oposta do *yôm* YHWH: lá contra Jerusalém e aqui contra as nações.
[175] Embora apresentemos somente a tradução de Jl 4,14-15, consideramos o contexto da seção Jl 4,14-17, por reunir e resumir dois elementos característicos já citados: (1) a convocação dos povos e (2) a dimensão futura do *yôm* YHWH como justiça divina.

ação de comando na promessa (cf. Jl 2,1.11; 3,5; 4,16) e como rugido de leão que amedronta o inimigo que agiu como leão contra a "minha terra" (Jl 1,6).[176] A força gerada pelas imagens retomadas do *yôm* YHWH serve para criar uma atmosfera que demonstra o domínio de YHWH sobre toda a situação, indicando a meta do litígio. A mudança de sujeitos em Jl 4,17 não rompeu a seção, da mesma forma que Jl 3,5 não rompeu Jl 3,1-5.[177] A quebra da sequência descritiva anterior acontece exatamente com a fórmula temporal de Jl 4,18, abrindo a seção conclusiva do escrito. Esta fórmula introduz uma nova temática e sintetiza a quantidade e a qualidade que se espera quanto à bênção, anunciando uma contrastante cena oposta à aridez (cf. Jl 4,18), devolvendo à terra sua fértil definição (cf. Jl 2,3).[178]

A palavra final de YHWH (cf. Jl 4,21) elucida a razão da ação divina, condensa tudo o que já foi descrito no livro, mas deixa, mais uma vez, em suspense a execução dos fatos para um futuro indeterminado, exatamente como o profeta exortou no início como um empenho comum (cf. Jl 1,2-3).

O sentido literal da alusão וְקִבַּצְתִּי אֶת־כָּל־הַגּוֹיִם וְהוֹרַדְתִּים אֶל־עֵמֶק יְהוֹשָׁפָט (Jl 4,2) não cria dificuldades para admitir que הֲמוֹנִים הֲמוֹנִים בְּעֵמֶק הֶחָרוּץ é uma ideia paralela justificada (Jl 4,14) e que o *yôm* YHWH, cravado no centro da dupla referência desta localidade, reforça a

---

[176] Não seria lógico pensar que em Jl 2,1.11 YHWH estivesse ausente de sua cidade ou atacando a si mesmo. Então, sem nunca ter deixado o local onde é invocado como salvador, só agora os seus planos adquirem maior clareza.
[177] J. L. Crenshaw ("Freeing the Imagination", 130) inicia a última seção do livro em Jl 4,17, alegando que este versículo faz moldura com o v. 21 pela repetição do sintagma "שֹׁכֵן בְּצִיּוֹן", acreditando que seu juízo reafirme a ilusão sobre uso da fórmula בַּיּוֹם הַהוּא como critério de abertura da nova seção.
[178] É possível que a fonte que transborda esteja associada ao dom da רוּחַ em Jl 3,1-2.

ideia teológica do ajuste de contas que YHWH realizará a favor da sua herança: povo e território.[179] O próprio YHWH afirmara que "se confrontará em juízo"[180] com as nações por causa de Israel, que resume aqui a sua dimensão de povo eleito e de terra prometida.[181] O motivo do juízo e a matéria da condenação residem na dispersão do seu povo entre os povos e na divisão da sua terra (cf. Jl 4,2). A forma como agiram é criminosa (cf. Jl 4,3) e contrária às promessas feitas a Abraão e à sua descendência (cf. Gn 12,1-3; Ex 1,8-14; 2,23-25).

Pode-se comparar a forma ativa de YHWH (cf. Jl 4,2b) com a proximidade ativa do *yôm* YHWH (cf. Jl 4,14b), mas são igualmente próximas à forma passiva das nações, convocadas e obrigadas a se apresentarem na dupla menção do vale de Josafá (Jl 4,2.12; cf. 2,6), com as multidões aglomeradas no vale da decisão.[182]

O momento é claramente de trevas. O sol, a lua e as estrelas, que são comumente comparadas ao exército celestial, perdem o seu esplendor diante da voz de YHWH vinda de Jerusalém. Neste sentido, os verbos קָדְרוּ e אָסְפוּ podem ser considerados como perfeito profético,[183] visto que denotam um sinal de mutação certo de acontecer em função do juízo.[184]

---

[179] Cf. H. W. WOLFF, *Joel und Amos*, 91-92.97; R. SIMKINS, *Yahweh's Activity in History*, 226; J. L. CRENSHAW, *Joel*, 174-175; J. BARTON, *Joel and Obadiah*, 105.

[180] Em distintos contextos a forma *nifal* do verbo שָׁפַט descreve mais a execução de uma punição do que o processo que determinava a culpa ou a inocência de uma pessoa (cf. 2Cr 22,8). Em Ez 17,20; 20,35; 38,22, temos três exemplos de YHWH entrando em juízo com o seu povo por seus pecados. Para a nuance reflexiva desta forma verbal, cf. *GK* § 51*c*.

[181] O escrito de Joel traz o termo יִשְׂרָאֵל somente em Jl 4,2.16. O primeiro uso joga com a ambiguidade do termo e o segundo é uma explícita alusão à raça eleita.

[182] Não é preciso admitir dependência literária entre 2Cr 20,1-13 e Jl 4, que possuem imagens teológicas afins (cf. R. M. GOOD, "The Just War in Ancient Israel", 392-393).

[183] Cf. *JM* § 112*h*.

[184] Se considerarmos os astros, além de criaturas submetidas ao poder divino, também como divindades das nações estrangeiras, a perda de brilho,

3.3.1. A relevância de Jl 4,14-15 para Jl 2,1-11

Esta última ocorrência do *yôm* YHWH possui alguns dados peculiares. Em primeiro lugar, a posição central como função explicativa de Jl 4,14 entre as duas menções do mesmo local בְּעֵמֶק הֶחָרוּץ que se encontram em cadeia construta. Em segundo lugar, o período não verbal que faz recair a força da informação sobre as imagens intercaladas num ritmo binário.

Um papel importante no uso único da preposição בְּ, com o termo עֵמֶק, intercalada pela frase nominal, subordina a explicação à proximidade do *yôm* YHWH, dada a presença da conjunção כִּי. No primeiro caso, denota o seu valor adverbial, "in/dentro", indicando o local específico onde as multidões são reunidas: "no" vale da decisão. No segundo caso, apesar da idêntica construção e tradução, o sentido de direção fica subentendido, pois o *yôm* YHWH reside na memória do ouvinte-leitor graças à retomada desta informação pelo uso do adjetivo קָרוֹב e do verbo בּוֹא (cf. Jl 1,15; 2,1d; 3,4).

Desse modo, é possível dizer: "Porque está próximo o *yôm* YHWH no vale da decisão". Mantém-se, assim, a natureza e o movimento da entidade que ele representa: o próprio YHWH, que através do seu *yôm* se encontrará com as nações, assumindo o papel de juiz para os povos citados no capítulo.

A construção metafórica do texto organiza-se no encontro das multidões com YHWH no mesmo local, embora para YHWH baste comandar a partir de Sião-Jerusalém.[185] O uso plural הֲמוֹנִים adquire um relevo ainda maior se admitimos a sua conexão com

---

metaforicamente, indicaria a perda do poder, e a queda destas nações estaria prefigurada em Is 13,1-22, particularmente, para a Babilônia (cf. F. MONTAGNINI, *Il libro di Isaia*, 197-198) e em Ez 26,1–32,32 para Tiro, Sidônia e Egito. Para o sentido dos textos de Ez 30,1-9 e Is 13,1-22, cf. A. J. Everson (*The Day of Yahweh*, 211-219.231-241).

[185] Jl 4,17b: בְּצִיּוֹן הַר־קָדְשִׁי וְהָיְתָה יְרוּשָׁלַם קֹדֶשׁ está para בְּהַר קָדְשִׁי ... בְּצִיּוֹן de Jl 2,1ab. YHWH habitando Sião não só protege plenamente Jerusalém dos seus agressores e invasores, mas também sai em juízo lançando sua voz contra eles.

o pânico dos povos no centro do contexto descritivo da ação bélica em Jl 2,2d-9.[186]

Por isso, Jl 4,15 não é só uma simples repetição literal da segunda parte de Jl 2,10, mas é um forte elemento de ligação no conjunto da temática sobre a vitória de YHWH já antecipada em Jl 2,1-11.

Sol, lua e estrelas são as criaturas que compõem o dia no qual se revelará a prodigiosa vitória de YHWH, diante da qual qualquer brilho fica ofuscado, e evocam um prodígio do passado que aconteceu entre גִּבְעוֹן e בְּעֵמֶק אַיָּלוֹן (cf. Js 10,12-15).

Se antes, o oráculo de juízo em Jl 2,1-11 não oferecia, inicialmente, uma clareza quanto ao endereçamento e aplicação do seu conteúdo, aqui ele aparece claro: a ação militar descrita e desenvolvida em Jl 4 é uma explícita mensagem favorável para Judá-Jerusalém baseada na ação de YHWH nos precedentes anúncios do yôm YHWH: em Jl 1,15 YHWH é o onipotente: שַׁדַּי; em Jl 2,11 YHWH é o comandante: נָתַן קוֹלוֹ; em Jl 3,4 YHWH é aquele que derrama o espírito: אֶשְׁפּוֹךְ אֶת־רוּחִי; e que coloca prodígios no céu e na terra: וְנָתַתִּי מוֹפְתִים בַּשָּׁמַיִם וּבָאָרֶץ; antes que venha o seu dia grande e terrível.

Jl 4 construído igualmente sobre uma temática militar, encontra-se inter-relacionado com Jl 2,1-11 não só pela expressão yôm YHWH, mas também pelos numerosos pontos de contato que esta fórmula teológica mostrou possuir textual e tematicamente.

Assim, o último anúncio do yôm YHWH (cf. Jl 4,14) recorda a forma que Jl 2,1-11 desenvolveu a temática; como Sião, onde soou o alarme, foi preservada do perigo pela presença de YHWH, causando o pânico dos povos (cf. Jl 2,6), que estão diante de YHWH, num confronto sem saída: estão encurralados no vale da decisão, onde se dará a justiça divina.

---

[186] Neste ponto, pensamos diferente de P. R. Andiñach ("El Día de Yavé", 8), que considerou Jl 2,3-9 como descrição do exército inimigo que enfrentará o exército de YHWH em Jl 2,11.

3.4. Visão unitária do *yôm* YHWH em Joel

No primeiro anúncio do *yôm* YHWH, após suspirar pelo dia, o profeta introduziu uma nota peculiar: כִּי קָרוֹב יוֹם יְהוָה (Jl 1,15), que foi retomada de forma idêntica no último anúncio (cf. Jl 4,14) enquadrado pela referência reforçativa das multidões no vale da decisão. Desse modo, início e fim coincidem e denotam que o anunciado ainda não foi concretizado.

No poema de Jl 2,1-11, mais três notas foram incluídas ao *yôm* YHWH: כִּי־גָדוֹל יוֹם־יְהוָה וְנוֹרָא מְאֹד וּמִי יְכִילֶנּוּ (v. 1) + (כִּי־בָא יוֹם־יְהוָה כִּי קָרוֹב) (v. 11). Estas notas serão, de certa forma, reunidas em Jl 3,4: לִפְנֵי בּוֹא יוֹם יְהוָה הַגָּדוֹל וְהַנּוֹרָא.

Jl 1,15c afirma, utilizando um jogo sonoro de palavras, que o que acontecerá no *yôm* YHWH se assemelha à devastação vinda do onipotente. Em Jl 4,14, tal recurso linguístico se repete e indica a devastação por meio da confusão das multidões reunidas no vale da decisão.

O *yôm* YHWH, nestas citações, aparece acompanhado de manifestações cósmicas que se verificam no sol, na lua e nas estrelas ou, se preferirmos, nos sinais que acontecem nos corpos que habitam o espaço celeste (Jl 3,3).

A única exceção se dá em Jl 1,15, que, indiretamente, poderia ser vista subjacente na qualidade divina de YHWH, pois ao dizer: "E como devastação do onipotente *ele* [o *yôm* YHWH] virá", estaria deixando claro que qualquer mudança na criação só poderia advir daquele que é שַׁדַּי. A ausência de dados evidentes, neste caso, não é evidência da sua ausência.[187]

Unindo essas informações, a profecia de Joel afirma que o *yôm* YHWH tem origem numa qualidade divina (וּכְשֹׁד מִשַּׁדַּי יָבוֹא), possui movimento (בּוֹא) e diversas características: próximo (קָרוֹב), grande (גָּדוֹל) e terrível (וְנוֹרָא). Ele se manifesta visível pelos sinais cósmicos que acompanham a sua chegada

---

[187] Temas particularmente presentes no livro de Gn e Jó, onde o termo שַׁדַּי é comum.

(שֶׁמֶשׁ וְיָרֵחַ קָדָרוּ וְכוֹכָבִים אָסְפוּ נָגְהָם; הַשֶּׁמֶשׁ יֵהָפֵךְ לְחֹשֶׁךְ וְהַיָּרֵחַ לְדָם), fazendo deste dia um evento teofânico pavoroso (יוֹם עָנָן וַעֲרָפֶל יוֹם חֹשֶׁךְ וַאֲפֵלָה).[188]

3.5. Conclusões sobre a intertextualidade de Jl 2,1-11 ad intra do livro

A profecia de Joel, do ponto de vista temático, partiu das questões existenciais identificadas nas diversas carestias ocasionadas pela praga de gafanhotos, pela invasão inimiga e pela seca. O resultado por tamanha perda instaurou uma situação de crise que gerou apatia e inércia no povo.

Qual a solução proposta pelo profeta? A certeza de que uma assembleia litúrgica presidida pelos sacerdotes deve ser realizada de forma eficaz.

Que se espera como resposta divina? Sem dúvida, a reversão do quadro.

Como proceder para obter a reversão? O primeiro passo é sair da inércia e da apatia. Este objetivo será alcançado com a força da exortação e descrição contidas no anúncio favorável feito em Jl 2,1-11.

Realizando um profícuo entrelaçamento com Jl 2,1-11, vê--se a articulação das temáticas em forma de tese (cf. Jl 1,4-20) e antítese (cf. Jl 2,12-27),[189] que confirmam a singularidade deste poema como uma causa de duplo efeito: para trás sobre a vigente realidade calamitosa e para frente em razão da sua resolução, que ultrapassará o desejado em Jl 2,17 (cf. Jl 3,1–4,21).

Na antítese, em correspondência ao anúncio orgânico da temática do *yôm* YHWH, o protagonista em relação ao problema é YHWH, resumindo as principais imagens e, em relação à solução, correspondendo à intencionalidade do profeta: produzir o

---

[188] O *yôm* YHWH em Joel relembra o cenário teofânico de Ex 19,16-19; 24,15-17; Dt 4,9-12, em que a aliança selada garantia a entrada e posse de Israel na terra prometida.
[189] Sobre esta articulação temática, ver Tabela 3.

impacto positivo que fará voltar o povo, pela ação dos sacerdotes, com total confiança em YHWH.[190]

Estabelecendo as devidas conexões no tecido de Jl 2,1-11, isto é, do texto em si mesmo, com o conjunto do escrito, ficou patente que nele existe um insólito e intencional número de sinônimos e repetições de palavras, sentenças e temas, que tornam o poema não só singular, mas um todo a ser interpretado na integralidade do escrito joeliano.

O procedimento *ad intra* que utilizamos nessa abordagem, pelo estilo e técnica de composição encontrados, confirma e advoga, mais uma vez, a favor da unidade do livro.[191] Em muitos casos, as repetições provaram que os termos foram usados para indicar como a evolução do pensamento ocorreu por meio de uma palavra ou frase.

Todavia, neste procedimento literário decifrou-se mais claramente a natureza e a intencionalidade da profecia joeliana: manifestar o valor e o alcance teológico não só do *yôm* YHWH enquanto expressão e temática, mas percebê-lo como fórmula teológica que ilumina o conjunto do livro.

Assim, a ênfase quantitativa e qualitativa, no anúncio deste dia, revelou que a sua importância não deveria ser buscada somente enquanto recurso temático, mas na forma como Jl 2,1-11 se relaciona com a totalidade dos outros temas teológicos existentes e submissos à autoridade de YHWH.

O anúncio inicial do *yôm* YHWH introduziu a temática (cf. Jl 1,15), pôde crescer pelas características (cf. Jl 2,1-11), ser complementado (cf. Jl 3,3-4) e mostrar que, partindo do quadro das carestias e sem se confundir com elas, este dia de juízo se tornou a ocasião para YHWH se revelar propício ao seu povo e reverter

---

[190] Assim, o *yôm* YHWH em Jl 2,1-11 se vê livre dos reducionismos que o ligavam a uma ou várias calamidades descritas, principalmente com a praga de gafanhotos.
[191] Cf. H. W. WOLFF, *Joel und Amos*, 97-98; G. W. AHLSTRÖM, *Joel and the Temple*, 130-131; E. R. WENDLAND, *The Discourse Analysis*, 244.

toda a situação desde de Sião, onde seu nome pode ser invocado (cf. Jl 1,2; 2,1.15; 3,5; 4,14-15.16-17).

Não existe, por causa disso, necessidade de concebê-lo, analisá-lo e interpretá-lo como uma temática tratante de dois dias distintos: um contra o povo eleito (Jl 1,15; 2,1-11) e outro contra as nações (Jl 4,14-15).

Os vários elementos identificados no escrito interagiram a favor de um contexto literário global, corroborando que pelo anúncio do *yôm* YHWH é possível realizar, inclusive, uma exegese unitária do livro e salvaguardar o sentido da mensagem sem dicotomias na hora de estruturá-lo.

Portanto, a verificação da intertextualidade *ad intra* do livro nos habilitou a reconhecer na expressão *yôm* YHWH joeliana não só uma temática, mas uma particular fórmula teológico-profética. Esta concentra e cristaliza uma profunda concepção da identidade e natureza do próprio YHWH, bem como do seu juízo operante no curso da história a favor do seu povo. Encontrando-se imerso em vários tipos de sofrimentos, dos quais não consegue sair e se libertar, o povo percebe a solução provocada pelo *yôm* YHWH que o faz voltar-se invocando YHWH com um coração humilhado (cf. Jl 2,12-14).

A partir destas conclusões, passamos à consideração do *yôm* YHWH em Jl 2,1-11 nas suas relações *ad extra* do livro de Joel, a fim de perceber se esta fórmula teológica manteve o sentido da conotação joeliana, adquiriu novas nuances ou trouxe novidade de influxo no âmbito profético, em particular no *Dodekapropheton*.[192]

---

[192] Neste sentido, ofereceremos um passo a mais sobre a concepção de F. E. Deist ("Parallels and Reinterpretation", 63-65), que pretendia dentro de seus objetivos "mostrar que o livro não foi elaborado para se 'referir" a um evento concreto na história, mas foi compilado para servir como uma 'teologia literária' do conceito sobre 'o Dia do Senhor"".

4

INTERTEXTUALIDADE COM O DODEKAPROPHETON

As correspondências textuais em torno do *yôm* YHWH, enquanto expressão e temática, são um notável fato literário não só *ad intra* do *corpus* joeliano, como visto no capítulo anterior, mas também com outros textos do AT (*ad extra*) em particular com o *corpus* do *Dodekapropheton*.[1] Neste ponto da pesquisa, analisaremos o conteúdo subjacente aos textos que usam a expressão, visando perceber se estes ajudam a obter um melhor entendimento dos motivos teológicos do *yôm* YHWH e se a perspectiva de Joel possui pontos singulares que sejam capazes de trazer uma novidade de sentido quanto à forma como a temática é tratada no seu escrito.

1. A expressão *yôm* YHWH

O substantivo *yôm* unido ao nome divino YHWH está testemunhado na BH com dois tipos de construção gramatical:[2] (a) como *nomen regens* do *nomen rectum* YHWH (יוֹם־יְהוָה) e (b) como um *yôm* referido a YHWH encerrando uma ideia de destino ou finalidade judicial (יוֹם לַיהוָה).

---

[1] Cf. R. J. COGGINS, "Interbiblical Quotations in Joel", 75-84. E. R. Wendland (*The Discourse Analysis*, 245-254.311-321) vê o escrito de Joel como um complexo mosaico.
[2] Cf. E. JENNI, "יוֹם", 996-1000; M. SÆBØ, "יוֹם", 583-586.

A construção *yôm* YHWH está presente em dezesseis textos: treze atestações explícitas no *Dodekapropheton*, duas em Isaías (cf. Is 13,6.9) e uma em Ezequiel (cf. Ez 13,5).[3] Já a construção יוֹם לַיהוָה possui somente duas atestações explícitas (cf. Is 2,12; Ez 30,3).[4]

Em relação ao TM de Ez 30,3, a LXX possui um texto menor, pois eliminou os termos וְקָרוֹב יוֹם:[5] ὅτι ἐγγὺς ἡ ἡμέρα τοῦ κυρίου ἡμέρα πέρας ἐθνῶν ἔσται ("porque *está próximo* o dia do Senhor, dia final das nações ele será"). A Vg, embora não tenha eliminado os dois termos, seguiu a LXX e traduziu יוֹם לַיהוָה por *dies Domini*.

Seguindo o TM (כִּי־קָרוֹב יוֹם וְקָרוֹב יוֹם לַיהוָה יוֹם עָנָן עֵת גּוֹיִם יִהְיֶה), porém, é possível evitar a construção como genitivo entre os termos *yôm* e YHWH, mantendo o sentido de destino ou finalidade no uso da preposição לְ: "Porque está próximo um *yôm*, e está próximo um *yôm para* YHWH, um *yôm* de nuvens, *um* tempo das nações ele será". Um juízo decidido por YHWH que recai sobre as nações e é aplicado, em particular, para o Egito.

A LXX de Is 2,12 manteve uma tradução literal para יוֹם לַיהוָה (ἡμέρα γὰρ κυρίου). A Vg continuou interpretando *dies Domini*. Entretanto, é possível aplicar o mesmo princípio usado para Ez 30,3 e traduzir o TM de Is 2,12 (כִּי יוֹם לַיהוָה צְבָאוֹת עַל כָּל־גֵּאֶה וָרָם)

---

[3] Estes dois textos serão apresentados no cap. V juntamente com Jr 4,5-31.

[4] Em יוֹם לַיהוָה se decompôs o construto: "Esta construção é usada para habilitar as duas componentes do construto – uma construção que pode ser como um todo determinado ou indeterminado como um todo – determinação independente; na colocação יוֹם ה' (Is 2,12; Ez 30,3), יוֹם ('dia') é indeterminado", D. I.- ROSENBOIM, "Is יוֹם ה'", 396. Zc 14,1 ("יוֹם־בָּא לַיהוָה") e Ez 46,13 ("לַיּוֹם לַיהוָה") apresentam variantes próximas, porém, com sentido diverso e, por isso, não serão consideradas. Em Ex 16,25; 32,29; Dt 26,3; 1Cr 29,5 encontra-se: היום ליהוה, mas o *yôm*, com artigo e pelo contexto, evoca um "hoje" ou um "tempo" celebrativo em honra de YHWH, e não uma ação de juízo.

[5] BHS^app considera uma ditografia a ser eliminada.

sem a relação como genitivo: "Porque há um *yôm* para YHWH dos exércitos contra toda altivez e arrogância".⁶

A LXX de Ez 7,10 possui uma variante em relação ao TM, mas sem conjunção (γὰρ) ou artigo no genitivo (τοῦ). ἰδοὺ τὸ πέρας ἥκει ἰδοὺ ἡμέρα κυρίου εἰ καὶ ἡ ῥ"άβδος ἤνθηκεν ἡ ὕβρις ἐξανέστηκεν.

O TM traz somente: הִנֵּה הַיּוֹם הִנֵּה בָאָה יָצְאָה הַצְּפִרָה צָץ הַמַּטֶּה פָּרַח הַזָּדוֹן ("eis o dia, eis *que* ele vem; saiu a coroa, brotou o bastão, germinou o soberbo"). A Vg, neste caso, manteve uma lição próxima ao TM: *ecce dies ecce venit egressa est contractio floruit virga germinavit superbia*.

É possível ainda que as alusões ao *yôm* YHWH não se limitem unicamente a uma atestação direta e explícita da expressão, como nos dois tipos de construção anteriormente citados.⁷ Por causa disso, alguns julgam que a temática do *yôm* YHWH, em certas circunstâncias contextuais específicas, estaria contida implicitamente numa forma abreviada e determinada, "הַיּוֹם" ou na fórmula temporal "בַּיּוֹם־הַהוּא".⁸

Esta possibilidade será considerada neste ponto do trabalho somente se constatarmos uma sólida atestação das locuções ou fórmulas temporais como um modo de reenvio direto ao *yôm* YHWH ou se oferecerem, com os termos conexos, mais dados sobre as suas características e aplicabilidade.⁹

---

⁶ C. Carniti ("L'espressione 'Il Giorno di JHWH'", 17) propõe que, pela forma usada e pela falta de artigo, esta expressão seja vista como indicação de um dia indeterminado.

⁷ M. Beck (*Der "Tag* YHWH*s"*, 43-45) divide os textos referentes ao *yôm* YHWH em citações exatas, variantes e possíveis referências adicionais. Seu estudo avalia, em particular, as categorias exatas para discutir as conjuntas, a fim de verificar a validade dos modelos de Rendtorff e Nogalski (24-28), de Schart e Bosshard-Nepustil (28-32).

⁸ Cf. E. JENNI, "יוֹם", 997; A. SPREAFICO, *Sofonia*, 98; J. P. COMISKEY, "The Day of Yahweh", 2215; P. P. SÉBASTIEN, *L'annonce du jour de* YHWH, 193-254; J. L. Barriocanal Gómez (*La Relectura*, 140) aplica esse princípio ao livro de Amós. Ver nota 28 para o caso de Ab 8-15.

⁹ Ver nota 141.

Um caso particular a ser analisado encontra-se na locução בְּ + יוֹם + "substantivo" ou "adjetivo" em forma construta. Consideraremos alguns exemplos dentro do cotejo com o *Dodekapropheton*, porque, neste caso, encontrar-se-ão elementos associados às características do *yôm* YHWH.[10]

O cotejo com Joel segue essa ordem canônica como apoio intertextual para abordar os traços desta fórmula teológica, a partir do sentido positivo encontrado e que afirmamos existir em Jl 2,1-11 para Judá-Jerusalém.

Este procedimento ajudará a perceber não só a quantidade dos textos em paralelo, mas a forma como os mesmos foram elaborados na construção individual e textual em cada escrito profético que a utiliza. Sobressairá a riqueza teológica subjacente à temática e nos permitirá sugerir, como objetivo conjunto neste estudo, um porquê razoável para o escrito de Joel ocupar a segunda posição de acordo com esse *corpus* profético.[11]

1.1. Os textos explícitos no Dodekapropheton

Ai dos que desejam o *yôm* YHWH!	Am 5,18	הוֹי הַמִּתְאַוִּים אֶת־יוֹם יְהוָה
Que [será][12] este *yôm* YHWH para vós?		לָמָּה־זֶּה לָכֶם יוֹם יְהוָה
ele [será] trevas e não luz!		הוּא־חֹשֶׁךְ וְלֹא־אוֹר׃

---

[10] A. Meinhold ("Zur Rolle des Tag–JHWHs", 209) cita uma lista exaustiva; C. Carniti ("L'espressione 'Il Giorno di JHWH'", 12-14) aponta os casos em que o termo *yôm* encontra-se no estado construto, admitindo que são sugestivos, mas pouco úteis e pouco capazes de esclarecer o que estaria na origem do *yôm* YHWH.

[11] O sentido do cânon do *Dodekapropheton*, no TM e na LXX, tem sido considerado nas pesquisas (cf. E. BEN ZVI, "Twelve Prophetic Books", 125-156; M. A. SWEENEY, *The Twelve Prophets I*, 148-149). O lugar de Joel na LXX foi tratado por B. A. JONES, *The Formation of the Book*, 191-220; F. BARGELLINI, "Il ruolo canonico", 145-146.162; para uma reavaliação, cf. M. A. SWEENEY, "The Place and Function", 133-154.

[12] Am 5,18.20 traz três frases nominais. A opção pelo auxiliar no presente é possível, mas traduzir o v. 18 com um futuro seria mais condizente com

Não[13] [é] trevas o *yôm* YHWH e não luz e escuro[14] e não há luz por ele?

Am 5,20 הֲלֹא־חֹשֶׁךְ יוֹם יְהוָה וְלֹא־אוֹר וְאָפֵל וְלֹא־נֹגַהּ לוֹ׃

Porque está próximo o *yôm* YHWH contra todos os povos;[15] conforme fizeste, se fará para ti, tua recompensa virá[16] sobre tua cabeça.[17]

Ab 15 כִּי־קָרוֹב יוֹם־יְהוָה עַל־כָּל־הַגּוֹיִם כַּאֲשֶׁר עָשִׂיתָ יֵעָשֶׂה לָּךְ גְּמֻלְךָ יָשׁוּב בְּרֹאשֶׁךָ׃

---

a expectativa dos que se mostram desejosos pela vinda desse dia (cf. H. SIMIAN-YOFRE, *Amos*, 113-114).

[13] הֲלֹא pode ser interpretado também como um "sim" enfático (cf. JM §164d). Preferimos retomar o sentido retórico interrogativo como reforçativo do v. 18 (cf. J. JEREMIAS, *The Book of Amos*, 97; D. J. SIMUNDSON, *Hosea*, 199).

[14] A LXX e a Vg vocalizam אֹפֶל como um substantivo, mas o TM vocaliza como um adjetivo; daí traduzirmos por "escuro", dando a entender que é sombrio e tenebroso.

[15] Ab 15 é um versículo discutido pelos estudiosos. Para W. Rudolph (*Joel*, 296) e H. W. Wolff (*Obadja und Jona*, 5), o v. 15b seria a conclusão dos v. 1-14, enquanto o anúncio do *yôm* YHWH (v. 15a) seria a introdução dos v. 16-18 (cf. S. D. SNYMAN, "Cohesion in the Book of Obadiah", 62-63.66-67; L. C. ALLEN, *The Books of Joel*, 133-134; J. BARTON, *Joel and Obadiah*, 119.149-151). LXX e Vg sustentam a lição do TM. O v. 15 pode ser aceito como indicação de que o juízo de Edom acontecerá num contexto geral (cf. L. ALONSO SCHÖKEL – J. L. SICRE DÍAZ, *Profetas II*, 1005). E. Ben Zvi (*A Historical-Critical... of Obadiah*, 139-140), embora reconheça o papel de ligação entre o que precede (v. 12-14) e o que se segue (v. 16-18), prefere considerar como conjunto os v. 12-15 devido à insistência no termo יוֹם que desaparece nos v. 16-21.

[16] Literalmente: *retornará, se voltará*.

[17] A expressão é padrão no contexto da retribuição (cf. J. RENKEMA, *Obadiah*, 188). Alguns termos são usados na BH com outros sintagmas (ראש(ב)שוב(י)): Nm 5,7 (אשם); Jz 9,57; 1Sm 25,39; 1Rs 2,44 (רעה); 1Rs 2,33 (דם); Sl 7,17 (עמל); Est 9,25 (מחשבה רעה); Ne 3,36; Ab 15 (גמול); Jl 4,4.7 (גמול). Cf. J. WEHRLE, *Prophetie und Textanalyse*, 281.

Silêncio diante do Senhor YHWH, porque está próximo o *yôm* YHWH; porque fixou YHWH um sacrifício consagrou os seus chamados.	Sf 1,7	הַס מִפְּנֵי אֲדֹנָי יְהוִה כִּי קָרוֹב יוֹם יְהוָה כִּי־הֵכִין יְהוָה זֶבַח הִקְדִּישׁ קְרֻאָיו:
Está próximo o grande *yôm* YHWH, está próximo e é muito rápido; ouve, é um *yôm* YHWH amargo urra[18] até mesmo[19] o valente.	Sf 1,14	קָרוֹב יוֹם־יְהוָה הַגָּדוֹל קָרוֹב וּמַהֵר מְאֹד קוֹל יוֹם יְהוָה מַר צֹרֵחַ שָׁם גִּבּוֹר:
Eis que eu mando para vós Elias o profeta; antes que venha[20] o *yôm* YHWH o grande e terrível.	Ml 3,23	הִנֵּה אָנֹכִי שֹׁלֵחַ לָכֶם אֵת אֵלִיָּה הַנָּבִיא לִפְנֵי בּוֹא יוֹם יְהוָה הַגָּדוֹל וְהַנּוֹרָא:

Em Jl 1,15a, אֲהָהּ[21] abre o verso e expressa uma comoção interna, que se exterioriza na fala do profeta ao proclamar a vinda do *yôm* YHWH. Já em Am 5,18 הוֹי,[22] abrindo igualmente o verso, introduz uma denúncia, uma reprovação ou uma punição que o

---

[18] Literalmente um particípio: *gritante, aquele que urra, o que emite gritos*.
[19] Em vez de um advérbio de lugar, faz mais sentido optar por um de intensidade (cf. C. F. WHITLEY, "Has the Particle שׁם an Asseverative Force?", 396-398).
[20] Literalmente: *antes de vir*, pois o verbo בוא está no infinito construto.
[21] Em Ez 30,2-3, a forma abreviada הָהּ encontra-se no contexto do anúncio contra o Egito e possuiria o mesmo sentido de Jl 1,15 (cf. M. BECK, *Der "Tag YHWHs"*, 156).
[22] Quanto ao gênero literário dos oráculos em הוֹי, ver E. Gerstenberger ("The Woe Oracles", 249-263), R. Clifford ("The Use of *Hoy*", 458-464), G. Wanke (" *'ôy* und *hôy*", 215-218), W. Janzen (*Mourning Cry*, 40-49), D. R. Hillers ("*Hôy* and *Hôy*-Oracles", 185-188) e K. J. Dell ("The misure", 57-58).

profeta prevê, com amargura e desgosto, para os que desejam a vinda desse *yôm*.²³

Amós, usando uma forma ou gênero linguístico conhecido dos seus ouvintes, livra o anúncio de qualquer equívoco diante deles, ao acusar como injustiça a falta de consciência diante do próprio pecado, pois em הוֹי há dor e morte.²⁴ A repetição de vários termos nos v. 18.20 (לֹא חֹשֶׁךְ; אוֹר) cria um contraste linguístico e dá uma nota particular e negativa sobre o curso dos eventos. Ao lado disso, os animais citados, o leão, o urso e a serpente, denotam o perigo mortal que o *yôm* YHWH pode representar. Este dia trará fuga e derrota aos que pensam ter conseguido escapar dele (v. 19).²⁵

Jl 1,15b e 4,14b encontram uma exata correspondência com Ab 15a e Sf 1,7b.14b quanto à frase: כִּי קָרוֹב יוֹם יְהוָה.²⁶

Em Abdias, a proximidade do *yôm* YHWH está dirigida עַל־כָּל־הַגּוֹיִם, mas é voltada, em particular, para Edom por seus crimes contra אָחִיךָ יַעֲקֹב (Ab 10).²⁷ O anúncio é antecedido pelas

---

²³ Cf. H. SIMIAN-YOFRE, *Amos*, 116.
²⁴ Cf. J. JEREMIAS, *The Book of Amos*, 99. A interjeição הוֹי, além do valor reprovativo, aparece em textos de lamentação fúnebre (cf. 1Rs 13,30; Jr 22,18; 34,5). Onde ocorre הוֹי, os termos seguintes descrevem uma pessoa ou um grupo, considerando os seus feitos e ações que causam este grito de dor. No discurso profético, הוֹי pode expressar o comportamento ultrajante do pecador em relação a YHWH e sua aliança (cf. S. J. BRAMER, "The Literary Genre", 54-55).
²⁵ G. J. BOTTERWECK, "אֲרִי", 413.
²⁶ O caráter proclamativo é fortemente introduzido pelo כִּי causal. A sentença inteira כִּי קָרוֹב יוֹם יְהוָה וּכְשֹׁד מִשַּׁדַּי יָבוֹא encontra-se em Is 13,6. Para M. Beck (*Der "Tag YHWHs"*, 156-157), não existe uma dependência literária de Joel em relação a Sf 1,7.14 devido à diversidade contextual ou alguma relação especial com Abdias.
²⁷ Cf. B. DICOU, *Edom, Israel's Brother*, 33-36; T. ROQUEPLO, "Abdiou", 106-107; E. Ben Zvi (*A Historical-Critical... of Obadiah*, 162-176) identifica o duplo valor do v. 15: recapitula o sentido atribuído aos v. 12-14 e introduz os elementos da sentença dos v. 16-18; sobre o conjunto temático em Abdias, ver P. G. Schwesig (*Die Rolle*, 78-115); e o conjunto das semelhanças, dados paralelos ou contatos entre Joel e Abdias, ver S.

razões da punição (cf. Ab 2-14)[28] como justa paga para Edom (כַּאֲשֶׁר עָשִׂיתָ יֵעָשֶׂה לָּךְ גְּמֻלְךָ יָשׁוּב בְּרֹאשֶׁךָ), aplicando-lhe a "lei do talião" (cf. Ex 21,23-27), preparando uma promessa para todo o Israel como vingança bélica e denotando o domínio universal de YHWH (cf. Ab 16-21).[29]

Em Jl 4,4.7 a "lei do talião", também utilizada em contexto bélico, é aplicada a Tiro, Sidônia e Filisteia pelos crimes cometidos contra os judaítas e jerosolimitas (קַל מְהֵרָה אָשִׁיב גְּמֻלְכֶם בְּרֹאשְׁכֶם; וַהֲשִׁבֹתִי גְמֻלְכֶם בְּרֹאשְׁכֶם).[30] E Edom não ficará de fora no julgamento (cf. Jl 4,19).[31]

Em Sf 1,7b, a proximidade do *yôm* YHWH é o motivo do silêncio reverencial no gesto sacrifical preparado por YHWH para os que ele chamou. O sentido da convocação aparece diferente em Jl 3,5, como chance salvífica.

Bergler (*Joel als Schriftinterpret*, 295-333) e A. Schart (*Die Entstehung*, 272-274).

[28] Em Abdias, o *yôm* YHWH está emoldurado entre o v. 8 (הֲלוֹא בַּיּוֹם הַהוּא נְאֻם יְהוָה) e o v. 15 (כִּי־קָרוֹב יוֹם־יְהוָה עַל־כָּל־הַגּוֹיִם). Entre eles, o sintagma בַּיּוֹם é utilizado onze vezes. No caso de Abdias, a fórmula de abertura בַּיּוֹם הַהוּא e os construtos com בַּיּוֹם conduzem ao clímax na expressão *yôm* YHWH do v. 15, podendo ser considerada um exemplo de reenvio.

[29] Cf. M. A. SWEENEY, *The Twelve Prophets I*, 294. A imagem da taça inebriante, contendo a ira de YHWH, é comum no AT (cf. Jó 21,20; Sl 60,3; 75,9; Is 51,17.21-23; 63,6; Jr 25,15-29; 48,26-27; 49,12; 51,7-8.39; Ez 23,31-34; Hab 2,16). Para Edom (cf. Lm 4,21), a imagem denota, metaforicamente, que ele será pego de surpresa, não ficará de pé quando o exército atacar e tirar suas riquezas, isto é, quando acontecer para ele o julgamento divino (cf. J. BARTON, *Joel and Obadiah*, 151-153).

[30] Cf. S. BERGLER, *Joel als Schriftinterpret*, 306-307.

[31] Abdias faz parte da literatura bíblica antiedomita, como objeto da cólera divina (cf. Is 34,1-17; 63,1-6; Jr 49,9-16; Lm 4,21-22; Ez 25,12-14; 35,1-15; Jl 4,19; Am 1,11-12; Ml 1,2-5). O final da profecia de Amós (9,11-12.13-14) emite um sinal de esperança para Edom, que, porém, ficará submetido debaixo da tenda reconstruída de Davi. Para R. Rendtorff (*The Canonical Hebrew*, 288), o final de Amós e o de Joel estão interligados para dar sentido à profecia de Abdias em torno do *yôm* YHWH aplicado a Edom e às nações. Esta afirmação é plausível e pode ser compartilhada.

Em Sf 1,14b, tal proximidade faz trepidar o valente guerreiro à diferença de Jl 2,7-8, visto que a ação dos valorosos guerreiros que avançam pode ser a causa ou o efeito do estremecimento dos habitantes da terra (cf. Jl 2,1), mostrando o rubor estampado na face dos povos (cf. Jl 2,6). O *yôm* YHWH é percebido como sendo um dia em que acontecerá a ação do juízo equitativo no meio dos povos e, segundo a mentalidade profética, o contexto bélico se presta bem como o veículo e a forma para alcançá-lo (Ab 1 concorda com o sentido do contexto punitivo em Jl 4).

Jl 2,1d corresponde parcialmente a Ml 3,23b quanto à frase: כִּי־בָא יוֹם־יְהוָה. A locução em Malaquias não possui um caráter explicativo, mas revela uma disposição espaçotemporal intrínseca sustentada pelo sintagma לִפְנֵי.

Jl 2,2ab caracteriza a natureza do *yôm* YHWH como um dia tenebroso, tal concepção encontra-se condensada no termo חֹשֶׁךְ, usado nos contrastes sinonímicos antitéticos com אוֹר que abrem e concluem Am 5,18.20[32] e na longa descrição sequenciada de Sf 1,15 (sem vínculos com gafanhotos).

A adjetivação do *yôm* YHWH como קָרוֹב e גָּדוֹל estão postas lado a lado em Sf 1,14ab, que ainda duplica o termo קָרוֹב, mas sem intenção explicativa, pois o anúncio é uma inevitável punição devido à situação vigente de pecado.

À diferença de Sofonias, estes mesmos atributos em Joel aparecem propositadamente nos extremos do poema e são elementos explicativos para o *yôm* YHWH (cf. Jl 2,1e.11d). Joel, por eles, esclarece as razões para os seus destinatários, motivo pelo qual utilizou: כִּי גָדוֹל e כִּי קָרוֹב.

---

[32] Os termos que falam do *yôm* YHWH como tenebroso se ligam à linguagem teofânica (cf. Dt 4,10-13), mas também expressam a desordem que evoca o caos na criação e na vida humana (cf. Ex 10,21.22; Jó 5,14) ou um perigo sem escapatória (Am 5,19); cf. R. van LEEUWEN, "Scribal Wisdom and Theodicy", 132; R. W. KLEIN, "The Day of the Lord", 518-519; H.-M. BARSTAD, *The Religious Polemics*, 110.

O advérbio מְאֹד em Jl 2,11b amplia a noção espacial da referência ao acampamento, enquanto em Sf 1,14b amplia a noção espaçotemporal da proximidade e agilidade no modo como vem o *yôm* YHWH.

Ml 3,23bc possui um período subordinado idêntico ao texto de Jl 3,4cd: לִפְנֵי בּוֹא יוֹם יְהוָה הַגָּדוֹל וְהַנּוֹרָא. Em ambos, o anúncio pressupõe um prévio acontecimento. Em Malaquias, a vinda precursora do profeta Elias, e em Joel, a manifestação dos sinais de mutação que ocorrerão no sol e na lua.[33]

Ao lado de todas essas correspondências, a descrição do עַם רַב וְעָצוּם (cf. Jl 2,2d-9)[34] resulta um elemento que não possui conexões textuais com o anúncio do *yôm* YHWH citado em Amós, Abdias,[35] Sofonias e Malaquias. Embora se constate uma linguagem igualmente bélica em Sf 1,14-18, ela não possui os aspectos elaborados e delineados por Joel, que busca enfatizar o que de extraordinário acontecerá nesse dia: a ação eficaz do עַם רַב וְעָצוּם.

Isso confirma que o *yôm* YHWH na profecia de Jl 2,1-11, ao conjugar a extraordinária descrição bélica com um povo qualificado como numeroso e potente sob o comando divino em ação nesse dia, é um fator eloquente e singular do seu anúncio.

Resulta, portanto, que a intertextualidade encontrada entre Joel e os demais escritos, portadores do explícito anúncio do *yôm* YHWH no *Dodekapropheton*, não nos permite afirmar que exista um inconfundível paralelismo terminológico. Temos, sim, uma

---

[33] Ml 3,23 seria uma oposição ao sentido de democratização da profecia em Jl 3,1-2 ou seria uma confirmação desta temática (cf. M. BECK, *Der "Tag* YHWH*s"*, 314-315). A mutação dos astros é somente um sinal de que não é confundido com o *yôm* YHWH que ele significa (cf. P. R. ANDIÑACH, "El Día de Yavé", 14).

[34] Existem conexões fora do âmbito profético, por exemplo: Jl 2,2d (עַם רַב וְעָצוּם) com Ex 1,9; Is 13,4 e Jl 2,2f (וְאַחֲרָיו לֹא יוֹסֵף) com Ex 10,14; 2Rs 18,5; 23,25.

[35] Uma possível exceção encontrar-se-ia entre Jl 2,3 e Ab 18. Este apresenta o povo eleito como dois sujeitos distintos: *a casa de Jacó é o fogo* e *a casa de José a chama* (וְדָלְקוּ בָהֶם וַאֲכָלוּם), anátema que recai sobre a casa de Esaú por decreto de YHWH.

inconfundível forma de usar a expressão, tratar a temática e elaborar a sua apresentação bélica com uma grande habilidade. Os seguintes pontos trarão novas confirmações.

1.2. Outros contatos relevantes

O *yôm* YHWH em Joel está elaborado e inserido num contexto estrutural que reúne um conjunto de expressões, locuções e temas afins. Este ponto não tem a pretensão de ser exaustivo, mas evidencia que estes contatos, embora não complementem todos os traços e características do *yôm* YHWH, mostram e advogam, direta ou indiretamente, a favor da novidade de elaboração e sentido encontrados em Jl 2,1-11.

A locução תִּקְעוּ שׁוֹפָר בְּצִיּוֹן (Jl 2,1a) encontra-se muito próxima de Os 5,8 (אִם־יִתָּקַע שׁוֹפָר בְּעִיר וְעָם לֹא יֶחֱרָדוּ); de Am 3,6 (תִּקְעוּ שׁוֹפָר בַּגִּבְעָה חֲצֹצְרָה בָרָמָה); e de Sf 1,16 (יוֹם שׁוֹפָר וּתְרוּעָה עַל הֶעָרִים הַבְּצֻרוֹת וְעַל הַפִּנּוֹת הַגְּבֹהוֹת).

O contexto da citação de Oseias retrata, além da rivalidade política entre Israel e Judá, a rivalidade régia de YHWH em relação à atitude dos dois reinos imersos num conflito fratricida (cf. Gn 4,1-16). O fato de Os 5,8 conjugar a ordem do sinal com a ruína de Efraim, fazendo notar que se trata de um dia da desgraça (cf. Os 5,9), revela que o alarme tocado por sacerdotes, como era previsto, está enquadrado num ambiente bélico.[36]

O contexto retórico da citação de Amós retrata a vida do campo e da cidade. O interesse é pautado nos efeitos que são produzidos pela presença e ação do carisma profético. Am 3,6 usa a imagem do sinal da trombeta para evidenciar, figurativamente, como em Os 5,8, que o profeta fala e age em função da palavra de YHWH. Se existem consequências punitivas no meio do povo, elas são de direito divino e passíveis de serem aplicadas como efeitos da sua livre eleição por parte de YHWH (cf. Am 3,1-2).[37]

A referência em Sf 1,16 não retrata uma ordem, mas caracteriza o *yôm* YHWH, como dia de trombeta sobre locais fortificados

---

[36] Cf. H. SIMIAN-YOFRE, *Il deserto degli dei*, 60-64.
[37] Cf. H. SIMIAN-YOFRE, *Amos*, 62-69.

e protegidos (cf. Js 6,20). O presente estudo se ocupará detalhadamente deste texto, quando emitirmos, mais adiante, o cotejo específico com o anúncio sofoniano.

No caso de Joel, o uso enquadra-se perfeitamente no sentido que conjuga a ação bélica dos guerreiros com a ação sacerdotal que soa a trombeta, pois, como representantes de YHWH, a batalha está sob a sua tutela.

A locução וְהָרִיעוּ בְּהַר קָדְשִׁי (Jl 2,1b) se aproxima de Sf 3,11 e Ab 16 em função da referência ao monte santo de YHWH em Jerusalém.[38]

No caso de Sofonias, YHWH realiza בְּהַר קָדְשִׁי um ato purificador, expurgando dele os soberbos que ocasionavam a desgraça dos pobres.[39] A ação divina é um ato de justiça que restabelece a sorte dos que foram vítimas da opressão causada pelos próprios compatriotas.[40]

No caso de Abdias, assim como o monte santo foi testemunha das atrocidades de Edom, ele será testemunha da vingança que lhe recairá em sorte e será também um local de salvação (cf. Jl 3,5; 4,19-20).

A ação de gritar, como reforçativo do alarme, é única de Joel, contudo isso não impede que o conteúdo latente ao verbo הָרִיעוּ esteja evocando, igualmente, uma ação festiva que anuncia ou comemora uma vitória divina.[41] O monte Sião, então, é o local de partida do alarme salvífico.

---

[38] Fora do *Dodekapropheton*: Ez 20,40. A menção ao monte santo é um aspecto pertinente em Isaías: Is 8,18; 10,12; 24,23; 56,7; 57,13; 65,11.25.
[39] A fé proclamada no Sl 76 reconhece a ação vitoriosa de YHWH que salva os pobres em sua justiça. De Sião ele ameaça os valentes guerreiros. Quem resiste à sua ira?
[40] Segundo A. Spreafico (*La Voce di Dio*, 220-221), a ação divina é uma intervenção direta de YHWH a favor de Si mesmo e dos humildes que Ele decidiu estabelecer e deixar sobre o seu monte santo. Isso demonstra o pecado dos soberbos, equipara-os aos seus inimigos e revela que a soberba é a raiz das injustiças e da autossuficiência que precisa ser eliminada (cf. Sf 2,8.10.15).
[41] Os exemplos neste sentido são relativamente abundantes (cf. Js 6,10.16; Jz 15,14; Esd 3,11; Sl 47,2; 66,1; 81,2; 98,4.6; 100,1; Is 44,23; Jr 50,15; Sf 3,14).

Em Jl 2,1c: יִרְגְּזוּ כֹּל יֹשְׁבֵי הָאָרֶץ é uma constatação que advém do alarme. Em Os 4,1 (כִּי רִיב לַיהוָה עִם־יוֹשְׁבֵי הָאָרֶץ) e 4,3 (עַל־כֵּן תֶּאֱבַל הָאָרֶץ וְאֻמְלַל כָּל־יוֹשֵׁב), a alusão do profeta revela que YHWH está em litígio religioso (*rîb*) com o seu povo que habita a terra (país) por causa dos seus crimes que aduzem faltas relativas ao decálogo (cf. Os 4,2). Por isso, há desolação, e o sofrimento envolve não só todos os habitantes mas a criação inteira (cf. Sf 1,2-3).[42]

Os crimes atribuídos aos israelitas por Oseias e Amós podem ser equivalentes aos pecados denunciados por Sofonias (cf. Sf 1,2-13.17). Estes estarão na base do litígio de YHWH com os judaítas (*rîb*). Por eles terem se envolvido com os povos estrangeiros, denota-se a razão pela qual o anúncio de condenação alcançará largas proporções (cf. Sf 1,18).

O mesmo fenômeno da alusão precedente (cf. Jl 2,1b) acontece com a ação descrita em Jl 2,1c. A raiz רגז, que indica uma agitação prorrompida de uma forte emoção,[43] só em Joel aparece nessa forma verbal (יִרְגְּזוּ) unida à locução "todos os habitantes da terra" (cf. Sl 99,1), que, por sua vez, é muito comum no AT.[44]

No sentido anterior, fica respeitado o valor básico da raiz רגז, mas deve-se acrescentar que não faltam exemplos em que a ação ocorre ao lado da ira divina ou é por ela desencadeada (cf. 2Sm 22,8; Sl 18,8).[45]

---

[42] H. Simian-Yofre (*Il deserto degli dei*, 43-45), após relativizar as tentativas de aplicação estrita, com todos os seus elementos, da estrutura literária *rîb* a Os 4,1-3, oferece uma conclusão que confirma, no substrato encontrado em Sf 1,2-13, as palavras de Oseias: "A pregação de Oseias parece ter presente, sobretudo, o perigo da contaminação do culto, como sinal do sincretismo ideológico e religioso" (p. 45).

[43] Cf. A. BOWLING, "רגז", 1397-1398.

[44] Na posse da terra, serão expulsos כֹּל יֹשְׁבֵי הָאָרֶץ (cf. Nm 33,52; Js 2,9.24; 9,24) e para כֹּל יֹשְׁבֵי הָאָרֶץ se soará a trombeta no dia das expiações do ano jubilar (cf. Lv 25,9); na desventura de Judá e das nações sofrerão כֹּל יֹשְׁבֵי הָאָרֶץ (cf. Jr 1,14; [10,18?]; 12,4; 13,3; 25,29-30; Ez 38,20; Sf 1,18), porque YHWH da sua habitação vê כֹּל יֹשְׁבֵי הָאָרֶץ (cf. Sl 33,14).

[45] A presença de YHWH e da sua potência são elementos constantes com esse verbo (cf. Sl 77,17; 99,1; Is 64,1). Mq 7,17 usa, ao lado de רגז, um concei-

A locução לְפָנָיו אָכְלָה אֵשׁ de Jl 2,3a, no sentido contextual de Na 3,13, embora não se utilize o advérbio לְפָנָיו, aponta para a queda da famosa cidade de Nínive decretada por YHWH, diante do qual devora um fogo.[46] O tempo da desgraça chegou, mostra-se com ironia que os ninivitas estão agindo como mulheres indefesas,[47] inofensivas e que, apesar de suas muralhas, nada impediu a sua derrota expressa pelo fogo que devora até as barras dos portões.

A locução נָתַן קוֹלוֹ (Jl 2,11a) repetida no conteúdo de Jl 4,16, encontra-se na abertura da pregação de Amós: יְהוָה מִצִּיּוֹן יִשְׁאָג וּמִירוּשָׁלַםִ יִתֵּן קוֹלוֹ (cf. Am 1,2). YHWH é o sujeito, é ele quem dá a sua voz com o tom e a força do rugido do leão, fazendo com que a sua palavra alcance e irrompa no reino do Norte.[48] Conjugando estes dados, confirma-se o sentido favorável do *yôm* YHWH na profecia joeliana, pois sem sair de Jerusalém, YHWH comanda o seu poderoso exército (cf. Jr 25,30; Is 30,30).

No anúncio joeliano, a justificativa para ação divina é corroborada כִּי גָדוֹל יוֹם יְהוָה.[49] Oseias, num contexto favorável, que evoca a promessa divina aos patriarcas (cf. Gn 22,17; 32,13), anuncia para o povo um novo estado de condições: Israel e Judá, novamente unificados, alargarão seus confins כִּי גָדוֹל יוֹם יִזְרְעֶאל (Os 2,2).[50]

A expressão יוֹם יִזְרְעֶאל, "Dia de Yizreel", é possivelmente uma proposição indicadora da presença de YHWH, como acontece na locução עִמָּנוּ אֵל (Is 7,14; 8,10).[51] Se isso procede, o יוֹם יִזְרְעֶאל seria

---

to paralelo, פַּחַד, reforçando a ideia do tremor por causa dessa presença (cf. H.-P. STÄHLI, "פחד", 523).

[46] Cf. Dt 4,24; 9,3 Sl 50,3; 97,3.
[47] Cf. Is 19,16; Jr 49,22; 50,37; 51,30.
[48] Em Am 3,4.8, o rugido é uma metáfora aplicada ainda a YHWH. Nada impede que se veja o modo de Amós profetizar com a energia e a força do leão. Como no caso de Joel, a imagem recai sobre YHWH (cf. K. MÖLLER, *A Prophet in Debate*, 161).
[49] Jr 30,5-7 traz, num contexto que evoca para o povo eleito o dado de Na 3,13 (cf. Jr 4,31 que será tratado mais adiante), uma expressão muito próxima ao sentido subjacente ao *yôm* YHWH: הוֹי כִּי גָדוֹל הַיּוֹם הַהוּא.
[50] Cf. C. CARNITI, "L'espressione 'Il Giorno di JHWH'", 13-14.
[51] Cf. H. SIMIAN-YOFRE, *Il deserto degli dei*, 35.

uma alusão que corresponderia ou evocaria de algum modo o *yôm* YHWH.

Enfim, Jl 2,11f traz a locução וּמִי יְכִילֶנּוּ, que se aplica, em última análise, a YHWH. Ele se manifesta no seu *yôm* criando e fazendo agir um povo numeroso e potente, capaz de grandes devastações. Daí brota a questão: "E quem o suportará?".

Tomando o contexto de Na 1,2-8, onde o profeta exalta a ira divina contra os seus adversários,[52] vemos que o v. 6 possui a mesma conotação de Joel, quando diz: "Diante da sua indignação, quem resistiria e quem ficaria de pé no ardor da sua ira? (לִפְנֵי זַעְמוֹ מִי יַעֲמוֹד וּמִי יָקוּם בַּחֲרוֹן אַפּוֹ),[53] o seu furor se alastra como fogo, e as rochas se rompem [ou "os hostis resistentes são derrubados"] diante dele" (חֲמָתוֹ נִתְּכָה כָאֵשׁ וְהַצֻּרִים נִתְּצוּ מִמֶּנּוּ).

Ml 3,1 alude à vinda e à ação eficaz do mensageiro de YHWH (מַלְאָכִי). Ele preparará a sua solene teofania. Entretanto, no mesmo versículo o próprio YHWH parece ser com ele identificado (como no caso dos sufixos de 3.m.sg. presentes em Jl 2,1-11), pois ele é o desejado מַלְאַךְ הַבְּרִית.

O uso do adjetivo plural הַחֲפֵצִים, como objeto em Ml 3,1, poderia estar evocando e estabelecendo um laço com o particípio plural הַמִּתְאַוִּים, como sujeito, de Am 5,18? Qual o vínculo entre desejar o *yôm* YHWH e desejar a aparição do מַלְאַךְ הַבְּרִית?[54]

---

[52] A catástrofe anunciada sobre os inimigos acontecerá, em meio a sinais teofânicos, de modo semelhante a Jz 5 e 2Sm 5 (cf. G. FOHRER, "Der Tag JHWHs", 45).

[53] A imagem sugestiva evoca a incapacidade de alguém, indivíduo ou povo, ficar de pé diante de YHWH, quando chegar o dia em que Ele vai julgar (cf. Am 2,15-16; Ez 22,14). O Sl 130,30 reza que, se YHWH levar em conta os pecados, ninguém fica de pé diante d'Ele. Quando YHWH move a batalha se dá a mesma coisa (cf. Sl 76,8). Semelhante ideia é expressa em 1Sm 6,20; Jr 49,19; 50,44. Para outros exemplos, ver H. Ringgren ("עָמַד", 200). Se não é possível ficar de pé diante de YHWH quando Ele julga, não só a retórica da pergunta é lógica, mas também o seu conteúdo.

[54] Estas duas questões serão tratadas oportunamente no cap. VI, quando emitirmos o parecer sobre a lógica do *yôm* YHWH no *Dodekapropheton*.

Por isso, em Ml 3,2 encontramos o idêntico sentido da pergunta de Joel, ao lado da insólita dificuldade que impede de dizer, imediatamente, a quem se deverá suportar: se a YHWH, se ao seu exército ou se ao seu *yôm*.[55] Aplicado ao contexto do julgamento no *yôm* YHWH, Malaquias afirma: "Quem suportará o dia da sua vinda? (וּמִי מְכַלְכֵּל אֶת־יוֹם בּוֹאוֹ) e quem resistirá na sua aparição? (וּמִי הָעֹמֵד בְּהֵרָאוֹתוֹ), porque ele é como o fogo do fundidor (כִּי־הוּא כְּאֵשׁ מְצָרֵף) e como a lixívia dos lavadores" (וּכְבֹרִית מְכַבְּסִים). A retórica questão coloca o ouvinte-leitor diante do *mal'ak* YHWH e da sua aparição. O caráter bélico-teofânico é evocado.

Jl 2,11 e Ml 3,2 se aproximam no sentido da questão, mas Malaquias, ao introduzir a figura do mensageiro divino, estaria dando um passo a mais em relação a Joel, no momento em que chama o sacerdote de *mal'ak* YHWH (cf. Ml 2,7) e identifica, no final, esse mensageiro com o profeta Elias e sua missão reconciliadora (cf. Ml 3,24).

---

[55] S. Bergler (*Joel als Schriftinterpret*, 169-171), por considerar Joel um texto menos rico de significados e mais apocalíptico, sugere que ele é dependente de Malaquias. Um dos seus argumentos é que Joel perde para Malaquias em relação ao dia a dia, porém a profecia de Joel se desenvolve mostrando forte preocupação com a situação calamitosa e, anunciando o *yôm* YHWH, aponta as soluções divinas para a mesma. Não faltariam opositores a Bergler quanto à primazia textual de Joel em relação a Malaquias (cf. D. L. PETERSEN, *Zechariah 9–14 and Malachi*, 321; H. G. REVENTLOW, *Die Propheten Haggai*, 160; W. RUDOLPH, *Haggai – Sacharja 1–8*, 291; T. LESCOW, *Das Buch Maleachi*, 172). Para S. F. Mathews ("The Power to Endure", 40-41), Joel se apropriou dos dados contidos em Ml 3,1-2.23, combinando-os, adaptando-os e dando-lhes um alcance maior. O contrário também poderia ter acontecido, pois em Malaquias não foi necessário repetir o que já fora dito por Joel, mas aplicar a fórmula a um novo contexto que permitisse concluir o *Dodekapropheton*, deixando o seu final em aberto, bem como apresentar uma novidade interpretativa (cf. E. BOSSHARD-NEPUSTIL – R. G. KRATZ, "Maleachi im Zwölfprophetenbuch", 27-46; M. BECK, *Der "Tag* YHWH*s"*, 318-323).

1.3. O *yôm* em forma construta

Ao lado do cotejo com as sentenças, anteriormente apresentado, o termo *yôm* aparece em relação construta com diferentes vocábulos no *Dodekapropheton*. Esta combinação possui aspectos que poderiam denotar duas coisas: porque o *yôm* YHWH acumula traços terrificantes e porque estes incrementam o sentido teológico do juízo divino que se pretende dar a esta fórmula teológica inserindo-a em contextos bélico, litúrgico e teofânico.

"no dia do castigo"	Os 5,9	בְּיוֹם תּוֹכֵחָה
"no dia da batalha"	Os 10,14	בְּיוֹם מִלְחָמָה
"como um dia amargo"	Am 8,10	כְּיוֹם מָר
"no dia do seu infortúnio"	Ab 12	בְּיוֹם נָכְרוֹ
"no dia da sua ruína"	Ab 12	בְּיוֹם אָבְדָם
"no dia de angústia"	Ab 14	בְּיוֹם צָרָה
"no dia da sua calamidade"[56]	Ab 133x	בְּיוֹם אֵידוֹ
"no dia do sacrifício de YHWH"[57]	Sf 1,8	בְּיוֹם זֶבַח יְהוָה
"dia de ira aquele dia"	Sf 1,15	יוֹם עֶבְרָה הַיּוֹם הַהוּא
"dia de aflição e tribulação"	Sf 1,15	יוֹם צָרָה וּמְצוּקָה
"dia de destruição e de extermínio"	Sf 1,15	יוֹם שֹׁאָה וּמְשׁוֹאָה
"dia de trevas e de obscuridade"	Sf 1,15	יוֹם חֹשֶׁךְ וַאֲפֵלָה
"dia de nuvem e de escuridão"	Sf 1,15	יוֹם עָנָן וַעֲרָפֶל
"dia de trombeta e alarido de guerra"	Sf 1,16a	יוֹם שׁוֹפָר וּתְרוּעָה

---

[56] Ab 13 com sufixo de 3.m.pl., בְּיוֹם אֵידָם; fora do *Dodekapropheton* em Jr 18,17.
[57] Expressão única e própria de Sofonias, preservada tanto no TM como na LXX (cf. M. HARL, "Sophonie", 323).

"no dia da ira de YHWH"[58]	Sf 1,18d	בְּיוֹם עֶבְרַת יְהוָה
"dia da ira de YHWH"[59]	Sf 2,2.3	יוֹם אַף־יְהוָה
"no dia de angústia"[60]	Na 1,7	בְּיוֹם צָרָה
"pelo dia de angústia"	Hab 3,16	לְיוֹם צָרָה
"Sairá YHWH e se fará guerra com aquelas nações; como no dia do seu guerrear no dia da batalha"	Zc 14,3	וְיָצָא יְהוָה וְנִלְחַם בַּגּוֹיִם הָהֵם כְּיוֹם הִלָּחֲמוֹ בְּיוֹם קְרָב
"para o dia que eu estou preparando"	Ml 3,17	לַיּוֹם אֲשֶׁר אֲנִי עֹשֶׂה
"no dia que eu estou preparando"	Ml 3,21	בַּיּוֹם אֲשֶׁר אֲנִי עֹשֶׂה

Não há como afirmar categoricamente que Os 5,9; 10,14; Na 1,7 e Hab 3,16 sejam alusões ou claros indícios sobre o *yôm* YHWH, porque a expressão não ocorre explicitamente em nenhum destes escritos proféticos, à diferença dos demais escritos citados.[61]

Todavia, emerge um elemento que deve ser sublinhado e pode ser utilizado como argumento: o contexto em que se atribui uma indicação para um *yôm* particular reflete um ambiente bélico, litúrgico e teofânico.[62]

---

[58] בְּיוֹם עֶבְרַת יְהוָה fora do *Dodekapropheton* em Ez 7,19.

[59] O livro das Lamentações traz sentenças aplicadas à desolação de Jerusalém e dos exilados próximas a Sofonias: בְּיוֹם אַף־יְהוָה (Lm 2,22); חֲרוֹן אַפּוֹ (Lm 1,12); בְּיוֹם אַפּוֹ (Lm 2,1) e de אַפֶּךָ (Lm 2,21). Nos três últimos casos, os sufixos se referem ao mesmo sujeito, YHWH. Esta relação confirma a aplicação da mensagem de Sofonias.

[60] No contexto, YHWH conhece os que nele confiam e a estes Ele salva no dia da angústia. Jr 30,7 refere-se ao tempo de angústia para Jacó (וְעֵת־צָרָה הִיא לְיַעֲקֹב).

[61] G. Fohrer cita outros textos (Jr 17,16-17; 46,21; 50,25-29; Ez 7,5-7; Is 34,8; Mq 5,4) e diz que "tal diversidade não deve obscurecer o fato, porque é sempre o mesmo evento que é anunciado ou esperado: o dia de YHWH" ("Der Tag JHWHs", 43).

[62] No caso de Os 5,9 e 10,14, estes elementos são sublinhados por H. SIMIAN-YOFRE, *Il deserto degli dei*, 60-64.108-112. No caso de Naum,

Se todas essas características podem ser aplicadas a este ambiente, nada impede que sejam aplicadas com propriedade ao *yôm* YHWH.[63] Como motivo teológico, estamos diante de uma singularidade a seu respeito: o *yôm* YHWH é um particular juízo divino. É um dia portador de terror e angústia para os inimigos da justiça, porque nele se manifesta a ira purificadora de YHWH através de uma guerra de ajuste de contas.[64]

A este ponto, percebe-se que a temática iniciada, elaborada e traçada na profecia de Joel, posta no segundo lugar do cânon, abre espaço para serem lançadas as bases sobre as quais serão aplicadas as distintas situações aos distintos destinatários com Amós, Abdias, Sofonias e Malaquias.[65]

Entre todas estas referências cotejadas, vê-se que os contatos entre Joel e Oseias são relativamente significativos[66] (embora Joel e Sofonias acumulem o maior número) e poderiam aumentar se fossem considerados: a forma como se entrelaça a abordagem do juízo com a misericórdia divina e o influxo, segundo as

---

A. J. Everson ("The Canonical Location", 167-170) acredita que a queda de Nínive deva ser considerada como um exemplo onde ocorreu um *yôm* YHWH. No caso de Habacuc, o mesmo autor admite haver um reflexo, pois Hab 3,1-16 fala da vinda de YHWH como uma ação bélica e isto seria uma teodiceia relacionada ao *yôm* YHWH aplicado à Assíria (p. 170-172). Este parecer é compartilhado ainda, como uma teofania, por C.-A. Keller ("Sophonie", 182-184.191), J. D. Nogalski ("The Day(s) of YHWH", 209-210) e H. Irsigler (*Zefanja*, 169-170).

[63] Cf. cap. VI.
[64] Esta singularidade oferece apoio à opção que fizemos no momento de definir o gênero literário de Jl 2,1-11. Ver cap. II.
[65] Para R. Rendtorff (*The Canonical Hebrew*, 276), graças ao escrito de Joel, o leitor não se surpreende ao ler Am 5,18-20. Todavia, segundo a perspectiva positiva e unitária existente no anúncio do *yôm* YHWH em Joel, o leitor, pela primeira vez, sentiria o impacto de um anúncio ameaçador e voltado, em tom de dúvida, para o povo eleito.
[66] M. L. C. Lima (*Salvação entre Juízo*, 130-131) faz um breve cotejo entre Jl 2,12-13 e Os 14,2-9 esclarecendo os graus de contato e as principais diferenças contextuais.

exortações destes dois profetas,[67] que os sacerdotes são chamados a exercer e a agir em favor da conversão almejada para o povo eleito, traço particular que se verifica na profecia de Malaquias.

– Primeiras conclusões

Os elementos, anteriormente obtidos e reunidos, indicam que o *yôm* YHWH é apresentado por Joel como algo extraordinário e em movimento, pois vários dos seus períodos estão construídos com o verbo בוא (Jl 1,15c; 2,1d; 3,4c), à diferença das referências em Amós, Abdias e Sofonias. Uma exceção se dá com Ml 3,23b, ao trazer לִפְנֵי e o verbo בוא no particípio com sentido futuro.

A profecia de Malaquias, fechando o *Dodekapropheton*, possui um valor sintético que deriva deste *corpus* e é para o mesmo um reenvio temático a Joel. O *yôm* YHWH continua sendo uma entidade em movimento, aguardado e vinculado à vinda de Elias, representante profético do AT e zeloso guardião do javismo em tempos de crise ou sincretismo (cf. 1Rs 19,9-10).

Se Jl 1,15 qualificou o *yôm* YHWH como uma ação proveniente do onipotente (וּכְשֹׁד מִשַּׁדַּי יָבוֹא), Ml 3,24 pôde concluir a reflexão com uma fala direta de YHWH, dando a entender que uma destruição da terra, em tal dimensão, só é possível se Ele decidir votá-la ao חֵרֶם (cf. Jl 2,3; Sf 1,18).[68]

O *yôm* YHWH, assim, de Joel a Malaquias apresenta-se como uma fórmula teológica que passa a ser compreendida como uma causa de duplo efeito, aplicável a qualquer povo e a qualquer momento ou esfera histórica.[69] Esta qualidade específica do *yôm* YHWH, como evento judicial, mostra que YHWH é livre para

---

[67] Cf. L. L. GRABBE, "A Priest Is Without Honor", 79-80.87. A profecia de Jonas é um claro exemplo dessa dialética que gera uma forte crise na pessoa do profeta (cf. N. K. GOTTWALD, "Tragedy and Comedy", 85). Ver cap. III, nota 64.

[68] Em Is 13,2-22 encontramos o resultado de um anátema: destruição e desolação no local (cf. Is 34,11-17; Jr 50,39-40; 51,37; Sf 2,13-15). Ver cap. V.

[69] Cf. M. SÆBØ, "יוֹם", 581-582.

decidir e intervir com um juízo capaz de punir a impiedade e restabelecer a sua justiça no meio dos homens.[70] Portanto, justifica-se inicialmente por que o *yôm* YHWH deva ser considerado um forte instrumento persuasivo "da e na" linguagem profética. Este dia é apto para despertar e incutir no ouvinte-leitor o caráter imbatível que reside numa sentença divina. A finalidade da conversão sai confirmada e reforçada como objeto e escopo de YHWH (cf. Ez 18,23.32; Jl 2,12-14).[71]

O que foi dito anteriormente, além de confirmar o *yôm* YHWH como uma temática importante no *Dodekapropheton*, que se inicia e se desenvolve a partir de Joel, aponta a profecia de Sofonias como sendo o correspondente mais próximo, tanto pela terminologia usada como pelo sentido bélico da mensagem (cf. Sf 1,7.14-18; 2,2; 3,23).[72]

Tal afirmação poderá ser mais bem compreendida se entre o anúncio de Joel e o anúncio de Sofonias houver uma recíproca evolução da temática, que seja não excludente mas sim complementar nas duas profecias.[73]

---

[70] Em Ez 13,5 o *yôm* YHWH é descrito como um evento anunciado por um profeta idôneo (cf. Ez 39,8; Jr 4,5-31) e já realizado (cf. cap. V).
[71] O *yôm* YHWH sendo assumido como uma fórmula teológica se libertaria da categoria de teologúmeno (cf. M. BECK, *Der "Tag* YHWH*s"*, 322), visto que os resultados são tidos como multíplices e insatisfatórios (Cf. M. SÆBØ, "יום", 584). Nesta fórmula está um conteúdo preciso sobre a ação divina e reflete-se uma verdade anunciada que compromete o existir dos destinatários, tornando-os sujeitos profundamente ativos e envolvidos no processo que determinará a sua sorte final de condenação ou de salvação.
[72] Fora do *Dodekapropheton* sobressai fortemente a temática bélica em Is 13,6.9 para a Babilônia e em Is 5,25-30 como maldição para os ímpios do povo eleito.
[73] A. G. King ("The Day of the Lord", 17) afirma que o *yôm* YHWH em Sofonias é uma das principais fontes para o entendimento e desenvolvimento da temática. P. G. Schwesig (*Die Rolle*, 281-301) propõe a relação entre o anúncio de Sofonias e o de Joel com base na precedência cronológica do primeiro em relação ao segundo.

2. O *yôm* YHWH em Sofonias[74]

Na profecia de Joel não foram encontrados elementos que pudessem fundamentar a aplicação do direito de YHWH entrar em litígio com Judá-Jerusalém e nela com os seus habitantes. Ao contrário, percebemos pela análise feita *ad intra* que na sua profecia existe uma intenção lógica e contextual muito clara: mostrar YHWH como a única e justa solução para todos os males pelos quais passaram ou passam o povo e a sua cidade santa.

O ápice destes males se revela na indignação divina com a dispersão e o comércio infanto-juvenil praticados pelas nações estrangeiras (cf. Jl 4,1-3.6.8). É com elas, então, que YHWH se dispõe a litigar e decide aplicar uma justa sanção. Ao lado disso, aparece uma última promessa divina: a violência feita no derramamento de sangue inocente não ficará impune (cf. Jl 4,21).[75]

O anúncio do *yôm* YHWH no escrito de Sofonias, por sua vez, não possui a mesma insistência de objetivos postos no escrito de Joel. Em Sofonias, não há uma vigente situação de carestia material, comprometendo a subsistência dos homens e dos animais, mas uma vigente situação de decadência moral e religiosa, que compromete as relações divino-humanas em sentido vertical e horizontal.[76] Por isso há pobreza (cf. Sf 2,3), mas esta se tornará uma condição e ocasião para ser recompensada (cf. Sf 3,12-13).[77]

---

[74] Este argumento foi tratado em nossa dissertação *ad licentiam* (*A dimensão escatológica do "yôm* YHWH*" em Sf 1,14-18*). Neste ponto do estudo, a temática é vista não mais a partir de uma ótica escatológica, mas por um prisma teológico diferente. O anúncio do *yôm* YHWH será tratado como um elemento e parte integrante de um *rîb*.

[75] Sf 1,17 utilizará o mesmo verbo שָׁפַךְ. Jl 3,1 traz a contraposição no dom da רוּחַ.

[76] Cf. R. RENDTORFF, *The Canonical Hebrew*, 301.

[77] Segundo D. L. Christensen ("Zephaniah 2:4-15", 682), à diferença de Amós, que visa à punição histórica de Israel e das nações circunvizinhas, o *yôm* YHWH em Sofonias mostra a vingança de YHWH sobre a iniquidade, a favor da restauração futura dos que permaneceram na justiça, representando o seu verdadeiro povo.

Além disso, tomando a figura do sacerdote, como um exemplo comum, vê-se que nestes dois escritos ela aparece com um valor equidistante e em relevante contraste. Em Joel, o papel do sacerdote é essencial para obter a reversão do quadro de penúria, ao passo que, em Sofonias, ele é acusado de profanador do sagrado e transgressor da תּוֹרָה (Sf 3,4b; cf. Ml 2,1-9).[78] Sofonias tem consciência do que move a ação divina (cf. Sf 1,2-6) e, portanto, pode revelar, numa atmosfera cultual, os vários tipos de pecados que comprometem a sorte do seu povo (cf. Sf 1,7-13; 3,1-8).[79] Este dado se encontra ausente na profecia joeliana, e a sua insistente alusão em Sofonias permite a constatação do porquê se entrevê com clareza a situação e as circunstâncias que o levaram a fazer uma proclamação tão incisiva da intolerância e justa indignação divina.

Por conseguinte, vemos em Sofonias a presença de novos detalhes, em relação a Joel, quanto ao modo de caracterizar e anunciar o *yôm* YHWH, trazendo um enriquecimento para a temática. O *yôm* YHWH sofoniano é apresentado como um dia particular, no qual YHWH, em majestosa teofania, realizará a condenação da perversidade num ajuste de contas.[80]

Pelo tema da ira, não aplicado por Joel ao *yôm* YHWH, mas caro à profecia de Sofonias, evidencia-se a justiça aplicada como

---

[78] A referência aos sacerdotes em Sf 1,4b está inserida no contexto que acusa um baalismo, pois, ao lado da alusão implícita aos sacerdotes que oficiam em nome de YHWH no templo, está a denúncia de um sincretismo religioso (cf. F. MARTIN, "Le Livre de Sophonie", 8). Além da sequência, assonântica e combinada, encontra-se o motivo que justifica o ciúme divino (וְהִכְרַתִּי מִן־הַמָּקוֹם הַזֶּה אֶת־שְׁאָר הַבַּעַל אֶת־שֵׁם הַכְּמָרִים עִם־הַכֹּהֲנִים). A figura do sacerdote é pertinente na profecia de Sofonias e de Malaquias (cf. L. L. GRABBE, "A Priest Is Without Honor", 82.86). No caso particular de Ml 2,1-9 se trata de um ultimato dirigido aos sacerdotes, pois eles são acusados, também no contexto de um *rîb*, de desonrarem a YHWH (cf. J. M. O'BRIEN, *Priest and Levite in Malachi*, 66).
[79] Cf. H. SIMIAN-YOFRE, *Amos*, 120.
[80] Cf. P. R. HOUSE, "Endings as New Beginnings", 332-333; M. S. MOORE, "Yahweh's Day", 206; A. SPREAFICO, *La Voce di Dio*, 214-215; M. DUGGAN, *The Consuming Fire*, 278-280.

zelo divino. YHWH não admite rivais e não deixará impune os indiferentes no dia da sua visita que purificará e eliminará o sincretismo da sua cidade. A violência da idolatria é combatida com a ira divina como um fogo violento e intenso que se alastra velozmente, porque o mal a ser eliminado é grande (cf. Sf 1,18).

2.1. Contexto do *yôm* YHWH em Sofonias

Considerando a natureza dos oráculos, reconhecemos uma disposição que se alterna na obra sofoniana: palavra de condenação contra Judá-Jerusalém (cf. Sf 1,2–2,3),[81] palavra de condenação contra as nações (cf. Sf 2,4–15),[82] nova fala contra Jerusalém causada pela indiferença dos líderes (cf. Sf 3,1-5), que relê a ação contra as nações em tom de lamentação (cf. Sf 3,6-8)[83] e palavra de salvação dirigida aos pobres de Jerusalém (cf. Sf 3,9-20).

---

[81] J. D. Nogalski (*Literary Precursors*, 181-200) considera Sf 1,1–2,3 a maior unidade do escrito. Nela identifica cinco subunidades (Sf 1,1; 1,2-3; 1,4-13; 1,14-18; 2,1-3) e classifica o conjunto como "juízo". Todavia, distingue e separa o tema do julgamento contra Judá-Jerusalém (Sf 1,4-6; 8-13; 2,1-3) do julgamento geral contra a humanidade (p. 182). Acreditamos que esta dificuldade pode ser atenuada se o conjunto for visto sob o valor da missão universal presente no carisma profético e do juízo de Jerusalém como relativo ao juízo para os povos (cf. F. MARTIN, "Le Livre de Sophonie", 15-17). R. D. Patterson (*Nahum*, 282-285) simplifica a estrutura do livro: Sf 1,2–2,3 é um severo anúncio do *yôm* YHWH para o povo eleito e para as nações; Sf 2,4–3,20 é um ato de purificação do pecado. A última parte revela a extensão e os propósitos do julgamento: os remidos das nações, junto com o povo eleito, experimentam as bênçãos. M. A. Sweeney (*Zephaniah*, 5-10) considera duas grandes unidades: Sf 1,2-18 e 2,1–3,20. No interno da segunda, propõe uma subdivisão diferente (Sf 2,1-4.5-15), que pode ser criticada como infundada (cf. A. SPREAFICO, "Recensiones", 123-124).

[82] Cf. J. M. O'BRIEN, "Nahum", 177-178. D. L. Christensen ("Zephaniah 2:4-15", 669-682) admite que algumas notícias neste bloco dariam uma base teológica para falar da campanha de expansão territorial e política empreendida durante a reforma de Josias. Não entraremos no mérito da questão.

[83] Cf. F. MARTIN, "Le Livre de Sophonie", 3. M. Duggan (*The Consuming Fire*, 280) considera Sf 3,1-8 como um julgamento divino sobre Jerusalém.

A expressão *yôm* YHWH está duplamente testemunhada em Sf 1,7.14 e entrelaçada com a ira divina em Sf 2,3 (בְּיוֹם אַף־יְהוָה).

Todavia, a temática, além de ser um forte e incisivo anúncio de juízo sobre uma realidade carregada de pecado, é um elemento contundente que confere, como em Joel, certa unidade estrutural para o conjunto do escrito.[84]

O influxo desta temática pode ser visto como o efeito positivo da ação divina no desfecho que o escrito alcançará, porque a expressão, como tal, não reaparecerá, caso não se considere בַּיּוֹם הַהוּא um eco da mesma (cf. Sf 1,9.10.15; 3,11.16) devido ao reforçativo temático usado em Sf 1,15.[85]

Em Sf 1,2-6, YHWH revela ao profeta o seu descontentamento e o seu plano de destruição. A razão que o move encontra-se no resíduo do culto idolátrico que ainda produz muitos males em Judá-Jerusalém, gerando, principalmente, a injustiça praticada com os menos favorecidos. Este contexto inicial confirmaria o ciúme como zelo de YHWH pelo seu povo, pela cidade de Jerusalém e pelo dom que lhes fez da sua Lei.

Os v. 2-3 estão fechados pela fórmula נְאֻם־יְהוָה.[86] Nada impede que a segunda fórmula esteja sendo usada também para dar prosseguimento da palavra aos v. 4-6. Nestes versículos, a fala de YHWH parece se entrelaçar com a do profeta. Isso não cria impasses, mas sintonia profética.[87]

---

[84] Cf. J. D. NOGALSKI, *Literary Precursors*, 171; J. A. MOTYER, "Zephaniah", 3902-3904; P. R. HOUSE, "Endings as New Beginnings", 332.
[85] Cf. B. RENAUD, "Le livre de Sophonie", 20-21; *Michée*, 245-246; K. SEYBOLD, *Nahum*, 85; W. RUDOLPH, *Zephanja*, 264; H. IRSIGLER, *Gottesgericht und Jahwetah*, 168-169; A. SCHART, *Die Entstehung*, 215.
[86] A fórmula está testemunhada em todos os capítulos do livro (cf. Sf 1,10; 2,9; 3,8).
[87] O v. 4 começa com um verbo no *qal yiqtol* 1.c.sg "estenderei" (וְנָטִיתִי) e nos v. 5-6, YHWH é identificado como objeto da sequência no particípio: "E os que se prostram jurando por YHWH" (הַמִּשְׁתַּחֲוִים הַנִּשְׁבָּעִים לַיהוָה), e

A primeira informação do v. 4: "Estenderei a mão עַל Judá וְעַל todos os habitantes de Jerusalém",[88] teria uma dupla função. O gesto de YHWH, estendendo a sua mão, causará, ao mesmo tempo, o extermínio da idolatria (contra), e a purificação do local e dos seus habitantes (sobre). Esta única ação, com duplo efeito, coaduna-se com a perspectiva corretiva subjacente ao *yôm* YHWH e com a conclusão do escrito (cf. Sf 3,19-20).

As informações presentes em Sf 1,2-6 funcionam e servem de introdução ao escrito inteiro, como um prelúdio que estará na base das acusações que virão a seguir a elas, mas, principalmente, como revelação divina sobre o ambiente e as motivações particulares que deverão impulsionar o profeta Sofonias a atuar com força e tenaz decisão.[89]

Aos seus interlocutores, ele anuncia o agir divino instaurando e pondo em movimento, no meio deles, a execução da sua justiça nos moldes de uma queixa legal como acontece numa disputa ou controvérsia, isto é, um *rîb*. A sua característica corresponde a uma polêmica sócio-religiosa.[90]

É razoável esta perspectiva, embora a raiz ריב esteja ausente na profecia de Sofonias, porque YHWH, além de gozar do pleno direito de entrar em litígio com os habitantes da sua terra, demonstra-se pessoalmente interessado em eliminar definitivamente de Judá-Jerusalém a fonte das injustiças sociais (cf. Sf 3,5.8).[91] O contexto é processual, e a sentença é emitida como certa de ser executada já no início da profecia (cf. Sf 1,2-6).

---

prossegue nos sufixos de 3.m.sg., especificando que Ele está falando a respeito de si mesmo.

[88] וְנָטִיתִי יָדִי עַל־יְהוּדָה וְעַל כָּל־יוֹשְׁבֵי יְרוּשָׁלָם.
[89] Sobre a figura do profeta e o seu possível *Sitz im Leben*, as hipóteses são muitas (cf. L. A. FERNANDES, *A dimensão escatológica*, 9-20).
[90] No estudo da profecia pré-exílica, é comum encontrar debates em torno do possível uso de controvérsias ou processos legais (*rîb*) como um gênero literário dos livros proféticos (cf. K. NIELSEN, *Yahweh as Prosecutor and Judge*, 74-83).
[91] Cf. C.-A. KELLER, "Sophonie", 183.

YHWH, em particular, litiga com as lideranças, acusadas de serem as principais culpadas dos males que serão denunciados. Elas se deixaram corromper, assumindo os costumes das nações estrangeiras. Por isso, vê-se a sólida razão para um castigo ser proclamado e confirmado pelo sentido global da acusação presente em Sf 1,17c.[92] Essa probabilidade encontra fundamento no sentido das denúncias e no conteúdo encontrado em Sf 1,7–2,3, onde transcorre um desenvolvimento judicial motivado pelo anúncio do *yôm* YHWH como condenação.[93] Este anúncio ocupa o centro da questão e testemunha a favor da aplicação desta forma literária,[94] que se conclui com uma possível perspectiva de solução:

a) convocação: trata-se de um chamado de atenção exigido dos ouvintes (1,7);

---

[92] Uma exagerada aproximação diacrônica levou à desconsideração da razão contida em Sf 1,17c (cf. L. A. FERNANDES, *A dimensão escatológica*, 65-68). Há quem pense numa mão deuteronomista (cf. J. D. NOGALSKI, *Redactional Processes*, 191; A. SCHART, *Die Entstehung*, 211). Uma visão equilibrada, cf. M. A. SWEENEY, *Zephaniah*, 101-103. A nosso ver, a frase explicativa כִּי לַיהוָה חָטָאוּ é uma síntese necessária e condizente com todos os males denunciados no conjunto da profecia e que ajudam a perceber a índole processual que se instaura como controvérsia entre YHWH e os acusados. A partícula כִּי é bem aceita como elemento que introduz uma questão de litígio (cf. Jz 6,32; Jr 2,9-10; Os 2,4. São exemplos citados por P. BOVATI, *Ristabilire la giustizia*, 50).

[93] Sf 1,7-13.14-18; 2,1-3 podem ser vistas como as partes do processo (convocação, acusação, confrontação, condenação, proposta de conversão; cf. P. BOVATI, *Ristabilire la giustizia*, 21-26). Sobre a primeira perícope, cf. F. MARTIN, "Le Livre de Sophonie", 12-16; S. D. SNYMAN, "Violence and deceit in Zephaniah 1:9", 89-96.

[94] A identificação de Sf 1,7–2,3 como um *rîb* acrescentaria mais um exemplo, pelo seu conteúdo, aos já identificados por J. Harvey (*Le plaidoyer prophétique*, 58-81). Este autor aponta, como fórmula literária completa contendo todos os elementos, os textos de Is 1,2-3.10-20; Jr 2,4-13.29; Mq 6,1-8; Dt 32,1-25; Sl 50 (*réquisitoires complets*) e de modo incompleto em Is 42,18-25; 48,12-16a; 57,3-13; 58,1-14; 66,1-4; Jr 6,16-21; Ml 1,6–2,9 (*réquisitoires incomplets*), aos quais ele acrescenta: Jz 2,1-5; 1Sm 2,27-36; 2Sm 12,7-12; 1Rs 14,7-11; 21,17-24; 2Cr 12,5-8; 15,1-15.

b) acusação: a ação de YHWH revela quem são os criminosos e imputa-lhes a culpa por seus crimes externos (1,8-9) e internos (1,12); a reação dos delatados é fruto da ação divina que perscruta, acarretando consequências no presente (1,10-11) e no futuro (1,12);
c) anúncio de condenação (1,14-18);
d) proposta que chama à conversão ou preserva inocentes (2,1-3);
e) defesa dos acusados (3,1-8?).

O primeiro anúncio do *yôm* YHWH (Sf 1,7) é introduzido num convite formal que soa, no contexto do versículo, como ordem explícita e acontece no âmbito cultual, devido ao termo específico "sacrifício" (cf. Sf 1,8).[95]

Normalmente, a convocação ou chamado de atenção é uma exortação que se expressa mediante o imperativo "ouvi" (שִׁמְעוּ). Este não ocorre em Sofonias,[96] mas no seu lugar ressoa fortemente o que se esperaria usando este verbo: uma atitude digna, respeitosa e de pronta atenção, isto é, quem ordena "ouvi" espera, no mínimo, que o interpelado faça silêncio (הַס).[97]

Sofonias, convocando ao silêncio, faz da proximidade do *yôm* YHWH uma exigência moral para os destinatários.[98] Ela implica uma condizente atitude pessoal e comunitária, isto é, uma

---

[95] Cf. J. BERGMAN, "זֶבַח", 515-516.
[96] Por exemplo, Am 3,1; 4,1; 5,1; 8,4. Em Sf 2,8 aparece שָׁמַעְתִּי na fala divina e em Sf 3,2 שָׁמְעָה está em referência à cidade qualificada de rebelde, contaminada e prepotente. Esse seria o provável motivo que levou os estudiosos a não considerarem Sf 1,7–2,3 como possível *rîb*. Em Sf 1,14c, קוֹל está relacionado com הַס e é um chamado de atenção.
[97] Cf. F. MARTIN, "Le Livre de Sophonie", 10.
[98] Em Amós, faz-se silêncio por reverência ao nome divino (cf. Am 6,10 e 8,3; Jl 3,1-5 apresentará uma razão oposta, que fundamentará a sua real possibilidade). Para Habacuc, a presença de YHWH é o argumento para que se faça um silêncio reverencial (cf. Hab 2,20). Em Zacarias, o silêncio diante de YHWH acontece como fruto da bênção universal, pois a salvação centralizada será irradiada a partir da Jerusalém restaurada em

postura de abertura, para que se ouça atentamente, na presença do divino soberano (teofania?), a voz do mensageiro, se conheça o conteúdo da mensagem e as implicações que dele derivam e a ele estão associadas.[99] Este parecer condiz com Sf 1,7–2,3, pois transparece uma identificação entre liturgia, punição e purificação, visando obter a sintonia entre a divindade e os participantes no ato cultual. Todavia, para que ela aconteça é preciso que o querer da divindade seja o critério do agir dos participantes.[100] O conteúdo da mensagem está motivado claramente por uma acusação.[101] Nela são dirigidas duras críticas aos impiedosos compatriotas da geração do profeta, com os quais YHWH entra em litígio.[102] As ações criminosas, quer sejam conhecidas ou des-

---

sua eleição (cf. Zc 2,17). Fora do *Dodekapropheton* ocorre somente em Jz 3,19.
[99] Segundo M. E. Széles (*Wrath and Mercy*, 80), a interjeição הַס acontecia em rituais pagãos, servia para anunciar a presença da divindade e lembrar aos participantes o eminente respeito reverencial que se exige diante da sua solene aparição. Igualmente, cf. D. BARSOTTI, *Meditazione sul Libro*, 55; D. W. BAKER, *Nahum*, 94; W. C. KAISER, Jr, *Micha*, 218; A. G. KING, "The Day of the Lord", 18; S. D. SNYMAN, "Violence and deceit in Zephaniah 1:9", 93-94; M. A. SWEENEY, *Zephaniah*, 78-79.
[100] Cf. H. SIMIAN-YOFRE, *Amos*, 121.
[101] P. G. Schwesig (*Die Rolle*, 34-39) acredita que o apelo cultual do termo הַס de Sf 1,7 corresponda à interjeição הוֹי de Am 5,18. A sua insistência está calcada nos efeitos terríveis onde se encontra o termo הַס em Am 6,10; 8,3. Todavia, os contextos são claramente distintos (cf. M. A. SWEENEY, *Zephaniah*, 78-79). Em Am 5,18-20 o oráculo com הוֹי introduz o discurso punitivo da parte de YHWH; הַס em Am 6,10 serve para ressaltar os sentimentos que acompanham a sua decisão; e em Am 8,3 הַס conclui a seção dialógica do profeta com YHWH (cf. H. SIMIAN-YOFRE, *Amos*, 134.148-149). Um traço relacional poderia ser admitido se o termo הַס funcionasse em Sf 1,7 como a fórmula que abre o litígio e em Amós como a firme decisão de punir e eliminar completamente alguém ou uma situação merecedora do castigo.
[102] Sf 1,2-6 contém igualmente as razões necessárias para a formulação da profecia inteira. A palavra de juízo universal (v. 2-3) está motivada pelas culpas encontradas em Judá-Jerusalém, isto é, a idolatria ou o que existe de sincretismo (v. 4-6) e que se torna fonte de injustiças (Sf 1,8-13). Neste

conhecidas, são denunciadas, isto é, nem mesmo o pior erro que reside no íntimo humano ficará escondido (cf. Sf 1,12).[103] Ocorre nesta fase um verdadeiro desmascaramento da conduta externa e interna dos acusados. Assim, fica evidenciada a sua transgressão e o que ela acarreta. Os vários delitos previamente enumerados (cf. Sf 1,2-6) corroboram a índole da denúncia e abrem o espaço para que estejamos realmente diante de um *rîb*, pois o crime existe e pode ser atribuído a um ou mais responsáveis (cf. Sf 1,8-13). A ação litúrgica sacrifical serve como ambiente punitivo,[104] pois diante de YHWH, quem pode esconder o seu íntimo? Ele que sonda rins e corações.[105] Não é insólito que uma punição imposta por YHWH às nações numa guerra esteja ligada à imagem figurada de um sacrifício, onde o campo de batalha poderia ser comparado ao altar onde se imola a oferta.[106]

---

sentido, o envolvimento com as nações estrangeiras oferece ao profeta os motivos para dizer que elas têm participação na culpa e, portanto, receberão igualmente a sua devida paga (cf. Sf 2,4-15; 3,6). No juízo infligido às nações, os sobreviventes do povo eleito ("לִשְׁאֵרִית בֵּית יְהוּדָה" e "שְׁאֵרִית עַמִּי": cf. Sf 2,7.9) se beneficiam dessa ação punitiva de YHWH (cf. Ab 16-21).

[103] "Os que pensam em seu coração [ou 'os que dizem ao próprio íntimo']: YHWH não faz nem o bem nem o mal" (הָאֹמְרִים בִּלְבָבָם לֹא־יֵיטִיב יְהוָה וְלֹא יָרֵעַ). Tal ideia está muito próxima da preocupação dos sacerdotes em Jl 2,17. No caso da profecia de Sofonias, o influxo das outras nações teria introduzido na corte uma postura religiosa indiferente.

[104] O יוֹם כִּפֻּרִים, que acontecia segundo prescrições e normas rituais (cf. Lv 16; 23; 25), transladava a punição pelos pecados ao bode expiatório (cf. B. LANG, "כִּפֶּר", 313-314). É significativo que Sofonias fale de um (*yôm*) *zebaḥ* realizado por YHWH, em que Ele próprio aplicará uma punição aos culpados. A nosso ver, se está dando um novo sentido para o rito de purificação, onde não se transfere a culpa sobre outra vítima, mas o próprio pecador se torna consorte com a sua situação. Assim, a possível salvação não acontece como fruto de um mero rito e mostra que a participação do acusado faz também dele uma vítima expiatória.

[105] Cf. Sl 7,10; 26,2; Jr 11,20; 17,10; 20,12; Ap 2,23.

[106] Em Is 34,2-6, o dia do sacrifício é marcado pelo anátema (v. 2.5), onde a batalha contra Edom é vista como um sacrifício oferecido pelo pró-

Assim, como a vítima sacrifical é consagrada e consumida, a destruição do inimigo, animais ou homens, é total pela prática do חֶרֶם (cf. Lv 27,28-29; Jz 7,13).[107] Como não se interrompe um culto iniciado, não haveria um momento de apelação durante o processo judicial instaurado.[108]

A punição acarretará prejuízos comerciais, afetando a fonte de renda dos que se enriqueceram com os produtos procurados na região e que agitavam a vida urbana em diferentes setores (cf. Sf 1,10-11). A pior perda recairá sobre a tranquilidade esperada com a construção de uma casa (Sf 1,13; cf. Am 5,19) e o jubilo de quem pensava em se alegrar com o seu vinho (cf. Jl 1,5).

Esse ambiente de acusação, onde se revela o agir de YHWH e o reagir dos culpados, fundamentará a retomada do anúncio do *yôm* YHWH, já introduzido solenemente no v. 7, num estilo e traços mais pormenorizados em Sf 1,14-18. Este texto reflete, no conjunto do litígio instaurado, a etapa em que o anúncio de castigo é a sanção legal aplicada aos culpados.

Essa etapa tem três finalidades específicas em sequência: (a) ameaçar fortemente os acusados; (b) conduzir ao reconhecimento do seu modo injusto de proceder; (c) criar um ambiente favorável para que a proposta de conversão encontre uma resposta capaz de ocasionar o fim do litígio, sem que a sentença determinada seja realmente executada (cf. Sf 3,1-5.6-8).

Entre a ameaça e a concretização da mesma, transcorre um tempo que pode ser dito oportuno. Tempo de esperança, pois é sempre uma atitude disponível de YHWH a favor dos que Ele está acusando, a fim de que se convertam. Assim, o próprio YHWH, que revela o pecado, acusa e ameaça, dá aos indiciados a

---

prio YHWH. Is 34,8 parece explicar o evento como cumprimento do *yômnāqām*, de modo que o sacrifício está em relação ao castigo efetuado por YHWH; em Jr 46,10 temos um exemplo aplicado ao Egito; em Ez 39,17.19, precedido pelo contexto de condenação aplicado a Gog, YHWH imola um sacrifício a favor do seu povo (cf. B. LANG, "זָבַח", 531).

[107] Cf. D. MERLI, "Le 'guerre di sterminio'", 53-68; C. SCHÄFER-LICHTENBERGER, "Bedeutung und Funktion von *herem*", 270-275.
[108] Cf. P. R. HOUSE, *Zephaniah*, 58; H. SIMIAN-YOFRE, *Amos*, 120-121.

possibilidade de alcançar a reversão do quadro funesto. A temática do *yôm* YHWH será, por isso, o elemento-chave até Sf 2,3, e por sua índole punitiva serão justificados os novos oráculos (cf. Sf 2,4–3,20).

No contexto da proposta (cf. Sf 2,1-3),[109] reside o desejo salvífico do litigante e divino acusador para que os destinatários indiretos do anúncio encontrem um refúgio (cf. Sf 2,7.9). YHWH dá espaço à penitência porque deseja muito mais perdoar que punir, pois por ela se aplaca a sua cólera.

O duplo apelo a congregar-se não se distancia do sentido contido no imperativo "ouvi", e, embora não se defina o local específico para tal, a solução acontecerá caso a ordem contida em Sf 2,3 for devidamente situada. O apelo profético, julgaríamos, está propondo aos destinatários que se conformem à vontade divina expressa através da Torah (cf. Ml 3,19-24).

Por isso, "Buscai YHWH todos os pobres da terra" é uma ordem em perfeito contraste com o comportamento dos nobres citados na profecia. Enfatiza-se que, mediante as suas atitudes de justiça e humildade, existirá uma via que pode dar-lhes proteção no dia da ira de YHWH (בְּיוֹם אַף־יְהוָה).

Parece-nos que os crimes não podem ser atribuídos a todos os habitantes do país, mesmo se no final a má sorte dos grandes, por não terem se convertido (cf. Sf 3,1-5.6-8), recaia também sobre os menos favorecidos. Disso, só YHWH pode se ocupar como feliz providência (cf. Sf 3,9-20).

Os acusados, embora não se apresentem com um argumento de defesa, poderiam ser defendidos se tivessem respondido positivamente à proposta de conversão implícita na forma como devem ou estão agindo os pobres, de modo que fossem evitadas a decisão e a execução da condenação.

Segundo Sf 3,1-4, os imputados vorazes, reconhecidos nas palavras de acusação (cf. Sf 1,8-13), nada fizeram para provar

---

[109] Cf. A. V. HUNTER, *Seek the Lord*, 269-271. A conversão como proposta divina é algo constante na profecia (cf. Jl 2,12.14; Am 5,14; Jn 3,9).

ou apresentar algum argumento a favor da sua inocência, pelo contrário continuaram no erro.

Assim, embora se descreva a ruína das nações estrangeiras e que isso redundará em sorte para os sobreviventes (cf. Sf 2,4-15), a cidade rebelde, manchada e prepotente não escuta a voz de YHWH na voz do profeta. Nela, as lideranças são injustas e continuam a agir desse modo. A única diferença está no fato de que YHWH, no meio dela, é sempre justo (cf. Sf 3,5).

Desse contexto, brota a possível e plausível identificação da cidade como sendo Jerusalém, mas não há nomeação explícita dela. A apresentação do contraste entre o que continuam fazendo as lideranças e o que continua fazendo YHWH confirma tal identificação. A metáfora da luz que não se apaga deixa entrever que, apesar de tudo, a verdade subsiste diante do erro por meio da presença e ação insistente do profeta Sofonias (cf. Sf 3,5).

Ao lado de uma nova acusação, como se YHWH reabrisse o processo, encontra-se a notícia que recupera o sentido descrito em Sf 2,4-15. As nações foram golpeadas duramente por YHWH (cf. Sf 3,6) para servir de exemplo, visando à correção dos costumes dos acusados (cf. Sf 3,7).

Todavia, YHWH, numa forma de monólogo, aparece desempenhando o papel de juiz universal, reafirmando que a sua ira ardendo, como o fogo de seu ciúme, consumirá toda a terra.[110] Enfim, Sf 1,14-18 ocorreu ou não?

Dessa dúvida, que não deixa os interlocutores se perderem no conjunto da profecia sofoniana, abre-se o espaço para aviar a conclusão do escrito em forma e conteúdo positivo, onde observamos vários temas afins com o escrito de Joel, dentre os quais destacamos:

---

[110] A quinta referência deste dia em Jl 4,14 possui afinidade com as notícias contidas em Sf 3,8, que, por sua vez, repete e recupera Sf 1,18. Para o conjunto do anúncio do *yôm* YHWH, na profecia sofoniana, Sf 3,9-13 possui uma força sintetizadora da ação divina que opera a conversão dos povos (cf. L. LOHFINK, "La 'Guerra Santa'", 88).

- a invocação do nome divino (cf. Sf 3,9 com Jl 3,4);
- a boca, que proferirá palavras verídicas, recorda o dom da profecia para o bem do povo (cf. Sf 3,13 com Jl 3,1-2);
- a certeza de que haverá supérstite (cf. Sf 2,3.9.12 com Jl 3,5);
- YHWH é refúgio e proteção do seu povo (cf. Sf 3,15.17 com Jl 4,16);
- a sublimidade de Sião, monte santo de YHWH, lugar onde se encontra salvação (cf. Sf 3,11.14-17 com Jl 3,5; 4,16-17.21);
- a reunião dos dispersos (cf. Sf 3,10.19-20 com Jl 4,1-2);
- o afastamento do inimigo opressor (cf. Sf 3,15.19 com Jl 2,20-21);
- a exaltação de Jerusalém diante dos povos (cf. Sf 3,14-20 com Jl 4,16-20).[111]

Esses temas afins, explorados devidamente, mostram duas realidades a respeito do yôm YHWH: em primeiro lugar, tanto na profecia de Joel como na de Sofonias ele é uma temática que exige ser tratada considerando o conjunto do escrito em sua forma final; em segundo lugar, esta temática figura como um importante nexo causal, porque viabiliza a estrutura intercalada dos dois escritos, anúncio de condenação e anúncio de salvação, como dois efeitos produzidos pelo juízo divino implícito no yôm YHWH.

Todavia, na profecia sofoniana, à diferença de Joel, o yôm YHWH é tratado como tema de um julgamento iminente, devastador e universal. Ele pode ser perfeitamente visto como uma causa de duplo efeito, que por sua vez revela as consequências que advêm do juízo: uma condenação dos ímpios que produz salvação

---

[111] Igualmente em Am 9,13-15 (cf. H. SIMIAN-YOFRE, *Amos*, 184-185).

dos justos ou uma salvação para os justos que comporta uma condenação para os ímpios impenitentes.[112]

2.2. *Anúncio de condenação*

Em Sf 1,12-13, encontramos um estilo verbal. YHWH é o sujeito da fala. Ele conhece a natureza dos crimes que envolvem as lideranças e as pessoas mais abastadas do seu povo. Esta fala divina cede espaço, porém, para um novo estilo com frases nominais em Sf 1,14-16. Vários substantivos serão dispostos lado a lado e serão utilizados com o objetivo de descrever as notas características e os fortes contornos do *yôm* YHWH sofoniano.[113]

Em Sf 1,17-18, o profeta continua a falar do *yôm* YHWH em nome de YHWH. O motivo que leva ao anúncio do castigo é dado (v. 17c), e declara-se a inutilidade de quem pensa ou tenta fazer algo para evitá-lo.[114]

Em Sf 2,1-3 se retoma o estilo verbal com formas no imperativo. A mensagem é novamente dirigida a um grupo de pessoas claramente determinado, visando aos pobres de Jerusalém.[115] Estes são os que neste dia podem contar com a justiça que praticam e a pobreza que possuem como penhor de esperança salvífica para si mesmos e para a comunidade inteira.[116]

Judá-Jerusalém e os seus habitantes compõem o local e os destinatários anteriores e posteriores ao solene anúncio do *yôm* YHWH.

Concebendo Sf 1,14-18 como parte integrante da estrutura que integra um aspecto do *rîb*, além de perceber melhor a sua

---

[112] Cf. L. A. FERNANDES, *A dimensão escatológica*, 179-181.
[113] No caso de Jl 2,1-11, a caracterização forte para o *yôm* YHWH acontece na ação compartilhada com a descrição bélica do עַם רַב וְעָצוּם.
[114] H. Simian-Yofre (*Amos*, 121) admite que em Sf 1,14-16 existe uma conclusão dramática para a experiência do profeta. Esta levou-o a renovar, com mais intensidade, o anúncio da proximidade do *yôm* YHWH nos v. 17-18.
[115] Cf. C.-A. KELLER, "Sophonie", 194; F. MARTIN, "Le Livre de Sophonie", 19-20; M. WEIGL, *Zefanja*, 89-90; A. SPREAFICO, *Sofonia*, 36.
[116] Cf. A. S. KAPELRUD, *Joel Studies*, 33; P. R. HOUSE, *Zephaniah*, 79.85.

classificação literária e a sua função fundamental como anúncio de condenação, distinto daquilo que o precede e daquilo que a ele se segue,[117] vislumbra-se o valor temático que lhe foi atribuído dentro do horizonte contextual da profecia sofoniana.

Por estes critérios, o início e o fim de Sf 1,14-18 estão bem delimitados. O anúncio de castigo, contudo, se articula como um único texto em dois momentos: v. 14-16: anúncio da proximidade do *yôm* YHWH com a dramática descrição das suas características; v. 17-18: anúncio universal que ameaça com um castigo o ser humano e o seu ambiente vital.[118] Consideramos, agora, a estrutura segundo estes dois momentos. A perspectiva literária do *rîb* evidenciará os critérios que fundamentam e contribuem com uma base plausível para realizar um confronto temático do *yôm* YHWH sofoniano com a perspectiva joeliana.[119]

2.2.1. O *yôm* YHWH e sua particular caracterização (v. 14-16)

Diante da decidida intervenção divina, numa cena de potente solenidade que vai na direção de uma conclusão irrevogável, Sofonias retoma o anúncio precedente (v. 7) gerando um quadro terrificante com o objetivo de golpear o íntimo dos seus ouvintes--leitores. Considerando o tratamento temático ao pé da letra, vê--se que, diante da decisão divina, parece não haver um modo de evitá-la ou uma forma para apelar ou se proteger da chegada

---

[117] P. F. Valério ("Dia do Senhor", 48-51) vê em Sf 1,14-18 uma estrutura quiástica no conjunto Sf 1,2-18. Confrontando o anúncio do *yôm* YHWH, sob o prisma literário e de conteúdo, os v. 14-18, de certa forma, condensariam o que fora dito nos v. 7-13. Contudo, ele também se projeta como base do que se seguirá na profecia.
[118] Cf. M. A. SWEENEY, *Zephaniah*, 77-78.
[119] Não nos propomos realizar neste ponto da pesquisa um comentário exegético-teológico aos v. 14-18, mas refletir sobre os elementos que compõem o texto e a função que ele assume como anúncio de condenação.

deste dia que transformará a realidade inteira.[120] Se acontecer, a ação divina será fatal.

Está próximo o grande *yôm* YHWH,	14a	קָרוֹב יוֹם־יְהוָה הַגָּדוֹל
está próximo e é muito rápido!	14b	קָרוֹב וּמַהֵר מְאֹד
Ouve, é um *yôm* YHWH amargo,	14c	קוֹל יוֹם יְהוָה מַר
urra até mesmo o valente.[121]	14d	צֹרֵחַ שָׁם גִּבּוֹר:
Dia de ira, aquele dia,	15a	יוֹם עֶבְרָה הַיּוֹם הַהוּא
dia de aflição e de tribulação,	15b	יוֹם צָרָה וּמְצוּקָה
dia de destruição e de extermínio,	15c	יוֹם שֹׁאָה וּמְשׁוֹאָה
dia de trevas e de obscuridade,	15d	יוֹם חֹשֶׁךְ וַאֲפֵלָה
dia de nuvem e de escuridão,	15e	יוֹם עָנָן וַעֲרָפֶל:
dia de trombeta e alarido de guerra,	16a	יוֹם שׁוֹפָר וּתְרוּעָה
contra as cidades fortificadas	16b	עַל הֶעָרִים הַבְּצֻרוֹת
e contra as ameias[122] elevadas.	16c	וְעַל הַפִּנּוֹת הַגְּבֹהוֹת:

Além de manter a nota singular, קָרוֹב, que acompanha o *yôm* YHWH (cf. Sf 1,7), o anúncio é retomado de maneira enfática, mostrando que este dia é um evento possuidor de outras duas qualidades inerentes: גָּדוֹל e מַהֵר.[123]

---

[120] Cf. E. BEN ZVI, *A Historical-Critical*, 125; W. P. BROWN, *Obadiah*, 107; R. RENDTORFF, "Alas for the Day!", 194.

[121] O problema textual do v. 14cd resulta, segundo D. Barthélemy (*Critique*, 884-885), da divisão das consoantes. A LXX, Vg e Tg parecem supor um texto consonantal muito próximo ao TM, o que permite mantê-lo. Para a discussão, cf. G. GERLEMAN, *Zephanja*, 20-21; W. RUDOLPH, *Zephanja*, 263; A. SPREAFICO, *Sofonia*, 112-113.

[122] Tg mudou פִּנּוֹת para רמחא, "colina" (cf. J. RIBERA-FLORIT, "La versión aramaica", 129.138). Em 2Rs 14,13; Jr 31,38; 2Cr 26,9 o termo פִּנּוֹת não indica, necessariamente, "ameias", podendo ser traduzido por "portão do canto" (cf. E. BEN ZVI, *A Historical-Critical*, 126-127; A. SPREAFICO, *Sofonia*, 117).

[123] Cf. P. G. SCHWESIG, *Die Rolle*, 21-24. מַהֵר é, provavelmente, uma forma abreviada do particípio מְמַהֵר. A queda do מ inicial poderia ser explicada

Estas três características unidas, como aspectos do *yôm* YHWH,[124] antes de serem enriquecidas com uma classificação sequenciada do termo *yôm* nas seis sentenças que estão em estado construto (cf. Sf 1,15-16a), cedem espaço ao comportamento que se pretende exigir dos ouvintes-leitores, pois se está aviando uma mensagem de cunho bélico perturbadora (v. 14cd).[125]

O *yôm* YHWH não está somente próximo (קָרוֹב), mas é גָּדוֹל, não como fruto de um evento capaz de gerar um estado de alegria quando se celebra uma benéfica visita divina, acompanhada de seus favores. É uma realidade que irrompe na história com força e rapidez sem igual (מַהֵר), causa pavor e revela a excelência da transcendência na imanência da esfera humana.[126]

Sf 1,14 dá início a uma descrição sobre o que representa o *yôm* YHWH para história de Judá-Jerusalém e por ela para o mundo circunvizinho. Ele, na concepção do profeta, representa YHWH que vem para julgar, punir os homens e com eles a terra.[127] Isso confirma o prelúdio (cf. Sf 1,2-3).

Uma relação possível de ser admitida entre as três primeiras características (v. 14ab) e os sucessivos pares em estado construto (v. 15-16) não residirá tanto numa ordem de dependência dos termos entre si, mas mais na certeza de que o *yôm* YHWH tem, na

---

pelo fenômeno da haplografia sonora (cf. A. SPREAFICO, *Sofonia*, 113; B. RENAUD, *Michée*, 212).

[124] Cf. P. G. SCHWESIG, *Die Rolle*, 22-23.
[125] Cf. E. BEN ZVI, *A Historical-Critical*, 287; A. G. KING, "The Day of the Lord", 17; W. L. Holladay ("Reading Zephaniah", 675), numa espécie de concordância redacional entre Sofonias e Jeremias, propõe que Sf 1,14-18 seja uma nota reforçativa para a ideia de uma guerra em sentido sacrifical anunciada em Sf 1,7. A posição de Holladay é retomada e admitida por S. MANFREDI, *Geremia in Dialogo*, 29-30.358.
[126] Cf. M. E. SZÉLES, *Wrath and Mercy*, 86. O sentido punitivo que também deriva da raiz פקד em Sf 1,8.9.12 (וּפָקַדְתִּי) testemunha a favor dessa interpretação, pois a visita conota a intervenção divina num ajuste de contas, motivado pelas faltas e omissões sociais cometidas (cf. W. SCHOTTROFF, "פקד", 601-603). Em Sf 2,7, encontra-se um uso positivo para o verbo יִפְקְדֵם, onde YHWH manifesta seu interesse salvífico pessoal.
[127] Cf. H. SIMIAN-YOFRE, *Amos*, 121; H. IRSIGLER, *Zefanja*, 165.

profecia de Sofonias, uma natureza particular: é um יוֹם עֶבְרָה.[128] Por isso, é um agir inédito de YHWH "na e para a" história, porque Ele se dispôs a não perder tempo na execução do seu desígnio.[129] קוֹל assumido como um chamado de atenção, e não um simples som de algo que possa ser ouvido, confirma os dados do v. 14, revelando que a voz tem a ver com o tom irado de YHWH. A profecia, com isto, introduz a sentença, anuncia os sinais e as consequências que se abaterão sobre os acusados, através de vivas imagens oriundas do ambiente bélico: o herói que brada, a trombeta que ressoa e a agitação ou tumulto que se cria.[130] Nesse sentido, ao dizer: *ouve*, afirma-se que o *yôm* YHWH tem também, por seu protagonismo, o seu som próprio (onomatopeia).[131]

Portanto, é coerente que este *yôm* seja apresentado com uma carga de linguagem tão negativa. O termo מַר fundamenta esta qualificação. É um *yôm* YHWH amargo, porque nele se provará uma profunda consternação e dor. Na verdade, neste dia se sente a amargura do próprio pecado (cf. Jr 4,18).[132]

A qualificação do *yôm* YHWH como amargo justifica por que até mesmo o homem valente, seja ele judeu ou estrangeiro, exemplar por sua coragem e vigor, ficará possuído de medo e pavor.[133] Ele, amedrontado, lançará um forte grito, significando a sua dis-

---

[128] בְּיוֹם עֶבְרַת יְהוָה ocorre em Sf 1,18 e em Ez 7,19, que é considerado um comentário baseado no anúncio sofoniano, uma sentença, na qual o profeta anuncia um grande castigo devido à culpa do povo eleito. יוֹם עֲבָרוֹת se encontra em Jó 21,30 (cf. B. RENAUD, *Michée*, 213; E. BEN ZVI, *A Historical-Critical*, 122; M. WEIGL, *Zefanja*, 81-82).

[129] Cf. A. SPREAFICO, *Sofonia*, 114; M. A. SWEENEY, *Zephaniah*, 95-98.

[130] O tempo da paciência e da longanimidade de YHWH está se esgotando (cf. M. WEIGL, *Zefanja*, 81). E. Achtemeier (*Nahum*, 72) admite que uma voz será ouvida no começo da guerra santa de YHWH contra seu povo. A compreensão de que um dia possa ser amargo é uma informação possível (cf. Am 8,10).

[131] Cf. F. MARTIN, "Le Livre de Sophonie", 17.

[132] Este tópico será tratado no cap. V.

[133] גִּבּוֹר pode significar tanto o valente guerreiro, como o homem valoroso por sua índole moral ilibada. Am 2,14-16 descreve, no contexto de um oráculo contra Israel, que os hábeis em guerra serão incapazes de se sal-

posição não para entrar firmemente no combate, mas para exprimir a sua total impotência e o desespero que sente diante e contra quem ele não pode combater (cf. Am 2,13-16).[134] No fundo, é YHWH quem é grande e se faz amargo no dia da sua justiça, porque Ele é a parte ofendida e quem decidiu entrar em litígio. Assim, por detrás da imagem do herói que grita, verifica-se a emissão de um som terrificante para os que ouvem, som de quem vê o que está acontecendo dentro do campo de batalha (local do tribunal divino): destruição e derrota.[135]

O fato de esta retomada temática não estar expressamente ligada a um ato cultual não invalida que o silêncio que nele fora exigido (v. 7) buscasse dispor os interlocutores à total abertura diante da proclamação do *yôm* YHWH (קוֹל).[136] Esta proclamação torna YHWH presente com a sua justiça, combatendo a infeliz escolha idolátrica dos que não praticam o verdadeiro culto e não agem de acordo com o direito (cf. Sf 1,4-6.12).

YHWH, no zelo de sua ira, se apresenta, ele mesmo, como um guerreiro portador do juízo devastador.[137] Os termos usados nos v. 14-15 combinam dados próprios da revelação de YHWH na história do seu povo e das ações que transcorrem numa guerra de

---

var (cf. H. SIMIAN-YOFRE, *Amos*, 58-60). A mesma ideia encontra-se em Sofonias (cf. J. R. WOOD, *Amos in Song*, 187).

[134] Pelo contrário, em Sf 3,17, a presença de YHWH no meio do povo é a razão da salvação. Ele é um potente redentor (cf. M. A. SWEENEY, *Zephaniah*, 101-102).

[135] Os v. 14-16, fazendo sobressair o caráter nefasto do *yôm* YHWH, por metonímia, fazem sobressair o tribunal em que YHWH se manifesta, pondo-se como justo juiz.

[136] Joel e Sofonias se aproximam quanto ao modo de tratar a temática. Ambos fazem preceder o seu desenvolvimento de um prelúdio categórico (cf. Jl 1,15 e Sf 1,7). Sofonias, a partir do v. 7, insiste no termo *yôm* (cf. Sf 1,8.9.10.14.15.16.18; 2,2.3; 3,8.11.16). Joel, por sua vez, depois de Jl 1,15 insiste na ação do עַם רַב וְעָצוּם (cf. Jl 2,2-9).

[137] Cf. J. VLAARDINGERBROEK, *Zephaniah*, 107-108. Em Is 42,13, YHWH, sujeito do verbo צָרַח no *hifil*, emite o grito de batalha como um valente contra os seus inimigos (cf. J. J. M. ROBERTS, *Nahum*, 183-184).

revanche (cf. a "lei do talião"?).¹³⁸ Nesse sentido, está-se muito próximo do contexto temático presente em Joel. Os v. 15, estruturado com pares sinonímicos, oferece ulteriores informações para o v. 14. Elas iniciam com o *yôm*, exceto a primeira, reforçada pela fórmula temporal que funciona como um reenvio (הַיּוֹם הַהוּא).¹³⁹ Esta conexão estabelece um ritmo e desenrola a temática de forma linear, mostrando uma cadência evolutiva capaz de continuar mantendo a atenção fixa nos acusados, iniciada com הַס (v. 7) e insistida no קוֹל (v. 14).

A primeira frase introduz a ira como um elemento próprio do *yôm* YHWH.¹⁴⁰ O יוֹם עֶבְרָה, no conjunto dos v. 15-16, se torna visível pela ação das forças naturais que afetam a realidade julgada (cf. Hab 3,8). Estas características denotam um processo judicial com sentenças condenatórias sobre os implicados. É uma ação do

---

[138] Cf. R. L. SMITH, *Micah*, 131-132; S. Manfredi (*Geremia in Dialogo*, 263) reafirma a posição de que Jr 6,4 junto com Mq 3,5 seja o início da reflexão teológica que mostra YHWH irritado com o seu povo nos moldes de como Ele procedia, no passado, contra os seus inimigos (também, cf. A. van der LINGEN, *Les guerres de Yahvé*, 15).

[139] O uso de pares de substantivos (cf. 2Rs 19,3; Is 22,5; 37,3) funciona como um superlativo (cf. GK § 133*l*). Na poesia, a repetição de termos é um recurso estilístico na sua estrutura (cf. L. ALONSO SCHÖKEL, *A Manual of Hebrew*, 75-83.192-193).

[140] A fórmula הַיּוֹם הַהוּא, em várias passagens, confirma um evento singular que lhe está conexo. Em Ex 10,13 é o dia particular que traz a praga dos gafanhotos sobre o Egito; em Nm 11,32 é o dia em que YHWH envia as codornizes ao acampamento; em Jz 9,45 é o dia em que Abimelech ataca e reduz ao anátema a cidade de Siquém; em 1Sm 19,24 é o dia em que Saul é investido do carisma profético; em 1Cr 29,21 é um dia cultual em que numerosos holocaustos são oferecidos em honra de YHWH; em Ne 4,10 é o dia em que se inicia o trabalho conjunto de preparação das formas de defesa de Jerusalém; em Ne 8,7 é um dia particular que delimita e evidencia o estupor que se experimentou com o retorno dos deportados; em Jó 3,4 é o dia abominado pelo justo sofredor, dia em que nasceu e deve ser convertido em trevas; em Jr 30,7 é um dia de grande lamento, por ser um tempo reservado para Jacó experimentar a angústia; e em Ez 39,22 é o dia que denota o momento no qual a casa de Israel reconhecerá YHWH como seu Deus.

justo juiz divino e não simplesmente um sentimento que extravasa como fruto do afeto ou da paixão humanas.[141]

Vê-se que o dia de trevas em Am 5,18-20 assume, em Sofonias, uma nova e forte conotação ao ser dito יוֹם עֶבְרָה.[142] A realidade dramática confirma que YHWH também pode se voltar contra o seu próprio povo. O anúncio de Sofonias, devido a isto, não é uma simples reinterpretação de Amós, mas uma concretização do que Amós já havia preconizado.[143]

עֶבְרָה é um sentimento humano paradoxalmente aplicado a YHWH.[144] A sua ira manifesta-se como uma irresistível reação contra tudo o que se opõe à sua majestade e santidade (cf. Dt 3,26; Ez 22,21.31). A ira de YHWH é utilizada como um tema profético capaz de explicitar a revelação da justiça divina como ato da sua santidade, que pune o pecado e a maldade.[145]

---

[141] A indignação de YHWH sobre o povo (cf. Is 9,18; 10,16; Ez 22,21) ou sobre os seus líderes (cf. Os 5,10; 13,11). Cf. J. L. MACKAY, *Jonah*, 258-262; L. ALONSO SCHÖKEL – J. L. SICRE DÍAZ, *Profetas II*, 1117.

[142] Injustos e culpados não escapam quando a ira divina se manifesta (cf. Is 13,9; Ez 7,19; Sl 7,7; 9,17-18; 11,5; 28,4; 56,8; 79,6-8; 94,2).

[143] Cf. X. LEON-DUFOUR, "Ira", 568; M. A. SWEENEY, *Zephaniah*, 99; H. IRSIGLER, *Zefanja*, 172-173.

[144] Cf. R. MIGGELBRINK, *L'Ira di Dio*, 9-27. עֶבְרָה reflete algo que excede e ultrapassa os limites sobre o qual é versado. Os acusados não suportarão o momento da ira divina (cf. G. A. HERION, "Wrath of God", 994-995; G. SAUER, "עֶבְרָה", 267-270; G. van GRONINGEN, "עָבַר", 1073; K.-D. SCHUNCK, "עֶבְרָה", 1034-1039). O AT relaciona a ira ao orgulho do homem, um sentimento perigoso e condenado pelos males incalculáveis que causa (cf. Pr 14,17; 15,18; 19,19; 22,24; Eclo 27,30), pois o homem facilmente perde o domínio das suas ações (cf. Gn 4,5; 27,44-46; Pr 29,11.22). Para outros particulares, cf. L. A. FERNANDES, *A dimensão escatológica*, 97-98.

[145] Cf. 2Cr 19,2; Is 9,18; 13,13; Na 1,6.

יוֹם צָרָה וּמְצוּקָה é uma formulação única em Sofonias,[146] usada como sinal do יוֹם עֶבְרָה de YHWH,[147] para expressar uma intensa perturbação agindo no emocional e pode ser comparada: à dor que sente uma parturiente ao dar à luz o seu primogênito (cf. Jr 4,31); ao pânico que se experimenta diante de um exército forte e devastador (cf. Jr 6,24); à falta ou ausência de auxílio que traga libertação de uma opressão (cf. Is 37,3; 2Rs 19,3). Esta aflição pode definir o momento, previsto no *yôm* YHWH, em que o povo eleito sofrerá as consequências por seus pecados (cf. Jr 30,7; Sl 78,49).[148]

יוֹם שֹׁאָה וּמְשׁוֹאָה é marcadamente assonântico e único em Sofonias. O sentido do impacto causado pelo verso anterior é aqui ampliado. A situação mostra que o momento é de aflição e tribulação porque a ira divina é causadora de devastação e extermínio. Ela está levando à morte.[149]

---

[146] יוֹם צָרָה está testemunhado no AT (cf. Jr 16,19; Ab 1.14; Hab 1,7; 3,16; Sl 20,2; 50,15; Pr 24,10; 25,19), bem como a frequente combinação dos termos צָרָה e מְצוּקָה num mesmo versículo. Aqui צָרָה וּמְצוּקָה está em paronomásia. Em alguns textos, YHWH aparece como o objeto da súplica (cf. Sl 25,17; 107,6.13.19.28) e em Jó 15,24 é a punição destinada ao ímpio (cf. E. BEN ZVI, *A Historical-Critical*, 122-123).

[147] Uma ação dessa natureza é vista, por exemplo, no assédio a uma cidade, gerando um momento de grande aflição para seus habitantes (cf. Dt 28,52.53.55.57; Is 29,3.7; Jr 10,18; 19,9; 1Rs 8,37; 2Cr 6,28; 28,20; 33,12). O anúncio do *yôm* YHWH em Joel, visto na sua totalidade, daria base e confirmaria esta interpretação no momento em que figura como primeiro escrito a tratar desta temática no *Dodekapropheton* (cf. Jl 2,9).

[148] Cf. M. WEIGL, *Zefanja*, 82; H. SIMIAN-YOFRE, *Amos*, 121; quanto ao sentido aplicativo, cf. J. E. HARTLEY, "צָרָה", 1309-1310.

[149] שֹׁאָה é a sensação que se experimenta no deserto ou ainda a intensidade da força que uma ação desencadeada na natureza pode provocar, devastando tudo aquilo que estiver na sua frente (cf. Pr 1,27; Ez 38,9). מְשׁוֹאָה, sinônimo correspondente de שֹׁאָה, intensifica a primeira ação (cf. Jó 30,3; 38,27). Este par de termos se torna apto para designar o juízo divino como aniquilação. Em duas ocasiões, מְשׁוֹאָה aparece no plural (cf. Sl 73,18; 74,3). Cf. V. P. HAMILTON, "שׁוֹא", 1531-1532; A. SPREAFICO, *Sofonia*, 116.

O terceiro e quarto pares de substantivos (v. 15de) apresentam com clareza o fenômeno da intensidade com que se está tratando o *yôm* YHWH. חֹשֶׁךְ é o antônimo específico de אוֹר (cf. Am 5,18.20).[150] O jogo terminológico causa o forte paralelismo em sentido inverso e, assim, se consegue explorar os dois polos, negativo e positivo, intrínsecos ao termo חֹשֶׁךְ.[151]

Em vez da luz, sinal da bênção ligada à vida e à fecundidade, geradoras de felicidade,[152] luz que permite enxergar com clareza a realidade e caminhar na verdade,[153] têm-se trevas, denotando, na linguagem profética, juízo e maldição (cf. Ez 32,8; Na 1,8). Com isso, Sofonias não só se aproxima da concepção de Am 5,18-20, mas a intensifica, voluntariamente, para além do enunciado em Joel (cf. Jl 2,2; 3,4; 4,15).[154] Os imputados na acusação ficam incapacitados para reconhecer a própria condição de pecado na qual estão profundamente mergulhados.[155]

---

[150] Cf. R. L. ALDEN, "חֹשֶׁךְ", 545-546; H. WOLF, "אוֹר", 39-41; S. AALEN, "אוֹר", 167-169. Sobre o tema contrastante entre luz e trevas, assinalamos o importante trabalho de G. I. Vlková (*Cambiare la Luce in Tenebre*), que propõe uma exaustiva avaliação sobre a temática no livro de Isaías, realizando uma profícua intertextualidade.

[151] Provam as trevas os que baixam à sepultura (cf. 1Sm 2,9; Jó 10,21; 18,18; 34,22; Sl 88,12-13; Ecl 6,4); o termo também denota metaforicamente: a ignorância (cf. Sl 18,28-29; 107,10; Is 9,2); o mal (cf. Is 5,20); o oculto (cf. Sl 18,11; 139,11-12); a cegueira (cf. Jó 12,25; 22,11; Is 29,18) e o juízo (cf. Jó 3,4; Sl 35,6; Is 47,5; 59,9), traços confirmados em nossa dissertação (cf. L. A. FERNANDES, *A dimensão escatológica*, 100-102).

[152] Cf. 2Sm 23,3-4; Jó 33,30; Sl 36,9-10; 56,13-14; 97,11; Ecl 11,7; Est 8,16.

[153] Cf. Sl 119,105.130; Pr 6,23; Dn 5,11. Esta relação poderia justificar, inclusive, as comparações entre YHWH e a luz (cf. Ex 13,21; Sl 27,1; 105,39).

[154] O termo חֹשֶׁךְ foi usado na nona praga, causando pânico e cegueira (cf. Ex 10,21-23; Sl 105,28), mas foi também uma solene escuridão na teofania do Sinai (cf. Ex 14,20; Dt 4,11; 5,23). Para P. G. Schwesig (*Die Rolle*, 27), a atribuição em Sofonias é uma dependência literária consciente que induz a pensar na existência escrita de Amós.

[155] Cf. H. SIMIAN-YOFRE, *Amos*, 121; E. BEN ZVI, *A Historical-Critical*, 122-123. Em Ez 34,12, o quarto par refere-se a um ato de misericórdia

"Nuvem" é a unívoca tradução para o termo עָנָן.[156] Um forte símbolo no AT, que, por um lado, indica a inefável presença de YHWH[157] e, por outro lado, salvaguarda a sua transcendência. עָנָן servia para encobrir a glória divina, no sentido de proteger, porque os libertos não podiam suportar a presença de YHWH (cf. Ex 19,16-19; 20,18-21).[158] Neste ponto do poema, percebe-se que a linguagem sofoniana lança mão dos aspectos que recordam a solene teofania do Sinai (cf. Dt 5,22-23; 4,11; 32,2-3).[159] YHWH, onipotente criador do universo (cf. Jl 1,15; Is 13,6), permite que a natureza desempenhe um papel funesto, revoltando-se e aterrorizando os homens. Ela aparece não só como criatura submissa, mas como forte aliada (cf. Sl 97,2-3). A ordem primeva é revertida, reaparecendo o caos do momento originário da criação (cf. Gn 1,1-2).[160]

No v. 16, a descrição continua, e do campo visual se passa ao campo auditivo. Em tal passagem algo particular é dito sobre o *yôm* YHWH: ele é apontado como um dia gerador de conflito e confusão. Às imagens de horror descritas nos v. 14-15 somam-se as imagens de terror oriundas de uma situação provocada por uma guerra próxima ou que já está em curso.

---

de YHWH, diante do dia da dispersão de Israel, como consequência da destruição de Jerusalém (cf. Ez 13,5).
[156] A única exceção se dá em Ne 10,27 (cf. H.-J. FABRY, "עָנָן", 272-275).
[157] Este termo é usado em referência à coluna luminosa que guiou os libertos do Egito pelo deserto (cf. Ex 13; 14; 16; 33; 40; Nm 9–12 [em 9,15-22 עָנָן ocorre 19 vezes]; 14; 16; cf. R. L. ALDEN, "עָנָן", 1148; B. CHIESA, "Um Dio di Misericordia", 110-111).
[158] Cf. R. L. SMITH, *Micah*, 131-132; A. BERLIN, *Zephaniah*, 90.
[159] M. Weigl (*Zefanja*, 84) afirma que o fator cronológico valoriza a relação, porque Dt 4,11 é mais recente que Dt 5,22-23; S. D. Snyman ("Violence and deceit in Zephaniah 1:9", 94-95) já havia reconhecido e aplicado a Sf 1,7-13. O contexto de reprovação idolátrica e sincretista reenvia ao decálogo. Assim, a tradição do Sinai e a terra são temas da fé histórica usados no processo contra os acusados no *yôm* YHWH (cf. A. PETER, *Commenti Spirituali*, 47; J. VLAARDINGERBROEK, *Zephaniah*, 22-24.110).
[160] Cf. J. L. MACKAY, *Jonah*, 260; D. W. BAKER, *Nahum*, 100-101.

שׁוֹפָר תְּרוּעָה יוֹם é igualmente uma expressão única em Sofonias. A locução יוֹם תְּרוּעָה aparece testemunhada em Nm 29,1 e é uma alusão ao banquete realizado num tempo determinado. Este, porém, dificilmente seria o significado usado por Sofonias, caso não seja uma superposição alusiva ao sentido sacrifical-litúrgico advindo de Sf 1,7-8.[161]

Por que se deverá soar o שׁוֹפָר no *yôm* YHWH?[162]

Percebe-se que Sofonias passa, com liberdade expressiva, dos fenômenos físicos aos que se referem diretamente à guerra, confirmado pela alusão ao valente guerreiro do v. 14d e sua inútil ação militar, pois no *yôm* YHWH tudo que se encontra diante dele sai destruído.

À diferença de Jl 2,2d-9, Sofonias não alude que um povo numeroso e potente está se aproximando, mas dá a entender que o inimigo é o próprio YHWH. Ele vem para combater contra os acusados do seu povo. O som produzido no *yôm* YHWH não é de esperança, mas se ouvirá a תְּרוּעָה do שׁוֹפָר num conflito aterrador. Existe uma proposital relação entre o chamado de atenção (קוֹל - הַס) e o som do שׁוֹפָר, justificando Sf 1,7–2,3 como um *rîb*.

É difícil dizer ou admitir que YHWH estará realizando o seu juízo através de um exército que se apresenta hostil ao povo eleito, uma vez que o profeta menciona também as nações estrangeiras e inimigas como alvo da ira divina.

Nesse sentido, o יוֹם שׁוֹפָר וּתְרוּעָה não poderá ser visto como uma atitude convocatória para uma guerra contra YHWH, mas indica um sinal que antecipa a sua vitória contra os acusados em meio a

---

[161] Cf. E. BEN ZVI, *A Historical-Critical*, 124.
[162] Visto que Jl 2,1.15 é um texto que antecede Sofonias no cânon da BH, já seria uma razão e uma resposta suficiente para esta questão. Segundo alguns, este último par possui um caráter explicitamente militar e não cultual (cf. 2Sm 6,15), mas os dois podem estar subentendidos (cf. G. BERNINI, *Sofonia*, 47; H. SCHÜNGEL-STRAUMANN, *Sofonia*, 15; A. SPREAFICO, *Sofonia*, 116; J. VLAARDINGERBROEK, *Zephaniah*, 110).

grande alarido.[163] É certo que para os implicados no julgamento divino não haverá, como anteriormente aludido, um modo de se proteger ou meios para resistir ao *yôm* YHWH.[164] A expressão הֶעָרִים הַבְּצֻרוֹת está testemunhada no AT,[165] enquanto וְעַל הַפִּנּוֹת הַגְּבֹהוֹת é também uma locução única em Sofonias.[166] O adjetivo f.pl. בְּצֻרוֹת qualificando a cidade e o substantivo f.pl. פִּנּוֹת, usado em relação aos lugares fortificados para proteger uma cidade ou como tática militar numa guerra (cf. 2Cr 26,15; Zc 10,4), estão em sintonia sinonímica.[167]

---

[163] Tal posição difere de Joel, onde a convocação é feita em vista da guerra de YHWH contra os que maltrataram o seu povo e desprezaram a sua cidade santa (cf. Jl 1,6; 2,1; 4,9-13). O sentido da confusão como tumulto encontra sentido também em Jl 4,14.

[164] Aqui o ouvinte-leitor lembraria que em Jl 2,1-11 não existe somente um anúncio do *yôm* YHWH, mas uma descrição do עַם רַב וְעָצוּם que foi criado por YHWH, está sob o seu comando e está pronto para executar fielmente as suas ordens.

[165] Em Nm 13,28, as cidades fortificadas constituem um impedimento à conquista, porque os libertos do Egito, por não serem adestrados e por não possuírem os meios adequados para invadi-las, recuam na empresa com medo (cf. Dt 1,28); já em Dt 3,5 é um motivo de orgulho o fato de terem conquistado as cidades que pertenciam ao território de Og, prelúdio dos projetos de conquistas maiores que os esperam na terra prometida (cf. Dt 9,1; Js 14,12); em 2Sm 22,6 é um local de refúgio em momentos de perigo; em 2Rs 18,13 (cf. Is 36,1; 2Cr 32,1) Senaquerib conquista as cidades fortificadas de Judá, motivo pelo qual Isaías profetiza o sentido da proteção que vem de YHWH (cf. 2Rs 19,25; Is 37,26); em Os 8,14 uma reprovação lembra o progresso que Judá teve com a construção das cidades fortificadas, mas com elas veio o orgulho e o abandono da proteção divina (cf. 2Cr 19,5; 33,14); em Ne 9,25 é parte dos elogios dados a YHWH.

[166] Em Sf 3,6 o termo está aplicado no construto com sufixo de 3.m.pl. (פִּנּוֹתָם).

[167] בְּצֻרוֹת é um plural muito próximo a בְּצָרוֹת (prep. בְּ + plural de צרה) e a הַבַּצָּרוֹת, "seca" ("angústia"? cf. Jr 14,1). A alusão ao יוֹם צָרָה do v. 15 seria um jogo intencional com palavras diferentes, criando um vínculo com צרר (*hifil* 1.c.sg). O וַהֲצֵרֹתִי do v. 17a abre a descrição do conteúdo e dos efeitos nefastos que se dão com a vinda do *yôm* YHWH.

Unindo estas duas realidades, afirma-se que YHWH despreza a certeza e a segurança fugaz de uma proteção construída pelas mãos humanas.[168] Ele, atingindo os lugares fortificados, revela sua insignificante fraqueza diante da sua ira. Levando-os à total ruína, YHWH está na verdade atingindo o orgulho da criatura humana (cf. Am 9,1-4; Hab 1,4; Is 2,15). Não haverá chance de fuga das suas mãos e não há como se abrigar no *yôm* YHWH.[169] Atingiu-se já um primeiro vértice após derrubar o erro dos que ainda pensavam em se apoiar nas cidades fortificas, uma ilusão conhecida e combatida na profecia (cf. Is 17,3; Os 10,14). Estes traços aparecerão dominantes na linguagem utilizada nos v. 17-18, que desenvolverão o drama da situação previamente descrita de forma terrificante.

2.2.2. A decisão divina e os efeitos do *yôm* YHWH (v. 17-18)

Da palavra que anunciou e descreveu, no primeiro momento, por meio de uma sequência não verbal, o *yôm* YHWH e suas funestas características, passa-se, neste segundo momento, a uma forma verbal causativa ativa. A transição vai da noção e elaborada apresentação sobre esse dia à sua concreta e abrangente aplicação aos homens e ao seu ambiente vital.

O verbo, emitido em primeira pessoa (וַהֲצֵרֹתִי), dissipa qualquer tipo de dúvidas para o ouvinte-leitor, deixando-o certo de uma coisa: YHWH é o sujeito que causa as ações desencadeadas neste dia de trevas e escuridão.[170]

---

[168] Além das cidades fortificadas, Am 5,19 mostra também que a casa, onde se experimenta o refúgio familiar, é igualmente uma fugaz imagem da segurança. M. A. Sweeney (*Zephaniah*, 101) aplica o sentido ao contexto de Is 2,6-21.

[169] Cf. L. A. FERNANDES, *A dimensão escatológica*, 105-106.

[170] H. Simian-Yofre (*Amos*, 121) atenta para o fato de que o sujeito da ação de צרר, na forma causativa (*hifil*), na maioria dos casos é o ser humano (inimigo?) ou a situação implicada. O profeta é o legítimo porta-voz de YHWH, que se faz inimigo dos culpados. F. Martin ("Le Livre de Sophonie", 5.16) afirma que em Sf 1,14-18 não se tem um sujeito da proposição, mas se tem uma relação com o conteúdo enunciado. É difícil deter-

Os efeitos drásticos e dramáticos, porém, não estão desprovidos de uma razão pertinente e suficientemente capaz de explicar e legitimar a decisão divina (v. 17c). Ao lado disso, uma ação expressa nesse modo, com esse tom, responde visível e diretamente à falsa concepção dos que pensavam no seu íntimo: "YHWH não pode fazer nem o bem nem o mal" (Sf 1,12).

E causarei aflição aos homens,	17a	וַהֲצֵרֹתִי לָאָדָם
e caminharão como cegos,	17b	וְהָלְכוּ כַּעִוְרִים
porque contra YHWH pecaram,	17c	כִּי לַיהוָה חָטָאוּ
e será derramado[171] o seu sangue como pó	17d	וְשֻׁפַּךְ דָּמָם כֶּעָפָר
e sua carne[172] como esterco.	17e	וּלְחֻמָם כַּגְּלָלִים:
Nem[173] a sua prata	18a	גַּם־כַּסְפָּם
nem o seu ouro	18b	גַּם־זְהָבָם
não os poderá salvar	18c	לֹא־יוּכַל לְהַצִּילָם
no dia da ira de YHWH;	18d	בְּיוֹם עֶבְרַת יְהוָה
e pelo fogo do seu zelo	18e	וּבְאֵשׁ קִנְאָתוֹ
será devorada toda a terra,	18f	תֵּאָכֵל כָּל־הָאָרֶץ
porque uma destruição,	18g	כִּי־כָלָה

---

minar a quem se refere o "eu" do verbo וַהֲצֵרֹתִי, dirigido a destinatários genéricos.

[171] שֻׁפַּךְ no *qal passivo*, com dois objetos por comparação, justifica-se pelo fato de serem indicados como o castigo que se segue à acusação de pecado (v. 17c); e porque se enquadram e acompanham perfeitamente o discurso da fala divina no *hifil* 1.c.sg. (וַהֲצֵרֹתִי).

[172] O termo לְחֻמָם possui sentido e as versões antigas apoiam o TM (LXX: σάρκας; Vg: *corpus*). O Tg traz נְבֵילַת, *carnę putrefata*, isto é, cadáver (cf. J. RIBERA-FLORIT, "La versión aramaica", 145.153). As conjecturas não deixam o texto mais compreensível (cf. W. WEIGL, *Zefanja*, 88-89; M. A. SWEENEY, *Zephaniah*, 102-103).

[173] גַּם comporta uma ideia conjuntiva: *ambos, isso e aquilo* (cf. J. E. SMITH, "גַּם", 275-276). Todavia, גַּם ... גַּם + algo indica uma sentença ou cláusula negativa: *nenhum* ou *nem isso nem aquilo* (cf. GK § 154a n. 1c; BDB, 168-169).

| terrivelmente rápida, ele fará | 18h | אַךְ־נִבְהָלָה יַעֲשֶׂה |
| a todos os habitantes da terra. | 18i | אֵת כָּל־יֹשְׁבֵי הָאָרֶץ׃ |

Ao anúncio ameaçador de YHWH, num tempo ainda não realizado, correspondem duas reações humanas futuras e consecutivas. No meio do versículo (v. 17c) está o motivo que se liga ao dado precedente (v. 17ab), justificando a ação, e serve para introduzir a efêmera realidade da qual o ser humano é feito (v. 17de). Esta palavra é uma sentença, com graves consequências para os acusados.

Se, por um lado, este dia é portador da justiça divina, por outro, ele revela os pecados. O tema do juízo universal introduzido no início do escrito é retomado (cf. Sf 1,3),[174] e o termo אָדָם dá o devido suporte, pois assume e resume em si todas as especificações referentes à espécie humana, de modo que o anúncio deixa de ser uma palavra somente para Judá-Jerusalém.

O recurso intencional ao substantivo coletivo אָדָם abarca não só todas as raças, línguas e nações, mas também faz uma referência específica a todas as classes já mencionadas: os idólatras (cf. Sf 1,4-6); os responsáveis pela condução do reino (cf. Sf 1,8-9); os comerciantes (cf. Sf 1,10-11); os incrédulos (cf. Sf 1,12-13) e, de modo particular, os possuidores e detentores de riquezas (cf. Sf 1,3.8-13.18).[175] Não ficam excluídos os inimigos dos quatro cantos da terra: os filisteus (cf. Sf 2,4-7), os moabitas e amonitas (cf. Sf 2,8-11); os etíopes (cf. Sf 2,12) e os assírios (cf. Sf 2,13-15).[176]

---

[174] Cf. A. BERLIN, *Zephaniah*, 90; M. WEIGL, *Zefanja*, 90-93; P. G. Schwesig (*Die Rolle*, 59-70) admite que os contatos existentes entre Sf 1,2-3 e 1,17-18* sejam o fruto de um estágio redacional posterior, quando se quis atualizar e universalizar o anúncio do *yôm* YHWH para além do *focus* direcionado sobre Jerusalém. Todavia, o contexto mostra continuidade na forma de tratar a temática e se vale da visão universalista.

[175] Ao lado da dupla acepção do termo אָדָם, vê-se que a ira divina torna a vida humana breve (cf. Sl 90,9), seja para o indivíduo (cf. Dt 3,26; Os 5,10; Sl 89,39; Ez 22,31; Lm 3,1) seja para a coletividade (cf. Is 9,18; Jr 7,29; Ez 21,36; Sl 78,21.59.62).

[176] Cf. L. A. FERNANDES, *A dimensão escatológica*, 109.

Se o som das trombetas e alaridos introduziam uma alusão aos motivos de uma ação bélica (v. 16a), onde YHWH, na lembrança de um passado glorioso, guerreava e estava do lado e a favor do seu povo, aqui encontra-se uma total inversão na sua postura, pois Ele agora se declarou opositor.[177] Que tem a ver a aflição causada aos homens e o seu caminhar como cegos? Seria a aflição o resultado de uma cegueira física? Segundo o sentido do v. 17b, a cegueira é uma privação metafórica (cf. o uso de כְּ), pois, não obstante "estejam cegos", os homens caminharão.[178]

Se no v. 15d afirmou-se que o *yôm* YHWH é יוֹם חֹשֶׁךְ וַאֲפֵלָה, podemos deduzir que, embora os acusados não sejam cegos no sentido físico (e, portanto, estão privados de usufruir do direito de proteção legal[179]), possuem a cegueira como fruto das trevas do próprio pecado. Este não lhes permite enxergar a própria injustiça, tornando-os uma vítima indefesa, uma presa fácil diante do pior adversário: YHWH (cf. Dt 28,29).[180]

A sentença explicativa geral (v. 17c) é a razão categórica que testemunha a favor de YHWH e do seu direito de entrar em litígio contra os acusados. A sua função é pertinente e portadora de clareza, pois, para o conjunto, ela justifica uma ação condenatória precedente (cf. Sf 1,2-6); torna explícita a acusação e o grave

---

[177] Cf. K. SEYBOLD, *Nahum*, 101. Isso confirma tanto o anúncio de Am 5,18-20 quanto o de Joel e se autenticam as profecias segundo a perspectiva de Dt 18,18-22.

[178] No AT, עִוֵּר é utilizado num sentido literal (cf. Lv 21,18; Dt 15,21; Ml 1,8) e num sentido metafórico (aos falsos profetas: Is 56,10; Lm 4,4 ou à nação: Is 42,19; 43,8; 59,10). Estes são cegos, porque são vulneráveis e moralmente insensíveis aos constantes apelos de YHWH através da sua Lei e dos autênticos profetas (cf. Ml 3,22.23-24).

[179] A Lei determinava que os cegos fossem protegidos (cf. Lv 19,14; Dt 27,18). A cegueira podia ser também atribuída a YHWH como uma forma de castigar o pecador (cf. Gn 19,11; Ex 4,11; Dt 28,28-29; 2Rs 6,18; Is 29,9; Zc 12,4). No tempo de Jesus, esta mentalidade persistia (cf. Jo 9,1-3); cf. C. SCHULTZ, "עֵינ", 1094-1095; A. van den BORN, "Cegueira", 259; L. WÄCHTER, "עִוֵּר", 1192-1193.

[180] Cf. K. ELLIGER, *Das Buch*, 66; M. WEIGL, *Zefanja*, 90.93.

motivo pelo qual YHWH decidiu punir (cf. Sf 1,7-13) com um anúncio de condenação (cf. Sf 1,14-18),[181] sem que se exclua uma via de saída aplicada aos que Ele deseja proteger (cf. Sf 2,1-3). Por um lado, absolve-se YHWH de qualquer sugestão de culpa ou sentimento de injustiça, pois Ele não julga nem emite uma condenação sem uma verdadeira razão (cf. Is 13,9.11).[182] A cláusula resume e apresenta a matéria da acusação, que torna אָדָם réu de um justo julgamento.[183] E, por outro lado, o v. 17c aparece com um valor pedagógico para os ouvintes-leitores, fazendo-os perceber por que a justiça divina é desencadeada.[184]

Numa perspectiva horizontal, Sofonias denuncia que o grande mal cometido foi a falta de justiça social (cf. Amós).[185] Um pecado praticado contra os mais humildes, uma transgressão que

---

[181] A cláusula, introduzida pela conjunção כִּי é pertinente (cf. 2Rs 17,7 e Jr 50,14). A percepção de um *rîb*, na estrutura de Sf 1,2–2,3, é um novo critério em relação à nossa pesquisa precedente (cf. L. A. FERNANDES, *A dimensão escatológica*, 111-113).

[182] Tal parecer confirma o que havíamos cogitado, no cap. II, em torno do gênero literário a ser aplicado para Jl 2,1-11.

[183] Em Jr 3,25 e 8,14, esta expressão aparece também conexa ao castigo, mas como uma confissão reconhecida nos lábios dos pecadores, como uma expressão de suas próprias consciências, mostrando que o castigo divino é um fruto merecido pelo agir incorreto e maldoso do povo que o praticou.

[184] Cf. W. C. KAISER, Jr., *Micha*, 222; J. A. MOTYER, "Zephaniah", 924; K. SEYBOLD, *Nahum*, 101-102; E. BEN ZVI, *A Historical-Critical*, 129.

[185] Para H. Simian-Yofre (*Amos*, 18): "Nos próprios oráculos é possível entrever o abismo que separa certo grupo de pessoas, que gozam de uma boa vida (Am 4,1-3; 6,4-6), em contraposição a uma massa de população que sobrevive nos sofrimentos e privações" O mesmo é percebido e defendido por H. REIMER, "Amos", 188-190. J. R. Wood (*Amos in Song*, 187-188) admite um traço comum com a profecia de Amós que enumerou os crimes das nações (cf. Am 2,6-8; 5,12a) e a grandeza dos pecados de Israel (cf. Am 5,12b), de modo que também o pecado é universal. Não há dificuldades, então, para afirmar uma devastação sobre toda a terra (cf. Sf 1,2-3).

assola o direito alheio por pura ganância das lideranças jerosolimitas (cf. Sf 1,9.10-11; 3,1-4).[186] Todavia, este mal deriva, no fundo, de uma ruptura numa perspectiva vertical, isto é, da falta de justiça para com o próprio YHWH. Esta é fruto do abandono de YHWH e da indiferença tranquila da consciência através de um comportamento que pode ser denominado, por um conceito moderno, "ateísmo prático" (cf. Sf 1,4-6.12-13).[187] Se YHWH não conta, com certeza os pobres contarão muito menos. A idolatria gera, no nível humano, injustiças, violência e falsa segurança das riquezas, tornando o idólatra insensível à pobreza (cf. Sf 2,1-3). Nesse sentido, então, fica explícito o valor religioso-moral do processo e a sua dupla função, horizontal-vertical. O *yôm* YHWH é apresentado como uma eficaz intervenção divina que busca restabelecer, no seio do povo eleito, as relações entre justiça social e justiça religiosa. YHWH assume o governo.

Que sentido a imagem violenta tem para o conjunto? O sangue derramado como pó[188] pode ser o resultado tanto de um ato violento, como ocorre numa guerra ou num homicídio, quanto de um ato cultual para a expiação dos próprios pecados (cf. Lv 1,5; 4,2-6; 16,14-19).[189] A imagem, se mantida dentro de um quadro

---

[186] Cf. L. A. FERNANDES, *A dimensão escatológica*, 112-113.
[187] Cf. A. SPREAFICO, *Sofonia*, 208; A. G. KING, "The Day of the Lord", 24.
[188] שָׁפַךְ indica, no sentido físico, espargir algo material: água (cf. Ex 4,9; 1Sm 7,6), sopa (cf. Jz 6,20); pó (cf. Lv 14,41) ou sangue (cf. Nm 35,33; Gn 9,6; Dt 21,7; 2Rs 24,4; Ez 22,3; Is 59,7); e, no sentido metafórico, indica: a ação de quem derrama sua alma diante de YHWH (cf. 1Sm 1,15; Sl 42,5) ou YHWH que derrama sua cólera sobre o seu povo (cf. Os 5,10; Is 42,25; Ez 7,8; 20,33-34; 22,22.31; 36,18). Ao lado da ira derramada e em contraposição, a graça como bênção versada produz mudança em quem a recebe (cf. Ez 39,29; Zc 12,10; Jl 2,28-29). Cf. H. J. AUSTEL, "שָׁפַךְ", 1606-1607. עָפָר significa grãos finos e secos de terra (cf. L. WÄCHTER, "עָפָר", 280-282), que em Sofonias, pode estar em paralelo com אֶרֶץ (cf. Sf 1,3.18; 2,3.11; 3,8.19-20).
[189] Cf. B. LANG, "זֶבַח", 531.

sacrifical, é sugestiva (cf. Sf 1,7-8), pois a vítima imolada, por respeito à vida, deveria ter o seu sangue vertido por terra.[190] A associação do sangue ao solo denota o valor sagrado da vida humana e o valor sagrado da terra que lhe foi dada desde a sua origem (cf. Gn 4,10).[191] Assim, justificar-se-ia um dia sacrifical para YHWH ou tendo-o como oficiante em dimensões universais.[192] Só Ele pode restabelecer o valor da vida, que em primeira e última instância depende d'Ele, que formou o homem do pó da terra (cf. Gn 2,7; 3,19; Sl 104,29).[193]

Enquanto no v. 15c fora dito que o *yôm* YHWH é יוֹם שֹׁאָה וּמְשׁוֹאָה, aqui encontramos o seu efeito correspondente. O contexto litúrgico e a imagem bélica podem coexistir sem maiores dificuldades.[194] Conjuntamente, continua-se mostrando por que este dia é יוֹם עֶבְרָה e que se manterá como elo dentro do poema, quando será identificado como בְּיוֹם עֶבְרַת יְהוָה (v. 18d).

O profeta, pretendendo ressaltar a sorte dos que serão vítimas da justiça divina, mostra que YHWH, tratando אָדָם como עָפָר, define, junto com o seu trágico fim, a falsa segurança apoiada na riqueza injusta.[195] O sentido da afirmação corrobora o fato de o juízo ser descrito em linguagem bélica, como total indignação e fruto da ira de YHWH (cf. Is 5,25).[196]

---

[190] Como estava prescrito pela Lei (cf. Ex 24,8; Lv 17,4.11.14; Ez 24,7).
[191] דָּם é um termo unívoco no AT. Era sagrado, pois nele está a vida (cf. Gn 9,4; Nm 17,11; Dt 12,16.23; Sl 30,10). דָּם e לְחֻמָם, utilizados lado a lado, significam o homem revestido de transitoriedade e de debilidade (cf. G. GERLEMAN, "דָּם", 635-638). דָּם unido a בָּשָׂר, por sinédoque (cf. Is 49,26; Sl 79,2-3), designa a pessoa humana à espera da morte (cf. J. N. OSWALT, "בָּשָׂר", 226-228; B.-K. KOPFSTEIN, "דָּם", 255).
[192] Cf. K. KOCH, *Die Propheten I*, 265. Admitimos que este sentido foi preparado na ação de YHWH a favor do seu povo descrito e explicitado no livro de Joel (cf. Jl 4,21).
[193] Cf. M. WEIGL, *Zefanja*, 90-93; J. M. WARD, *Thus Says the Lord*, 258.
[194] Cf. L. A. FERNANDES, *A dimensão escatológica*, 115.
[195] Cf. A. SPREAFICO, *Sofonia*, 118. A atitude recorda como Moisés reduziu o ídolo ao pó, fazendo o povo ingerir e participar do seu mal (cf. Ex 30,20; Dt 9,21).
[196] Cf. R MIGGELBRINK, *L'Ira di Dio*, 17-18.

A riqueza encontrada e extraída da terra, "ouro e prata", podia desviar o povo eleito de sua fonte vital: YHWH (seriam posses ou ídolos?[197]). Ceder à tentação das riquezas levaria a uma falsa esperança (cf. Dt 8,11-20).[198] Se Sofonias adverte contra a inutilidade deste recurso numa situação bélico-religiosa, ele está revelando que ela corrompeu o coração dos nobres, afastou-os de YHWH e se tornou a fonte geradora da pobreza.[199] Todavia, porque YHWH é refúgio dos pobres, a sua condição se tornará, junto com a justiça e o direito, a verdadeira riqueza no dia da sua ira (cf. Sf 1,18; 2,1-3).

Se a esperança depositada em algo ou alguém pode definir o proceder e o destino de quem o faz, se a riqueza pode induzir ao erro, e o fruto deste erro não serve como preço de resgate diante de YHWH (cf. Sl 49,7),[200] vê-se por que os acusados em Sofonias estão destinados ao juízo. No uso de הַצִּילָם aparece uma clara inversão:[201] YHWH não figura como salvador e aliado do seu povo, mas como o valente inimigo que não se deixa corromper pelos que buscarão se salvar apelando para a sua riqueza.[202]

---

[197] São numerosas as passagens que aludem aos ídolos feitos de prata e ouro (cf. Is 2,20; 30,22; 31,7; 40,19; 46,6; Ez 7,19-20; 16,17; Os 2,10). A questão está aberta (cf. H. SIMIAN-YOFRE, *Amos*, 121; L. A. FERNANDES, *A dimensão escatológica*, 118).

[198] A abundância de ouro e prata era um sinal de prosperidade econômica em época florescente (cf. Dt 17,17; Os 2,10; 1Rs 10,14-27). Mas, ao seu lado, confirma-se um dito sapiencial: estes bens não possuem valor salvífico e é insensato quem neles se apoia (cf. Pr 11,4). Um exemplo destes males deu-se com o rei Salomão (cf. 1Rs 11,1-40).

[199] Cf. E. BEN ZVI, *A Historical-Critical*, 131; B.-K. KOPFSTEIN, "זהב", 544.

[200] Cf. G. RAVASI, *Il Libro dei Salmi I*, 882-883; A. WEISER, *Os Salmos*, 287.

[201] נצל, no *hifil*, significa a ação de alguém que é capaz de causar a libertação, resgatando de qualquer espécie de opressão (cf. Ex 18,18; 1Sm 17,37; Sl 22,9; 34,18.20; 39,9). Este verbo indica a ação salvífica de YHWH, que livra o povo de todos os possíveis perigos (cf. M. C. FISHER, "נצל", 991-992; U. BERGMANN, "נצל", 133-137).

[202] O vencedor toma posse dos bens do vencido (cf. 1Rs 15,19; 2Rs 16,8; 18,13-15; 23,35; 24,12-13; Is 13,7). A ambiguidade sobre a prata e o

A proposta de um acordo pacificador entre os abastados jerosolimitas e YHWH não poderia ter partido dos menos favorecidos, mas daqueles sobre os quais Sofonias já descrevera os grandes delitos cometidos (cf. Sf 1,4-6.8-13).[203] Por isso, nada obterá o perdão de YHWH, pois qualquer empresa dessa natureza é subjugada inútil.[204]

O *yôm* YHWH, conforme o sentido colhido do anúncio em Joel e para os desejosos em Am 5,18-20, no dizer de Sofonias não é um evento a favor do povo eleito, pois não traz a vingança sobre os inimigos como proclamação de salvação (cf. Is 34,8; 61,2; Jr 46,10), mas ser-lhe-á um יוֹם עֶבְרַת יְהוָה.

Sf 1,18 possui grande correspondência com Sf 1,2-13 (cf. Na 1,2-8).[205] A condenação e inutilidade das riquezas já havia sido mencionada no v. 13, que concluía a acusação. Ao lado disso, o conteúdo dos v. 2-3, dirigido ao profeta, revelara a intenção divina de destruir homens e animais da face da terra. De fato, em Sofonias o castigo não deixa de fora nenhum vivente.[206]

Da importância benéfica atribuída ao fogo se passa, por metonímia, ao sentido do zelo divino, expresso através da forte imagem contida na sua específica propriedade: devorar (אכל). Tudo que o fogo toca ou é por ele tocado é consumido e nele

---

ouro serem ou não uma referência aos ídolos pode ser um dado desejado para combinar os dois sentidos, visto que em Sf 1,4-6 alude-se à idolatria e em Sf 1,8-13 ao uso indevido dos bens materiais.

[203] Cf. W. C. KAISER, Jr, *Micha*, 222; A. G. KING, "The Day of the Lord", 26. E. Ben Zvi (*A Historical-Critical*, 290) reconhece a impossibilidade de uma compreensão universal do juízo, contudo os ricos são a classe social a ser castigada (cf. Sf 1,6.13; 3,11-12). É plausível que Sf 1,18a se relacione com Sf 1,3.6.13; 3,2.11-12.19.

[204] Cf. S. M. GOZZO, "Il Profeta Sofonia", 9-10; H. E. FREEMAN, *Nahum*, 68-69; J. VLAARDINGERBROEK, *Zephaniah*, 112. Para Isaías, na destruição da Babilônia, os medos aparecem incorruptíveis (cf. Is 13,17).

[205] Cf. J. D. NOGALSKI, *Literary Precursors*, 192; P. G. SCHWESIG, *Die Rolle*, 67.

[206] Cf. F. MARTIN, "Le Livre de Sophonie", 6-7; M. A. SWEENEY, *Zephaniah*, 63.

transformado.[207] Esta combinação caracteriza e evidencia o juízo divino como irrevogável.[208] Numa guerra, o anátema reduzia as cidades conquistadas às cinzas (cf. Dt 13,17; 1Sm 30,1-3).[209] O zelo divino atua em Sf 1,14-18 como um julgamento, pois a ira divina é derramada sobre a maldade praticada.[210] O principal propósito é punir a idolatria, causa e fonte dos males sociais (cf. Ez 5,13).[211] A ira inflamada de YHWH, expressando a sua divina santidade (cf. Ex 3,2-5; Dt 4,12; 5,4.22.24) e a implacabilidade do castigo versado, causam uma destruição terrível, rápida[212] e comprometedora da existência (cf. Ex 34,14; Pr 6,34; 27,4).

A sentença, תֹּאכַל כָּל־הָאָרֶץ, seria ambígua se não houvesse uma sólida correspondência com Sf 1,2. אֶרֶץ acumula vários significados: pode ser uma alusão à terra no sentido próximo dos interlocutores, Judá-Jerusalém, fazendo pensar que a eliminação recai sobre os malvados;[213] traz à mente as nações atestadas (cf. Sf 2,4-15); e indica a natureza e o alcance deste dia em escala universal (cf. Jl 2,1.6.11; 4; Ab 18). O julgamento proposto se aproxima do dilúvio das origens (cf. Gn 6,5-12; Sf 1,2-3).[214]

---

[207] Pr 30,16 mostra que no fogo reside um poder insaciável. Igualmente num contexto universal, וּבְאֵשׁ קִנְאָתוֹ aparece ainda em Dt 32,22, onde o fogo é o sujeito e a terra o objeto. A cadeia construta em Ez 36,5 não possui uma conotação universal e sim uma referência ao país, num contexto em que YHWH promete uma punição para os povos inimigos de Israel (cf. Ez 38,9; Sl 79,5). Cf. H. IRSIGLER, *Zefanja*, 185.

[208] Cf. E. BEN ZVI, *A Historical-Critical*, 132-133; M. WEIGL, *Zefanja*, 96.

[209] Cf. V. HAMP, "אֵשׁ", 458-460; P. D. MILLER, Jr., "Fire in the Mythology", 256-261.

[210] Cf. Gn 19,24; Is 6,6; Ez 22,18-22; Am 1,4–2,5.

[211] Cf. L. J. COPPES, "קנא", 1349-1351.

[212] A ideia de extermínio que conclui a ação divina no *yôm* YHWH em Sf 1,18 não é incomum no AT (cf. Jr 5,18; 30,11; 46,28; Ez 11,13; 20,17; Ne 9,31).

[213] Cf. J. RIBERA-FLORIT, "La versión aramaica", 131; V. P. HAMILTON, "אֶרֶץ", 124-125; E. BEN ZVI, *A Historical-Critical*, 134-135.

[214] H. Swanston ("Joel", 82-83) vê que um dia particular de julgamento não é algo estranho, mas conforme a narrativa de Gn 6,5-8; M. de Roche ("Zephaniah I,2-3", 104-109) enfatiza que se proclama a reversão da criação e não tanto a diminuição da soberania do ser humano sobre ela.

Enfim, וּבָאֵשׁ קִנְאָתוֹ indica a determinação divina disposta a obter, como fruto da sua ação, a total devoção dos interlocutores (cf. Ex 20,5; 34,14). YHWH busca defender a sua causa e tudo faz para alcançar seus objetivos (cf. Is 9,6-7), pela sua divina providência (cf. Is 59,17; Zc 1,14; 8,2). Por isso, YHWH decidiu anunciar e executar a ameaça, efetuando um fim terrificante sobre todos os que vivem em oposição à verdade da fé.[215] Haverá tolerância para aqueles que têm praticado as injustiças? Parece que não! A soberania de YHWH em Sf 1,14-18 é reafirmada (cf. Sf 1,2). O julgamento revela a extensão do seu domínio e mostra a sua força e alcance universal, a partir do que aplica ao seu povo.[216] Se YHWH decide tratá-lo assim, faz dele um veículo da sua justiça também para os demais povos.

2.3. Visão de conjunto do *yôm* YHWH *em Sofonias*[217]

O anúncio do *yôm* YHWH em Sofonias, considerado e analisado na totalidade do seu escrito, concede, igualmente, a este profeta o título de intérprete particular desta temática, munida, como visto anteriormente, de uma forte motivação teológica: a justiça divina em execução purificadora.[218]

Nesta reversão, a separação do homem do seu criador é a raiz dos males que provocará um retorno ao caos primitivo, como nos dias do dilúvio (cf. T. E. FRETHEIM, "God and Violence", 18-28).

[215] Cf. Is 10,23; Jr 4,27; 5,10; Ez 11,13; 20,17. O anúncio do *yôm* YHWH em Sf 1,14-18 responde à concepção dos ateus práticos que admitiam um Deus sem ação e que se tornou alvo da séria denúncia de Sofonias (cf. Sf 1,12). Pelo contrário, em Joel, a sátira contida na súplica dos sacerdotes advém dos povos opressores (cf. Jl 2,17).

[216] Cf. Is 28,22; Jr 30,11; Ez 28,22; Na 1,8; A. G. KING, "The Day of the Lord", 22-21; P. G. SCHWESIG, *Die Rolle*, 70.

[217] À diferença da síntese feita em nosso estudo anterior (cf. L. A. FERNANDES, *A dimensão escatológica*, 126-131), propomos aqui uma visão geral, correspondendo à nova ótica do *rîb* (cf. nota 75).

[218] Cf. M. S. MOORE, "Yahweh's Day", 193-197. Se considerarmos o valor do conjunto da profecia sofoniana, tendo em vista a importância do *yôm* YHWH, as dificuldades geradas e encontradas na alternância entre os oráculos de condenação contra as nações estrangeiras, com acenos de

O *yôm* YHWH é um evento que faz parte não só "da ou para a" história religiosa do povo eleito, mas este dia é um acontecimento "mundial". Segundo o anúncio de Sofonias, o *yôm* YHWH está vinculado ao tema da ira divina: יוֹם עֶבְרָה הַיּוֹם הַהוּא (v. 15a) בְּיוֹם עֶבְרַת יְהוָה (v. 18d). Estes dois versos se correspondem por três termos específicos: dia e ira unidos com um referencial temporal: "no dia" e "naquele dia". Isso abre espaço para que a fórmula בַּיּוֹם הַהוּא seja aceita como um reenvio temático no escrito. Sofonias, apresentando o *yôm* YHWH com uma elaboração nefasta, interpreta-o com um grau e um horizonte não encontrados nos escritos proféticos que o precedem na ordem do cânon da BH: Joel, Amós e Abdias. Ao lado disso, ele lançará as bases para falar do חֵרֶם aplicado à terra na última alusão deste dia, onde Malaquias proporá a salvação como obediência à Torah de Moisés e à ação do profeta Elias (cf. Ml 3,22.23-24).[219]

A consistência do anúncio do *yôm* YHWH em Sofonias, como ponto de partida, está na dependência de uma real queixa divina e na instauração do *rîb*. YHWH interpela, de início, o profeta, dando-lhe os motivos sólidos que justificam a sua decisão de intervir na história com a sua justiça, permitindo que ela aconteça pela sua santa ira versada contra os acusados (cf. Sf 1,2-6).

O fato de YHWH revelar o motivo da sua decisão não é uma atitude insólita (cf. Am 3,3-8)[220] e não significa dizer que Ele deva satisfações aos seus servos. Este introito, ao contrário, concede à profecia relevância e base sólida para que Sofonias se ponha a falar, convencido de que seu anúncio não é sua invenção, sem medo de correr o risco de ser julgado falso pelos seus interlocutores (cf. Dt 18,20; Jr 28,8-9). Tanto a vida do profeta quanto a do povo depende da obediência ao conteúdo transmitido (cf. Ez 33,1-9).

---

salvação para Judá (cf. J. D. NOGALSKI, *Literary Precursors*, 172-176), podem ser relativamente amenizadas vendo-o como nexo causal.
[219] Cf. S. AMSLER, *Os Profetas*, 168-169; R. L. SMITH, *Micah*, 131-132; K. KOCH, *Die Propheten I*, 264-265.
[220] Cf. H. SIMIAN-YOFRE, *Amos*, 65-67.

Sofonias comunica aos seus interlocutores a verdade que contradiz a falsidade da realidade deles (cf. Sf 1,7-13). O pecado é grave, mas ao anúncio de um iminente castigo (cf. Sf 1,14-18), não se recebe, em nenhum momento, uma imediata reação, positiva ou negativa, por parte dos acusados. Ao contrário, eles continuam no seu pecado, indiferentes aos apelos que YHWH faz para salvá-los da errada conduta (cf. Sf 3,1-8).[221]

O destinatário direto deste anúncio pode ser perfeitamente identificado no grupo formado pelas lideranças e pelos que detêm riquezas:[222] príncipes, cortesãos, juízes, profetas, sacerdotes e comerciantes, que poderiam ser membros do próprio povo ou estrangeiros que livremente faziam circular suas mercadorias dentro e fora dos muros de Jerusalém (cf. Sf 1,10-11).[223]

Nesse sentido, é oportuno dizer que o anúncio do *yôm* YHWH em Sofonias possui, no seu estado atual, um largo alcance universal. A terminologia abrangente em torno do termo אֶרֶץ e as explícitas citações das nações estrangeiras apoiaram esta afirmação (cf. Sf 2,4-15).[224]

---

[221] A situação perdura nos tempos de Jeremias, evidenciando que a denúncia de Sofonias realmente não foi acolhida (cf. S. MANFREDI, *Geremia in Dialogo*, 358).

[222] Os destinatários seriam os interlocutores diretos (cf. C.-A. KELLER, "Sophonie", 198-199; H. IRSIGLER, *Gottesgericht und Yahwetag*, 454; W. RUDOLPH, *Micha*, 273-274) ou todos ouvintes (cf. L. SABOTTKA, *Zephanja*, 62; A. S. KAPELRUD, *The Message*, 32; O. P. ROBERTSON, *The Book of Nahum*, 293-294).

[223] A identificação de כְּנַעַן como comerciante pode ser sustentada por outros textos (cf. Os 12,8; Is 23,8; Pr 31,24). Na interpretação de H. Simian-Yofre (*Il deserto degli dei*, 123), em Os 12,8, Efraim é comparado ao cananeu que age com fraudulência, visando sempre tirar proveito na sua prática comercial. A menção sofoniana não se distancia desta ótica e da aplicação aos estrangeiros que comercializam em Jerusalém.

[224] O cenário universal da profecia de Sofonias (Judá, Filisteia, Moab, Amon, Cush, e Assíria participarão do juízo, cf. Sf 1,4.10.12-13; 2,4-7.8-11.12.13-15) confirma as acusações que aparecem nos escritos de Joel, Am 1–2 e Abdias (עַל־כָּל־הַגּוֹיִם), onde as semelhanças giram em torno de um acontecimento bélico e futuro com base nestas acusações (cf. B. DICOU, *Edom, Israel's Brother*, 40-41). Sofonias não cita Edom, mas apli-

Sofonias, pessoalmente, não assume postura alguma diante da própria palavra dirigida aos seus interlocutores. Aos seus olhos, os pecados são a triste e óbvia realidade. Assim, não existe necessidade de apresentar contra-argumentos ou interceder pedindo o perdão.[225] Quem pecou, e agora sabe que pecou, é quem deve mudar, pois o favor virá do anúncio acolhido.

Todavia, como se supõe que o profeta esteja do lado de YHWH, que o chama e o encarrega de uma missão específica, é plausível colocá-lo junto de todos os pobres da terra (כָּל־עַנְוֵי הָאָרֶץ) ou do resto do seu povo (שְׁאֵרִית עַמִּי) que encontrará refúgio no dia em que YHWH versar a sua ira (cf. Sf 2,3.9; 3,12.13). O nome teofórico, צְפַנְיָה, "YHWH esconde" ou "YHWH protege", sutilmente apoia a hipótese de uma atitude pessoal de quem vive sem temor a vocação que o fez arauto de uma desgraça vinda de YHWH.

Um dado curioso, na linha da reação ao anúncio, pode ser aplicado a quem de fato o ordena: YHWH. No texto, encontram-se sinais que levam a cogitar que Ele apresenta uma forma particular de reação. É o primeiro interessado em não aniquilar todos os homens, apesar da ameaça ter sido generalizada (cf. Sf 1,2-3.18), pois indica uma via de saída (cf. Sf 2,1-3).

Ele decide uma condenação para as nações estrangeiras (cf. Sf 2,4-15), mas com um objetivo pedagógico: dispõe-se a aniquilar ou faz referência à justiça aplicada aos outros, antes que a seu povo, visando obter o seu temor e dar-lhe uma lição de vida (cf. Sf 3,7). Ao lado disso, chama adoradores vindos do estrangeiro (cf. Sf 3,9) e não os elimina totalmente para que a grandeza dos remanescentes seja reconhecida (cf. Sf 3,20).

A atitude de YHWH, porém, não termina aqui. É notório que a partir de Sf 2,4 a pessoa do profeta vai passo a passo diminuindo e YHWH vai ganhando maior espaço e protagonismo no escrito. Com isso, chega-se a determinadas atitudes que parecem ser de

---

ca o juízo a Amon e Moab, descendentes de Lot, que possuem parentesco com Israel. Para as diferentes posturas a este respeito, ver J. D. Nogalski (*Literary Precursors*, 173-175).
[225] Cf. A. S. KAPELRUD, *The Message*, 77-78.

total iniciativa divina: procura salvar um resto a todo custo (cf. Sf 3,9-10.12-13),[226] para que a conclusão seja um júbilo em Sião com a reunião dos dispersos (cf. Sf 3,14-20).

O final do escrito corrobora esta suspeita, pois conclui com אָמַר יְהוָה (cf. Sf 3,20) em pleno equilíbrio com o enunciado inicial דְּבַר־יְהוָה (cf. Sf 1,1) e com o sentido salvífico que vigora por detrás do protagonismo no dia em que Ele preparou o sacrifício e consagrou os seus convidados (cf. Sf 1,7).[227]

Pode-se argumentar a favor da postura benéfica identificada em YHWH no fato de que são indicadas as ações que os destinatários devem ter depois de ouvir o anúncio do *yôm* YHWH: "congregar-se" (Sf 2,1),[228] "buscar YHWH, buscar a justiça e a humildade" (Sf 2,3), "ouvir a voz do chamado" (Sf 3,2a), "aceitar a lição" (Sf 3,2b), "confiar em YHWH" (Sf 3,2c), "aproximar-se do seu Deus" (Sf 3,2d),[229] "reconhecer a vergonha" (Sf 3,5), "abandonar o orgulho" (Sf 3,11), "serem retos no agir e no dizer a verdade" (Sf 3,13).

Essas atitudes, se tivessem sido assumidas pelos acusados como sinal de acolhida ao anúncio de castigo (cf. Sf 1,14-18) e

---

[226] Tal atitude, ao lado dos verbos no futuro, confirma que Sf 3,9-13 é um anúncio salvífico visando, além do povo eleito, também a outros povos, deixando claro, porém, que só YHWH sabe quem será salvo (3,11). Afastada a causa dos pecados, isto é, os soberbos, o resto não só reconhece e proclama o nome de YHWH, mas se reconhece ele mesmo dependente desta proclamação (cf. A. SPREAFICO, *La Voce di Dio*, 213-223).

[227] As atitudes de YHWH percebidas na profecia sofoniana não se distanciam da revelação em Ez 18,32 (כִּי לֹא אֶחְפֹּץ בְּמוֹת הַמֵּת נְאֻם אֲדֹנָי יְהוִה וְהָשִׁיבוּ וִחְיוּ). Este verso sintetiza a mesma afirmação de Ez 18,23; 33,11.

[228] Literalmente הִתְקוֹשְׁשׁוּ וָקוֹשּׁוּ הַגּוֹי לֹא נִכְסָף significa: "Rebuscai-vos e recolhei-vos, ó gente não desejada" (cf. G. del OLMO LETE, "El libro de Sofonías", 299). As ações evocam aquilo que se faz com a palha, cf. מֹץ do v. 2. A forma *polel* de קשש também aparece com o sentido de recolher gravetos (cf. Ex 5,7.12; Nm 15,32-33; 1Rs 17,10.12).

[229] As ações requeridas aos habitantes da "rebelde e impura cidade tirana", identificados nos nobres que dirigem Jerusalém (cf. Sf 3,3-4), estão todas na negativa, indicando que eles não fizeram nada do que YHWH esperava deles.

do reconhecimento de que YHWH é justo e correto (cf. Sf 3,5), poderiam ter concluído o litígio numa sorte diversa sem que os mesmos viessem a experimentar todo o ardor que comporta a cólera e a ira divina (cf. Sf 3,8, que retoma o cerne de Sf 1,14-18). Embora a expectativa seja de um futuro imediato, presente e premente na insistência da sua proximidade (cf. Sf 1,7.14), a profecia deixa em aberto a realização da condenação (cf. Ml 3,24).[230] Isso acontece porque YHWH contrapõe as atitudes dos acusados, que se mantiveram na rebeldia, com a sua decisão de preservar um resto, que o invocará com lábios por Ele purificados (cf. Sf 3,9; Is 6,7). São os que entoarão os gritos de júbilo e de alegria pela restauração operada em Sião-Jerusalém (cf. Sf 3,9-17). Fica latente que a sorte final está sempre nas mãos de YHWH.

Se existe uma esperança, recaindo sobre os pobres preservados, esta não lhes tira o mérito de terem correspondido aos apelos ou participado do processo de litígio por aquilo que são diante dos acusados: pobres. Isso é comprovado pelo fato de que YHWH manifesta a sua justiça no meio de Jerusalém, porque só Ele restabelece a ordem que o pecado tem violado (cf. Sf 3,5.15). A ação de YHWH é o único poder superior que permite julgar com retidão.

O término positivo e cheio de esperanças para os remanescentes não contradiz em nada a palavra de castigo que se encontra e ocupa a maior parte do escrito de Sofonias. O motivo é simples. O *yôm* YHWH em Sofonias revela YHWH agindo e mostrando a sua justiça a favor de si mesmo, reparando a ofensa das lideranças do seu povo, que o traiu, traindo a aliança pela indiferença

---

[230] O final trágico de Josias na batalha contra Necao (cf. 2Rs 23,29-30) e os eventos que se sucederão com as investidas babilônicas, acarretando grande desgraça (cf. 2Rs 24,1-16), poderiam concretizar esta profecia. M. A. Sweeney (*The Twelve Prophets I*, 150) postula igualmente esses dados a favor da uma primeira versão de Joel.

gerada pela idolatria (cf. Sf 3,3-4).[231] YHWH revela-se quem é pelo oposto do que pensavam e faziam (cf. Sf 1,12).[232] Esta perspectiva não contradiz o caráter do amor misericordioso de YHWH. Se aplicarmos o sentido proclamado no Sl 136 (em particular os v. 10.17-20.23-24)[233] e usarmos a forma habilidosa presente em Na 1,2-8, é possível conciliar o amor com a temática da justa ira divina, implícita no anúncio sofoniano do *yôm* YHWH, atuando a favor dos pobres e livrando-os dos seus opressores, a exemplo do que fez, outrora, com o Egito.

Assim, o mérito de Sofonias, ao utilizar a temática do *yôm* YHWH, foi saber mostrar YHWH, pela dramaticidade da sua intervenção, insatisfeito com a ação das lideranças do seu povo no âmbito das relações nacionais e internacionais. Com isso, o amor e a ira no juízo não são ações excludentes, mas se complementam, quando a justiça divina visa restabelecer a ordem ferida com o pecado. YHWH julga salvando e salva julgando, de modo que num ato condenatório reside cabalmente um efeito satisfatório e salvífico.

3. Conclusão

Se o *yôm* YHWH fora concebido favoravelmente na profecia de Joel, esperado como benéfico na mentalidade dos interlocutores

---

[231] YHWH foi desprezado pelos palacianos que fizeram do seu templo um reduto de pecado, contaminaram-se pelos costumes estrangeiros e permitiram que este mal se propagasse pelos quarteirões da cidade (cf. M. DUGGAN, *The Consuming Fire*, 281). Sobre o sentido e implicações sociais presentes em Sf 1,9, em referência ao local e aos pecados, ver S. D. Snyman ("Violence and deceit in Zephaniah 1:9", 96-100).

[232] Cf. C.-A. KELLER, "Sophonie", 195; E. ACHTEMEIER, *Nahum*, 69.

[233] Se, por um lado, os fatos históricos neste salmo são uma recordação do que YHWH fez aos poderosos da época (Egito, Og etc.), por outro lado, não diminuem nem invalidam a sua aplicação e o seu sentido aos que se tornaram potentes em Judá-Jerusalém. YHWH continua o mesmo, aplaca sempre o orgulho do soberbo e com isso mostra aos acusados que o anúncio de condenação retrata sua constante e justa operosidade na sua história.

de Amós e justa paga na aplicação de Abdias, expressando a vingança de YHWH contra as nações estrangeiras e inimigas do povo eleito, com Sofonias o *yôm* YHWH é uma causa que castiga os acusados internos e externos, mas opera uma libertação, porque elimina o mal e salva os pobres da terra.[234] Sofonias entrou em cena denunciando fortemente a situação de pecado e a falsa segurança em que viviam os seus ouvintes (Sf 1,12 como Am 5,18-20), revelando que, com a chegada do *yôm* YHWH, nele a presença divina seria portadora de purificação das estruturas sociorreligiosas. Quanto a isso, vemos que Sofonias difere de Joel pelo fato de este se apresentar não contra uma falsa segurança mas sim contra a apatia dos seus interlocutores. Joel age para que busquem a solução em YHWH e para tal é fundamental que estejam bem dispostos quando os sacerdotes suplicarem (cf. Jl 1,2–2,17).

As características do *yôm* YHWH, apresentadas de forma superlativa, descreveram e mostraram YHWH como um herói revestido de suas armas e pronto para o combate (cf. Is 42,13). Este sentido é muito próximo da aplicação teológica encontrada na profecia de Joel, com a diferença de que em Sofonias ela possui um sólido motivo: כִּי לַיהוָה חָטָאוּ (Sf 1,17c).

Uma vez que YHWH decidiu instaurar um julgamento, os acusados devem silenciar. YHWH punirá os pecadores dentro e fora do seu povo, mostrando-se inflamado de zelo pelo seu nome indevidamente invocado (cf. Sf 3,9; ao contrário de Jl 3,1-5), justo diante da injustiça que violou a sua santidade e punitivo pelo mal praticado pelas lideranças de Jerusalém (cf. Sf 1,4-6.8-13; Am 5,18-20 sobre Israel e Ab 15-16 sobre as nações e Edom). YHWH, corrigindo os mediadores, corrige, também, os mediados.

---

[234] C.-A. KELLER, "Sophonie", 193; K. L. BARKER – W. BAILEY, *Micah*, 396-397; M. DUGGAN, *The Consuming Fire*, 281-282. J. L. Barriocanal Gómez (*La Relectura*, 144-147) acrescenta Sf 2,1-3 como contexto em que o grito unido ao motivo teológico do *yôm* YHWH, à diferença de Joel e Amós, possui um tom existencial.

O terror produzido com a vinda e ação de YHWH atesta-o como inimigo. A bênção foi retirada. Este dia, inquietante acontecimento bélico, com som de trombeta e clamores de pânico, infunde pavor e causa devastação. Judá-Jerusalém se vê como Jericó, um anátema, nas mãos de YHWH. Não resta senão contemplar o fogo da sua ira consumindo a sua maldade.[235] Esta imagem é sugestiva, pois não contradiz o que YHWH havia decidido após o dilúvio: que as águas não transbordariam novamente para causar uma nova e total destruição da maldade humana (cf. Gn 9,11).[236]

O *yôm* YHWH é, portanto, em Sofonias, um evento litúrgico, bélico e teofânico, contra o qual, no presente ou no futuro da ação, nada nem ninguém é capaz de oferecer resistência, porque nele está a força e a potência de YHWH. Quando YHWH age como juiz, a sua obra suscita o temor e o tremor das nações, porque recai não somente sobre o seu povo mas também sobre todos os reinos da terra, que são obrigados a reconhecer a sua soberania que domina o tempo como um evento incontrolável pelo ser humano.[237]

Por isso, as fortificações revelaram-se frágeis e o que era considerado seguro, tombou. No fundo, a linguagem devastadora serviu para mostrar que estavam sendo derrubados o orgulho e a falsa proteção, por serem obras das mãos humanas diante da obra divina: o *yôm* YHWH (cf. Jl 2,9; Ab 3-4).

O juízo divino, proferindo neste dia a verdade sobre os homens e o seu mundo, evoca e renova o profundo grau de relação e dependência entre os dois, mostrando mais uma vez as consequências das atitudes contrárias ao plano original (cf. Gn 2,4b-3,19). Por causa do seu pecado, Judá-Jerusalém, que sempre está nas mãos de YHWH, tem seu próprio destino selado e revelado (cf.

---

[235] Cf. L. A. FERNANDES, *A dimensão escatológica*, 129; B. COSTACURTA, *Il Laccio Spezzato*, 87-98.
[236] Cf. K. KOCH, *Die Propheten I*, 265; M. De ROCHE, "Zephaniah 1:2-3", 104-109; E. BEN ZVI, *A Historical-Critical*, 56.
[237] Esta soberania da justiça divina é reconhecível na extensão do juízo universal (cf. Sl 9,9; 96,13; 98,9).

Sf 1,14-16), mas também se vê o mesmo acontecer no destino das outras nações e seus territórios (cf. Sf 1,17-18; 2,4-15).

O *yôm* YHWH sofoniano é um bom exemplo profético de apologia à soberania divina do Eterno Criador e Provedor atento ao seu projeto inicial, mas, igualmente, evidencia a lógica da sua ação sancionadora, quando Ele exerce a sua justiça, mostrando-se justo juiz, a fim de reprimir o mal, detê-lo e cortando-o pela raiz para obter como fim último a correção do culpado, pois Ele não tem prazer e nem quer a sua morte (cf. Ez 18,23.32; 33,11).

Em síntese, para finalizar este ponto do cotejo com a profecia de Joel, podemos dizer que a retomada do estudo sobre o *yôm* YHWH sofoniano permitiu-nos obter, modestamente, novos resultados, que trazem enriquecimento e melhoram significativamente a compreensão desta temática para além dos resultados já obtidos em nossa dissertação *ad licentiam*, onde demonstramos a existência de um fim escatológico relativo e intra-histórico em Sf 1,14-18.[238] A este resultado, então, acrescentamos o que se segue.

Em primeiro lugar, a identificação e colocação da temática sob um novo ponto de vista, percebendo-a bem elaborada no contexto de um *rîb*. Tal fato possibilitou-nos ver o sentido positivo que YHWH pretende com a ameaça de um castigo universal: restabelecer a ordem social e religiosa no meio do seu povo, mostrando que Ele não se deixa corromper quando julga.

Em segundo lugar e como decorrência do anterior, o anúncio sofoniano do *yôm* YHWH, em compasso com Joel, pode ser aceito como uma causa geradora de um duplo efeito. A justiça de YHWH, desencadeada neste dia, provocará a eliminação do pecado e será uma ação salvífica que liberta o povo do que estava na base das injustiças cometidas: a idolatria. Isso mostra que YHWH não trata culpados e inocentes igualmente e confirma a pertinência de Sf 1,17c como uma razão devidamente pertencente ao texto.

A retribuição, para ser de acordo com a justiça divina, deve sempre ser equitativa e condizente ao reato, como um fruto merecido pelas ações praticadas por cada um. Assim, a experiência

---

[238] Cf. L. A. FERNANDES, *A dimensão escatológica*, 180-181.

que o povo faz de YHWH, ao ouvir o anúncio do *yôm* YHWH e suas nefastas características, visa criar neles a consciência e o senso de responsabilidade coletiva que acompanham as suas más ações. Trata-se de uma nova compreensão de quem é YHWH e da sua justiça, mostrando que o pecado será punido, mas não terá a última palavra sobre o destino selado na aliança: uma justiça que pune salvando.

Em terceiro lugar, como consequência das duas precedentes, a percepção de que o *yôm* YHWH, sendo uma temática lógica no conjunto da profecia sofoniana, favorece a aceitação e a leitura unitária deste escrito.

Antes de finalizarmos, emitindo um parecer geral sobre a lógica do *yôm* YHWH encontrada em Joel e com ele nos profetas que utilizaram a expressão no *Dodekapropheton*, objetivando obter outros dados a respeito desta temática, passaremos a uma breve comparação intertextual de Joel com mais três textos identificados no *corpus* dos "Profetas Maiores"; em dois aparece uma citação explícita do *yôm* YHWH (Is 13,2-16; Ez 13,2-16) e no outro reconhecemos uma alusão implícita (Jr 4,5-31).

5

INTERTEXTUALIDADE COM OS "PROFETAS MAIORES"

A intertextualidade que faremos entre o anúncio do *yôm* YHWH joeliano e Is 13,2-16, Ez 13,2-16 e Jr 4,5-31 verificará as afinidades de terminologia, de características e de sentido teológico que a temática assume em cada um dos textos. O confronto seguirá dois passos essenciais: (a) uma análise cotejada do *yôm* YHWH com Joel; (b) uma visão sintética do conjunto.

1. O *yôm* YHWH em Isaías

A expressão *yôm* YHWH está inserida no bloco textual onde se encontram vários oráculos de punição dirigidos contra diferentes nações estrangeiras (Is 13,1–23,18). Estes, geralmente, são considerados como uma coleção que reúne palavras autênticas de Isaías.[1]

Pelo contexto, percebe-se que a temática do *yôm* YHWH está apresentada de modo favorável ao povo eleito. São reconhecidos os contatos textuais com Jl 2,1-11 e Sf 1,7.14-16; 2,1-2.[2]

Is 13,1–14,27 destaca-se, no bloco textual, por conter oráculos dirigidos nominalmente contra a Babilônia (cf. Is 13,1-22;

---

[1] Este bloco está caracterizado pelo uso do termo מַשָּׂא (cf. Is 13,1; 15,1; 17,1; 19,1; 21,1.11.13; 22,1; 23,1) e הַמַּשָּׂא (cf. Is 14,28 e 22,25). O peso do oráculo é um juízo divino, porque contém um conteúdo de desastre (cf. H.-P. MÜLLER, "מַשָּׂא", 24).
[2] Cf. H. SIMIAN-YOFRE, *Isaías*, 92; C. CARNITI, "L'espressione 'Il Giorno di JHWH'", 18; J. JEREMIAS, "Der 'Tag Jahwes'", 130-138.

14,3-23) e contra a Assíria (cf. Is 14,24-27).[3] Entre estes dois destinatários, Is 14,1-2 tece considerações a respeito do povo eleito, que experimentará um novo ato de compaixão da parte de YHWH ("nova eleição" – עוֹד וּבָחַר), enquanto aos estrangeiros, submissos a YHWH em seu território, será aplicada a "lei do talião". A casa de Jacó e a casa de Israel se beneficiarão com este feito (cf. Ab 17-18).

A atenção atribuída ao *yôm* YHWH (Is 13,6.9) está concentrada, contudo, no primeiro e incisivo anúncio de punição contra a Babilônia (cf. Is 13,1-22). Um longo oráculo que pode ser subdividido em duas partes.[4]

Na primeira parte (cf. Is 13,2-16), são admissíveis dois momentos: v. 2-5 apresentam a convocação de um exército consagrado por YHWH para realizar um fim específico: atacar a Babilônia; v. 6-16 apresentam o ataque como a manifestação do *yôm* YHWH em dois tempos análogos (v. 6.9).

As consequências se fazem sentir e a ótica da destruição é universal: לָשׂוּם הָאָרֶץ לְשַׁמָּה "para devastar toda a terra" (v. 5), לְחַבֵּל כָּל־הָאָרֶץ "para fazer da terra uma desolação" (v. 9), וּפָקַדְתִּי עַל־תֵּבֵל רָעָה "punirei a maldade sobre o mundo" (v. 11) e וְתִרְעַשׁ הָאָרֶץ מִמְּקוֹמָהּ "tremerá a terra do seu lugar" (v. 13).

Estas imagens são atribuídas ao domínio universal que gozou a Babilônia pelas suas conquistas e glórias. Domínio que cabe somente a YHWH (cf. Jr 25,9; 27,6; 43,10). O contexto denota que uma superpotência como a Babilônia não pode continuar com a sua desenfreada autonomia (cf. Is 14,13-14).

Porque a ambição da Babilônia contrasta com a majestade de YHWH, o seu poderio certamente deve ser rebaixado, e o anúncio do *yôm* YHWH mostra que para a Babilônia não haverá ato algum

---

[3] G. I. Vlková (*Cambiare la Luce in Tenebre*, 69-83) considera o bloco inteiro aplicável à Babilônia, embora, reconheça em Is 14,24-27 um oráculo contra a Assíria.

[4] Cf. Cf. H. SIMIAN-YOFRE, *Isaías*, 92-93; R. E. CLEMENTS, "The Prophecies of Isaiah", 429; D. S. VANDERHOOFT, *The Neo-Babylonian Empire*, 125.

de clemência. Como ela fez com Judá (cf. Jr 6,22-23), assim será feito com ela (cf. Jr 50,3.41-42).[5]

Na segunda parte (cf. Is 13,17-22), são revelados os efeitos produzidos pelo ataque neste dia e como a Babilônia ficou reduzida, confirmando a incapacidade de ela se defender diante do invasor. Vê-se a contraposição entre o exército suscitado por YHWH e o fim infligido à pérola das nações.

Is 13,2-22 possui dois traços particulares.[6] A cidade atacada, Babilônia, é mencionada expressamente no v. 1.19. Ao lado disso, a identificação do seu inimigo, "medos", que realizam o ataque, só aparecerão no v. 17, apesar dos v. 2-5 terem descrito detalhadamente a convocação e a forma como age o exército a serviço de YHWH. Eles vêm de uma terra distante e são apresentados como instrumentos da sua ira (v. 5: יְהוָה וּכְלֵי זַעְמוֹ).[7]

1.1. O *yôm* YHWH em Is 13,2-16 e em Joel

A temática do *yôm* YHWH isaiano aparece ligada à ira divina que pune a Babilônia numa guerra e ocupa, no texto, um espaço central (v. 9-13), pois se encontra entre o anúncio da vinda do inimigo executor dos desígnios divinos (v. 2-8) e o que acontecerá com a sua chegada e atuação (v. 14-16).[8]

---

[5] O povo reunido do Norte que eliminará a Babilônica, segundo Jr 50,41-42, possui um significativo contato terminológico com Jl 2,1-11: בָּא; אֶרֶץ; עַם; רַבִּים; אִישׁ; מִלְחָמָה; קוֹלָם; סוּסִים; גָּדוֹל; também são citados instrumentos bélicos: קֶשֶׁת; כִּידוֹן.

[6] Is 13,1 é uma introdução que confirma a Babilônia como destinatário. Isto vai ser explorado nos v. 17-22 e pode ter servido para introduzir, também, os oráculos sobre as nações estrangeiras. Para J. Jeremias ("Der 'Tag Jahwes'", 133-135) a unidade 13,2-16 fica assegurada por razões formais e conceituais.

[7] A análise se detém somente em Is 13,2-16 levando em consideração a mudança que ocorre no v. 17 para criar o efeito retardador do clímax na descrição que intenta explicar o fato em termos históricos (cf. J. D. W. WATTS, *Isaiah 1–33*, 195). C. R. Seitz ("Isaiah", 485), no seu *background* sobre a composição literária de Is 1–39, considera Is 13,17-22 uma referência aos persas (para parecer semelhante, cf. M. A. SWEENEY, *Isaiah 1–39*, 231; H. WILDBERGER, *Jesaja 13–27*, 509-511). A questão está aberta.

[8] As lacunas (v. 5.15) devem-se à falta de contatos diretos com Joel.

			Joel
Is 13,2-16			
v. 2	עַל הַר־נִשְׁפֶּה שְֽׂאוּ־נֵס	וַיְדַבֵּר אֱלֹהִים אֶל־מֹשֶׁה	
	הָרִימוּ קוֹל לָהֶם	וַיֹּאמֶר אֵלָיו אֲנִי יְהוָה:	2,1a
	הָנִיפוּ יָד וְיָבֹאוּ פִּתְחֵי נְדִיבִים		2,1b
v. 3	אֲנִי צִוֵּיתִי לִמְקֻדָּשָׁי		2,5c
	גַּם קָרָאתִי גִבּוֹרַי לְאַפִּי		2,7a
	עַלִּיזֵי גַּאֲוָתִי:		2,11c
v. 4	קוֹל הָמוֹן בֶּהָרִים דְּמוּת עַם־רָב		2,2d
	קוֹל שְׁאוֹן מַמְלְכוֹת גּוֹיִם נֶאֱסָפִים		2,11a
	יְהוָה צְבָאוֹת מְפַקֵּד צְבָא מִלְחָמָה:		4,14a
			4,2a
v. 6	הֵילִילוּ	יוֹם יְהוָה	1,5.11.13
	כִּי קָרוֹב יוֹם יְהוָה	(2,1; 4,14)	1,15
	כְּשֹׁד מִשַּׁדַּי יָבוֹא:		
v. 7	עַל־כֵּן כָּל־יָדַיִם תִּרְפֶּינָה		2,1c
	וְכָל־לְבַב אֱנוֹשׁ יִמָּס:		2,12.13
v. 8	וְנִבְהָלוּ צִירִים וַחֲבָלִים יֹאחֵזוּן		2,6a
	כַּיּוֹלֵדָה יְחִילוּן		
	אִישׁ אֶל־רֵעֵהוּ יִתְמָהוּ		2,8a
	פְּנֵי לְהָבִים פְּנֵיהֶם:		2,6b

שִׁיר הַמַּעֲלוֹת וְאַנִי בָּבֶה	2,1d
בֶּהֱיוֹת הַמָּיִם	
וְאַתָּה הֲלֹא יָדַעְתָּ	2,7c
וַיִּרְגְּזוּ הָעַמִּים וְאֵבָל	2,9c
לֵב	2,9d
בְּתוֹכָם חֲלָמִים עַל־בְּנֵי אַהֲרֹן הַכֹּהֵן:	
וְאֶל־הַנָּבִיא וְאֶל־הַכֹּהֵן הַגָּדוֹל:	2,10b
וְיִשְׁאֲלוּ מִפִּי הַכֹּהֵן	2,10a
וְאֵין יוֹשֵׁב עַל־הַכִּסֵּא אֲשֶׁר־לוֹ:	3,3a
וְהַכֹּהֲנִים אֲשֶׁר יַעַמְדוּ	4,5a
לְפָנָיו יוֹם יוֹם:	2,10b
יַעֲלוּ אֶל־רֹאשׁ הָהָר	2,10a
וְיַעַמְדוּ שָׁם:	3,3a
וְהָיָה בַיּוֹם הַהוּא נְאֻם יְהוָה	v. 12
אֱלֹהֵי־צְבָאוֹת אֶכְרִית אֶת־שֵׁמוֹת	v. 13
הָעֲצַבִּים מִן־הָאָרֶץ	
וְלֹא יִזָּכְרוּ עוֹד	
וְגַם אֶת־הַנְּבִיאִים וְאֶת־רוּחַ	v. 14
הַטֻּמְאָה אַעֲבִיר מִן־הָאָרֶץ:	
וְהָיָה כִּי־יִנָּבֵא אִישׁ עוֹד	
וְאָמְרוּ אֵלָיו אָבִיו וְאִמּוֹ	
יֹלְדָיו לֹא תִחְיֶה	v. 16
כִּי שֶׁקֶר דִּבַּרְתָּ	
בְּשֵׁם יְהוָה	
וּדְקָרֻהוּ אָבִיו וְאִמּוֹ	v. 9
יֹלְדָיו בְּהִנָּבְאוֹ:	
וְהָיָה בַּיּוֹם הַהוּא יֵבֹשׁוּ	v. 10
הַנְּבִיאִים אִישׁ מֵחֶזְיֹנוֹ	
בְּהִנָּבְאֹתוֹ	

Segundo Is 13,2, um sinal de alerta bélico deve ser emitido sobre um monte, "descoberto" ou "descascado" (עַל הַר־נִשְׁפֶּה).[9] Isso leva a pensar que seja um artifício proposital para indicar que tal monte é "inexistente".

O sinal dado, por voz e acenos, deverá comunicar-se com os que serão atingidos ou com os que estão prontos para agir no ataque. Não se percebe, explicitamente, quem seriam os destinatários do v. 2; se este chamado serve para que os guerreiros de YHWH se preparem para iniciar a batalha (cf. v. 3) ou se é um gesto endereçado aos que serão atacados pelo exército de YHWH.

Se o oráculo é contra a Babilônia, no mínimo se esperaria que o sinal fosse um alerta lançado das torres da cidade para os seus habitantes, local das sentinelas. Todavia, ele poderia ser o sinal para o ataque, que parte da trincheira do exército divino, pronto para iniciar o combate.[10] A aglomeração acontece num local preciso: às portas dos nobres (פִּתְחֵי נְדִיבִים).[11]

O sinal em Joel, ao contrário, é emitido do local mais nobre de Judá, em Sião (cf. Jl 2,1ab). Entre o sinal para a Babilônia e o sinal para Jerusalém existe uma grande diferença: a cidade santa

---

[9] Significados cabíveis para o *nifal* נִשְׁפֶּה no particípio m.sg. Em Nm 23,3 e Is 41,18, indica "um lugar desnudo"; em Jó 33,21, "vir às claras" (cf. H. J. AUSTEL, "שָׁפָה", 1600).

[10] H. Wildberger (*Jesaja 13–27*, 510) considera, como provável datação de Is 13,1–14,2, o final do império babilônico. R. E. Clements (*Isaiah 1–39*, 132-135) é do mesmo parecer, mas aplica-o em particular a Is 13,6-8.9-16. A questão é discutível e as opiniões não alcançaram uma solução satisfatória. Há quem defenda que o texto esteja se referindo a uma sanção aplicada pela Assíria contra uma insurreição babilonense no final do século VIII a.C. (cf. L. ERLANDSSON, *The Burden of Babylon*, 89-91). O fato de que o v. 17 mencione nominalmente os medos (cf. Jr 51,27-28) poderia ser um recurso literário com o intuito de mostrar que a grande Babilônia cedeu seu poderio a um povo mais forte (cf. B. GOSSE, *Isaïe 13,1–14,23*, 84-85).

[11] A LXX, de forma isolada, no lugar de פִּתְחֵי traz ἀνοίξατε ("abri") um imperativo 2.pl, mantendo a série e corresponderia ao hebraico פִּתְחוּ. Esta variante não contribui em clareza com o TM, que é devidamente sustentado por 1QIsaᵃ, 4QIsaᵃ e α'. Para uma breve avaliação do problema, ver J. de Waard (*A Handbook on Isaiah*, 59).

ergue-se sobre o monte santo protegido por YHWH (cf. Sl 76; 99), ao passo que a Babilônia, apesar das suas muralhas, está indefesa diante de YHWH e do seu exército.

Sobressai, em Isaías, a função dos valentes guerreiros que estão a serviço da ira divina, que age lá onde seu povo necessita (cf. Is 13,3).[12] Na sequência verbal, YHWH é o sujeito, e os objetos estão todos com sufixos na 1.c.sg. Isso é um elemento sugestivo no texto: "aos meus consagrados" (לִמְקֻדָּשָׁי), "meus valentes guerreiros" (גִּבּוֹרַי) "para a minha ira" (לְאַפִּי). Transparece a ideia de uma assembleia reunida sob a presidência do divino soberano.[13] Em Joel, os valentes no início formam um povo inédito (cf. Jl 2,2), agem como um povo de guerreiros velozes na batalha (cf. Jl 2,5.7) e no final o encontramos como poderoso agente da sua palavra (cf. Jl 2,11).

A identidade dos valentes não é indicada. No caso de Isaías, parece que este exército é formado por diferentes povos e reinos, convocados de locais distantes e preparados por YHWH, como instrumentos (cf. Is 13,5), para eliminar a Babilônia (cf. Jr 50,28).[14] Em Jl 4,9-13, é feita uma convocação dos povos para um confronto bélico com YHWH. A linguagem utilizada reflete com propriedade a condenação das nações hostis ao povo eleito.[15]

Outro dado comum: Is 13,3-4 e Jl 2,7.11 mostram YHWH no comando de um exército. Prevalece nas duas profecias a concepção que apresenta YHWH como líder e combatente.[16] O tumul-

---

[12] Segundo H. Simian-Yofre (*Isaías*, 93): "O Senhor virá, então, em defesa dos direitos do seu povo. O terrível povo do Norte, que Jeremias descrevia como castigo para Judá, é, agora, quem castiga os opressores de Israel".
[13] A purificação é necessária antes da guerra. O contexto bélico-litúrgico é visível (cf. v. 3-5) e condiz com os preparativos para ingressar e tomar posse da terra prometida (cf. Js 1,10-11; 3,5; 5,1-10; 1Sm 11,11; 2Sm 21,6). Está presente a combinação cósmico-terrestre (cf. Js 5,13-15).
[14] Para as relações de Is 13 com Jr 50–51, ver J. Blenkinsopp (*Isaiah 1–39*, 277-279).
[15] Cf. P. D. MILLER, "The Divine Council", 102-103.
[16] Cf. Ex 15,3; Nm 10,35; Jz 5,4; Is 42,13; Sf 1,14. Para o sentido religioso das guerras de libertação, ver R. Albertz (*Historia de la Religión de Israel I*, 149-150).

to nos montes é como um povo numeroso (Is 13,4 com Jl 2,2c; 4,2.14), emitindo o forte e pavoroso grito de guerra, impossível de não ser percebido pelos destinatários (cf. Sf 1,14d). Isaías e Joel, porém, diferem quanto ao uso do tema da ira divina (cf. Is 13,5.9.13; Sf 1,15; 2,3). Em Jl 2,13, a ira aparece como uma qualidade que só YHWH controla: ela "demora a sair das suas narinas" (הוּא אֶרֶךְ אַפַּיִם). A justa retribuição aplicada aos povos hostis em Jl 4 poderia ser o contexto onde encontraríamos um vestígio da manifestação desta ira divina.[17]

Is 13,6 traz: הֵילִילוּ כִּי קָרוֹב יוֹם יְהוָה כְּשֹׁד מִשַּׁדַּי יָבוֹא, e Jl 1,15 é quase idêntico. A falta no texto joeliano do grito de lamento, indicado pelo imperativo הֵילִילוּ, poderia estar subentendido na exclamação אֲהָהּ לַיּוֹם (Jl 1,15a).[18] No caso de Joel, הֵילִילוּ é uma ordem a ser encontrada nos lábios dos vinhateiros e dos sacerdotes (cf. Jl 1,5.11.13).[19] Já em Isaías, supõe-se que esteja nos lábios dos babilônios aterrorizados. Os termos da sequência כִּי קָרוֹב יוֹם יְהוָה se encontram, igualmente presentes, em Jl 2,1 e 4,14.[20]

---

[17] Cf. P. R. ANDIÑACH, "El Día de Yavé", 17. De acordo com P. G. Schwesig (*Die Rolle*, 155), não reconhecemos nenhum vestígio terminológico em Joel para exprimir a ira divina ou as atrocidades da guerra como ocorre em Is 13,15-16.

[18] J. Jeremias ("Der ‚Tag Jahwes'", 130) julga que este paralelo se explica somente como dependência literária de Joel em relação a Isaías, que por sua vez, na ordem dos fatos, depende de Sf 1,11.14 quanto ao imperativo e quanto à nota explicativa.

[19] Onde se utiliza a raiz verbal ילל, percebe-se que o peso recai sobre aqueles que serão destruídos ou que estão sofrendo as consequências (cf. Is 14,31; 16,7; Jr 4,8; 25,34; 47,2; 48,20.39; 49,3; Jl 1,5.11.13) e às vezes aplica-se aos que observaram a destruição (cf. Is 23,1.6; Jr 48,1; 51,8; Ez 21,17; Sf 1,11; Zc 11,2), mas em nenhum destes textos o peso da destruição recai sobre o exército ou o instrumento que opera a destruição.

[20] A proposta da BHS^app, cf. LXX (συντριβή/esmagador), reduz a força do paralelo. Is 13,6 não prova que a temática do *yôm* YHWH em Joel é uma estreita dependência literária, como pensa M. Beck (*Der "Tag* YHWHs*"*, 156), seguindo S. Bergler, J. Jeremias e J. Barton. Uma tradição comum pode, perfeitamente, advogar a favor da liberdade profética na hora de aplicar ou reaplicar uma temática (cf. W. RUDOLPH, *Joel*, 192-193).

Isaías, por um lado, aponta a proximidade do *yôm* YHWH como sendo o motivo do terror que destrói a iniquidade da Babilônia. Joel, por outro lado, argumenta sobre este dia, relendo o cerne da situação catastrófica, como contexto para YHWH demonstrar o seu poder salvífico tanto com relação à carestia, quanto com relação à maldade inimiga (cf. Jl 1,4-14.16-20; 4).[21] A ação favorável de YHWH é uma mensagem que aproxima os dois oráculos.

Is 13,7-8 expressa a ideia da dor espaventosa. Mãos, coração, entranhas e faces são membros usados para descrever a intensidade da dor e da derrota que se experimenta (cf. Jr 4,19.31). Em Jl 2,1, o som da trombeta faz tremer os habitantes da terra e em Jl 2,6 fala, sem aludir aos corações desfalecidos, do rubor estampado na face dos povos apavorados com o vigor e a força bélica do עַם רַב וְעָצוּם (Jl 2,2d). A imagem não corresponde somente à reação dos que recebem uma má notícia, mas também em como vivem a dor da desgraça.[22]

Da parte de Joel, a alusão ao coração está restrita ao chamado à conversão (cf. Jl 2,12.13). O íntimo dos interlocutores não se reveste de consternação como em Is 13,7-8, mas eles são incitados por YHWH e pelo profeta ao gesto que os tornará dignos e partícipes da bênção que lhes será concedida.

Se o assombro em Is 13,8 toma conta "de cada um" (אִישׁ) por causa da vinda do *yôm* YHWH, em Jl 2,8a o adestramento bélico do povo potente e numeroso corresponde à retidão na ação que os faz intrépidos executores do comando divino, pois "cada um a seu irmão não oprime".

A partícula הִנֵּה, que introduz Is 13,9, conecta e enfatiza o dado anterior à retomada da vinda do *yôm* YHWH.[23] Este dia

---

[21] Posicionamo-nos contrariamente a M. Beck (*Der "Tag* YHWH*s"*, 156), que admite somente um sentido de susto e pânico provocado pelo anúncio do *yôm* YHWH.
[22] Cf. J. BLENKINSOPP, *Isaiah 1–39*, 279.
[23] Segundo L. Alonso Schökel ("Nota Estilística", 77), Is 13,6-12 aludiria três vezes à fórmula *yôm* YHWH: ao introduzir (v. 6-8), ao exaltar com

será cruel, trará desolação para a terra, mas em contrapartida exterminará dela os pecadores. O ato purificador de YHWH é justificado por três características que acompanham a chegada do *yôm* YHWH: "É *implacável* e com ele está a *fúria ardente* da *ira divina*".[24] Da parte de Joel, tal situação de desolação para a terra, que antes havia sido comparada ao jardim do Éden, está também ligada à vinda do *yôm* YHWH, mas é fruto da ação do povo bélico (cf. Jl 2,3c), que faz justiça por estar sob o comando de YHWH (cf. Jl 2,11c).[25]

Enquanto a terra sofre com o ato purificador, que retira dela os pecadores, as criaturas celestes escurecem, perdendo o seu brilho (cf. Is 13,10; Am 5,20). O paralelo textual-temático com Joel possibilita ulteriores acréscimos de sentido, de modo que por detrás do escurecimento dos astros não estaria só um fenômeno da natureza, mas, paradoxalmente, também o silêncio ou a ignorância dos sábios babilônicos, confusos e privados de entendimento (cf. Dn 12,3), que Sofonias aplicou à cegueira dos atribulados (cf. Sf 1,17).[26]

Efetivamente, a participação cósmica inusitada e terrível que acompanha o *yôm* YHWH, tanto em Is 13,10 como em Jl 2,10; 3,4; 4,15, não é o que de mais importante este dia acarretará. Os fenômenos naturais vistos de forma extraordinária advogam,

---

       intensidade (v. 9) e ao concluir com os efeitos (v. 10-12). A transição é operada pelo הִנֵּה enfático do v. 9.

[24] J. Jeremias ("Der ‚Tag Jahwes'", 135) sustenta que o anúncio do *yôm* YHWH em Is 13,6-13 é desenvolvido em dois tempos análogos e paralelos: os v. 6-8 expressam a concepção popular corrente e nos v. 9-13 introduz-se a sua superação. Todavia, o valor atribuído à partícula הִנֵּה apoia o sentido de progressão temática.

[25] Ver também, a seguir, o caso em Jr 4,5-31.

[26] G. I. Vlková (*Cambiare la Luce in Tenebre*, 80-83), após breves considerações sobre o fenômeno ser visto como um eclipse, admite a existência de uma linguagem que indica uma quebra ou falência na ordem que regula o dia e a noite, mas que provê um sentido metafórico para indicar a ira divina que se abate contra o orgulho da Babilônia Em Is 2,12 aplica-se à humilhação do povo eleito.

igualmente, a favor do extraordinário que ocorrerá com a chegada deste dia: a eliminação de um estado de injustiça.

A diferença no contexto destes dois anúncios é um ponto que deve ser sublinhado. Em Is 13,2-16, tudo se justifica por uma explícita declaração de pecado e maldade que exige a purificação (cf. Is 13,11-12). Em Joel, a maldade existente aparecerá detalhada no cap. 4 em relação às nações estrangeiras e em momento algum existe um sentido aplicável para o povo eleito, porque não se encontra na profecia joeliana um ato de desobediência a uma ordem de YHWH que impeça a sua atenção benévola (cf. Dt 1,45). A purificação imposta aos homens é comparada em Is 13,12 a um tipo prestigiado de ouro, designado כֶּתֶם אוֹפִיר. Em Jl 4,5 a única menção ao metal precioso se faz pelo termo זָהָב, que só aparece na queixa divina sobre o saqueio do tesouro do templo. É significativo que זָהָב apareça, logo a seguir, em Is 13,17, para recordar a inutilidade da prata e do ouro como meios de livramento da situação diante da investida dos "medos", que não se deixam corromper. Ideia que se coaduna com a descrição de Sf 1,18, onde YHWH é quem não se deixa corromper.[27]

O tema da ira divina versada sobre a terra e associada ao *yôm* YHWH ratifica que Is 13,9-13 possui centralidade no poema isaiano. Ao lado disso, Is 13,13 e Jl 2,10a; 3,3a usam a mesma imagem do abalo com substantivos e verbos idênticos. Terra e céus se estremecem, como um sinal teofânico, em resposta participativa às decisões de YHWH.[28]

A linguagem do dramático contraste e da dramática mutação cósmica antecipa, no caso de Isaías, a dramática situação à qual a Babilônia ficará reduzida por seus crimes (cf. Is 13,19).[29] O

---

[27] Cf. A. J. EVERSON, *The Day of Yahweh*, 236-237. Em Sf 1,18 é dito que as riquezas são inúteis diante da manifestação do *yôm* YHWH.
[28] A LXX traz θυμωθήσεται (יִרְגָּזוּ), mudando o sujeito da ação, que no fundo não altera o sentido do versículo no TM.
[29] A metáfora "ficará como Sodoma e Gomorra" sugere o tema da "despovoação" como máximo castigo para uma cidade (cf. J. BLENKINSOPP, *Isaiah 1–39*, 279-280). Ao contrário, a libertação e o repovoamento são sinais de grande bênção (cf. Jl 4,1.7.20).

que vai acontecer, segundo o contexto de Is 13,2-16, é algo grande, que necessita de sólida justificativa. Assim, o envolvimento com a participação dos céus e da terra é um modo evidente para significar a força do evento (cf. Jz 5,20; Hab 3,11; Js 10,12-13). Is 13,14-15, sem paralelos diretos com Joel, apresenta a reação dos que experimentam a ação divina.[30] O v. 14 sutilmente evidencia, em forma de metáfora, como os habitantes da Babilônia buscarão escapar בְּיוֹם חֲרוֹן אַפּוֹ (v. 13): como animais banidos e dispersos. O desespero os colocará em fuga na direção do próprio povo (אִישׁ אֶל־עַמּוֹ יִפְנוּ) e da própria terra (וְאִישׁ אֶל־אַרְצוֹ יָנוּסוּ). Todavia, a tentativa de evitar a própria morte parece que será inútil (v. 15).

וְאִישׁ em Jl 2,7.8 não está num sentido de fuga, mas de investida bélica do עַם רַב וְעָצוּם. O retorno dos dispersos em Jl 4,1.7 é algo positivo e sem riscos de perigo para os mesmos, pois é fruto da decisão salvífica de YHWH, que determinou restabelecer a sorte de Judá-Jerusalém, entrando em julgamento com as nações opressoras e criminosas (cf. Jl 4,2).

Enfim, Is 13,16 mostra o ataque ao lar, onde se encontram os que não conseguiram e não puderam pôr-se em fuga, bebês e mulheres. A violência aplicada é terrível e sem piedade. Atinge-se o cerne gerador da vida em uma cidade, constatando-se não só a força do invasor, mas o objetivo da sua ação: eliminar tudo o que encontra pela frente. É possível ver uma ação compatível com o חֵרֶם. Is 13,16 pode, também, ser associado, indiretamente, a Jl 2,9 quando alude à invasão da cidade fortificada e nela a total ocupação das casas.[31] Sf 1,13, no mesmo contexto do *yôm* YHWH, alude ao fato. O mesmo sentido, de desproteção diante deste dia, se percebe em Am 5,19.

Dessa análise, resulta que a intertextualidade entre o *yôm* YHWH no *corpus* joeliano com Is 13,2-16 é significativa tanto do

---

[30] A queixa, que é ao mesmo tempo a razão que fundamenta a ação divina em Joel (cf. Jl 4,2.6.19), pode ser admitida como um paralelo circunstancial com Is 13,14-15.
[31] Cf. H. W. WOLFF, *Joel und Amos*, 55-56; S. ERLANDSSON, *The Burden of Babylon*, 142-144; S. BERGLER, *Joel als Schriftprophet*, 131-133.

ponto de vista terminológico como da descrição temático-literária, apesar das relevantes diferenças contextuais, marcadas pela ausência do tema da ira e da punição por um pecado. A ausência de contatos explícitos entre Joel e Is 13,5.11.15 é reconhecível também por causa dessas diferenças contextuais.

Se consideramos o sentido do juízo aplicado ao inimigo, que no caso de Is 13,2-16 é a Babilônia (cf. Is 13,1),[32] os contatos poderiam se tornar mais pertinentes em comparação com a temática do juízo traçada em Jl 4 para os inimigos que são identificados e sentenciados. O fato de que a Babilônia não é citada em Joel deve ser respeitado como intencional e a favor da sua singularidade em relação ao anúncio do *yôm* YHWH isaiano.

Portanto, o cotejo entre Joel e Is 13,2-16 nos permite admitir coerência de aspectos ou sinais de dependência.[33] Todavia, não há como afirmar que por detrás do texto de Jl 2,1-11 estaria uma descrição da devastação que Judá sofreu ou sofrerá pela investida dos babilônios e que em Isaías estaria o seu correspondente oposto segundo a aplicação da "lei do talião".[34]

---

[32] A queda da Babilônia é confirmada em outros textos (cf. Is 14,4b-23; Jr 50–51).

[33] H. W. Wolff (*Joel und Amos*, 56) afirmou que Is 13 precede e foi determinante para a descrição contida em Jl 2,1-11; J. Jeremias ("Der ‚Tag Jahwes'", 129-130) também pensa o mesmo, mas acredita que a aproximação terminológica serviu apenas para criar um modo de falar diferenciado do *yôm* YHWH quanto ao destinatário e quanto ao modo de apresentar a justiça divina em Joel. S. F. Mathews ("The Power to Endure", 38-39), seguindo Wolff, acredita na dependência literária entre os sinais de mutação cósmica típicos do *yôm* YHWH em Joel e os que foram trazidos e assumidos de Is 13,10.13. A. J. Everson (*The Day of Yahweh*, 231), seguindo a concepção de G. von Rad, afirma que o autor ou redator final deste oráculo entendeu que o *yôm* YHWH nos v. 6.9.13 deveria ser percebido como um sinal da iminente "guerra santa".

[34] R. L. Schultz ("The Ties that Bind", 55) analisa e critica validamente a posição de E. Bosshard-Nepustil (*Rezeptionen von Jesaia 1–39*, 292-297.308), recordando a existência de outros contatos entre o escrito de Joel e o escrito de Isaías. Argumenta citando J. Crenshaw (*Joel*, 27-28), que admite além de Jl 2,3b como texto paralelo de Is 51,3; também Jl 2,27 com Is 45,5.6.18; Jl 4,2 com Is 66,18 e Jl 4,10 com Is 2,4.

O anúncio do *yôm* YHWH em Isaías, contudo, pode ser visto como uma "matriz" comum para falar da criação do povo numeroso e potente em Joel, visto que YHWH é quem dá as ordens e chama os valentes guerreiros, consagrados para o serviço da sua justiça (cf. Is 13,3-4). Estes traços correspondem às imagens e informações contidas em Jl 2,1-11.[35]

1.2. Visão de conjunto

Nesta análise, resulta que o *yôm* YHWH isaiano é um evento próximo, desencadeado por YHWH e que determinará o destino da Babilônia.[36] O ataque terá início num local específico (v. 2: porta ou entrada dos nobres). Com isso, indica onde ou com quem se inicia este juízo de aniquilamento.

Is 13,6 anuncia que o *yôm* YHWH é um evento em movimento, como em Jl 1,15, e que vem como devastação da parte de *šadday*. O contexto permite classificá-lo como um juízo de condenação aplicado aos crimes e pecados cometidos pela Babilônia. O irromper deste dia na história deste povo não significa, de imediato, que os efeitos produzidos redundarão em benefício para os que fogem dispersos ou vêm da diáspora (cf. Is 13,14), porque a fuga é inútil, ao menos para quem for capturado (cf. Is 13,15).[37]

---

[35] Por considerar Jl 1 um evento do passado e Jl 2 um evento do futuro, numa ótica condenatória para Judá-Jerusalém, J. Jeremias ("Der ,Tag Jahwes'", 135-137) admite que só Jl 2,1-11 é uma descrição completa do *yôm* YHWH correlata a Is 13. Jl 1,15, pela praga de gafanhotos e a seca, fica admitido só como prelúdio num primeiro estágio.

[36] A perspectiva profética contida no termo קרוב fundamenta tanto o aspecto espacial como temporal da calamidade (cf. R. E. OTTO, "The Prophets", 229-231).

[37] É possível que um interesse nesse sentido tenha sido a razão para Is 14,1 iniciar com a partícula כִּי, numa tentativa de explicar e dar a entender que, com o fim decretado para a Babilônia וְקָרוֹב לָבוֹא עִתָּהּ וְיָמֶיהָ לֹא יִמָּשֵׁכוּ) (Is 13,22), se antagoniza com a misericórdia para mostrar que Israel seria beneficiado (cf. H. SIMIAN-YOFRE, *Isaías*, 94).

Os destinatários não apresentam tipo algum de resistência ao evento.[38] Não existe um combate em curso (como em Jl 2,1-11), apesar de Is 13,2-5 anunciar a ação bélica dos consagrados por YHWH. A Babilônia deve sofrer as consequências desastrosas por seus crimes nas mãos de YHWH. As reações mencionadas dizem respeito ao estupor e pavor que os envolvidos (אֱנוֹשׁ) experimentam: as mãos caem, os corações se dissolvem, sentem espasmos, se contorcem de dores e o espanto abrasa suas faces (Is 13,7-8; cf. Jl 2,6). A crueldade, sinônimo de devastação retributiva, será visível (cf. Is 13,15-16). YHWH é o sujeito explícito que decreta a destruição (verbos na 1.c.sg. em Is 13,1.2.11-13). O profeta ou narrador (cf. Is 13,3-10) vê que YHWH não demonstra misericórdia pela Babilônia, mas mostra-se inflamado de ira. Os termos אַף (v. 3.9.13) e זַעַם (v. 5), acompanhados de sufixos de 1.c.sg e 3.m.sg., não deixam dúvidas de que a indignação é aqui um atributo divino, embora a destruição caiba ao forte exército que ele forma e consagra.[39] A execução da punição divina fica por conta dos que atacam a Babilônia.

O *yôm* YHWH continua inserido num contexto bélico ligado à punição do mundo (תֵּבֵל) por sua maldade e dos ímpios por sua iniquidade (v. 11).[40] Também Isaías justifica a ação divina com

---

[38] Como no caso de Abdias, o maior interessado neste anúncio é o povo fiel e sofrido. Embora seja um oráculo dirigido à Babilônia, pode-se admitir que os exilados são os que se alegrarão com a notícia (cf. cap. VI).

[39] Jr 51,27-30 pertence a um contexto que também alude à destruição da Babilônia e possui traços afins com o conjunto de Is 13,2-22. No final de Jr 51,27, uma metáfora compara o cavalo ao gafanhoto arrepiado (הַעֲלוּ־סוּס כְּיֶלֶק סָמָר). A LXX interpretou סָמָר como numeroso (πλῆθος). O termo יֶלֶק não cria problemas para o contexto de Jl 2,1-11, pois ali a comparação alude à ação do povo numeroso e potente. Isto confirma a interpretação que vê por detrás dos diferentes nomes usados para gafanhotos uma alusão aos povos que, ao longo da história, investiram em contínuo contra Judá-Jerusalém.

[40] O termo תֵּבֵל está bem aplicado com o sentido de domínio "universal" alcançado pelas campanhas babilônicas. Todavia, a raiz תבל, vocalizada com duplo *segōl*, aparece empregada em Lv 18,23; 20,12 no contexto de

uma razão suficiente para não tornar YHWH culpado ou injusto, de modo que Ele apareça aplicando a justiça equitativa como base na "lei do talião" (cf. Ab 15).

Os acusados e destinatários do castigo no *yôm* YHWH isaiano não terão uma chance diante deste dia. Esta é uma característica particular que segue a sua manifestação. Não há escapatória e não há um chamado à conversão ou uma possibilidade de apelo. O anúncio revela um decreto irrevogável para a Babilônia à diferença da sorte que coube a Nínive (cf. Jn 3,10; 4,11). Se levarmos em consideração o declínio do império babilônico na segunda metade do século VI a.C., pode-se alegar que houve concretização da profecia isaiana. O mesmo poderia ser dito de Sofonias com relação a Judá-Jerusalém. Desse modo, é o texto de Isaías que apresenta um quadro de reversão bem próximo à mensagem contida no texto de Sofonias.[41]

O envolvimento do cosmo (cf. Is 13,10.13) é um traço característico que acompanha a manifestação do *yôm* YHWH para que o vínculo não seja visto somente em função da justa retribuição pela guerra, mas para que o caráter teofânico seja, conjuntamente, o critério que confirma o evento como uma ação que só pode ser desencadeada por YHWH que criou e rege a criação.

O *yôm* YHWH em Is 13,2-16 revelou a execução da justiça divina, que não deixa impune a maldade humana e, principalmente, o que tiver sido praticado contra o seu povo. As temáticas da ira e do amor misericordioso não se excluem, pois onde o orgulho do homem é abaixado a justiça divina revela-se restabelecida (cf. Is 2,6-11.12-16.17).

---

    coisas abomindas em campo sexual. Isaías emprega dez vezes a mesma raiz, das quais só em Is 66,19 é um nome próprio; as outras nove vezes (cf. Is 13,11; 14,17.21; 18,3; 24,4; 26,9; 27,6; 34,1) está vocalizada com duplo *ṣērê* e é interpretada pela LXX como οἰκουμένη. Por metonímia podemos entrever que *aberração*, *confusão* e *mundo* não são equidistantes. YHWH, ao dizer וּפָקַדְתִּי עַל־תֵּבֵל רָעָה, por hendíadis, se alcança "punirei a maldade generalizada", dado que se confirma pela frase וְעַל־רְשָׁעִים עֲוֹנָם.

[41] Cf. G. FOHRER, "Der Tag JHWHs", 47; H. IRSIGLER, *Zefanja*, 171-172.

Portanto, a temática do *yôm* YHWH em Isaías confirma a sua função como fórmula teológica para expressar a presença e ação constantes de YHWH no domínio da história universal. Este parecer se coaduna inteiramente com a linha positiva da temática traçada e reconhecida na profecia de Joel.

2. O *yôm* YHWH em Ezequiel

Ez 13,1.2-16 é um texto bem delimitado.[42] Está aberto e fechado por fórmulas וַיְהִי דְבַר־יְהוָה אֵלַי לֵאמֹר (v. 1) e נְאֻם אֲדֹנָי יְהוִה (v. 16).[43] A temática sobre o falso שָׁלוֹם, pelo contexto, se aproxima muito de Jr 4,10; 6,9-15.[44]

Ez 13,17-23 também possui uma delimitação facilmente identificada.[45] O v. 17 abre-se com uma palavra de reprovação endereçada "para as filhas do teu povo" (אֶל־בְּנוֹת עַמְּךָ), que agem como os "profetas de Israel", desviando o povo eleito da verdade (cf. Noadias em Ne 6,14).[46] O v. 23 conclui a questão com a fórmula

---

[42] À diferença de Isaías, o *yôm* YHWH em Ezequiel é uma tênue alusão, que nos leva a enquadrá-lo no conjunto, olhando também Ez 13,17-23, para colher seus detalhes.
[43] O esquema: acusação הוֹי (v. 3.8.18) e יַעַן (v. 10.22); sentença לָכֵן (v. 8.13.20.23) e reconhecimento וִידַעְתֶּם (v. 9.14.21.23) articula Ez 13,1-16.17-23 (cf. E. CORTESE, *Ezechiele*, 101-102; L. ALONSO SCHÖKEL – J. L. SICRE DÍAZ, *Profetas II*, 719).
[44] Cf. H. LEENE, "Blowing the Same Shofar", 175-187; J. P. SISSON, "Jeremiah and Jerusalem", 429-442.
[45] As duas partes, os profetas (v. 2-16) e as profetizas (v. 17-23), possuem uma introdução semelhante (v. 2.17) calcada em 13,1 (cf. W. EICHRODT, *Ezechiele*, 200). Sobre as questões estruturais, ver A. Bertholet (*Hesekiel*, 47-50), G. Fohrer (*Ezechiel*, 68-72), G. A. Cooke (*The Book of Ezekiel*, 137-138) e W. Zimmerli (*Ezechiel*, 281-293).
[46] As בְּנוֹת עַמְּךָ não são profetizas como as mulheres memoráveis do AT: Mirian (cf. Ex 15,20); Débora (cf. Jz 4,4); Hulda (cf. 2Rs 22,14); a mulher de Isaías (cf. Is 8,3), mas denunciadas como as que praticam encantamentos na Babilônia (cf. Dt 6,8-9).

de reconhecimento. Ez 14,1 inicia uma nova temática com a idolatria e com outros destinatários: os anciãos.

Desse modo, fica assegurado que, em Ez 13,1-23, Ezequiel não está transmitindo uma mensagem humana. Ele não é um profeta como a classe que é condenada por charlatanice. Isso se confirma pela continuidade terminológica que desenvolve uma controvérsia, tendo como fundamento uma palavra de reprovação vinda da parte de YHWH.[47]

O contexto em que o anúncio do *yôm* YHWH encontra-se inserido revela um corajoso embate entre YHWH, que faz de Ezequiel um profeta para os exilados[48] e os נְבִיאֵי יִשְׂרָאֵל que falam segundo o próprio coração: שִׁמְעוּ דְּבַר־יְהוָה (Ez 13,2).[49] YHWH, pelo seu servo, acusa os insensatos que, seguindo a voz daqueles que profetizam segundo o próprio espírito ou imaginação (רוּחָם) e anunciam palavras vazias, continuam se expondo ao perigo.[50]

O campo de ação não é fundamentalmente religioso, pois compromete o destino dos deportados (v. 19.22). A falsa profecia é concebida como um obstáculo ao real sentido que YHWH deseja dar para o momento histórico e ao que pretende realizar: livrar da ilusão que narcotiza o povo aterrorizado e compromete a vinda da verdadeira conversão do coração (cf. Jr 23,26.32).[51]

---

[47] O v. 2 parece antecipar o conteúdo que se segue, porque a LXX traz um texto menor que o TM, e o v. 17 apresenta um paralelo. O final do v. 3 corresponde aos v. 6-7, que possuem um tom redundante e uma variação na voz verbal, mas o tom refutatório pode mantê-los juntos sem problemas (cf. W. EICHRODT, *Ezechiele*, 196-199).

[48] Ez 1,1-3 apresenta, sinteticamente, as circunstâncias ordinárias em que se deu a profecia, falando do tempo, do lugar, dos destinatários e da pessoa do profeta.

[49] A insistência em defraudar o adversário da palavra divina é uma característica de Ez 13,1-23. O texto de Jr 29,21-32, que faz parte da carta dirigida aos primeiros deportados na Babilônia, põe em descoberto a ação dos mentirosos e confirma que o problema enfrentado por Ezequiel teve um fundamento real.

[50] Cf. J. CAHINGA, *O Fim da iniquidade*, 236-238.

[51] Cf. W. EICHRODT, *Ezechiele*, 202.

A palavra é uma sentença: הוֹי (v. 3.18) e possui um claro objetivo: aviar uma condenação (cf. Am 5,18). YHWH desmascara e não admite que se fale em seu nome ou se pratique encantamentos (cf. Dt 18,9-14.15-22).[52] Os profetas são contestados como ilegítimos e charlatães, não pelo título ou função que exercem, mas pelo abandono da verdade ou porque se deixaram corromper pela situação, buscando tirar desta, em favor próprio, algum tipo de proveito. A ação deles causa, inclusive, a morte do inocente (v. 4.18-19), intimida o justo e fortalece as mãos do criminoso (v. 22).[53]
As imagens utilizadas por Ezequiel para caracterizar os fraudulentos são fortes: "chacais entre os destroços" (v. 4) e "amalgamadores de engano" (v. 10-11). Os ouvintes acreditando nos falsos oráculos, nas falsas visões e nos encantamentos (v. 18), principalmente em tempos de crise, alimentam em si mesmos uma vã esperança e edificam uma parede débil, de pedras soltas (v. 10 usa חַיִץ), amalgamada pelo falso שָׁלוֹם. Com isso, se tornam uma presa vulnerável, pois estão sem resistência (nos v. 12.14.15 se usa קִיר).
A obra edificada é destinada a desabar, mas isso não acontece facilmente, requer uma ação divina capaz de derrubá-la por completo.[54] Ezequiel, então, comunica a ordem de YHWH usando imagens típicas dos fenômenos naturais: chuva torrencial, geada espessa e vento impetuoso (v. 11-14).
Por um lado, tais imagens mostram a fragilidade da construção. Por outro lado, revelam que a ilusão edificada com uma falsa pretensão também não cai imediatamente. Esta é a razão pela qual, além dos adjetivos usados, cada fenômeno é desencadeado pela indignação divina: אַף e חֵמָה (v. 13.15; cf. Is 13,9-15).

---

[52] Cf. L. ALONSO SCHÖKEL – J. L. SICRE DÍAZ, *Profetas II*, 718.
[53] Cf. H. SIMIAN-YOFRE, *Amos*, 116; *Il Deserto degli dei*, 95.
[54] No caso da ação das mulheres (cf. Ez 13,20), a reação de YHWH é arrancar com força (וְקָרַעְתִּי) os amuletos que elas colocaram sobre as pessoas. O efeito da ação é uma libertação violenta (וְהִצַּלְתִּי, do verbo נָצַל que corresponde, em intensidade, ao verbo קָרַע).

YHWH, derrubando o muro, faz cair simultaneamente os enganadores, os enganados e o engano, isto é, o falso שָׁלוֹם anunciado (v. 12.14-15).[55]

O v. 16 liga tudo à emblemática situação que se abateu contra a cidade santa. A assonância e paronomásia é marcante entre o termo שָׁלוֹם e o יְרוּשָׁלַ͏ִם.[56] Com isso, a profecia revela a maldade que levou a cidade santa à ruína, ela continua fazendo estragos no meio do povo que nela habitava e que não deu ouvidos à palavra de YHWH dirigida a Jeremias, que o fez perceber o engano, embora acreditasse na sua inviolabilidade (cf. Jr 4,10).

Neste contexto de forte conflito, o anúncio do *yôm* YHWH é um ato de reprovação aos que pregavam o falso שָׁלוֹם ao povo. Tal engano foi a causa que impediu Israel de resistir בְּיוֹם יְהוָה (v. 3-5).

Os fatos que encontramos envolvidos no *yôm* YHWH, neste texto de Ezequiel, comprovam que: a dúvida retórica de Am 5,18-20 tinha fundamento e a sua interpretação deste dia era correta, que a pregação de Sofonias, quando anunciou o castigo com a chegada iminente do *yôm* YHWH, era verídica. Ezequiel continua na linha destes dois anúncios e se mantém como um fiel arauto da temática, apesar de não elaborar um poema sobre ela como Is 13,2-16, Jl 2,1-11 e Sf 1,14-18.

---

[55] שָׁלוֹם é tema na missão profética (cf. A. R. JOHNSON, *The Cultic Prophet*, 50-51.63).

[56] O Sl 122 é um importante testemunho de uma síntese teológica sobre Jerusalém. A cidade santa abriga o templo de YHWH e a casa de Davi, que faz justiça, e por ela se promovia a paz no sentido vertical e horizontal. A razão é porque lá (שָׁם), em Jerusalém, YHWH colocou o seu nome (שֵׁם), que, invocado, pode salvar das diversas situações de perigo (cf. 1Rs 8,44.48 paralelo a 2Cr 6,34.38; 20,8; Sl 140,13-14).

2.1. O yôm YHWH em Ez 13,5 e em Joel

Não reparastes as brechas,[57]	v. 5a	לֹא עֲלִיתֶם בַּפְּרָצוֹת
e *não* murastes a muralha sobre a casa de Israel	v. 5b	וַתִּגְדְּרוּ גָדֵר עַל־בֵּית יִשְׂרָאֵל
para ficar de pé na batalha	v. 5c	לַעֲמֹד בַּמִּלְחָמָה
no *yôm* YHWH.	v. 5d	בְּיוֹם יְהוָה:

O v. 5ab apresenta uma notícia que se insere no passado da narrativa: עֲלִיתֶם e וַתִּגְדְּרוּ; mas, quanto ao objetivo das ações contidas no v. 5c, não induz a pensar, necessariamente, que se trate de um fato totalmente realizado e fechado no tempo, pois o mal continua atuando e causando danos.[58]

Desta notícia, resulta a forte acusação que retira o direito de alguns de serem considerados profetas, torna-os alvo de condenação divina e revela o quanto o povo foi insensato dando-lhes crédito e deixando-se enganar.[59]

O perigo existe porque, por um lado, não se denunciaram as iniquidades para que o povo, alertado, se convertesse ("reparar as brechas"?), mas se continuou dizendo שָׁלוֹם; e, por outro lado, não se voltou para/evocou YHWH ("não muraste a muralha") para que a situação fosse mudada, para que o povo fosse socorrido na sua fraqueza, e o perigo de aniquilação fosse afastado.[60]

---

[57] Literalmente: "Não subistes nas brechas". Embora as versões tenham adotado a forma singular (בַּפֶּרֶץ), manter o plural corresponde melhor à ação denunciada (v. 10-11) e à queda do que foi edificado (v. 11-15).
[58] Cf. D. I. ROSENBOIM, "Is יוֹם ה'", 398; G. von RAD, "The Origin", 106; A. J. EVERSON, *The Day of Yahweh*, 82-83.
[59] A base temporal advinha de um futuro não remoto, mas próximo, caso contrário a predição dos falsos profetas não funcionaria. Nesse sentido, anunciar o *yôm* YHWH soava como uma coisa extremamente remota (cf. R. E. OTTO, "The Prophets", 227-229).
[60] J. Cahinga (*O Fim da iniquidade*, 118-119.243-245) admite que o *beyôm* YHWH de Ez 13,5 evoca Ez 7, onde existe alusão à guerra (v. 14) e cujo contexto é um forte anúncio de infortúnio e desgraças. Ez 7,7 afirma que "vem um tempo, *está* próximo um dia de tumulto" (בָּא הָעֵת קָרוֹב הַיּוֹם מְהוּמָה). Também, J. R. WOOD, *Amos in Song*, 189.

Os judaítas, sem o devido alerta, que corresponde à ação do verdadeiro profeta, não prepararam a defesa para resistir na guerra. Não ficaram de pé, isto é, não se converteram, pois não houve quem intercedesse a seu favor. A noção equivaleria à tentativa de sobrevivência a um ataque inimigo.[61]

Por detrás da forte denúncia está subjacente a necessidade de uma ação imediata e feita por gente que não só percebe o perigo, mas se apressa a reparar os danos menores, para evitar que um mal maior venha a acontecer.

A função profética aqui não é desvalorizada, mas evidenciada, pois mostra que ela exerce a sua força política e religiosa nas decisões que se tomam e no modo inteligente de agir diante de um perigo tido por certo.

O *yôm* YHWH é citado só no final do versículo,[62] inserido, igualmente, num contexto bélico, onde se evoca, também, o sentido da expansão profética contida em Jl 3,1-5, que visava à salvação dos supérstites.[63]

Enquanto em Ezequiel o elemento importante recai sobre o descrédito para os profetas, pois veem inutilidades e

---

[61] Cf. W. EICHRODT, *Ezechiele*, 202-203. O Sl 106,23 lembra a atitude de Moisés, que, por ser um servo eleito de YHWH, ficou de pé para suplicar pelo povo, a fim de que YHWH desistisse da ideia de aniquilá-lo (cf. Ex 32,11-14; Dt 9,25-29). Ezequiel intercede somente duas vezes (cf. Ez 9,8; 11,13) (cf. D. F. O'KENNEDY, "Were the prophets really intercessors?", 337-388).

[62] A posição que ocupa o *yôm* YHWH no final do versículo induziria a pensar num acréscimo redacional, visto que, pelo contexto, este dia justifica a desgraça, mas cria um problema: se a punição é fruto do *yôm* YHWH, a que serviria a tentativa de resistência ou restauração das muralhas? No fundo, vê-se que o real inimigo continua sendo YHWH (cf. L. ALONSO SCHÖKEL – J. L. SICRE DÍAZ, *Propetas II*, 720-721).

[63] Cf. R. ALBERTZ, *Historia de la Religión de Israel II*, 633. Os supérstites, em Ezequiel, não representam somente um sinal da graça divina dada aos justos e inocentes, mas também ao ímpio, para exemplificar a bondade de YHWH que não quer a morte do pecador, mas que ele se converta e viva (cf. Ez 18,23.32; 33,11) para testemunhar a existência, o sentido e o valor do princípio da justiça que retribui a cada um conforme as suas obras (cf. M. NOBILE, "Il principio della retribuizione in Ezechiele", 108).

mentiras, fazendo presságios falsos e enganadores (cf. Ez 13,2-3.6-10.17.22),[64] em Joel vê-se o extremo oposto: afirmando, valorizando e alargando, sem distinção, o dom da profecia para todas as classes do povo (cf. Jl 3,1-2; Ez 39,29). De fato, um povo profético ouviria só a YHWH e cessaria a falsa pretensão e os abusos.

É nítida a antítese nas duas formas proféticas: "Que seguem um espírito deles sem ver *visões*" (negativa em Ezequiel), e "infundirei o meu espírito sobre toda a carne e profetizarão vossos filhos e vossas filhas, os anciãos farão sonhos e os vossos jovens verão visões" (positiva em Joel).[65]

É sensato pensar que o grau de polêmica assumido por Ezequiel denuncia o falso uso do nome de YHWH na boca dos profetas de Israel. Já Jl 3,1-2 salva o caráter profético no meio do povo, visto que para o ouvinte-leitor o grau da polêmica será fortemente percebido somente quando as lideranças rejeitarem a figura incômoda do profeta Amós (cf. Am 7,10-17).[66]

A desgraça sofrida pelo povo no *yôm* YHWH, segundo Ezequiel, é atribuída, principalmente, ao pecado dos profetas, que são os responsáveis por induzi-lo ao erro. O povo, porém, é também culpado, pois está pagando pelo que aceitou ouvir.[67] Já a salvação no *yôm* YHWH, segundo Joel, estará vinculada ao gesto penitencial, a uma efusão do autêntico dom profético em função

---

[64] חֲזוּ שָׁוְא וְקֶסֶם כָּזָב: ideia expressa na sequência que se repete negativamente.

[65] אֶשְׁפּוֹךְ אֶת־רוּחִי עַל־כָּל־בָּשָׂר וְנִבְּאוּ בְּנֵיכֶם וּבְנוֹתֵיכֶם e (Ez 13,3) אֲשֶׁר הֹלְכִים אַחַר רוּחָם וּלְבִלְתִּי רָאוּ (Jl 3,1). Embora o direito dos servos e sevas fosse tutelado pelo *šabbat* (cf. Ex 20,10) e eles pudessem tomar parte na alegria dos sacrifícios oferecidos diante de YHWH (cf. Dt 12,12.18; 16,11.14), estender-lhes o dom da רוּחַ nesta forma é algo inédito (cf. Jl 3,2).

[66] Cf. H. SIMIAN-YOFRE, *Amos*, 155-161. Os 9,1-9 apresenta um quadro que denota a inutilidade do culto e dos profetas. Todavia, não existem razões para ver os v. 7-9 como sendo uma real disputa entre Oseias e seus adversários e sim uma reação de Oseias contra os profetas do seu tempo. Estes, cedendo às pressões sociais, se tornam inúteis; esquivando-se de anunciar e agir em conformidade com a palavra de YHWH, privaram o povo do caminho justo a seguir, abrindo as brechas, como numa muralha, para o erro se difundir (cf. H. SIMIAN-YOFRE, *Il deserto*, 91-96).

[67] Cf. L. ALONSO SCHÖKEL – J. L. SICRE DÍAZ, *Profetas II*, 722.

do nome divino, que é invocado com esta finalidade, e porque YHWH está no comando do seu numeroso e potente exército (cf. Jl 2,2.11).

Em Ez 13,5c, o *yôm* YHWH é uma citação desprovida de adjetivos e características funestas ligadas ao escurecimento e mutação dos astros. Poder-se-ia entrever nas palavras e atitudes dos falsos profetas uma alusão a tais características cósmicas? Em outros termos: onde o sol, a lua e as estrelas perdem seu brilho não estaria subjacente a confusão das mentes ofuscadas pela ação dos enganadores? Ignorância dos enganados? Estar no erro é imergir-se nas trevas.[68]

O *yôm* YHWH em Ezequiel representa uma chance dada por YHWH para que a desgraça não continue fazendo estragos entre os exilados e os remanescentes de Jerusalém. A figura e a ação dos profetas credenciados denotam o dom de um tempo favorável ao processo de conversão do povo. Tal expectativa, comparada a Jl 2,13-14, revela o conhecimento que o profeta tem de YHWH e o interesse pelo bem do seu povo (cf. Ez 13,22; 33,11).

2.2. Visão de conjunto

A expressão *yôm* YHWH não parece ser, no conjunto de Ez 13,2-16, um claro motivo teológico, mas sim uma condição circunstancial que liga tempo, evento e situação, precisamente, ao primeiro e trágico acontecimento que abateu Jerusalém em 597 a.C., e que, pelo contexto, se não fosse a ação dos enganadores, o povo poderia ter resistido à investida babilônica (587 a.C.).

Resistir ao ataque pode não ter a conotação que tendia evitar a invasão inimiga, mas que com ela Jerusalém não fosse totalmente destruída. Vários alertas já tinham sido feitos por Jeremias para que a catástrofe fosse evitada. A sorte teria sido diferente para a cidade e para os seus habitantes. O *yôm* YHWH pode ser visto como um pertinente anúncio de castigo que visava, antes da invasão, à salvação dos reais interlocutores (cf. Jr 4,5-31).

---

[68] De acordo, como foi dito atrás, com a nota 26.

A referência ao *yôm* YHWH está inserida no ato de reprovação para os נְבִיאֵי יִשְׂרָאֵל, que desviaram Israel do caminho com promessas enganosas: o falso שָׁלוֹם (cf. Ez 13,10).[69] Todavia, não parece ser só a eles dirigido, mas também ao povo em geral, lembrando-lhes o quanto foram incautos quando o anúncio ressoou em seus ouvidos (cf. Jr 6,14; 8,11). Assim, a alusão ao *yôm* YHWH pertence ao passado e é aqui reevocado para que o mal não continue agindo e venha a destruir os supérstites que estarão na diáspora.[70]

A intenção de YHWH e a preocupação contida na controvérsia colocam Ezequiel como instrumento portador de condenação para os enganadores, sejam eles homens ou mulheres, para o engano que fazem circular como se fosse um oráculo da parte de YHWH e para os enganados, a fim de que não sejam insensatos e continuem como presas fáceis da falsa profecia.

Portanto, o *yôm* YHWH é um evento relembrado (Amós e Sofonias) e reutilizado por Ezequiel, neste quadro de disputa, para dar apoio, força e credibilidade à palavra de YHWH diante de todos os seus destinatários. Os agentes da iniquidade são desmascarados, fazendo pesar sobre eles a culpa pelos males. O principal destes é a desonra que causam a YHWH (v. 19).

Ao mesmo tempo, busca-se desmascarar, abrindo os olhos da mente e do coração dos que, ouvindo e aceitando o conteúdo dessa falsa mensagem, não percebem que estão sendo arrastados na direção da aniquilação pessoal, exatamente como aconteceu durante a invasão e destruição de Jerusalém.[71]

---

[69] Amós e Sofonias embatem-se tenazmente contra as lideranças, mas Joel incita anciãos, sacerdotes e comunidade a sair da apatia diante das carestias. Neste sentido, a alusão ao *yôm* YHWH em Ez 13,5 está mais próxima do contexto do *rîb* sofoniano.

[70] Para G. von Rad ("The Origin", 106; *The Message of the Prophets*, 98), o anúncio está em conexão com um evento passado (cf. Ez 34,12; Lm 1,12; 2,22), mas para os ouvintes-leitores se tornou patrimônio da tradição escatológica. O mesmo parecer tem R. W. Klein ("The Day of Yahweh", 518) e C. Carniti ("L'espressione 'Il Giorno di JHWH'", 19-20).

[71] Cf. Y. HOFFMANN, "The Day of the Lord", 46-47.

A imagem do muro que desaba (v. 11-15), a menção do falso שָׁלוֹם para Jerusalém (v. 16) e os efeitos que se verificam na vida do justo e dos malvados (v. 22) corroboram esta visão de conjunto.

Em relação a Joel, além do uso da expressão *yôm* YHWH e do que ela comporta como manifestação divina, podemos manter a relação contida nas referências e traços bélicos (cf. בַּמִּלְחָמָה em 13,5). Ao lado disso, as alusões aos muros que desabam por serem construídos com base frágil evocam a força de YHWH e a ilusão de uma cidade fortificada (cf. Jl 2,9; Sf 1,18).

Assim como o povo numeroso e potente age impiedosamente no *yôm* YHWH, por ser um executor da palavra de YHWH (cf. Jl 2,2.11), Ezequiel é o instrumento com o qual YHWH combate irritado contra os profetas de Israel (e "as filhas do teu povo"). Ezequiel é portador da luz da verdade no meio das trevas da falsidade. Deve-se vencer a ignorância.

Existe uma crise concreta. A situação de carestia pode ser atribuída em dois sentidos. Em Joel como fruto das diferentes catástrofes, dentre as quais aparece a invasão inimiga (cf. Jl 1,6-7; 2,20). Em Ezequiel como fruto da ação enganadora dos falsos profetas que depaupera a fé do povo, fazendo-o crer num futuro que não tem consistência nem fundamentos sólidos.

Nos lábios dos sacerdotes, pelo lado de Joel, encontra-se a preocupação pelo mal que a crise geraria, o sarcasmo dos ímpios em relação à existência e força salvífica de YHWH (cf. Jl 2,17). No decreto de YHWH, pela parte do sacerdote e profeta Ezequiel,[72] está um anátema que Ele mesmo emite contra os falsos profetas (cf. Ez 13,9). Por isso, YHWH decide excluir os acusados da reunião familiar do povo (בְּסוֹד עַמִּי לֹא־יִהְיוּ),[73] de serem escritos no

---

[72] Cf. הַכֹּהֵן em Ez 1,3 (o novo templo, Ez 40,1–48,35). Ezequiel se esforça por exercer um ministério pastoral entre os exilados conciliando a herança sacerdotal recebida e as exigências da sua missão como profeta (cf. W. EICHRODT, *Ezechiele*, 33.213; cf. L. L. GRABBE, "A Priest Is Without Honor", 83-85; A. MEIN, "Ezekiel as a Priest in Exile", 198-213).

[73] O substantivo סוֹד (cf. H.-J. FABRY, "סוֹד", 779) evoca um grupo religioso unido por laços de intimidade, onde os membros se reconhecem consortes existencialmente (cf. Jó 19,9; 29,4; Sl 25,14; 55,15; 111,1; Pr 3,32).

livro da casa de Israel (וּבִכְתָב בֵּית־יִשְׂרָאֵל לֹא יִכָּתֵבוּ) e de não entrarem na terra de Israel (וְאֶל־אַדְמַת יִשְׂרָאֵל לֹא יָבֹאוּ), porque o desonram no meio do seu povo (וַתְּחַלֶּלְנָה אֹתִי אֶל־עַמִּי); cf. Ez 13,19).

Se há uma real aproximação entre Ezequiel e Joel, esta deve ser vista na linha da ação de YHWH a favor de si mesmo, da aplicação da justiça equitativa ("lei do talião") e no que isso resulta. O *yôm* YHWH em Ez 13,5 mostra que, com a dignificação de YHWH, o seu povo sai beneficiado, ficando livre, também, dos inimigos internos (os falsos profetas). Na sua soberania, YHWH se mostra vencedor contra toda forma de injustiça e, buscando reverter a sorte do seu povo, Ele revela que continua lutando ao seu lado e a seu favor.

YHWH, então, pela ação contida em Ez 13,2-16 demonstra-se, no fundo, disposto a salvar. O *yôm* YHWH é recordado no v. 5 como o momento em que se salvar significava resistir ao sofrimento oriundo com a guerra. Todavia, os falsos profetas, com seus presságios, desviaram a atenção do povo quanto ao perigo iminente e ocasionaram a nefasta imprudência que transformou Jerusalém em ruínas e levou o povo para o exílio. Isso certifica o sentido que encontraremos, a seguir, no estudo do oráculo de Jr 4,5-31.

A função salvífica é cabida ao profeta por vocação e que, na controvérsia assumida por Ezequiel, mostra YHWH agindo do lado das vítimas, pois separa os justos dos ímpios e cuida pessoalmente para que a sorte de ambos seja de acordo com as próprias ações numa justa retribuição, solidificando nos primeiros a fé e desmascarando nos outros o erro da falsa pretensão (cf. Ez 13,5.20-22). Com isso, podemos continuar reconhecendo e advogando pela causa de duplo efeito, subjacente também ao *yôm* YHWH em Ez 13,5.

A sequência revela os interesses dos exilados em não perder o direito de propriedade, com a esperança de que poderiam retornar brevemente para Israel (cf. W. EICHRODT, *Ezechiele*, 205).

3. Jr 4,5-31: um *"yôm* YHWH"?

Iniciar este ponto com uma questão não é inadequado, mas apropriado e pertinente. A pergunta é motivada pelo fato de que neste texto jereminiano não se encontra alusão explícita ao *yôm* YHWH.[74]

A razão pela qual incluímos este oráculo e não outros tantos com uma semelhante problemática sobre o *yôm* YHWH é dupla. Por um lado, porque alguns estudiosos admitem Jr 4,5-31 como um exemplo particular sobre o *yôm* YHWH.[75] Por outro lado, porque vemos que a mensagem contida e articulada no conjunto deste texto apresenta elementos que apontam para uma particular manifestação de YHWH na história do povo eleito através do tema do inimigo que vem do Norte.[76] Esta ação divina prepara uma base para a temática do *yôm* YHWH em Is 13,2-16 e Ez 13,2-16 com Joel.

Em Jr 4,5-31, o profeta expressa uma dramática representação de Judá-Jerusalém prestes a ser destruída. O íntimo de Jeremias se agita, oscilando entre o que ele percebe e o que ele sabe que deve proclamar. Há uma sintonia entre a palavra de YHWH e os sentimentos do profeta.[77] A sua pregação se torna modelo de serviço e relação com o divino, com o povo e com a cidade santa.

A visão de Jeremias neste texto está marcada por uma palavra divina que revela a gravidade da situação e o faz anunciar a vinda próxima de um perigo assolador. A fala de Jeremias insere-se na dialética entre a palavra instrutiva da graça, a exigência

---

[74] Cf. cap. IV. A terminologia é, sem dúvida, um válido critério para estabelecer um confronto intertextual, mas não é um critério absoluto e definitivo.

[75] Cf. J. BRIGHT, *Jeremiah*, 343-34; V. EPPSTEIN, "The Day of Yahweh", 93-97; A. WEISER, *Geremia*, 123; J. R. LUNDBOM, *Jeremiah 1–20*, 356-363.

[76] Cf. cap. VI; C. van Leeuwen ("The 'Northern one'", 85-99) cita vários autores para discutir a questão sobre o papel do הַצְּפוֹנִי em Jl 2,20.

[77] Cf. V. LOPASSO, "Geremia: Il Profeta e il Libro", 161-170.

do chamado à conversão (cf. Os 14,2-9)[78] e o anúncio de um julgamento iminente, que lembra o retorno ao caos primordial como afirmação do governo soberano de YHWH (cf. Jr 4,24-28; Sf 1,2-3.14-18).

Algo parecido ocorre em Joel. Ele identifica uma dramática situação, a interpreta e incita seus destinatários a tomarem uma posição cultual a respeito. Ele os motiva com o anúncio do *yôm* YHWH, mostrando que nesse dia entra em ação um povo numeroso e potente, que está a serviço da palavra de YHWH. Com isso, convoca e reúne os interessados, obtendo a sua atenção.

3.1. O contexto do anúncio jereminiano

Em Jr 2,1–6,30 encontram-se dois grupos ou blocos de anúncios que podem ser identificados e separados pelos referidos destinatários. Ambos contêm uma palavra de juízo.[79] O primeiro dirigido ao reino do Norte (cf. Jr 2,1–4,4)[80] e o segundo dirigido ao reino do Sul (cf. Jr 4,5–6,30). O tema central do segundo é a iminente invasão do inimigo setentrional.[81]

O contexto do juízo dirigido a Judá revela YHWH demonstrando-se em litígio com o seu povo, enviando sobre o território e Jerusalém um forte inimigo (cf. Jr 4,7; 2,15). Ao lado disso, não

---

[78] Cf. M. E. SHIELDS, *Circumscribing the Prostitute*, 138-139.
[79] É difícil de determinar o início dos oráculos sobre Judá-Jerusalém (cf. Jr 4,1-2; 4,3; 4,4; 4,5). Por isso, alguns preferem unir e tratar Jr 4,1-4 como sendo uma liturgia penitencial (cf. L. ALONSO SCHÖKEL – J. L. SICRE DÍAZ, *Profetas I*, 438-439).
[80] Quando Jeremias atuou, o reino do Norte não existia mais. Anatot é região limítrofe. Este bloco é didático para o reino do Sul se visto com base na trágica experiência que levou à queda de Israel em 722 a.C. YHWH insiste e deseja que seu povo viva, pela Lei, segundo a sua vontade (cf. R. de SIVATTE, "El regreso siempre posible a Dios", 145.150; V. LOPASSO, "Geremia: Il Profeta e il Libro", 161-165).
[81] Para a questão da unidade literária referente a Jr 2–6 e a pertinência deste tema que sobressai em Jr 4–6, ver S. Manfredi (*Geremia in Dialogo*, 31-40).

obstante o mal que está para vir, YHWH chama insistentemente seu povo à conversão (cf. Jr 4,8.14).

Em Jr 4,5-18 predomina o anúncio de invasão, dando as características do inimigo, mostrando que o evento é um castigo possuidor de um sólido motivo: a maldade enraizada no coração (cf. Jr 4,14.18).[82] Em Jr 4,19-31 prevalecerá a postura pessoal do profeta em inter-relação com as íntimas ações de uma Jerusalém penetrada de grande dor e sofrimento.[83]

Nesta segunda parte, assiste-se à manifestação de uma forte simbiose entre o que o profeta sente pessoalmente, com o próprio anúncio que faz, e o que Jerusalém diz a respeito da dor que experimenta diante do mal que lhe coube por decisão divina, como justiça por seus pecados. Os dois se contorcem como uma parturiente (cf. Jr 4,19.31).[84] As imagens da violência produzida numa guerra se entrelaçam com o que se sente no coração.

Jr 4,5-8 possui uma estrutura que comporta quatro momentos em sequência: o anúncio de alerta (v. 5-6), a razão do anúncio (v. 7), a reação ao anúncio (v. 8a) e a causa que justifica todas as ações (v. 8b).[85]

No anúncio inicial, as ações de alerta se desencadeiam de Judá a Jerusalém na tentativa de fazer as pessoas encontrarem uma proteção nas cidades fortificadas. O sinal põe a gente em fuga imediata. A razão é uma grande ruína a caminho, partida do setentrião, mas enviada por YHWH.

---

[82] A situação lembra as fortes acusações da profecia de Sofonias (cf. Sf 1,8-13.17).
[83] Uma complexa estrutura para verificar a plausibilidade da unidade Jr 4,5-31 é apresentada por W. L. Holladay (*Jeremiah 1*, 146-149), que divide o texto de acordo com a ação dos sujeitos. S. Manfredi (*Geremia in Dialogo*, 51) analisa seccionando o texto em cinco partes: 4,5-8; 4,9-18; 4,19-22; 4,23-26.27-28; 4,29-31. Nós seguiremos simplesmente a lógica que encontramos presente e desenvolvida no texto em questão.
[84] Cf. L. ALONSO SCHÖKEL – J. L. SICRE DÍAZ, *Profetas I*, 443.
[85] No caso de Jr 4,8 existem pontos de contato com Is 13,9; Ez 7,10; Sf 1,15-16 (cf. J. Jeremias, "Der 'Tag Jahwes'", 135).

Essa grande ruína alcança uma potente dimensão pela ideia metafórica vinda do reino animal, onde o leão é o seu grande representante (cf. Jl 1,6-7). Ele sai do seu lugar, do seu esconderijo, para causar a destruição por onde passar, deixando a terra desolada, as cidades devastadas e inabitadas. A primeira reação não prevê a formação de um exército para enfrentar o inimigo, mas um ato religioso, porque o motivo subjacente é muito maior do que as imagens já assinaladas. Os que estão em perigo não se embaterão só com um devastador, mas com a sua fonte: a ira inflamada de YHWH.[86]

O verbo de transição e a fórmula temporal (וְהָיָה בַיּוֹם־הַהוּא) introduzem um oráculo que faz entrar numa única cena os líderes que representam a vida de Judá-Jerusalém: rei, príncipes ou chefes, sacerdotes e profetas, cada um apresentando as suas respectivas reações de pavor (v. 9).

A lamentação emitida não é só de dor penitencial, mas é uma queixa religiosa e social, em resposta ao oráculo anterior (v. 10). Jeremias e a comunidade inteira se sentem enganados por YHWH (cf. Jr 20,7-9),[87] pois, no lugar do שָׁלוֹם, base da esperança salvífica que os alimentava (cf. Is 9,5-6; 32,17), chega-lhes uma mensagem contendo destruição e morte.[88]

Uma nova fórmula temporal בָּעֵת הַהִיא (v. 11) introduz a confirmação dos efeitos produzidos pela lamentação que seguiu à primeira fórmula (בַיּוֹם־הַהוּא: v. 9-10). As imagens sobre a ameaça são ratificadas. Estas são oriundas da natureza e mostram que a

---

[86] Correspondendo à sua vocação (cf. Jr 1,4-10), Jeremias tem sobre si, como destino, a experiência da ira de YHWH (cf. R. MIGGELBRINK, *L'Ira di Dio*, 19-21).
[87] Quem aceita a proposta de ler וְאָמְרוּ faz o estupor recair sobre os líderes do v. 9 (cf. S. J. DeVRIES, *Yesterday, Today, and Tomorrow*, 318).
[88] Cf. 2Rs 22,20-23 e Ez 14,9, o espírito de engano também provém de YHWH. Tal mentalidade reforça o sentido da contestação atribuída aqui a Jeremias (cf. J. R. LUNDBOM, *Jeremiah 1–20*, 339). Todavia, a falsidade pode residir na incapacidade de perceber que não se repetirá a salvação como nos dias de Ezequias. Jeremias contesta por ser o primeiro a ver e dizer isso (cf. S. MANFREDI, *Geremia in Dialogo*, 82-89).

invasão é algo certo de acontecer e já está determinada no evento que faz parte das alterações do clima local.[89] O quadro soa como a resposta para uma gama de perguntas que se encontra no íntimo dos que ouviram o anúncio: quando acontecerá? De quanto tempo dispomos para nos prepararmos? Quanto tempo durará?[90]

No v. 11, o fato da fórmula temporal vir associada à imagem do vento quente e compacto, como um agente desencadeado pela ordem de YHWH para produzir efeitos funestos, além de confirmar o fato como sua decisão, corrobora o conteúdo condenatório contido na ação constante da ira (v. 8).

Como é certo que só YHWH lidera e liberta os ventos do seu lugar, assim é igualmente certo que o evento é portador de grande destruição.[91] Não resta senão lamentar e afirmar com toda a certeza: "Ai de nós, estamos devastados" (v. 13: אוֹי לָנוּ כִּי שֻׁדָּדְנוּ; cf. v. 31), porque esse רוּחַ está trazendo, neste caso, grandes maldições e representa o juízo divino.[92]

Entretanto (v. 14), a palavra final não fica por conta dos sentimentos humanos de derrota, mas reaparece a forte interpelação que tenta mover os aterrorizados à conversão do coração, sede dos pensamentos e dos afetos, eliminando deles a iniquidade, a fim de que Jerusalém seja salva. Esta insistência revela o objetivo

---

[89] Cf. H. GRESSMANN, *Der Messias*, 83-84; H. D. PREUSS, "Jahweglaube und Zukunftserwartung", 174-175.
[90] Cf. E. JENNI, "עת", 473-475.
[91] Jr 4,11.12 empregando o termo רוּחַ, de múltiplas aplicações, conota aqui a ideia de vento em ação tempestiva, incluindo força, coragem, vigor. Com isso, o termo não só se presta a mostrar a violência do inimigo invasor, mas também enquadra a agressividade dos que pensam estar revestidos da ira divina (cf. J. B. PAYNE, "רוּחַ", 1407-1409). Cf. Jr 49,36; Dn 7,2; Zc 2,10; Sl 104,4; 135,7. Poder-se-ia cogitar ainda que o fruto deste vento potente será também a causa de uma grande dispersão (Jr 4,6.29).
[92] S. Manfredi (*Geremia in Dialogo*, 94-97) associa tal imagem de castigo a Os 13.

do anúncio: o evento catastrófico visa que se busque a justiça no reconhecimento e na rejeição do próprio pecado.[93] Jr 4,9-14 possui, então, uma estrutura próxima à anterior (cf. Jr 4,5-8): uma reação ao conteúdo da ira versada (v. 9-10), uma nova imagem do anúncio (v. 11-13) e um chamado à conversão que revela a situação de pecado e dá uma esperança de salvação. Esta, porém, não significa o afastamento do invasor, mas evidencia o que YHWH pretende alcançar com a sua vinda e ação: obter dos ouvintes-leitores um coração purificado (v. 14).

Os três dados desta estrutura estão enquadrados por um elemento temporal: וְהָיָה בַיּוֹם־הַהוּא (v. 9), בָּעֵת הַהִיא (v. 11) e עַד־מָתַי (v. 14).

Após isso (cf. v. 15-17), o sinal ordenado para Judá (Jerusalém e Sião), contendo o anúncio do envio da desgraça vinda do setentrião (cf. v. 5-6), corresponde ao início da sua exata realização, partindo de Dan, Efraim, circundando as cidades de Judá e marchando na direção de Jerusalém.

O final justificativo do v. 17, "porque a mim ela desobedeceu, oráculo de YHWH" (כִּי־אֹתִי מָרָתָה נְאֻם־יְהוָה),[94] possui força de síntese. Reúne as acusações e os chamados insistentes à conversão, mostrando que Jerusalém e os seus habitantes não corresponderam às expectativas de YHWH. A fórmula נְאֻם־יְהוָה, que conclui o v. 17, atesta a autenticidade e a ênfase do anúncio dirigido a Judá. Entretanto, a fórmula serve, igualmente, para introduzir a reflexão, cheia de sensibilidade e constatações, que o profeta extrai da terrível situação que anunciou.

No v. 18 se insiste sobre a causa dos males e mostra os efeitos que não serão superficiais, mas atingirão o centro da vida:

---

[93] Jerusalém é como uma mulher em estado de pecado que necessita se purificar por um lavabo ritual (cf. J. R. LUNDBOM, *Jeremiah 1–20*, 345).
[94] O uso do verbo מָרָה na 3f.sg. afirma que a desobediência foi um ato voluntário e obstinado da rebelde Jerusalém. Esta atitude deflagra a revelia de um filho aos seus pais (cf. Dt 21,18-21). Seus líderes não deram ouvidos à voz de YHWH (com Sofonias?), que elegeu e consagrou a cidade e os seus habitantes como sua propriedade. A punição e o desastre são novamente justificados (cf. L. SCHWIENHORST, "מָרָה", 6-11).

o coração. Como se não pudesse ou não conseguisse acentuar o mais íntimo, Jeremias fala do que sente no profundo do seu ser: vísceras abertas e coração descompassado. É o que resulta do som da trombeta e do fragor de guerra (v. 19.21). Ele, com isso, é o primeiro a demonstrar o que foi exigido no v. 14.

Ao mesmo tempo em que Jeremias lamenta por si, lamenta por Jerusalém e por YHWH (v. 20). A sintonia e a compaixão no profeta é total tanto na linha horizontal como na vertical. O ato de desobediência denunciado, como sendo o motivo dos males no v. 17 (מְרָתָהּ), recebe sua confirmação de sentido numa fala que pode ser atribuída a YHWH ou a Jerusalém, que se pronuncia como mãe traída por seus próprios filhos (cf. v. 11.31).

Às ações imputadas ao leão (v. 7) correspondem as constatações que o profeta faz na série das suas quatro visões (רָאִיתִי: v. 23.24.25.26). Nelas se traça uma descrição que induz o ouvinte-leitor a pensar no máximo que a destruição pode chegar: um retorno ao caos inicial. Isto é plausível, pois o v. 26 conclui com uma imagem que coloca o acontecimento numa dupla possibilidade: tudo aconteceu "diante (ou por causa) de YHWH e diante (ou por causa) da sua ira ardente".[95]

O oráculo do v. 27-28, interpreta as visões precedentes e confirma YHWH como a causa do fato, visto que o coloca como sujeito da futura ação exterminadora, que deixará a terra em luto e os céus escurecidos.[96]

---

[95] מִפְּנֵי, com valor adverbial, comporta o duplo significado. Se a devastação é causada pela força destruidora do inimigo que vem do Norte, demolidor como um leão, tudo se dá na presença de YHWH (diante dele), permitindo que sua terra, seu monte santo e sua cidade santa sofram pelos males praticados pelo seu povo. Esta acepção não muda, caso o fato seja atribuído a YHWH, que em sua ira ardente e purificadora causou ele mesmo tal destruição (cf. H. SIMIAN-YOFRE, "פָּנִים", 656).

[96] "Porque assim fala YHWH: devastada será toda a terra, mas destruição completa não farei" (כִּי־כֹה אָמַר יְהוָה שְׁמָמָה תִהְיֶה כָל־הָאָרֶץ וְכָלָה לֹא אֶעֱשֶׂה). O v. 27 parece, portanto, trazer certa esperança para o profeta, pois a destruição é um fato ainda não acontecido e, ao lado disso, YHWH diz que ela não será total, diferente de Sf 1,18. Isso não muda a decisão: "porque falei e não me arrependo, decidi e disto não desisto" (v. 28).

Os v. 29-31 retornam ao tema da invasão inimiga e enquadram o texto, sem perder o vínculo com os dados precedentes, pois a destruição é sua obra. A ação militar inimiga é operada por hábeis cavaleiros e arqueiros que colocam os habitantes em fuga, esvaziando toda a cidade (v. 29).[97] No final, permanece somente o profeta e Jerusalém. Ele participa da sua sorte e na questão retórica (מַה־תַּעֲשִׂי) já endereça a resposta, interpretando como sendo inútil a tática da sedução. Os amantes não a desejam para se satisfazer, mas para destruir a sua vida. A linguagem usada reduz a filha de Sião a uma prostituta, que lamenta a sua progênie assassinada (v. 30-31).

3.2. O yôm em Jr 4,5-31 e o yôm YHWH em Joel

Entre este texto de Jeremias e o anúncio unitário do yôm YHWH em Joel, percebe-se que, além da afinidade terminológica,[98] sobressai em ambos uma mensagem clara e sublime: a preocupação dos dois profetas, cada um a seu modo, pela situação e pela sorte que toca a Judá-Jerusalém.[99]

Na base da preocupação de Jeremias, encontra-se uma razão incontestável: YHWH, em litígio contra os habitantes da região, dirige-lhes uma palavra de juízo. Um forte impacto é causado no ouvinte-leitor, pelo conteúdo deste anúncio: uma investida bélica inimiga portadora de grande destruição, que colocará o povo em

---

[97] Nada impede que o plural seja atribuído aos habitantes da cidade que fogem, tentando se salvar do ataque em locais que os possam esconder. Mantendo, literalmente, "toda a cidade" nas duas vezes, a aplicação a Jerusalém viria confirmada pelo sufixo pronominal de 3.f.pl (הֵן) e pelo pronome pessoal 2f.sg. do v. 30 (cf. J. de WAARD, A Handbook on Jeremiah, 13-15; W. L. HOLLADAY, Jeremiah 1, 169).
[98] S. Bergler (Joel als Schriftinterpret, 187-211) já havia percebido a existência de contatos entre Jr 4,5–6,26 e a profecia de Joel. Entretanto, a nossa concepção se mostra diferente, visto que propomos um traço unitário e positivo do yôm YHWH em Joel.
[99] A fé em YHWH e no seu amor (cf. Jr 4,14 e Jl 2,13-14) estimulam Jeremias e Joel a fazerem apelos de esperança em meio à dura crise (cf. A. WEISER, Geremia, 126).

fuga e deixará a região desolada. Todavia, transparece, em vários momentos, a esperança de obter a conversão de Jerusalém como fruto do mesmo anúncio.[100]

Como procederá Jeremias no seu anúncio? A sua profecia coloca a nação em estado de alerta. Jeremias está envolvido no seu anúncio e busca envolver os seus interlocutores, para que vejam a natureza da ameaça que tem nos lábios da parte de YHWH. Nesta ameaça, afirma-se que uma destruição foi desencadeada e está em curso na direção do reino do Sul. Este infortúnio será causado pelo "inimigo que vem do Norte".[101] Por isso, o aviso alarmante ressoa desde os confins setentrionais de Israel, chega às cidades de Judá, que serão as primeiras a serem atingidas, antes que o hostil alcance e empreenda seu ataque devastando Jerusalém (cf. Jr 4,15-16.30).[102]

Joel, à diferença de Jeremias, não tem diante de si uma ameaça de destruição para Judá-Jerusalém, mas uma região já abatida por uma série de catástrofes, dentre as quais, numa fala divina de lamentação, afirma-se que um povo potente devastou "a minha terra" (cf. Jl 1,6).

Um anúncio de destruição, na profecia de Joel, encontra-se dirigido para as nações estrangeiras, devido aos crimes praticados contra "os filhos de Judá" e "os filhos de Jerusalém" (cf. Jl 4,1-8). As carestias e os males sofridos pelas mãos dos inimigos são suficientes para deixar o povo inerte e descrente (cf. Jz 6,13). Vendo Jl 2,12-14 como a base da resposta à crise, o anúncio do *yôm* YHWH em Jl 2,1-11 é uma antecipação de Jl 4,1-21.

Neste sentido e contexto, Joel possui ao lado de Jeremias o mesmo destinatário, o povo eleito, mas com uma mensagem

---

[100] Cf. W. L. HOLLADAY, *Jeremiah 1*, 149-151.
[101] Cf. A. WEISER, *Geremia*, 123-124; W. S. PRINSLOO, *The Theology of the Book of Joel*, 73; J. L. CRENSHAW, *Joel*, 151.
[102] Segundo 1Sm 3,20-21, Dan estaria no confim setentrional da terra prometida. A invasão, que cresce do primeiro alarme até atingir Jerusalém (cf. Jr 4,30), é vista como se fosse um mosaico dramático (cf. A. WEISER, *Geremia*, 123).

diferente sobre a crise e nela o papel dos povos estrangeiros: em Jl 4 estes serão o alvo da grande revanche divina pelos males causados ao seu povo, ao passo que, em Jeremias, o inimigo é o instrumento que causará os males a Jerusalém.

Como procederá Joel no seu anúncio? Ele envolverá os seus ouvintes-leitores na sua interpretação sobre as catástrofes (cf. Jl 1,4-20), buscando tirá-los da apatia pelo anúncio da proximidade e vinda do *yôm* YHWH (cf. Jl 1,15; 2,1-11), provocando uma ação comunitária e sacerdotal eficaz (cf. Jl 2,17), que obterá a generosa resposta de YHWH: reversão do quadro de penúria e libertação do opróbrio (cf. Jl 2,18-27);[103] efusão do seu espírito, para que a salvação seja fruto da invocação do seu nome (cf. Jl 3,1-5) e aniquilação das nações inimigas, porque Ele entrará em juízo contra os causadores dos males (cf. Jl 4,1-21).

Para aviar o cotejo, identificamos e interligamos cinco temas.

3.2.1. O apelo à conversão

Joel não visa a uma fuga dos judaítas e tampouco a uma busca de refúgio nas cidades fortificadas ou em Jerusalém, que será a última a ser atacada segundo Jeremias (cf. Jr 4,5.30). O contexto das carestias e o anúncio do *yôm* YHWH em Joel precedem o retorno a YHWH, que difere da conversão condicionada e que é introduzida por Jeremias devido à índole punitiva da palavra que ele deverá dirigir aos seus destinatários (cf. Jr 4,1.8.14).

Jr 4,1 אִם־תָּשׁוּב יִשְׂרָאֵל נְאֻם־יְהוָה אֵלַי תָּשׁוּב Jl 2,12 וְגַם־עַתָּה נְאֻם־יְהוָה
שֻׁבוּ עָדַי בְּכָל־לְבַבְכֶם

"Se retornais, Israel, oráculo de YHWH, a mim retornais" (Jr 4,1).[104] A profecia de Jeremias pauta e define o sentido da conver-

---

[103] Cf. H. SIMIAN-YOFRE, *Sofferenza dell'uomo*, 73.
[104] É significativo que Jr 4,1-2 insista sobre a conversão de Israel em sentido abrangente (שׁוב duas vezes no *qal yiqtol* 2.m.pl.), fazendo pensar na totalidade do povo, e que ela deve ser autêntica: "na verdade, no direito e na justiça" (Jr 4,2), que são requisitos para um lícito e válido juramento (cf.

são: é a YHWH que se deve converter para receber ajuda. Intrigante condição que deixa livre o ouvinte-leitor para tomar, de forma pessoal e sem pressões, a sua decisão.[105]

"Mas, agora, oráculo de YHWH, retornai até mim com todo o vosso coração" (Jl 2,12). A profecia de Joel pauta o sentido da conversão em um *vinde a mim* incondicional, isto é, uma ordem no presente temporal da ação divina capaz de trazer solução para os males que a comunidade está vivendo.

Joel, após apresentar a natureza bélica do *yôm* YHWH, denota que a reversão do quadro calamitoso pode ser operada somente através de uma postura interior que corresponda à palavra do próprio YHWH. O povo deve voltar-se para Ele nos moldes obedienciais que foram apresentados nas ações vigorosas do עַם רַב וְעָצוּם (cf. Jl 2,2.11).

Assim, para alcançar a reversão dos quadros catastróficos, a conversão é a via e o meio proposto. Aparecem indicados, em cada profecia, elementos penitenciais fundamentais. Estes não são meros gestos externos a serem realizados pelos que tomarão parte no rito de lamentação, mas a forma deles demonstrarem uma autêntica contrição, porque o tempo urge.[106]

| Jr 4,8 | חִגְרוּ שַׂקִּים | Jl 1,8 | חֲגֹרַת־שָׂק |

Aos habitantes de Jerusalém, Jeremias ordena: "cingi cilícios", em gesto de humilhação diante da ira divina (cf. Sf 2,2). Com que escopo? Antecipar o mal sobre eles, de modo que o mesmo seja

---

L. LOMBARDI, *Geremia – Baruc*, 92-93). M. E. Shields (*Circumscribing the Prostitute*, 137-160) encontra em Jr 4,1-4 os elementos necessários para que aconteça uma séria conversão. Então, liga-o a Jr 3,1-25, que oferece um potente argumento retórico para Judá voltar sinceramente para YHWH. Assim, também pensa J. R. Lundbom (*Jeremiah 1–20*, 324-325). Portanto, alguns elementos de Jr 4,1-4, tomados e considerados no cotejo com Joel, se justificam.

[105] A insistência na conversão Jr 4,8.14 faz supor a situação de apelo em Jr 4,1-4.
[106] Cf. M.-T. WACKER, *Gottes Groll*, 115-116.

afastado e a cidade poupada. O profeta mantém as esperanças na força de um rito feito com devoção.[107] Joel não foge à regra, mas usa uma imagem muito significativa. A jovem é quem, por primeiro, "cingida de cilício", chora, lamentando a perda do esposo prometido.[108] O pranto da jovem reflete o pranto de uma Jerusalém abatida, sem frutos, sem água, sem ofertas para o templo e sem os seus filhos, porque foram traficados como escravos.

Somente depois da comparação à jovem em luto, debaixo de uma nova ordem emitida pelo profeta Joel, os sacerdotes aparecerão usando o cilício para realizar os ritos penitenciais (cf. Jl 1,13-14; 2,15-17).[109]

Em Jr 4,9, segue-se, após a fórmula temporal וְהָיָה בַיּוֹם הַהוּא,[110] uma lista, em ordem decrescente, das quatro classes sociais de dirigentes, que estão atormentadas com a situação: rei, chefes, sacerdotes e profetas. O coração dos dois primeiros perecerá (prelúdio do fim da monarquia?). Quanto aos sacerdotes e profetas, os verbos indicam perturbação e espanto, sinais que denotam o envolvimento nos males, pois, como coniventes, fizeram recair a sua culpa sobre um povo que aparece sem direção, num momento crítico da sua história (cf. 1Rs 22,20-23; Jr 14,11-16).[111]

---

[107] Cf. S. MANFREDI, *Geremia in Dialogo*, 67-68.
[108] Houve atenção na legislação para que os varões recém-casados não fossem à guerra e corressem o risco de morrer sem alegrar a esposa e deixar uma descendência que preservasse o seu nome (cf. Dt 20,7; 24,5; o medo citado como critério em Jz 7,3 pode ter várias razões, onde o risco de ficar sem prole pode ser uma delas).
[109] Cf. C.-A. KELLER, *Joël*, 112; H. W. WOLFF, "Der Aufruf zur Volksklage", 48-56; *Joel und Amos*, 22-24; L. ALONSO SCHÖKEL – J. L. SICRE DÍAZ, *Profetas* I, 441; J. BARTON, *Joel and Obadiah*, 55.
[110] W. S. Prinsloo (*The Theology of the Book of Joel*, 73) e J. L. Crenshaw (*Joel*, 198) admitem um paralelo de sentido escatológico entre Jl 4,18 e Jr 4,9 quanto à fórmula temporal וְהָיָה בַיּוֹם הַהוּא. J. Barton (*Joel and Obadiah*, 94) utiliza a comparação para avaliar a ideia subjacente quanto à salvação que pode acontecer no dia do juízo.
[111] Cf. A. WEISER, *Geremia*, 125.

Joel não cita as classes dominantes como Jeremias ou qualquer tipo de pecado ou culpa que lhes possa ser atribuído.[112] Ele interpela inicialmente os anciãos e habitantes do país para perceberem e entenderem o que está acontecendo na história.[113] Após isso, pela ação própria dos sacerdotes, todas as classes do povo serão envolvidas numa solene assembleia penitencial (cf. Jl 1,2.9.11.13.16.17), não para formar e consagrar um exército que se disponha a sair em batalha, mas para suplicar a YHWH (cf. Jl 2,15-17). YHWH é o líder que tomará as providências (cf. Jl 2,19-27; 4,1-21).

שֻׁבוּ עָדַי בְּכָל־לְבַבְכֶם　　Jl 2,12　כַּבְסִי מֵרָעָה לִבֵּךְ יְרוּשָׁלַָם　Jr 4,14
וְקִרְעוּ לְבַבְכֶם וְאַל־בִּגְדֵיכֶם וְשׁוּבוּ אֶל־יְהוָה　　Jl 2,13

A conversão em Jeremias dirigida a Jerusalém é um apelo para que ela realize na sede da verdade (teu coração) e não no templo (como em Jl 2,15-17), um gesto ritual de purificação de um estado de impureza (pensamentos e ações malvadas que pervertem a vida do povo, cf. Jr 14.18), para que ela encontre salvação. O profeta, agindo dessa forma, mostra sua fé, espera e propõe que a tragédia prevista não prevaleça como uma última palavra.

Jeremias não está se opondo à determinação punitiva de YHWH, mas crê que a mudança é possível se a conversão for autêntica. Em várias ocasiões, YHWH havia desistido do castigo determinado.[114] Quem conhece YHWH sabe que Ele é misericordio-

---

[112] J. Barton (*Joel and Obadiah*, 77-82), ao falar de Jl 2,12-14, mostra as dificuldades de entender o sentido desse ato cultual, devido à falta de referência a um pecado.
[113] Por três vezes os anciãos são citados em Joel (cf. Jl 1,2.14; 2,16). Estão desprovidos de uma referência específica, de cunho jurídico, a uma cidade ou ao povo. Não são os primeiros a falar, mas os primeiros a ouvir (cf. Jl 1,2). A competência que lhes cabe, junto aos habitantes da região, é a de transmitir os fatos acontecidos e, junto a toda comunidade penitencial, a de comparecer ao templo sob a presidência dos sacerdotes, para invocar o auxílio divino (cf. Jl 1,14; 2,16). Em geral, são os que devem interpretar os fatos da história em ótica teológico-salvífica (cf. J. CONRAD, "זָקֵן", 650).
[114] Cf. Ez 34,7; Nm 14,18-20; Am 7,1-6.

so e quer justiça religiosa e social (cf. Jn 4,10-11). O coração de Jerusalém está no coração dos seus líderes (cf. Jr 4,9).

Comparando-se com Joel, vemos que o voltar-se para YHWH depende do tipo de atitude tomada.[115] Rasgar os corações e não as vestes, para além de qualquer significado simbólico penitencial, é a resposta de obediência à palavra explícita de YHWH contida em Jl 2,12. É YHWH quem diz como deve ser tal retorno (cf. Dt 30,2), porque é Ele quem possui e oferece a solução para os males sofridos. Exemplos não faltam (cf. 2Rs 23,25).

Por um lado, Joel sabe quem é YHWH e o que Ele é capaz de realizar: lento no uso da ira e rico de benevolência. Por outro lado, YHWH é o único a saber o que se passa no coração de cada um dos penitentes. As ações que identificam YHWH devem igualmente identificar os suplicantes. A lista dos atributos divinos (cf. Jl 2,13) termina afirmando que YHWH mostra piedade diante da desolação catastrófica e não diante de um pecado praticado.

A conversão em Jeremias é um apelo ao coração e em Joel é um ato de reconhecimento do que pode ocorrer tendo o olhar fixo em YHWH. Vê-se que tal apelo aparece bem colocado nas duas profecias, como uma ponte, entre a palavra de punição e a palavra de salvação, mostrando que YHWH, pelo seu porta-voz, se interessa e somente visa ao bem do povo eleito.[116]

---

[115] J. L. Crenshaw (*Joel*, 135) propõe que se veja na sentença (וְקִרְעוּ לְבַבְכֶם וְאַל־בִּגְדֵיכֶם) de Jl 2,13, regida pelo imperativo וְקִרְעוּ, um caminho teológico-simbólico assumido por Joel em consonância com o sentido expresso em Jr 4,4 (הִמֹּלוּ לַיהוָה וְהָסִרוּ עָרְלוֹת לְבַבְכֶם) e em Dt 10,16 (וּמַלְתֶּם אֵת עָרְלַת לְבַבְכֶם), sinais que indicariam a verdadeira conversão; C.-A. Keller (*Joël*, 128) reconhece em Jl 2,13-14 um comum exemplo parenético e cita Jr 4,4.

[116] Cf. T. W. RAITT, "The Prophetic Summons", 46-47.

3.2.2. O som do alarme

Jr 4,5	Jl 2,1	וְתִקְעוּ שׁוֹפָר בָּאָרֶץ	תִּקְעוּ שׁוֹפָר בְּצִיּוֹן
Jr 4,19		כִּי קוֹל שׁוֹפָר שָׁמַעְתִּי	וְהָרִיעוּ בְּהַר קָדְשִׁי
		נַפְשִׁי תְּרוּעַת מִלְחָמָה׃	יִרְגְּזוּ כֹּל יֹשְׁבֵי הָאָרֶץ
	Jl 2,15		תִּקְעוּ שׁוֹפָר בְּצִיּוֹן

À diferença do toque da trombeta em Joel, que se liga ao anúncio do *yôm* YHWH e à convocação litúrgica (cf. Jl 2,1.15), o oráculo de Jeremias cita Judá-Jerusalém como alvo e oferece o sentido do seu conteúdo: soar as trombetas para reunir e fazer o povo entrar nas cidades fortificadas, a fim de que nelas possa se refugiar do inimigo que avança (cf. Jr 6,1.17).[117]

O que Jeremias vê e ouve, ele proclama como fruto do que somatiza, tornando-o consorte no sofrimento.[118] Ele se contorce de dor como uma parturiente (cf. Jr 4,19), o seu coração se agita e se angustia. Ele não se contém de dor diante do som da trombeta e do grito de guerra ouvido, que penetra o seu íntimo, porque a devastação está a caminho.[119] O sofrimento do profeta é pleno de compaixão. Ele não é um mero observador, mas um partícipe da sorte que se abate contra a cidade santa que se vê em perigo e imersa na desgraça por causa da maldade praticada pelos seus filhos.

Há uma simbiose (cf. Jr 4,21-22). A lamentação do profeta é como se fosse a lamentação do próprio YHWH que, desgostoso, permite o ataque a Jerusalém,[120] porque seu povo age como néscio e não Lhe obedece.

---

[117] Cf. L. LOMBARDI, *Geremia-Baruc*, 94-95; W. L. HOLLADAY, *Jeremiah 1*, 152; J. R. LUNDBOM, *Jeremiah 1–20*, 339. Se para Jeremias as cidades fortificadas poderiam servir de refúgio, Sf 1,16 sublinha a total inutilidade deste recurso (cf. Jl 2,9).

[118] Cf. H. SIMIAN-YOFRE, *Sofferenza dell'uomo*, 58.

[119] É possível que a forma *ketib* de שָׁמַעְתִּי seja um modo arcaico da 2.f.sg. (cf. Jr 2,20; 4,30). Dizer "som da trombeta eu ouvi" ou "som da trombeta ouviste minha alma" não muda o sentido, mas o intensifica juntamente com a dupla menção do coração (cf. W. L. HOLLADAY, *Jeremiah 1*, 142; J. R. LUNDBOM, *Jeremiah 1–20*, 352).

[120] Cf. T. E. FRETHEIM, "'I was only a little angry'", 373-375.

O contexto elaborado em Jl 1,4-20 denota que Joel possui uma idêntica sensibilidade por aquilo que compõe o seu anúncio: as catástrofes e os seus efeitos. Como Jeremias, ele se faz porta-voz da situação e se preocupa inclusive com o sofrimento dos animais que estão sem pasto e sem água. Os limites entre a fala dos dois profetas e a fala divina não são claros. No caso de Jeremias, a intensidade do som da trombeta se faz arauto da intensidade do mal a caminho. Este aviso sonoro já produz sinais de morte, pois é passível de ser distinguido por aqueles que ouvem e buscam refúgio. Esta inteligibilidade ajuda a perceber o que se experimenta numa situação de investida bélica (cf. Sf 1,14) e a deduzir o que se deseja obter com os efeitos pelo som das trombetas no anúncio da proximidade do *yôm* YHWH joeliano: "Estremeçam todos os habitantes da terra [...] e os povos" (Jl 2,1.6).[121]

3.2.3. O inimigo setentrional e sua ação

וְאֶת־הַצְּפוֹנִי אַרְחִיק מֵעֲלֵיכֶם   Jl 2,20   כִּי רָעָה אָנֹכִי מֵבִיא מִצָּפוֹן וְשֶׁבֶר גָּדוֹל   Jr 4,6
כִּי הִגְדִּיל לַעֲשׂוֹת

Jr 4,6 complementa o sentido das ações ordenadas no v. 5 com a elevação do sinal-guia e a insistência numa fuga,[122] buscando avisar quem ainda não conseguiu se refugiar. Por causa dos seus pecados, os jerosolimitas provarão a amargura das coisas que praticaram (cf. Jr 4,18). O nexo entre delito e castigo aparece evidente, mas revelará a fragilidade do que se pensava ser um lugar seguro, pois até os montes serão abalados (cf. Jr 4,24).

Em Jeremias e em Joel se encontra a investida de um "inimigo que vem do Norte" construída com uma terminologia afim. Nas

---

[121] Cf. C.-A. KELLER, *Joël*, 124; S. ROMEROWSKI, *Les Livres*, 88-89.
[122] H. W. Wolff (*Joel und Amos*, 45) dilata esta linguagem para o conceito do *yôm* YHWH e entende o alarme em conexão com a ação punitiva de YHWH e com a imagem teofânica do Sinai, citando Os 5,8; Jr 4,5-6 e Sf 1,14-16.

duas profecias ele age com brutalidade sobre Judá-Jerusalém, mas as razões são opostas.

No primeiro caso, YHWH é o sujeito que faz vir o inimigo setentrional para punir a iniquidade do seu povo: "Porque um mal eu trago do setentrião e uma ruína grande" (Jr 4,6).[123]

No segundo caso, o inimigo setentrional não foge, mas é afastado por YHWH: "E o setentrião eu afasto de cima de vós [...] porque fez grandes feitos" (Jl 2,20). É o próprio YHWH quem os empurra para uma terra árida e desolada onde encontrarão a morte certa (וְהִדַּחְתִּיו אֶל־אֶרֶץ צִיָּה וּשְׁמָמָה). Um juízo sobre a pena aplicada ao inimigo faz pensar que a maldade praticada atingiu limites além da medida suportável.

De ambos os textos depreende-se que continua presente um contexto bélico e que YHWH está por detrás dos acontecimentos. É Ele que pune e afasta a punição, traz o inimigo e o elimina: אָנֹכִי explícito e enfático na fala de Jeremias e implícito no verbo אַרְחִיק da fala em Joel.

3.2.4. A metáfora do inimigo

Jr 4,7	Jl 1,6
עָלָה אַרְיֵה מִסֻּבְּכוֹ וּמַשְׁחִית גּוֹיִם נָסַע יָצָא מִמְּקֹמוֹ לָשׂוּם אַרְצֵךְ לְשַׁמָּה עָרַיִךְ תִּצֶּינָה מֵאֵין יוֹשֵׁב׃	כִּי־גוֹי עָלָה עַל־אַרְצִי עָצוּם וְאֵין מִסְפָּר שִׁנָּיו שִׁנֵּי אַרְיֵה וּמְתַלְּעוֹת לָבִיא לוֹ׃

Jeremias representa este inimigo usando a imagem do leão, símbolo da força invencível e da ferocidade com que destrói, pois tal animal mata e trucida a sua presa de forma violenta.[124] O invasor sai do seu lugar para se precipitar sobre a terra, as cidades e os seus habitantes. Causa enorme pavor, devorando os seres viventes e deixa seus rastros no ambiente vital: solidão e ruínas.

---

[123] Cf. E. BEAUCAMP, *Les Prophètes d"Israel*, 180; A. WEISER, *Geremia*, 124-126.

[124] Cf. J. R. LUNDBOM, *Jeremiah 1–20*, 337. A imagem metafórica do leão é utilizada segundo este princípio em várias passagens proféticas (cf. Jr 2,14-15.30; 5,6; 49,19; 50,44; Is 31,4; Jl 1,6; Na 2,12-13; Mq 5,7).

O inimigo deportará o povo como o animal feroz que mata e leva a sua presa para o seu esconderijo (cf. Jr 5,6; 49,19).

Joel partilha dessa ideia com Jeremias, pois ele também se refere ao inimigo, escolhendo e usando a típica imagem do leão. Mostra a forma cruel como essa fera procedeu no ataque e o que ela fez à terra de YHWH (cf. Jl 1,6-7).[125] Todavia, à diferença de Jeremias, o inimigo em Joel já veio, e pelo grande mal feito aos habitantes de Judá-Jerusalém receberá o extermínio como uma justa paga (cf. Jl 4). Este castigo é um resultado que vai além do que foi feito na súplica sacerdotal (cf. Jl 2,17.20).[126]
O inimigo será empurrado por YHWH para uma região árida (deserto de Sin?). Ele o dividirá ao meio, de acordo com a sua disposição de batalha: a sua dianteira vai na direção do mar oriental (אֶת־פָּנָיו אֶל־הַיָּם הַקַּדְמֹנִי; um confronto com o Egito e Edom, cf. Jl 4,19; Ab 1.15) e a sua retaguarda, no outro extremo, vai na direção do mar ocidental (וְסֹפוֹ אֶל־הַיָּם הָאַחֲרוֹן); um confronto com Tiro, Sidônia e Filisteia onde se praticou, pelo Mediterrâneo, o tráfico de escravos com a Grécia, cf. Jl 4,4-5?). Se isso é plausível, vê-se que YHWH muda a sorte do seu povo e atua a sua salvação fazendo com que os próprios inimigos se destruam uns aos outros.[127]

---

[125] Cf. C.-A. KELLER, *Joël*, 111; G. J. BOTTERWECK, "אֲרִי", 411. Se a imagem dos gafanhotos em ação (cf. Jl 1,4) for associada à imagem do leão, a invasão de um povo inimigo (גוי) adquire uma dimensão reforçativa, mas apareceria a dificuldade para explicar o sentido do envio dos gafanhotos por parte de YHWH (cf. Jl 2,25). C. van Leeuwen ("The 'Northern one'", 98-99) defende que Jl 2,20 e 2,25 estão em relação, porque aceita que Jl 2,1-11 represente um ato de punição de YHWH sobre Jerusalém.
[126] H. W. Wolff (*Joel und Amos*, 54) liga a afirmação de Joel com as observações de Jeremias sobre o pavor instaurado pelo inimigo que vem do Norte (cf. Jr 4,31; 5,3.22).
[127] Falando sobre Ab 15, em L. Alonso Schökel e J. L. Sicre Díaz (*Profetas II*, 1005) encontramos afirmado que "a mudança de relações internacionais é significativa; no curso da história, umas nações se voltam contra outras, servindo, quem sabe, de executores de uma justiça retributiva ou vingativa; no momento escatológico, todas são igualmente responsáveis e culpadas diante do Senhor da história".

No caso de Jl 2,3, fala-se igualmente da desolação da terra, mas esta é causada por outro elemento devorador, o fogo (cf. Sf 1,18), e não aparece em relação direta com o leão, que terá a sua paga correspondente, quando YHWH rugir a partir de Sião ("como leão"?) e desde Jerusalém protegerá o seu povo (cf. Jl 4,16; Is 31,4).[128]

Jr 4,13	וְסוּפָה מַרְכְּבוֹתָיו	Jl 2,4a	כְּמַרְאֵה סוּסִים מַרְאֵהוּ
	קַלּוּ מִנְּשָׁרִים סוּסָיו	Jl 2,5a	כְּקוֹל מַרְכָּבוֹת עַל־רָאשֵׁי הֶהָרִים

Jeremias utiliza essa imagem para denotar a agilidade do invasor e sua improvisa aparição. Ao dizer que os cavalos são mais rápidos do que as águias, ele cria e qualifica, metaforicamente, um adversário sem precedentes.[129] O conteúdo de Jr 4,7 é recuperado, e os dados enriquecem a descrição da ameaça, intensificando a comparação do inimigo feita com o leão.

A águia é um volátil que não possui familiaridade com o ser humano como tem o cavalo, pois seu ambiente vital é inacessível e pouco conhecido. Qualidade particular reside no seu voo, que é muito alto para o homem bíblico. Nisso se apoia o mistério deste animal que é igualmente potente, forte, carnívoro e quando se aproxima do espaço humano é para atacar o rebanho indefeso. A comparação presta-se para simbolizar a ação criminosa dos que se fizeram hostis ao povo eleito (cf. Ab 4).[130]

A imagem em Joel une a habilidade da cavalaria com a insólita alusão aos carros bélicos propícios para a planície, mas que aparecem saltando nas montanhas, infringindo as exigências que possibilitavam a sua utilização. Com isso, o profeta mostra que YHWH, cria um agente bélico sem igual e que seu agir está acima de qualquer técnica bélica (cf. Dt 20,1). Nos dois versículos

---

[128] Um fiel devoto, protegido de YHWH, caminha sobre o leão, a serpente, o leãozinho, o dragão, isto é, sobre toda a espécie de perigo (cf. Sl 91,13).
[129] Cf. Dt 28,49; Is 5,28; Ez 38,9; Lm 4,19.
[130] Cf. M. SCHWANTES, "Sobrevivências", 195; G. SILVESTRI, *Gli Animali*, 109-114.

joelianos, reside a força da metáfora que denota as atrocidades associadas com as agressões cometidas numa guerra.[131]

Os carros e os cavalos, o vento impetuoso e o voo da águia são imagens usadas em Jeremias e em Joel, com exceção da águia, para demonstrar uma ação bélica revestida de características potentes. Todavia, elas estão não só debaixo da influência divina, mas dela participam enquanto evocam os acontecimentos libertadores no êxodo (cf. Ex 14). Os traços do juízo divino aplicado aos egípcios aparecem em Jeremias operando contra o povo eleito, enquanto em Joel são sinais que evocam aquela libertação.

3.2.5. Os sinais na criação e seus efeitos

Jr 4,23	Jl 2,2a	רָאִיתִי אֶת־הָאָרֶץ וְהִנֵּה־תֹהוּ וָבֹהוּ	יוֹם חֹשֶׁךְ וַאֲפֵלָה
	Jl 2,2b	וְאֶל־הַשָּׁמַיִם וְאֵין אוֹרָם:	יוֹם עָנָן וַעֲרָפֶל
	Jl 2,10c		שֶׁמֶשׁ וְיָרֵחַ קָדָרוּ
Jr 4,28	Jl 2,10d	וְקָדְרוּ הַשָּׁמַיִם מִמָּעַל	וְכוֹכָבִים אָסְפוּ נָגְהָם:

A profecia de Jeremias não faz uso dos astros (sol, lua, estrelas) para descrever a consternação da criação como Joel (cf. Jl 2,10; 3,4; 4,15). São evocados os dois grandes extremos, terra e céus, pois é sobre eles que também se verificam sinais da desgraça, retomando os termos que lembram o caos primordial (cf. Gn 1,2; Is 34,11).[132]

Ao lado disso, as montanhas, que ligam a terra aos céus, abalam-se e estremecem (cf. Jr 4,23).[133] A linguagem evoca a tragicidade de um cenário devastado e deprimente. Os olhos que

---

[131] Cf. J. L. CRENSHAW, *Joel*, 121.
[132] Cf. C.-A. KELLER, *Joël*, 126; L. ALONSO SCHÖKEL – J. L. SICRE DÍAZ, *Profetas I*, 443. Estas realidades, unidas em Jeremias, induziram J. Bright a afirmar: "Com efeito, neste poema, que, em toda a literatura profética, é uma descrição bem poderosa do Dia do Senhor, pode-se dizer que a história do Gênesis foi invertida: homens, animais e as grandes coisas sumiram, a própria terra vacila, os céus deixarão de dar sua luz e retorna o caos primordial" (*Jeremiah*, 33-34).
[133] A. Weiser (*Geremia*, 128) acredita que a sequência em Jeremias diz respeito à manifestação divina do juízo (cf. Sl 18,10.12; Is 13,10) que abala os montes (cf. Mq 1,3-4; Na 1,5; Hab 3,6.10; Is 13,13-15), pois, onde e

se fixam sobre a criação e buscam segurança de cima a baixo só encontram extermínio, "porque eu disse e não me arrependo, e disso não volto atrás" (Jr 4,28).

Joel, insistindo no envolvimento cósmico ante a proximidade do *yôm* YHWH, não está criando uma categoria nova ou abrindo uma perspectiva apocalíptica sobre este evento. Ela se mantém na estrada de uma viva tradição profética,[134] ligada à venerável experiência do êxodo (cf. Ex 10,21)[135] e das vitórias de YHWH no comando do seu exército celestial.[136] YHWH *ṣeba'ôt* é um título que afirma a soberania universal de YHWH (cf. 1Sm 17,45).[137] Só Ele, no comando do seu povo, pode trazer vitória nas batalhas diante das potências circunvizinhas. YHWH, portanto, é o único capaz de fazer o seu povo superar qualquer crise advinda pelas mãos das nações estrangeiras e de seus exércitos. Deste domínio universal se deduziria a ação punitiva aplicada ao povo eleito como movida por YHWH.[138]

Jr 4,26	Jl 2,3c רָאִיתִי וְהִנֵּה הַכַּרְמֶל הַמִּדְבָּר	כְּגַן־עֵדֶן הָאָרֶץ לְפָנָיו
	Jl 2,3d וְכָל־עָרָיו נִתְּצוּ	וְאַחֲרָיו מִדְבַּר שְׁמָמָה
		מִפְּנֵי יְהוָה מִפְּנֵי חֲרוֹן אַפּוֹ

---

quando YHWH se faz presente, a criação, que está a seu serviço, se revela também presente por meio de sinais.

[134] Cf. Is 13,10; 34,4; Ez 32,7-8; Am 8,9 (cf. Am 4,9-13; 9,5-6).
[135] Cf. J. L. CRENSHAW, *Joel*, 121; J. BARTON, *Joel and Obadiah*, 74.98; M. LANG, "Das Exodusgeschehen", 61-62.
[136] Na conclusão da criação, o sol e a lua aparecem como parte do "exército dos céus" (cf. Gn 2,1) que foram feitos pelo sopro divino (cf. Sl 33,6), são conhecidos pelo nome, são potentes e são preservados por YHWH (cf. Is 40,26). Este exército celestial faz a vontade divina (cf. Sl 103,21), está associado ao título "rei de glória" (cf. Sl 24,9), adora YHWH em total obediência (cf. Ne 9,6; Is 45,12), mas não pode ser adorado (cf. Dt 4,19), pois, não sendo divino, um dia deixará de existir (cf. Is 34,4).
[137] יְהוָה צְבָאוֹת é muito usado na profecia de Jeremias, para asseverar, por um lado, a soberania divina e, por outro lado, para deflagrar a falsa teologia de um imperialismo incondicional (cf. R. ALBERTZ, *Historia de la Religión de Israel I*, 242-246).
[138] Cf. J. E. HARTLEY, "צָבָא", 1256-1259.

Jr 4,23-26 apresenta o verbo רָאָה em sequência, abrindo os versículos. As visões "estão grávidas" de tristes consequências para o futuro da terra, que, por seus dotes naturais e qualidades, YHWH, seu criador, escolheu e fez dom para o seu povo (cf. Dt 1,25).[139] A história forjou o sentido das advertências divinas quanto ao modo de ser e de agir do povo eleito para que a terra continuasse sendo um dom (cf. Dt 28,1–30,20).

Em Jr 4,26, a visão diz respeito à destruição do Carmelo (הַכַּרְמֶל)[140] e das suas cidades, isto é, da cadeia montanhosa ligada ao embate do profeta Elias com os sacerdotes de Baal (cf. 1Rs 18,20-40; Jr 4,1; Ml 3,23-24). O versículo acrescenta uma constatação, que advém da forma adverbial מִפְּנֵי, como em Jl 2,6 sobre a reação dos povos diante da ação do povo bélico.[141]

Joel, por sua vez, focaliza a destruição da terra, comparada ao jardim do Éden (cf. Jl 2,3), dizendo que ela, pela ação devoradora do fogo, tornou-se um deserto de desolação. A causa foi a tática de guerra usada pelo עַם רַב וְעָצוּם.

Alguns textos ligam o גַּן־עֵדֶן a YHWH (cf. Gn 2,8-10.16; 3,1-3.8.10). Igualmente, "jardim de Deus" (cf. Ez 31,8) equivale a גַּן־עֵדֶן (cf. Ez 28,13; 31,9). O bem-estar descrito liga-se a YHWH.[142]

Todavia, a referência a um jardim do Éden em Jl 2,3 dificilmente poderia ser aplicado à terra prometida, visto que em nenhum momento ela recebe este título ou a ele é comparada, mesmo ainda, se em oposição a מִדְבָּר (cf. Is 51,3), fosse sinal da terra boa e fértil (cf. Dt 32,13; Sl 48,3).

---

[139] H. Simian-Yofre (*Sofferenza dell'uomo*, 237) reconhece em Jr 4,23-24 um texto deslocado do contexto e que se refere ao violento canto de Lamec (cf. Gn 4,15).
[140] O homônimo com o Carmelo e o contraste, terra fértil-deserto, evocam a tensão do povo antes de tomar posse da terra (cf. S. MANFREDI, *Geremia in Dialogo*, 132-133).
[141] C.-A. Keller (*Joël*, 126) encontra em Jl 2,6 uma imagem paralela, sugestiva e capaz de explicar o tormento das classes dominantes de Jr 4,9 diante do iminente assédio.
[142] Cf. B.-K. KOPFSTEIN, "עֶדֶן", 1099-1102.

A ideia geográfica de um נַּ֣ף־עֵ֔דֶן aponta para a Mesopotâmia.¹⁴³ Região de onde vieram os "inimigos do Norte". Com isso, a referência de Joel não entraria em contradição se a destruição visada recaísse sobre os inimigos que, vindo desta região, pilharam e saquearam o povo eleito (cf. Jl 1,6; 2,20). Mais uma vez justifica-se que Jl 2,1-11 não é um anúncio de juízo para Judá-Jerusalém. Não faz sentido YHWH ordenar que o עַ֥ם רַ֖ב וְעָצ֑וּם fosse o instrumento destruidor da cidade onde Ele habita. Faz sentido, outrossim, que a sua presença e ação salvífica atuem por este povo para devolver a Jerusalém os dispersos, garantindo-lhes o bem-estar para homens e animais (cf. Jl 1,18-20 com 2,22) pois YHWH decidiu agir e reverter o quadro de penúria (cf. Jl 1,4-17 com 2,18-27; 4,18; Sf 3,14-20).

Jeremias e Joel, então, lançam mão de uma linguagem hiperbólica, com grande habilidade profética, para mostrar a destruição em proporções assustadoras. O impacto sobre os ouvintes-leitores faz parte da índole dos anúncios. Em ambos, mas com direção contrária, afirmam-se o domínio e a soberania de YHWH sobre seu povo e sobre as nações.

וְגַם־פְּלֵיטָ֖ה לֹא־הָ֥יְתָה לּֽוֹ	Jl 2,3e	מֵאֵ֥ין יוֹשֵֽׁב	Jr 4,7
וּמִ֖י יְכִילֶֽנּוּ	Jl 2,11f	רָאִ֕יתִי וְהִנֵּ֖ה אֵ֣ין הָאָדָ֑ם	Jr 4,25a
		וְאֵין־יוֹשֵׁ֥ב בָּהֵ֖ן אִֽישׁ	Jr 4,29

Em Jeremias encontra-se uma forte insistência nos efeitos que sofrerá o local e os destinatários do oráculo: destruição e desolação. Por detrás disso, evoca-se a fuga, a dispersão, o exílio e o anátema. Estas são as diferentes penas que sofrem os vencidos, impostas pela nação vencedora da guerra.¹⁴⁴

A anticriação, que envolve o ambiente, evoca o fruto do pecado: a morte. Se isto acontece é porque YHWH se mostra, como

---

¹⁴³ Cf. B. J. HORNIG, "נַּ֣ף", 39-40.
¹⁴⁴ H. G. Reventlow (*Liturgie und prophetisches*, 109), discutindo o contexto bélico no anúncio de Jeremias, admite falar de guerra santa como sanção criminal, mostrando a conexão existente entre o conceito de guerra e a sua aplicação como julgamento.

nos primórdios, adverso à desobediência do seu povo. A violação da ordem social punida numa ação bélica, conjugada com uma desordem cósmica, é uma típica imagem que acompanha e testemunha a manifestação do juízo no *yôm* YHWH.[145] Da parte de Joel, fica subjacente a dúvida quanto à sobrevivência diante do ataque (Jl 2,11). Salvo em Jl 3,5 com a explícita referência positiva aos sobreviventes e Jl 4,20 onde YHWH perpetua a habitação em Judá e em Jerusalém declarando o fim da vergonha pela vingança do sangue inocente.

Jr 4,20   שֻׁדַּד שָׂדֶה אָבְלָה אֲדָמָה   Jl 1,10   כִּי שֻׁדְּדָה כָּל־הָאָרֶץ

As duas profecias se aproximam, então, quanto ao tema da destruição da terra. Todavia, em Jeremias, a terra diz respeito, particularmente, ao território de Judá-Jerusalém (conforme dito anteriormente sobre Jr 4,23-26). Já em Joel, além deste território, que pertence a YHWH (cf. Jl 1,6; 2,18; 4,2), está de luto a אֲדָמָה, termo genérico e abrangente, do qual YHWH plasmou Adão, as árvores e os animais (cf. Gn 2,7.9.19),[146] que estão sofrendo com as calamidades (cf. Jl 1,20) mas terão a sua sorte transformada e revertida em bênção (cf. Jl 2,21).

Jr 4,27   מִצְרַיִם לִשְׁמָמָה תִהְיֶה   Jl 4,19   כִּי־כֹה אָמַר יְהוָה
           וֶאֱדוֹם לְמִדְבַּר שְׁמָמָה תִהְיֶה   שְׁמָמָה תִהְיֶה כָּל־הָאָרֶץ
                                                        וְכָלָה לֹא אֶעֱשֶׂה׃
Jr 4,28   עַל־זֹאת תֶּאֱבַל הָאָרֶץ

YHWH, em Jeremias, defende a sua causa e ratifica a origem da destruição (cf. Jr 4,26). Ele agiu e não se arrepende, pois é o

---

[145] Cf. R. P. CARROLL, *From Chaos to Covenant*, 67; J. P. Sisson ("Jeremiah and Jerusalem", 438-439) liga o conteúdo de Jr 4,23-26 ao *yôm* YHWH pelas tradições cultuais e não aceita que o abalo dos montes e colinas seja uma alusão às tradições da teofania e da aliança. Se Jr 4,5-31 for assumido, pelo conteúdo, como um caso aplicável ao *yôm* YHWH, as três podem coexistir unidas a um quarto fator: bélico.
[146] Cf. cap. IV.

momento da sua medida contra a medida do homem.[147] A desolação que se abate sobre Jerusalém, deixando-a desprotegida e de luto (cf. Jr 4,30), contrasta com a desolação para o Egito e Edom (cf. Jl 4,19). Este último, em vez de socorrê-la, se beneficiou da sua desgraça (cf. Ab 10-16). Jeremias sofreu por profetizar não contra Jerusalém e o templo mas sim contra a falsa segurança que neles se depositou (cf. Jr 7,1-11). Por isso, se o anúncio em Jl 2,1-11 fosse um oráculo contra Jerusalém, deveríamos esperar, no mínimo, uma reação dos seus interlocutores, em particular dos mais nobres, anciãos e sacerdotes que lideram o povo. Tal reação, porém, não existe e, ao contrário do esperado, as exortações de Joel são levadas em séria consideração e devidamente colocadas em prática (cf. Jl 2,15-17).

Esse fato poderia induzir a duas possíveis conclusões para Jl 2,1-11: (a) depois do exílio da Babilônia, cumprindo-se os oráculos de Jeremias (cf. Jr 26,12-15.24),[148] ninguém mais contestaria uma palavra de desventura que envolvesse Jerusalém; (b) o texto, por não ser um juízo divino contra Jerusalém, enquadra-se melhor numa linha salvífica para a mesma, ratificando a memória das vitórias de YHWH (cf. Dt 2,24–3,7), porque YHWH dos exércitos é forte e valente nas batalhas (cf. Sl 24,8.10).

3.3. Visão de conjunto

Embora não exista a explícita expressão *yôm* YHWH em Jr 4,5-31, este oráculo apresenta a chegada de um castigo soando, claramente, como um ajuste de contas certo de acontecer para Judá-Jerusalém (v. 5.16).

---

[147] Nota-se em Jeremias a clareza com que as atitudes se contrapõem: de um lado, inteligência e conhecimento divinos decifram a situação e busca-se com disposição fazer o bem; do outro lado, impiedade e insensatez incapacitam para agir bem, pois são fruto de uma sabedoria entregue a si mesma (cf. J. BRIGHT, *Jeremiah*, 34; A. WEISER, *Geremia*, 127; L. ALONSO SCHÖKEL – J. L. SICRE DÍAZ, *Profetas I*, 443).

[148] Acenos precedentes encontram-se em Am 7,15-17 e Mq 3,12. Ezequiel verá que a glória de YHWH deixa o santuário (cf. Ez 11,23).

Os aspectos que compõem este anúncio apontam para um momento e um evento que pertencem somente à decisão de YHWH. Estão conexos com uma invasão inimiga, representante do decreto divino. Isso nos permite dizer que Jeremias está tratando de um *yôm* particular e que determinará a sorte de Jerusalém, porque está ligado à manifestação da ira de YHWH. O destinatário imediato aparece explícito na menção aos líderes do povo (v. 9). Antes disso, encontra-se a constatação da primeira razão para o castigo: "Porque o ardor da ira de YHWH não se afastou dentre nós" (v. 8). Ela, pelo contrário, caminha na sua direção sob a imagem do vento ardente e impetuoso (v. 11). O inimigo setentrional figura no conjunto como a causa segunda e instrumental da justa decisão divina.[149]

O profeta e os destinatários estão consternados e turbados. A reação deles é de indignação, pois tal anúncio se demonstra contrário à fé edificada sobre o שָׁלוֹם (v. 10). Jeremias reage identificando-se com a sorte de Jerusalém, cheio de dores e contorções. O profeta não intercede, não se põe diante de YHWH para suplicar o perdão.[150] Ele somatiza, sofre e conforma-se à ação divina, sem esconder de ninguém o seu intenso desgosto.

A atitude de Jeremias não podia ser diferente, visto que a ação divina desfavorável, na verdade, é uma justa reação à desobediência encontrada no modo de pensar e na conduta considerada malvada (v. 18). O quê ou o tipo de pecado é revelado no v. 22, onde se insiste sobre a contradição: o povo não conhece YHWH

---

[149] A aceitação de um ato de violência da parte de YHWH pode ser visto como fruto da ação dos líderes que recusam o chamado à submissão (cf. Jr 38,17-18). A intenção divina era ver o mal evitado pela conversão, mostrando que esta maldade resultava do próprio mal que faziam (cf. T. E. FRETHEIM, "'I was only a little angry'", 367-370).

[150] Jeremias é reconhecido como o profeta que mais exerceu o papel de intercessor, mas é também o profeta que foi claramente proibido por YHWH de interceder em algumas circunstâncias (cf. Jr 7,16; 11,14; 14,11; 15,1). Por isso, é significativo que, diante de tão grande desastre, ele se cale sem ter sido proibido por YHWH (cf. D. F. O'KENNEDY, "Were the prophets really intercessors?", 336-337).

como pai, são filhos insensatos, sem discernimento, possuem a arte (חֲכָמִים) não para fazer o bem, mas para praticar o mal.[151] A salvação não fica excluída, pois são feitos dois claros apelos à conversão. O primeiro retrata uma atitude penitencial, externa e dentro dos padrões previstos e em vigor (v. 8). O segundo é a atitude que visa a uma expiação da maldade interior, residente no coração, pois Jerusalém alberga no seu íntimo planos iníquos (v. 14).

Nenhum sacrifício acompanha as duas atitudes, embora o verbo usado, כָּבַס, seja tipicamente aplicado ao ato de eliminar algo que tornou impuro as vestes ou o próprio corpo. A decisão sobre a pureza é de competência sacerdotal (cf. Lv 6,20; 13,54-56.58). Por isso, Jerusalém deve lavar o seu coração e eliminar de si toda a sorte de maldade, caso queira ser salva.[152] Há uma transposição que vai do âmbito cultual para a esfera ética, visando à mudança na forma e na mentalidade relacional com YHWH.[153]

Concomitante a isso, a decisão de YHWH, mandando um inimigo, pode conotar uma ação que visa de fato purificar, visto que Jerusalém ficará vazia e sem habitantes. A sua devastação, solidão e dor se tornarão uma ocasião purificadora, no sentido de que das cinzas emergirá a renovação.[154]

Esta ideia é drástica, mas condizente com o contexto, pois, diante de YHWH, a impureza do coração não se elimina com água, lixívia e sabão (cf. Jr 2,22). Ela poderá acontecer de dois

---

[151] O reconhecimento e a aplicação de uma falta são abrangentes, razão pela qual as dores e a crise do profeta diante da situação continuarão sendo tratadas (cf. Jr 5,1–6,30).
[152] Cf. G. ANDRÉ, "כָּבַס", 42-45.
[153] Cf. S. MANFREDI, *Geremia in Dialogo*, 105-106.
[154] A reação do sacerdote é dita וְעָשׂוּ (v. 9), uma forma verbal condizente: com o contexto de maldições do livro do Levítico (cf. Lv 26,22), com o contexto do assédio de Jerusalém (cf. Ez 4,17), com o que foi feito aos altares dos lugares altos (cf. Ez 6,4) com a devastação imposta sobre o Egito, num dia de vingança para YHWH, pelas mãos babilônicas em Ezequiel (cf. Ez 30,7), e com a visão de Amós contra a casa de Jeroboão (cf. Am 7,9), que incita a discussão com o sacerdote Amasias (cf. Am 7,10-17).

modos: como um ato realizado pelo mensageiro de YHWH no dia da sua vinda (cf. Ml 3,2.23-24) ou como uma ação realizada pelo próprio YHWH sobre o pecador (cf. Sl 51,4).

Enfim, entre o oráculo de Jeremias e o anúncio de Joel, a relação pode ser classificada como paralela e mesmo não atingindo um notável grau de intertextualidade; a temática do *yôm* YHWH está latente em Jr 4,5-31. Ela se desenvolve como um ajuste de contas, onde YHWH aplica a correção como lição e meio eficazes, utilizando uma mediação bélica inimiga para tirar as lideranças das falsas expectativas e da ignorância a seu respeito.

4. Conclusão

As relações entre os três textos anteriormente tratados com Joel são terminológicas e temáticas. O anúncio do *yôm* YHWH aparece sempre inserido num contexto bélico, servindo de veículo concreto à manifestação e execução do juízo divino. Tal feito revela que YHWH é o único divino soberano e o protagonista central na condução da história universal. Só Ele pode dispor do que acontece nas relações entre Israel e as nações circunvizinhas, pois só Ele é o detentor dos limites de poder articulado pelos povos.

Quanto ao texto de Is 13,2-16, o anúncio é uma punição para a Babilônia. À pérola das nações é aplicado o castigo por seus crimes e pecados de arrogância segundo os moldes da "lei do talião". Quem governava o mundo figura destruído pelo justo juiz. O *yôm* YHWH isaiano é, então, um modo de afirmar que até uma superpotência está submetida à vontade e ao poder de YHWH. Nesse sentido, o oráculo tem YHWH como agente aniquilador da maldade e é admitido como portador de uma notícia salvífica que favorece o povo eleito deportado. O conteúdo deste anúncio afirma que só YHWH tem domínio sobre as nações (cf. Sl 79).

Quanto ao texto de Ez 13,2-16, o anúncio é uma queixa e alusão ao que poderia ter sido feito para evitar o duro golpe que abateu Jerusalém e seus habitantes no dia em que YHWH decidiu julgar e punir a sua iniquidade, permitindo que ela fosse invadida pelos babilônios. Os seus profetas não advertiram o povo sobre o mal que os corrompia e, com isso, se tornaram os principais responsáveis pelo grande desastre da cidade santa.[155]

Quanto ao texto de Jr 4,5-31, o anúncio refere-se a um *yôm* particular, que mostra a decisão de YHWH em punir o pecado do seu povo movendo, em batalha, um povo setentrional para devastar Jerusalém. Como não houve uma sincera conversão, não houve uma assistência divina a fim de evitar a vitória do inimigo. O protagonismo de YHWH apresenta-o sustentando a ação bélica do feroz leão e permitindo que ele devastasse a região.

O caos, no juízo apresentado por Jr 4,23-26, não significou, porém, a execução de uma sentença que chegasse a um final definitivo (cf. Jr 4,27). Da mesma forma, o exílio, comparável ao caos primevo, é uma crise que terá solução somente através De uma (re)ação restauradora de YHWH.

A partir disso, podemos propor uma ordem lógica para a temática: (1) o anúncio de destruição dirigido a Judá-Jerusalém em Jr 4,5-31 (a deportação e o exílio na Babilônia são as duas nefastas consequências); (2) Ez 13,2-16 reinterpreta e confirma Jr 4,5-31, reconhecendo as causas que motivaram a ação divina. A insistência no שָׁלוֹם é o elemento central que corrobora esta relação; (3) Is 13,2-16 mostra YHWH castigando a maldade desmedida da Babilônia e, com isso, prepara a restauração da sorte para o povo eleito.

Nesse cotejo, a linguagem militar sobressai como uma importante nota característica ligada à manifestação da ira de YHWH que acontece associada ao *yôm* YHWH. A realidade almejada recebe um justo julgamento com base na obediência ou desobediência aos desígnios determinados por YHWH.

Jeremias não denominou este dia um *yôm* YHWH porque ele estava diretamente dirigido a Jerusalém. Até mesmo para o profeta, que sofre as dores com a cidade santa, ultrapassaria os limites dos seus sentimentos por ela. Isso pode ser confirmado por Ab

---

[155] O profeta Jeremias é uma exceção (cf. Jr 6,13-15; 8,10-12; 23,9-22; 28,1-17).

10-14, que fala da desgraça da cidade sem dizer, clara e abertamente, que o acontecido foi um *yôm* YHWH.[156]

Ez 13,5 não encontrou problemas para dizê-lo, sutilmente, porque a sua referência explícita do *yôm* YHWH ocorria com relação direta à atitude dos "falsos profetas", que comprometeram a resistência do povo eleito no ataque.

Is 13,2-16 se destaca com uma mensagem mais elaborada e figura como o texto mais próximo, pela terminológica e temática, ao anúncio unitário que encontramos desenvolvido no *yôm* YHWH joeliano.

Como último ponto desta pesquisa e a partir desses dados, propomos uma visão lógica da temática em Joel e nos demais textos explícitos que se seguem a ele no *corpus* do *Dodekapropheton*.

---

[156] Nem mesmo Sf 1,14-18 apresenta o *yôm* YHWH diretamente dirigido a Jerusalém. A aplicação é feita a partir de uma dedução contextual (ver cap. IV).

6

A LÓGICA DA TEMÁTICA

O objeto do presente capítulo é interagir no percurso realizado, elucidando a lógica da temática do *yôm* YHWH no *Dodekapropheton* pelos aspectos que nela estão presentes e relacionados. A lógica em Joel será explicada com esta base e, vista como corolário, nos permitirá sublinhar certos temas transversais que estão subjacentes a esta portentosa intervenção de YHWH.

1. O *yôm* YHWH no *Dodekapropheton*

1.1. A lógica do *yôm* YHWH em Amós

Am 5,18-20 não oferece elementos suficientes para que se possa emitir um parecer claro sobre o *yôm* YHWH ou para que se possa definir a sua relevância temática para o AT.[1] Amós, contudo, reconheceu e anunciou de que YHWH, através deste dia, manifestaria um juízo punitivo para os seus interlocutores.

A razão para este juízo encontra-se em Am 2,6-16, onde vários níveis de delitos sociais revelam os culpados em Israel capazes de burlar o direito dos indefesos (cf. Am 2,6-8; 8,4-8),[2] ignorando os feitos memoráveis de YHWH (cf. Am 2,9-12). A decisão de

---

[1]   Cf. G. von RAD, "The Origin", 98-99; *The Message of the Prophets*, 95; N. WENDEBOURG, *Der Tag des Herrn*, 31; P. G. SCHWESIG, *Die Rolle*, 6-19.
[2]   Para A. Spreafico ("Padre degli orfani", 274-275), isto é uma atitude que contraria o princípio do *mišpāṭ* no confronto com os pobres (cf. Am 5,11-12; Dt 25,1; Is 10,1-5).

punir (*'ānōkî*, v. 13) virá e acontecerá através de uma ação bélica contra os que são julgados culpados (cf. Am 2,13-16).

Em Amós, a punição dos ímpios ou a salvação dos justos é uma ação de YHWH a partir de Sião-Jerusalém e se impõe para todos os povos quando a lei moral é transgredida por crimes desumanos (cf. Am 1,2.3–2,5); mas aquilo que se faz ao pobre, justo e indefeso se torna critério e objeto da justiça divina no seu tribunal (cf. Am 5,12.15.24).[3]

Os crimes cometidos na área social, jurídica e cultual são injustiças que vigoram em Israel (cf. Am 3,9-11.13-15; 4,1-5), atraem carestias e mesmo assim não há conversão (cf. Am 4,6-12). Litígio e prelúdios de punição envolvem o anúncio que Amós faz do *yôm* YHWH (cf. Am 3,2; 4,12; 5,1-17). E como os líderes "odeiam" (שָׂנְאוּ) a correção dos justos (cf. Am 5,10-13), YHWH "odeia" (שָׂנֵאתִי) o culto injusto que lhe prestam (cf. Am 5,21).

As perguntas em Am 5,18-20 soam como polêmicas retóricas e dão a saber que os desejosos[4] pela manifestação do *yôm* YHWH buscavam sua vinda como uma solução pelo culto, mas ignoravam a gravidade do que pediam.[5]

Se, por um lado, a administração de Jeroboão II criou a ideia equivocada sobre o sentido da bênção no âmbito da retribuição divina (cf. Dt 27–30),[6] por outro lado o *yôm* YHWH é a compreensão de um profeta oriundo do Sul (cf. Am 1,2) que denun-

---

[3] Cf. H. REIMER, "Amós", 175-177; A. SPREAFICO, "Amos: il povero", 48-52.
[4] Em Nm 11,34, הַמִּתְאַוִּים (um part. no *hitpael* m.pl.) são os castigados por um flagelo divino, porque se deixaram levar pelo desejo exagerado. K. D. Mulzac ("Amos 5:18-20", 290-291) identifica הַמִּתְאַוִּים como sendo os citados em Am 5,7.11, isto é, os injustos sociais e transgressores da aliança. Assim, também, J. R. WOOD, *Amos in Song*, 129.
[5] Cf. C. van LEEUWEN, "The Prophecy", 117; H. SIMIAN-YOFRE, *Amos*, 123. É a distorção da eleição e proteção divinas (cf. A. J. EVERSON, *The Day of Yahweh*, 123-129).
[6] Cf. G. FOHRER, "Der Tag JHWHs", 43; H. SIMIAN-YOFRE, *Amos*, 13-27; A. S. KAPELRUD, *The Message*, 81; S. HERRMANN, *Time and History*, 132-133; J. A. SOGGIN, *Il Profeta Amos*, 130; A. GELIN, "Jours de Yahvé", 44.

cia o erro de pensar a salvação como triunfo temporal ligado a uma época de prosperidade material.[7] O oráculo iniciado com הוי (Am 5,18) revela que morte, luto e lamento resultam da ação deste dia, porque YHWH reprova os planos humanos injustos (cf. Am 6,3; 9,5).

Se a injustiça em que vivem os seus interlocutores tornou-se a razão para Amós denunciá-la em tom de reprovação, então a situação de pecado condiz com a natureza tenebrosa que recairá sobre eles no *yôm* YHWH (cf. Am 4,3; 5,8). A ironia das metáforas – leão, urso e serpente – confirma que não se escapará da justiça divina que este dia acarretará (cf. Am 5,19).[8]

Amós não está combatendo a mentalidade do povo em geral ou dos pobres em particular, mas a ideia daqueles que se escondiam atrás de uma verdade: o *yôm* YHWH é um triunfo e vingança sobre os inimigos.[9] Para Amós, pior que a ameaça inimiga externa é a ameaça inimiga interna, onde se pervertem os canais da promoção do direito e da justiça, fazendo da monarquia e do sacerdócio os associados na prática da iniquidade (cf. Am 7,9.11.13).

Amós valida a aplicação do *yôm* YHWH não só como um juízo punitivo para as nações estrangeiras, mas contra a elite do reino do Norte capaz de manipular a política, a justiça, o culto e a visão de Deus, pondo em risco o futuro da comunidade inteira.[10] Falando aos grandes do povo, o profeta não só alertava ou ameaçava, mas estava buscando provocar a sua conversão, a fim de salvar os pequenos de um sofrimento ainda maior, que os levaria a padecer com o castigo que cabia como punição aos culpados (cf. Sf 2,1-3).

---

[7] Cf. H. SIMIAN-YOFRE, *Amos*, 33; E. FRADES, "El Rostro de Dios", 141-144; H. SWANSTON, "Joel", 73-76.
[8] Cf. R. ALBERTZ, *Historia de la religión de Israel I*, 309-313; H. SIMIAN-YOFRE, *Amos*, 121.
[9] O *yôm* YHWH, embora se ligue exclusivamente à pregação dos profetas do reino do Sul, é um evento comum e esperado pelos dois reinos (cf. M. SÆBØ, "יום", 583).
[10] Cf. H. SIMIAN-YOFRE, *Amós*, 124.

Com a mensagem da chegada do dia de trevas, Amós entende motivar a sentença que porá fim à falsa pretensão material e abrirá a via de esperança. Este passo reduz ao vazio um futuro marcado de engano e denota que é preciso eliminar o equívoco de um progresso régio gerador de injustiças. É um falso שָׁלוֹם que se entrevê, que surgirá como dúvida no anúncio bélico de Jr 4,5-31 (cf. Jr 4,10) e como forte denúncia no contexto de Ez 13,2-16. Na compreensão de Amós, o *yôm* YHWH é uma ocasião que restabelecerá a justiça e o direito, que deveriam ser a base das atitudes do monarca e dos que no culto buscavam os favores divinos. Este dia, revelando a potência de YHWH, não produzirá a libertação do inimigo, mas sim purificará a liturgia. O resultado obtido será o שָׁלוֹם capaz de manter o povo eleito na fidelidade.[11]

A concepção do *yôm* YHWH como anúncio de punição em Amós não contradiz o sentido salvífico que este dia representa. YHWH, castigando os injustos, externos ou internos a Israel, revela que não é indiferente ao seu comportamento. YHWH, agindo desta forma, livra os justos dos ímpios, não deixando que estes continuem maltratando aqueles (cf. Sf 2,1-3; Sl 125,3).

O *yôm* YHWH em Amós é um juízo com face negativa e positiva. Do contrário, não faria sentido o anúncio deste dia continuar sendo uma forma para evitar a queda de Jerusalém e o exílio com Sofonias e Jeremias (cf. Sf 1,7.14-18; Jr 4,5-31), um modo de sustentar os deportados com Ezequiel (cf. Ez 2,3-5; 13,2-16) e uma esperança com Isaías (cf. Is 2,12-17; 13,2-16).

O que decorrerá com a vinda do *yôm* YHWH mostrará a natureza dos laços que existem entre a iniciativa divina de punir e a liberdade humana das ações que provocaram essa punição.[12] Todavia, o interesse salvífico de YHWH continua sendo um dom

---

[11] Cf. H. SIMIAN-YOFRE, *Amos*, 123-124; J. P. COMISKEY, "The Day of Yahweh", 2217; H. REIMER, "Amós", 188-190.

[12] J. L. Barriocanal Gómez (*La Relectura de la Tradición*, 142-144) admite que Am 5,18-20; Jl 3–4 e Ml 3 são um passo na reflexão teológico-espiritual do *yôm* YHWH, pois ele não é percebido só como juízo punitivo, mas também como juízo salvífico. Com isso, Jl 1–2 é uma reflexão explícita do *yôm* YHWH como impulso de conversão.

oferecido ao seu povo, porque Ele é fiel à sua escolha e porque o constituiu mediador para os outros povos.

1.2. A lógica do yôm YHWH em Abdias

O yôm YHWH em Abdias retrata adequadamente o aspecto tenebroso que se encontra em Am 5,18-20, apresentando-o como uma justa revanche de YHWH sobre todas as nações e sobre Edom. Este dia é um evento próximo e imbatível sobre a maldade estrangeira praticada contra o povo eleito.[13] A evocação do dia da desgraça de Jerusalém (cf. Ab 10-14) conduz para a referência explícita do yôm YHWH (v. 15), já antecipada na fórmula de reenvio temático no escrito: בַּיּוֹם הַהוּא (v. 8).[14]

Em Abdias, tem-se um exemplo da fé e da esperança depositadas na vinda do yôm YHWH como compreensão e aplicação profética da justiça divina segundo a ótica da retribuição equitativa. Os criminosos não ficam isentos por seus crimes (cf. Ab 5.10.18; Jl 4,2-8.19) e os sobreviventes não são esquecidos na sua dor (cf. Ab 17; Jl 4,16-17.20-21; Sf 2,1-3; 3,11-12).[15]

O elemento central do yôm YHWH em Abdias revela que através deste castigo divino acontecerá a restauração de Judá-Jerusalém. Isso se torna possível graças aos supérstites e à sublimidade de Sião (cf. Ab 16.17.21).

O yôm YHWH é concebido, então, como uma justa sanção nos moldes da "lei do talião", porque Edom foi conivente com as nações no momento da desgraça de seu irmão Jacó. A pior atrocidade não foi aquela realizada pelos povos estrangeiros, mas está

---

[13] Cf. W. RUDOLPH, *Joel*, 295; R. B. ROBINSON, "Levels of Naturalization in Obadiah", 90-93). Para E. Ben Zvi (*A Historical-Critical... of Obadiah*, 166-168), o juízo das nações e de Edom exalta YHWH como "grande Rei [...] um contra muitos".
[14] Cf. P. R. RAABE, *Obadiah*, 163.197; J. BARTON, *Joel and Obadiah*, 143-144. No resto germinará a renovação da fé (cf. F. BARGELLINI, "Il ruolo canonico", 156-157).
[15] Cf. M. SCHWANTES, "Sobrevivências", 193-194; E. ASSIS, "Why Edom?", 1-9.

na maldade que os edomitas ajudaram a praticar contra a cidade santa e o povo eleito diante da sua angústia.[16] Em Abdias não há uma acusação explícita de pecado para o povo eleito, mas uma situação de desgraça causada pela ação inimiga. Os pecados de arrogância, dignos de serem punidos, pertencem a Edom. Acontecerá restauração para a casa de Jacó e para a casa de José, enquanto a casa de Esaú será por eles devorada (cf. Ab 18; cf. Jl 2,20.26; Am 1,11-12; Ml 1,2-4).

YHWH, segundo a profecia de Abdias, é capaz não só de livrar do perigo e do inimigo de Judá-Jerusalém, mas se dispõe a realizar obra maior: restaurar o senhorio do seu povo diante das nações, tornando-o igualmente um juiz mediador diante da situação injusta que o fez sofrer (cf. Ab 21; Jl 4,7).

עַמִּי no contexto do *yôm* YHWH não assume um significado negativo (cf. Ab 13). עַמִּי passa por sofrimentos, fruto de injustiças, que só YHWH pode eliminar.[17] עַמִּי regressará e retomará o seu território com áreas adjacentes, recuperando o que fora usurpado no dia da sua desventura (cf. Ab 17-20).[18]

Abdias, como em Jr 4,5-31, não apresenta a catástrofe de Judá-Jerusalém como um *yôm* YHWH (cf. Ab 10-14), mas podemos concebê-lo como um nefasto "*yôm* Jerusalém". O Sl 137,7 é o único caso construto de יוֹם יְרוּשָׁלָם e conota o dia da sua destruição. A expressão *yôm* YHWH ficou reservada em Abdias como um dia

---

[16] As maldades que o povo eleito cometeu contra Edom (cf. 2Sm 8,13-14; 1Rs 11,14-16.21.25b; 2Rs 8,20-22) foram ignoradas na profecia de Abdias (cf. J. STIEBERT, "The Maligned Patriarch", 41), porque Edom, embora seja chamado de "irmão" (cf. Gn 25,21-25), foi tido como inimigo do reino de Judá (cf. Jr 49,7-20; Ez 25,12-14; 35,1-15).

[17] Cf. Jl 2,26.27; 4,2.3; Sf 2,8.9; 3,20; Ez 13,9.10.19.21.23.

[18] Cf. Gn 25,19-34; 26,34; 27,1–37,1. Não se está prevendo Israel num único reino (cf. J. R. BARTLETH, *Edom and Edomites*, 186; S. D. SNYMAN, "*Yôm* (YHWH)", 85; D. J. SIMUNDSON, *Hosea*, 249), mas imagina-se a posse da terra como nos dias de rei Davi (cf. Gn 12,7; Ex 3,8; 2Sm 7,10; cf. M. B. DICK, "The Poetics", 19).

de castigo para o inimigo, que será julgado por YHWH pelo modo cruel e desmedido com que tratou עַמִּי e a cidade santa.[19]

A traição de Edom para com Judá-Jerusalém figura como uma traição feita ao próprio YHWH. Percebe-se a razão por que não há um chamado à conversão para Edom. Ele não conseguirá escapar deste dia, como não houve possibilidade de Isaac revogar a bênção que já havia dado para Jacó.[20] Se o Sl 137,7-9 é uma queixa do povo deportado contra o que Edom fez a Jacó, a profecia de Abdias (cf. Jr 49,7-22)[21] mostra, então, a queixa de YHWH como uma eficaz resposta para a queixa do seu povo (cf. Jl 4,19).

Não é coerente admitir que YHWH se lamente por uma desgraça que Ele mesmo tenha permitido ou enviado e agora resolva castigar Edom por não ter socorrido Jacó no dia em que Jerusalém estava recebendo a sua punição. Isso não contradiz mas na verdade confirma a mensagem de punição em Sf 1,7–2,3 e Jr 4,5-31. Os profetas fizeram de tudo para que a conversão acontecesse e o castigo não fosse uma última palavra para Judá-Jerusalém, que sofreu a destruição porque não ouviu nem aderiu ao דְּבַר־יְהוָה na voz dos profetas.[22]

---

[19] E. Ben Zvi (*A Historical-Critical... of Obadiah*, 169) interpreta o dia de Jacó nos v. 12.14 (בְּיוֹם צָרָה) de acordo com Sf 1,14-15: "Assim, as imagens mentais do יוֹם ה' já foram evocadas em relação à destruição de Jerusalém nas descrições de Abdias 12-14".

[20] Cf. P. J. BOTHA, "Social values", 582; P. R. RAABE, *Obadiah*, 192; P. R. HOUSE, "Endings as New Beginnings", 326; J. R. BARTLETH, *Edom and Edomites*, 185.

[21] Abdias inverteu a sequência de Jr 49,7-22 (cf. J. RENKEMA, "Data Relevant", 259; M. E. BIDDLE, "Obadiah", 161-162). Em Lm 4,21-22 Edom é ironizado (cf. J. R. BARTLETH, *Edom and Edomites*, 185; J. STIEBERT, "The Maligned Patriarch", 40).

[22] Abdias não traz referências temporais ou aos nomes dos invasores (cf. 1Rs 14,25-26; 2Rs 14,13-14; 25,8-21; 2Cr 21,16-17), mas admite a ação babilônica de 587 a.C. (cf. L. C. ALLEN, 160-163; *The Books of Joel*, 138-139; P. J. BOTHA, "Social values", 586; D. J. SIMUNDSON, *Hosea*, 243; J. STIEBERT, "The Maligned Patriarch", 41). Contrário a esse parecer, cf. E. BEN ZVI, *A Historical-Critical... of Obadiah*, 236-237.

Ab 12-14 soa como uma advertência antecipada, mostrando que Edom podia não ter se tornado criminoso (אַל + verbo no *yiqtol*). Edom, além de ter sido desobediente a YHWH, é acusado de ser néscio diante das alianças que selou. Quem ele buscou apoiar, passará a atormentá-lo (Ab 1.7 cf. Jl 2,20). A imagem serve para desacreditar as alianças com as nações estrangeiras. Não há dicotomia, então, entre o que Edom sabia (v. 10-11), o que ele não deveria ter feito (v. 12-14) e o que lhe caberá por sorte (v. 15.19). A punição é justa e o resultado favorável para Jacó porque sofreu em suas mãos (v. 16).

No juízo particular sobre Edom se entreveem o julgamento geral das nações e a mudança que restaura a dignidade e grandeza de Judá-Jerusalém.[23] Este sentido vem da coerência sobre o *yôm* YHWH visto como sinal e elemento central de um processo litigioso instaurado por YHWH (cf. Sf 1,14-18).[24]

Se YHWH pode usar das nações estrangeiras ou de um inimigo que vem do Norte para punir o seu povo, em Abdias, o povo eleito também se torna uma causa instrumental para Ele executar o castigo de Edom e de outros povos.[25] A certeza é confirmada pelo final do v. 18: כִּי יְהוָה דִּבֵּר.[26]

A punição de Edom, entretanto, deve ser entendida não como uma déspota satisfação divina, mas sim como uma imagem da destruição da hostilidade. É um ultimato para a maldade concebida como oposição ao poder e à justiça de YHWH. A restauração do עַמִּי é o que conta (cf. Jl 1,6). A presença de YHWH em Sião é evocada; é

---

[23] Cf. K. S. NASH, "Obadiah", 280; S. D. SNYMAN, "*Yôm* (YHWH)", 84; R. MASON, *Micah*, 102.106-107; J. RENKEMA, "Data Relevant", 261.
[24] Assim, W. RUDOLPH, *Joel*, 312; J. R. LILLIE, *Obadiah*, 20; S. D. SNYMAN, "*Yôm* (YHWH)", 83; mas, ao contrário, A. J. EVERSON, *The Day of Yahweh*, 228-229.
[25] Em Ab 1-9, as nações são instrumentos do julgamento de Edom e em Ab 15-16 aparecem juntas como objeto do julgamento divino (cf. W. RUDOLPH, *Joel*, 230).
[26] Cf. H. W. WOLFF, *Obadja und Jona*, 46; R. J. COGGINS – S. P. RE'EMI, *Israel among the Nations*, 94; J. R. BARTLETH, *Edom and the Edomites*, 147-161.

dali que Ele estenderá a taça do julgamento sobre as nações e dará a sua proteção aos sobreviventes (cf. Ab 21; Jl 3,5; 4).

1.3. *A lógica do yôm* YHWH *em Sofonias*

Sf 1,7–2,3, através de atributos terrificantes, mostra o caráter judicial e punitivo associados à vinda do *yôm* YHWH para Judá--Jerusalém e para as nações.[27] A idolatria (cf. Sf 1,4-6) é uma razão suficiente para que a punição não recaia só sobre Judá-Jerusalém (cf. Sf 1,14-16), mas tenha dimensões muito mais amplas (cf. Sf 1,17-18). Is 2,11-17 já continha um precônio, num contexto de severa reprovação para o povo eleito, de um dia em que YHWH realizaria um ajuste de contas contra todos os orgulhosos (cf. Is 13,2-16).

Em Dt 4,25-31, o céu e a terra tinham sido tomados como testemunhas do castigo anunciado e ficaram vinculados ao *hayyôm* da palavra que Moisés anuncia: הַעִידֹתִי בָכֶם הַיּוֹם אֶת־הַשָּׁמַיִם וְאֶת־הָאָרֶץ (Dt 4,26). Surgiu, assim, um *yôm* profético, determinado e determinante para o povo e para toda a criação, representada pelo ambiente vital dos seres celestes e terrestres, que não poderão ser vistos nem tomados como seres divinos (cf. Dt 4,19.39).

Os extremos da criação passaram a ter uma função jurídica e darão o seu parecer através dos sinais que neles se verificarão (cf. Dt 30,19; Is 1,2). Por isso, os astros escurecem e a terra se abala como efeitos prenunciadores do juízo trazido pelo *yôm* YHWH (cf. Sf 1,15; Jl 2,2.10; 3,4; 4,15; Is 13,10).

Sofonias, seguindo a linha cultual-judicial iniciada em Am 5,18-20.21-27, reforça que a idolatria corrompe o poder e gera injustiças.[28] Estes pecados são denunciados contra as lideranças

---

[27] Cf. M. WEISS, "The Origin", 49; A. S. KAPELRUD, *The Message*, 38; P. G. SCHWESIG, *Die Rolle*, 27.
[28] A disputa de Elias com os profetas de Baal (cf. 1Rs 18) foi útil para Amós (cf. Y. HOFFMANN, "The Day of the Lord", 44). Para J. R. Wood, "outros profetas pensaram que Amós estava errado sobre o fim ou que houvesse uma maneira de contornar a situação, mas Sofonias insistiu que o fim anunciado por Amós estava perto" (*Amos in Song*, 189).

(cf. Sf 1,8-13.17; 3,1-4) e constituem o reato que leva YHWH a instaurar um *rîb* com ameaça de guerra, aplicando o seu direito de punir como divino soberano (cf. Sf 1,2-6.14-18; 2,1-3).[29] A justiça de YHWH é um ato moral que exige a integridade e a pureza cultual dos que tomarão parte no sacrifício por Ele preparado (cf. Sf 1,7).

YHWH, agindo através da criação, apresenta-se como juiz da sua causa. Preservando e salvando um resto, dentro e fora do seu povo, continua recriando o estado original das coisas na justiça e no direito, exatamente como Ele é e age no dia a dia da história de Jerusalém (cf. Sf 3,5.9-10).

YHWH, ao revelar os culpados, mostra os inocentes, não para condenar à morte o pecador, mas para que se salve (cf. Dt 4,31; Ez 18,23.32; 33,11). O erro é revelado para que seja abandonado pelos que estão pecando e o perdão aconteça para quem se arrepende e se converte (cf. Sf 2,1-3; Am 5,24).[30] Isso é uma prova do seu amor misericordioso, que coloca em movimento a iniciativa de restaurar a aliança violada. A dinâmica do *rîb* no *yôm* YHWH sofoniano visa, certamente, restabelecer a justiça pela retratação do ímpio.[31]

O *yôm* YHWH, neste contexto de litígio, revela que, se YHWH acusa e decide castigar, não é porque Ele faliu na escolha que fez do seu *partner*, mas evidencia que o seu domínio vai além dos que estão falindo pelo seu pecado (cf. Sf 1,8-13.17c). Tal fato é paradoxal, visto que YHWH acusa e ameaça porque ama seu *partner*,

---

[29] Cf. P. C. CRAIGIE, *The Twelve Prophets II*, 115-117; A. SCHART, *Die Entstehung*, 81.214; J. E. COOK, *Hear o Heavens*, 130; A. SPREAFICO, "Amos: il povero", 47.50.

[30] Cf. E. BIANCHI, "Il giorno del Signore", 15-16; P. R. HOUSE, "Endings as New Beginnings", 333; L. ALONSO SCHÖKEL – J. L. SICRE DÍAZ, *Profetas II*, 1110.1112.

[31] No *rîb*, o horizonte da justiça restabelecida é o perdão (cf. P. BOVATI, "Quando le fondamenta sono demolite", 34-35; M. GRILLI, "La pena di morte", 78-79).

querendo a sua salvação pela reconciliação. Ele faz como um pai que corrige o filho incorreto (cf. Sl 103,13; Pr 3,12).[32] A imagem que surge de YHWH é rica de significados: juiz magnífico e universal, pai bondoso, Senhor do cosmo e da história. Para Sofonias, só YHWH é capaz de mudar o modo de pensar e de agir humano, destruindo a sua falsa concepção de grandeza. No fundo, desmonta-se a falsa pretensão de o homem se julgar impune e imbatível, mostrando que ele, indiferente de YHWH, só encontrará a sua destruição (cf. Am 5,19; Ab 15; Sf 1,10-13). A possibilidade de um חֵרֶם em Sf 1,14-18 aparece nos sinais terrificantes deste anúncio. O pecado figura como a sólida razão para o fato (cf. Sf 1,2-3.4-6.17), pois provoca a vinda do dia da ira divina (cf. Sf 2,3).[33] Esta ira pode acontecer como se deu com o faraó no Egito, à diferença, porém, de que YHWH não causa a obstinação dos líderes do seu povo, mas lança o sinal de alerta querendo a sua conversão. Se o חֵרֶם acontecer, é porque os acusados continuaram impenitentes e não deram ouvidos à voz do profeta.[34]

Logo, o *yôm* YHWH, como castigo universal, mostra que YHWH surgirá para honrar o seu nome e fazer justiça contra os adversários dos seus pobres, dos que são encorajados para se manterem fiéis, apesar da aflição que estão sofrendo com a injustiça de quem lhes deveria proteger (cf. Sf 2,1-3; 3,3-4).

---

[32] Sf 1,14-18, como parte integrante do *rîb*, coaduna-se com a ideia de YHWH ser um pai ofendido por seus filhos (cf. Dt 21,18-21; Jr 4,17-18) e um esposo traído por sua esposa (cf. Os 2,4-25; cf. M. GRILLI, "La pena di morte", 76-78).

[33] Aplicar o חֵרֶם era um sinal de subtração ao que se considerava profano e indigno de YHWH (cf. Js 10–11). Quem violava a ordem cometia um sacrilégio cultual (cf. Js 6,17-19; 7,1.11-15). O termo חֵרֶם tem a força de condensar o âmbito bélico e litúrgico. Ele é um sacrifício votivo a YHWH (cf. Dt 13,17). Cf. L. LOHFINK, "La 'Guerra Santa'", 90-94.

[34] A desobediência de Saul na prática do חֵרֶם, exigido como fidelidade (1Sm 15), foi denominada *locus classicus* (L. ALONSO SCHÖKEL, *Lezioni sulla Bibbia*, 160-164).

Os pobres, humildes e aflitos (עַם עָנִי וָדָל), são as vítimas inocentes que sobreviverão ao juízo, porque observam a ética na opressão suportada e no culto. Eles são o resto de Israel (שְׁאֵרִית יִשְׂרָאֵל), os que praticam a justiça e se assemelham ao modo de ser e de agir de YHWH (cf. Sf 3,5.12-13).[35]

Com Sofonias, a vitória de YHWH pelo *yôm* YHWH liquida os débitos morais e instaura uma nova época de restauração, que dará ocasião para surgir os traços de uma esperança profética que alimentará e preparará, no seio da comunidade, a dimensão escatológica que este dia assumirá.

Esta dimensão passa a ser uma intrínseca e particular qualidade do *yôm* YHWH. Se transita de um momento futuro intra--histórico para um trans-histórico e se certifica que acontecerá a vitória definitiva de YHWH sobre todas as formas de injustiça. O alvo, na mudança de dimensão, reflete a esperança de que sobre a terra reine a paz, a justiça e a fraternidade entre os homens. Este desejo é a base do último alerta feito em Ml 3,22.23-24.

1.4. A lógica do yôm YHWH em Malaquias

O *yôm* YHWH em Malaquias tem uma fisionomia que se concentra no sentido das alusões que o precedem no *Dodekapropheton*. É um dia esperado e anunciado pelo profeta como um evento conexo à vinda de um histórico e portentoso julgamento divino: (Ml 3,23) לִפְנֵי בּוֹא יוֹם יְהוָה הַגָּדוֹל וְהַנּוֹרָא.

A raiz verbal בוא denota e garante os aspectos, relacional e teológico, da vinda de YHWH pelo seu *yôm* na direção particular do seu povo, trazendo julgamento purificador (cf. Ml 3,1-4) e salvação (cf. Ml 3,19-20).[36]

Os ímpios, se negligentes nas ofertas (fonte geradora de injustiça, cf. Ml 3,8-10, à diferença da carência de ofertas, cf. Jl

---

[35] Cf. M. G. BACKMANN, "O 'Resto' em Sofonias", 229; E. CORTESE, "Per uma Teologia dello Spirito", 24-25.
[36] Cf. E. JENNI, "בוא", 396-397; H. D. PREUSS, "בוא", 550-562; E. A. MARTENS, "בוא", 155-158; A. E. HILL, *Malachi*, 376-377; S. AUSÍN OLMOS, "Optimismo", 411-416.

1,9.13.16; 2,14), correm o risco de sofrer punição, enquanto os tementes e fiéis serão preservados dos efeitos negativos do *yôm* YHWH (cf. Ml 3,16; Sf 2,3).[37]

O valor teológico deste dia continua sendo uma visão equânime sobre a retribuição a ser aplicada: castigo para os ímpios e prêmio para os justos (cf. Ml 3,18). Um recurso dialético, em tom de discussão ou de disputa, entre YHWH e os que Ele acusa de negligência através do מַלְאָכִי.[38]

Malaquias, com Am 5,21-24, denuncia um culto vazio e injusto (cf. Ml 1,10; 2,4-8). O erro estava no lucro que cada um esperava obter com as ofertas trazidas para o templo (cf. Ml 3,14-15). Com Sf 1,4-6, acusa o pecado de sincretismo, porque os sacerdotes profanam o sagrado e violam a Torah (cf. Sf 3,4). Vê-se por que Ml 1,6-14 reprova a desonra cometida pelos sacerdotes na oferta que aceitavam e faziam diante de YHWH (cf. Ml 3,8-10).[39]

Com Abdias, Malaquias mostra o favor de YHWH em termos quase exclusivos para o povo eleito, identificando o castigo de Edom como prova do amor preferencial de YHWH por Jacó (cf. Ml 1,2-5).[40] Ainda com Sf 3,9, Malaquias vê que o nome divino

---

[37] A falta de ofertas prejudicava a subsistência dos levitas, mas também se revertia em sofrimento para as classes menos favorecidas (cf. Ml 3,5b), cf. R. RENDTORFF, *The Canonical Hebrew*, 310-313; C. MENDOZA, "Malaquias", 275-276.

[38] É aceita a forma literária de "disputa" (cf. E. PFEIFER, "Die Disputationsworte", 546-568) ou "discussão" (cf. H. BOECKER, "Bemerkungen zur formgeschichtlichen", 78-80; A. GRAFFY, *A Prophet Confronts*, 15-17; J. A. FISCHER, "Notes on the Literary Form", 313-320). O gênero *rîb* é também aplicado ao escrito de Malaquias (cf. J. M. O'BRIEN, *Priest and Levite in Malachi*, 49-84; J. HÉLÉWA, "L'origine du concept", 18-22; J. H. WRIGHT, *God"s People in God"s Land*, 81-84).

[39] Cf. R. KESSLER, "Die Theologie", 392-407. Uma alusão aos poucos resultados com as reformas de Esdras e Neemias (cf. D. E. GOWAN, *Theology of the Prophetic*, 186; A. E. HILL, *Malachi*, 385; J. P. WEINBERG, "The Perception of 'things'", 174-181).

[40] Este gesto atesta a vitória de YHWH sobre o mal e conjuga amor e justiça (cf. Dt 7,7-8), cf. R. VUILLEUMIER, *Malachie*, 226; C. MENDOZA, "Malaquias", 271.

pode ser exaltado entre as nações (cf. Ml 1,11 com Jl 3,5). Isso confirma que o culto, a invocação do nome divino e o seu juízo são aspectos teológicos inerentes à temática do *yôm* YHWH.

A exortação à obediência, como prova de amor e fidelidade a YHWH, é um critério que se estabelece pela conexão entre as duas fontes pedagógicas para o povo eleito: o Pentateuco (תּוֹרַת מֹשֶׁה) e os Profetas (אֵלִיָּה הַנָּבִיא).[41] As fontes estão juntas como os educadores inseparáveis e indispensáveis, a fim de que a vinda do *yôm* YHWH não acarrete um efeito negativo ou se torne motivo de punição, quando YHWH se manifestar neste dia (cf. Ml 3,17-21).

A vinda de Elias, associada a uma nova e específica missão, visa causar a mútua conversão do coração entre pais e filhos (cf. 1Rs 18,19.37-39), órgão onde se concebem e se geram os atos justos ou injustos (cf. Dt 6,4.20.24).[42] Elias, fiel executor da lei mosaica ou como um "novo Moisés", deve ser ouvido e obedecido (cf. Dt 18,5.18). O mútuo respeito, alcançado entre as gerações, será a base da eficácia no ensinamento e a chance de bênçãos.

Se o povo eleito não for fiel à aliança estipulada por Moisés, defendida e praticada por Elias, ele fica consciente de que será o único responsável por atrair sobre si a punição como justa retribuição pelos seus atos injustos.[43]

O final da profecia de Malaquias apresenta o vínculo familiar como o sólido laço de todo o povo com YHWH (cf. Dt 4,9). Assim, vida familiar, vida social e vida moral aparecem profundamente ligadas e orientadas pela vida cultual. A oferta trazida ao altar,

---

[41] Várias hipóteses são apresentadas por K. W. WEYDE, *Prophecy and Teaching*, 388-393; A. E. HILL, *Malachi*, 363-366; M. BECK, *Der "Tag* YHWH*s"*, 298-310.

[42] O binômio pais–filhos indica a intimidade do povo com YHWH (cf. Ml 1,6; 2,10; 3,17). Mq 7,5-6 e Ez 22,7 aludem à corrupção desta intimidade. A LXX alargou o âmbito das relações: καὶ καρδίαν ἀνθρώπου πρὸς τὸν πλησίον αὐτοῦ. (Ml 3,23).

[43] Cf. W. RUDOLPH, *Haggai*, 291; P. L. REDDITT, "Zechariah 9–14", 254-256; A. SCHART, *Die Entstehung*, 303; M. BECK, *Der "Tag* YHWH*s"*, 313-315.

longe de ser uma renúncia material, se torna a disposição interior de ser representado por ela diante de YHWH.

O ouvinte-leitor, ao chegar em Malaquias, não tem mais como se escusar quando o *yôm* YHWH, grande e terrível, vier e manifestar YHWH agindo com justiça (cf. Ml 3,2.23) para eliminar a injustiça (cf. Ml 2,17; 3,18).[44] Se a ação de YHWH provocar um חֵרֶם, não será uma contradição à prova do seu amor (cf. Ml 1,2-5; Sf 1,14-18), mas será o fruto da livre e obstinada rejeição do povo em não obedecer à Torah e à voz do grande profeta Elias.

As duas fontes, conjugadas ao *yôm* YHWH em Ml 3,22.23-24, mostram que a lógica desta temática advoga a favor de uma experiência comunitária "fundante", onde a justiça divina já havia sido proclamada e outorgada.

O momento deste primeiro encontro pode ser identificado no dia em que, pela boca de Moisés, YHWH falou ao povo no meio do fogo e com grandes sinais (cf. Ex 19,16–20,21; Dt 4,1-20).[45] Este encontro se renovou no dia em que YHWH, pela súplica de Elias, reanimou a fé do seu povo, enviando o fogo que consumiu o sacrifício (cf. 1Rs 18) e no dia em que o próprio Elias foi reanimado pela experiência inédita que fez de YHWH no Horeb,[46] após reviver todos os sinais teofânicos conhecidos e encontrá-lo presente sensivelmente na brisa suave (cf. 1Rs 19,11-14).[47]

---

[44] A justiça se mostra como uma denúncia ou um apelo a YHWH por causa das injustiças (cf. Is 1,21-26; 5,1-24; Am 4,1-2; 5,1-17; Mq 2,1-4; 3,9-12; Sf 3,1-5).

[45] A frase que conclui Dt 4,15 (בְּיוֹם דִּבֶּר יְהוָה אֲלֵיכֶם בְּחֹרֵב מִתּוֹךְ הָאֵשׁ), embora esteja no contexto que fundamentará a proibição de fazer uma imagem, é um ato de justiça tendo por base a teofania, no dia em que o povo se encontrou diante de YHWH (cf. Dt 4,10).

[46] O Sinai/Horeb é um lugar teológico conexo à figura de Moisés e de Elias (cf. Eclo 48,7), pois YHWH é a origem e a fonte da Torah e do carisma profético (cf. A. E. HILL, *Malachi*, 372; A. WEINER, *The Prophet Elijah*, 132-135). A combinação תּוֹרַת מֹשֶׁה e אֵלִיָּה הַנָּבִיא ocorre somente em Malaquias (Dn 9,11.13 ficam excluídos desta lista).

[47] Y. Hoffmann ("The Day of the Lord", 44-45) admitiu que o confronto entre Elias e o culto a Baal era um tipo de teofania num dia revelador que decidiu a sorte de Israel.

Assim, מַלְאָכִי não é apenas o "nome próprio" do profeta epônimo do escrito (cf. Ml 1,1). É uma qualificação, que identifica o enviado como um agente visitador de YHWH, "meu mensageiro" (Ml 3,1), e que está ligado à vinda e à ação de um *yôm* potente (cf. Ml 3,2). Esta junção permite que se perceba um sentido ulterior da palavra final sobre Elias, fazendo com que o profeta assuma o nome indefinido das anteriores alusões ao מַלְאָכִי.[48]

Todavia, para além da moldura que se cria no escrito, nota-se mais um particular nesta relação a favor da lógica do *yôm* YHWH em Malaquias. A figura do sacerdote não só ocupa um bom espaço na profecia (cf. Ml 1,6-7), mas é apresentada como sendo a que melhor denota o próprio YHWH diante de uma comunidade acusada (כִּי מַלְאַךְ יְהוָה־צְבָאוֹת הוּא, Ml 2,7), porque esta continua tropeçando na infidelidade à aliança (cf. Ml 2,1-9).

A valorização da instituição sacerdotal em Malaquias estabelece o nexo com outra figura do patrimônio religioso do povo eleito, o מַלְאַךְ יְהוָה.[49] Este é um agente misterioso, alguém que traz à lembrança dos destinatários a figura de um potente benfeitor que atua favoravelmente tanto ao lado de Moisés (cf. Ex 3,2; 32,34), como ao lado de Elias (cf. 1Rs 19,5.7).

Ambientando o anúncio do *yôm* YHWH, sob a importância atribuída ao sacerdote, como הֵשִׁיב e מַלְאַךְ יְהוָה־צְבָאוֹת (Ml 2,6.7) e unindo-a ao papel de Elias, também como הֵשִׁיב (Ml 3,24), se interliga em Malaquias a atividade bélica do עַם רַב וְעָצוּם (Jl 2,2), tido como עֲצוּם עֹשֵׂה דְבָרוֹ (Jl 2,11), à figura do sacerdote Elias e da sua função como mediador da bênção por sua fidelidade.

Moisés e Elias, como servos de YHWH e porque acumulam funções proféticas e sacerdotais, sustentam o sentido que se atribuirá em Joel e em Malaquias à figura do sacerdote. Ele é

---

[48] Cf. O. EISSFELDT, *The Old Testament*, 442; L. ALONSO SCHÖKEL – J. L. SICRE DÍAZ, *Profetas II*, 1206.1208.1220; R. L. SMITH, *Micah*, 342.

[49] Cf. P. P. SÉBASTIEN, *L'annonce du jour de* YHWH, 87-100. O מַלְאַךְ יְהוָה atua com Abraão (cf. Gn 22,11.15), Josué (cf. Js 2,1.4; 5,14), Gedeão (cf. Jz 6,11.12.21.22), Sansão (cf. Jz 13,13.15-18.20-21) e Davi (cf. 1Cr 21,16.30).

chamado a ser a síntese da Lei e da profecia no meio da comunidade. Pela voz e pelas mãos do sacerdote, dar-se-á o rumo histórico que o *yôm* YHWH poderá conferir à existência do povo eleito. Se os sacerdotes seguirem a voz de YHWH, o שָׁלוֹם descerá como a chuva e como justiça da parte de YHWH (cf. Jl 2,23; Ml 3,10; 1Rs 18,41-46).[50] Para que a bênção aconteça, é preciso que o מַלְאַךְ יְהוָה purifique os filhos de Levi, como se faz com o ouro e a prata, e eles sejam os primeiros dentre os justos.[51]

A objeção que poderia ser feita com relação às características bélicas do עַם רַב וְעָצוּם é minimizada no momento em que se reconhece uma dupla característica do povo eleito: é uma nação consagrada para agir também como um povo bélico-sacerdotal (cf. Nm 10,8-10; Js 6,3-9; 1Rs 18,40).

Portanto, o anúncio do *yôm* YHWH em Malaquias denota que a ótica retributiva do juízo divino é algo sempre atual e em aberto na história. O *yôm* YHWH continua sendo um evento profético esperado como um ato purificador, quando se dará a condenação do ímpio e a salvação do justo.[52]

1.5. A lógica do yôm YHWH em Joel

As calamidades, a queixa de YHWH, a súplica do profeta, o chamado à conversão, o pedido de piedade, a restauração da bênção, o dom do espírito, a vitória sobre as nações hostis e o

---

[50] O sacrifício de Elias restabeleceu a justiça e o direito pela renovação da fé em YHWH. A bênção da chuva pôs fim ao tempo da seca e da longa carestia. Dt 18 afirma-se em relação ao sacerdócio levítico (v. 1-17) e ao profeta, digno de crédito, que viria após Moisés (v. 18-22); cf. C. M. D. da SILVA, *Aquele que manda a chuva*, 180-181.
[51] מַלְאַךְ יְהוָה / מַלְאַךְ הַבְּרִית é sinal de esperança (cf. B. V. MALCHOW, "The Messenger", 252-255; G. BERNINI, *Aggeo*, 338; M. J. BODA, "Messengers of Hope", 127-131).
[52] Cf. A. J. EVERSON, *The Day of Yahweh*, 159-168; A. MEINHOLD, "Zur Rolle des Tag-YHWHs", 222-223; P. P. SÉBASTIEN, *L'annonce du jour de* YHWH, 288-292; P. G. SCHWESIG, *Die Rolle*, 299-300.303.309. O juízo seria fundamental para a comunidade pós-exílica (cf. P. S. da SILVA FILHO, *Malaquias 3.13-21*, 204.209-210).

A LÓGICA DA TEMÁTICA | 373

restabelecimento da sorte do povo eleito em Sião são os temas interligados ao *yôm* YHWH e são os argumentos que dão unidade e sentido teocêntrico ao escrito joeliano, mostrando a presença e a atuação soberana de YHWH sobre a criação e os rumos da história.[53] No contexto das catástrofes está o suspiro do profeta pelo *yôm* YHWH como uma ação devastadora do Onipotente (cf. Jl 1,15). Antes da solução acontecer, a nova fala de YHWH, após Jl 1,6, com uma nova ordem para a comunidade, acontece através de um explícito דְּבַר־יְהוָה sobre o *yôm* YHWH (cf. Jl 2,1).

A profecia oferece, com isto, o mapa da situação catastrófica, o lamento de YHWH por sua terra e o anúncio do *yôm* YHWH que ganhará corpo num oráculo de juízo (cf. Jl 2,1-11). Destes três elementos se passará à solução divina, que já tem o seu início na descrição e ação do עַם רַב וְעָצוּם, que é agente executor da palavra de YHWH (cf. Jl 2,2.11).

Presença e ação divinas estão inerentes à expressão *yôm* YHWH e são declaradas na profecia num ponto central, quando YHWH ordena a postura que o povo deve assumir: "E agora, oráculo de YHWH, voltai-vos a mim de todo o coração com jejum, lágrima e lamento" (Jl 2,12).[54]

No שׁוּב penitencial assumido e obedecido na direção de YHWH, o povo estará dando o passo decisivo para ver o שׁוּב benéfico de YHWH na sua direção (cf. Jl 2,18-27).[55] Jl 2,13-14 confirma Jl 2,12 com um ato de fé do profeta que sabe quem é YHWH e que ele se comisera pelo seu povo.

Se, num contexto de pecado, o coração contrito e humilhado é o gesto que YHWH não despreza no penitente arrependido (cf. Sl 51,17; Jn 3,10), muito mais comiseração usará no momento

---

[53] Cf. W. S. PRINSLOO, *The Theology of the Book of Joel*, 124; R. B. DILLARD, "*Joel*", 271-278; B. C. BIRCH, *Hosea*, 130-131.
[54] D. E. Gowan (*Theology of the Prophetic*, 183) intuiu que Jl 2,12-14 ocupa o centro do escrito, mas continuou mantendo a dicotomia sobre o sentido do *yôm* YHWH.
[55] Ml 3,7 contém a fórmula explícita: שׁוּבוּ אֵלַי וְאָשׁוּבָה אֲלֵיכֶם אָמַר יְהוָה צְבָאוֹת.

em que o seu povo se apresenta com os gestos penitenciais que se identificam com a crise que o faz sofrer.

O sentido do מִי יוֹדֵעַ (Jl 2,14) não está em contradição com a ortodoxia de Ex 34,6-7. Não é uma dúvida de Joel, mas é o reflexo que confirma a ação divina pelo seu poder universal (cf. Jn 3,9).[56] Joel, ao usar נִחַם, expande os atributos divinos, pois está certo de que YHWH concederá os benefícios.[57]

À diferença da crise que se abaterá sobre Jonas, que anuncia uma falida destruição de Nínive, Joel sabe que não falirá, pois YHWH responde de Sião aos apelos de piedade, está atento ao sofrimento do seu povo e disposto a mostrar sua soberania universal na decisão de castigar as nações hostis.

Onde a crise tirou os meios de subsistência e privou o templo de ofertas, a ordem שֻׁבוּ עָדַי בְּכָל־לְבַבְכֶם é a solução. O שׁוּב exigido não é o ato formal de um simples rito de lamentação, mas é a firme disposição de ir a YHWH com gestos compatíveis aos efeitos produzidos pela crise que abateu toda a comunidade (cf. Jl 1,4-20; em Am 4,6-12, YHWH reclama a falta do שׁוּב).

A convocação cultual em Sião de Jl 2,15-17 não contradiz uma ordem precedente dada aos sacerdotes em Jl 1,13-14, e não significaria que uma primeira tentativa cultual teria falido por falta de obediência.[58] A missão atribuída ao yôm YHWH ultrapassa em benefícios os males causados pelas carestias, pois os planos de YHWH são grandes e inauditos (cf. Jl 3,1-5).

A missão corresponde a dois objetivos interligados aos apelos de YHWH e do seu profeta: (a) mostrar o que depende da comunidade: a solução da penúria deve envolver o íntimo e o agir do povo; (b) mostrar o que independe da comunidade: a generosidade de YHWH, o dom do espírito e a justiça que faz à sua terra e aos

---

[56] מִי יוֹדֵעַ não é só uma porta de esperança, mas em Joel abre o ouvinte--leitor para o íntimo de YHWH (cf. J. L. CRENSHAW, "The expression MÎ YÔDĒA'", 275-276).

[57] Em Jn 4,2, a misericórdia divina é proclamada depois de YHWH decidir-se pela não punição de Nínive (cf. G. ANTONIOTTI, "La libertà di Dio", 273-277).

[58] À diferença do que pensa A. BONORA, "La Liturgia del Ritorno", 61-71.

seus habitantes, revertendo a situação das carestias e trazendo de volta para Jerusalém os seus filhos dispersos pelas nações. O conteúdo da súplica sacerdotal (cf. Jl 2,17) não foi: tem piedade (חוּסָה) do teu povo que está sem comida e sem água (cf. Jl 1,4-20); mas ela se liga à lamentação de YHWH, que sintetiza os males e as necessidades do povo na terra eleita. A resposta de YHWH revela que Ele é pleno de zelo por sua terra (cf. Jl 1,6-7), tem compaixão do seu povo (וַיַּחְמֹל, Jl 2,18) e não deseja que ele sofra o opróbrio entre as nações (cf. Jl 2,19.26-27).[59]

Por detrás deste dúplice movimento está o local do encontro, o templo em Sião, monte santo epônimo do Sinai, onde o povo recebera a Lei como dom. Sião, abatido pelas carestias (cf. Jl 1,9.13.16), é o prodigioso local para o qual Joel, como Moisés, encaminha o coração do povo. O profeta está seguro de que em Sião os sinais teofânicos do Sinai se renovarão e os traços usados para descrever a vinda do *yôm* YHWH confirmam isso (cf. Jl 2,1-11; 3,4; 4,15). Em Sião o povo experimentará YHWH mudando a sua sorte (cf. Jl 2,12).[60]

YHWH, que toma as decisões a partir de Sião, lembra a promessa que jurou a Abraão (cf. Gn 22,1-14), que ratificou na decisão de libertar do Egito por meio de Moisés (cf. Ex 3,7-12) e que defendeu ao longo da história, quando ela esteve ameaçada por inimigos externos e internos (cf. Sl 145). É do seu monte que YHWH continuamente se mostra providente (cf. Gn 22,8.14).

Assim como a vocação de Moisés no Sinai foi uma resposta de YHWH ao clamor do povo oprimido no Egito, confirmando a eleição feita em Abraão, também em Joel não se deixam dúvidas de que YHWH, pelo anúncio do *yôm* YHWH em Sião (cf. Jl 2,1-11), já se dispôs a intervir sobre a nefasta situação como juiz e o faz atuando concretamente diante dos males sofridos.

---

[59] O fim da vergonha anuncia a restituição do שָׁלוֹם para o עַמִּי. A bênção é sinal visível da glória de YHWH no seu meio (cf. M.-T. WACKER, "Gottes Groll", 116-117).

[60] Como YHWH que renova o povo no Carmelo e Elias no Horeb (cf. 1Rs 18-19).

Na base do anúncio joeliano está a certeza do amor-compaixão de YHWH (cf. Sl 103) e a força da sua palavra irrevogável (cf. Dt 28,1-14). Por isso, Jl 2,1-11.12-17 é expressão do *status* particular que tem o povo eleito para implorar, pela ação sacerdotal, a benevolência de YHWH diante dos males que colocam em risco a sua existência na sua terra (cf. Jl 1,4-20).

O povo sofrido e abatido é, então, o destinatário direto do anúncio que Joel faz do *yôm* YHWH. É a ele que interessa ouvir a resposta divina à sua súplica, que o tempo da carestia terminará e que a bênção trará de volta não apenas os dons necessários (cf. Jl 2,18-27),[61] mas devolverá o que de melhor o próprio YHWH pode e quer receber no seu templo como oferta: os filhos e filhas traficados e humilhados pelo leão opressor (cf. Jl 1,6-7;[62] 4,2.6-7).

A preocupação quanto ao sarcasmo das nações na súplica dos sacerdotes mostra que não estava em jogo só a subsistência do povo, mas a glória e o poder de YHWH diante das nações hostis (cf. Jl 2,6.17). Por esta preocupação se entende por que o *yôm* YHWH atinge radicalmente as nações com as quais YHWH decidiu convocar ao julgamento. Sobre elas pesam os crimes que clamam pela sua justiça (cf. Jl 4,21; Sl 72,13-14; Ab 10.14). Em vez de dizerem, "onde está o seu Deus", as nações reconhecerão a presença, o agir portentoso e favorável de YHWH no meio do seu povo (cf. Jl 2,27).

A convocação dos povos opressores para um ajuste de contas acontecerá como um julgamento atuado num contexto bélico (cf. Jl 4,9-13). A glória do povo eleito renovar-se-á por estar debaixo da potente proteção de YHWH. Isso confirma o que Ele havia decidido, quando prometeu que a vergonha do seu povo

---

[61] Jl 2,18 é o eco de 2,17 e prepara a mudança de sorte da terra e do povo a iniciar no v. 19. Este eco não é uma cisão, mas uma lógica sequência à súplica sacerdotal, que se aproxima da forma eloquente utilizada por Moisés (cf. Nm 14,13-19).

[62] H. Simian-Yofre (*Amos*, 122) diz que Jl 1,6-7; 2,1a "deveriam ser atribuídos a YHWH" e que Jl 1,1–2,18 "pode ser interpretado como um discurso do profeta". A fala de YHWH, antes de Jl 2,12, confirma a sua vontade, pois visa restabelecer a bênção.

seria eliminada para sempre (cf. Jl 2,19 [עוֹד].26-27 [לְעוֹלָם]), pois o inimigo já aparecera antecipadamente destruído entre os dois mares, onde se sentirá o cheiro de sua morte (cf. Jl 2,20).

Por isso, para as nações envolvidas e destinadas ao julgamento, a profecia não sugere que elas possam ou tenham tomado precaução alguma para conseguirem sair ilesas neste dia. A elas cabe somente a punição por seus crimes e ao povo eleito cabe saber que YHWH, mudando a sorte de Judá-Jerusalém, estava, no fundo, preparando a restauração da sua glória em Sião.

Assim, o evento libertador ligado ao *yôm* YHWH adquire um objetivo didático. O conteúdo a ser transmitido às futuras gerações identifica-se não com as catástrofes, mas com a renovação dos gestos salvíficos operados por YHWH (cf. Jl 1,2-3; Ex 10,1-2). Reduzir tal conteúdo somente às crises sofridas não condiz com a índole unitária da profecia e com a lógica da intenção reparadora do *yôm* YHWH sobre os inimigos (cf. Jl 2,19.26). A formação da consciência individual e coletiva a ser transmitida em Judá--Jerusalém de geração em geração o confirma (cf. Jl 1,2-3; 4,20).

A grande ação-reação na profecia cabe ao protagonismo de YHWH.[63] Da penúria e apatia do povo à súplica sacerdotal se passa ao salto de qualidade manifestada na decisão e na posição divina que irá de Jl 2,19 até 4,21. A reversão da penúria pelo pedido de piedade (cf. Jl 2,15-17) foi além de qualquer expectativa, porque YHWH, benigno e gracioso, nunca se deixa vencer em generosidade aos que ouvem seus apelos (cf. Jl 3,1-2; 4,16-18).[64]

Se Jl 2,11 deixou em aberto uma questão: "E quem suportará?" (וּמִי יְכִילֶנּוּ), o desenvolvimento que a profecia propõe a partir de Jl 2,12 levou à sua resposta. Se o *yôm* YHWH é a ocasião que YHWH estabeleceu para que a sua justiça se fizesse sentir pela ação do עַם רַב וְעָצוּם (Jl 2,2), será o próprio YHWH a determinar

---

[63] A mesma postura já havia sido percebida em Sofonias (cf. cap. IV).
[64] G. Fohrer ("Der Tag JHWHs", 48-49) propôs que a reversão na punição entre Jl 2 e 4 serviria para mostrar que o *yôm* YHWH para os povos é um juízo universal e, para o povo eleito uma salvação particular. Em chave escatológica, somente Israel contava.

a sorte final do seu povo. No agir obediencial deste עַם רַב וְעָצוּם se advoga a favor das intenções de YHWH, que apontam numa única direção: o fim da vergonha do seu povo (cf. Jl 2,19.26-27). Os que YHWH salvará suportarão a chegada deste dia implacável sobre o inimigo.

No agir de YHWH se percebe que o foco central é a restauração da sorte de Judá-Jerusalém. Esta pode contar com uma certeza: "YHWH a partir de Sião faz sentir a sua voz e se moverão os céus e a terra, mas YHWH é refúgio para o seu povo e fortaleza para os filhos de Israel" (Jl 4,16; cf. 3,5). Isso certifica que o ataque em Jl 2,1-11 não poderia ter tido como alvo central uma Jerusalém já castigada por tantas catástrofes e que necessitava de salvação.

Portanto, a lógica do *yôm* YHWH na profecia de Joel está apoiada na sua unidade como escrito, como temática e como mensagem de esperança salvífica e restauradora em YHWH que reside, atua e salva a partir de Sião.

Uma situação catastrófica conseguindo uma solução em tão larga escala, e terminando com uma promessa em aberto (cf. Jl 4,21), induz à certeza de que nada mais de mal e de terrível poderá acontecer ao povo eleito. Esta é a ideia de fundo que encontramos desenvolvida ou criticada pelos profetas que usaram a expressão e que sucedem Joel no *corpus* do *Dodekapropheton*.

2. Temas transversais interligados à lógica do *yôm* YHWH

Em torno da lógica do *yôm* YHWH percebe-se uma dinâmica profética que visa restaurar, através da pregação desta extraordinária manifestação de YHWH, as vias da justiça e do direito dentro das principais instituições que conduziam a vida política e religiosa do povo eleito. "Profecia e Culto" – "Punição e Perdão" interagem nesta dinâmica como os canais de acesso à vontade de YHWH e o que, através deles, se buscava obter como resultado: a purificação pela obediência a YHWH que renovaria a comunidade.

2.1. Profecia e culto

As vicissitudes que estão entrelaçadas ao anúncio do *yôm* YHWH atinam para o empenho que se encontra na profecia de Joel, Amós, Sofonias e Malaquias em relação à vinda deste dia e a sua ligação ao culto como lugar determinante para alcançar a solução de crises ou afundar numa punição. A imagem central que transparece nestas relações é de YHWH justo juiz.

Referências à prática cultual reprovada e que pode provocar uma punição encontram-se em Am 5,21-27; Sf 1,4-6; 3,4 e Ml 1,6–2,9, visto que YHWH acusa e litiga com a classe sacerdotal ao ser geradora de injustiças sociais.

Em Joel, ao contrário, reside um exemplo do que YHWH é capaz de fazer quando profeta, sacerdote e comunidade se unem em um sincero objetivo cultual: tudo muda a seu favor (cf. Jl 2,15-27) e para muito além do que se podia esperar (cf. Jl 3,1–4,21). Esta perspectiva também está presente, mas sob condição em Ml 2,2; 3,8-12: para sair da maldição (מְאֵרָה) é preciso que haja mudança na intenção e na ação dos que buscam a bênção pelo culto.[65]

Não é servindo bem YHWH que o povo será bem servido por YHWH, típica retribuição daqueles que justificam os próprios objetivos através da via religiosa sem compromisso ético. As soluções que o homem busca alcançar pelo culto devem encontrá-lo disposto e preparado para aceitar as exigências sociais da justiça. Do contrário, o homem distorce o culto e as solenidades, praticando um delito que o escraviza e que não honra nem serve YHWH.

Assim como YHWH não pune o povo em proporção às faltas cometidas (cf. Sl 103,10), embora o pudesse (cf. Lv 26,21), Ele não se deixa comprar pelo que o povo decide oferecer no culto. Ele não quer ser amado por aquilo que doa ao seu povo, mas na proporção do amor que lhe oferece (cf. Os 2,18).

---

[65] Justiça e culto são temas convergentes na literatura bíblica (cf. Is 1,10-20; 58; Jr 7; Mq 6,6-9; Zc 7,1-14; Sl 50; Eclo 34,18–35,22). YHWH não suporta o culto de quem está cheio de delitos (cf. L. ALONSO SCHÖKEL, *Lezioni sulla Bibbia*, 85-86).

As atitudes cultuais consideradas em Jl 2,12-17 não retratam a alienação do povo e dos sacerdotes que suplicam, como se estivessem abandonando as próprias responsabilidades e colocando a solução só nas mãos de YHWH. O sentido participativo no culto, pelo contrário, fez valer o papel que cabia a cada uma das partes.

O profeta foi o pivô do processo para que o ato cultual não fosse um mero reflexo dos interesses e necessidades do momento crítico.

Em Amós, ao lado do indevido desejo do *yôm* YHWH, está a rejeição do culto por parte de YHWH, exatamente porque ele não é acompanhado pela prática da justiça social. A crise vem, visto que se cometem violência e acúmulo de bens (cf. Am 3,10; 6,4-6; 8,4-6) à custa da opressão dos que não podem se defender pessoalmente de tais abusos (cf. Am 4,1; 5,11-12) e nem podem contar com o recurso aos tribunais (cf. Am 5,7.10.15.24).

Para reprovar a insensatez dos que manipulam o culto, o *yôm* YHWH em Am 5,18-20 é descrito como uma teofania terrificante. Um dia de trevas e escuridão simbolizando tanto a insuportável presença de YHWH, que reina como divino soberano sobre as plêiades (cf. Am 5,8), como a total falta de (cons)ciência na prática de um culto que Amós duramente desaprova, porque reflete uma realidade sócio-político-religiosa cega, que submete e está afundando a nação numa maldição (cf. Dt 28,28-29; Sb 17,1–18,4).[66]

A falsa ideia sobre o *yôm* YHWH neste contexto apareceu ao lado da clara rejeição do culto por YHWH (cf. Am 5,21-27).[67] Quem se obstina no seu pecado bloqueia o perdão, reduz e instrumentaliza o culto como meio para apenas aplacar a ira de YHWH, anestesiando a própria consciência em relação às injustiças sociais que continuam sendo cometidas.

---

[66] A temática centra-se na teofania, mas as imagens militares não excluem o dado bélico (cf. Am 2,13-16; 3,1.11-15; 4,2-3; 5,2-3.5-6.9.11; cf. G. V. SMITH, *Amos*, 184).

[67] Cf. H. SIMIAN-YOFRE, *Amos*, 195; G. V. SMITH, *Amos*, 182-188; J. JEREMIAS, *The Book of Amos*, 101-107; R. V. DAL PRÀ, "Il culto tra idolatria e ortodossia", 29-40.

O culto é criticado por Amós como incapaz de restabelecer a ordem entre YHWH e o seu povo, porque não é realizado nem acompanhado de gestos concretos de arrependimento e conversão (cf. Am 4,4-12). YHWH não pode ser honrado por quem desonra os menos favorecidos. O perdão, não sendo alcançado, impede que a solução para as crises aconteça. O culto, não sendo obra justa, não se torna uma porta de salvação, mas canal de punição. A virtude da obediência requerida só a YHWH é mais preciosa do que os sacrifícios que são imolados em sua honra (cf. Os 6,6; Am 5,21-27). Esta obediência, acompanhada de gestos interiores que correspondam lado a lado com as crises e o que se oferece diante de YHWH no templo, é a via profética que se abre para a solução acontecer pelo culto (cf. Jl 2,12-18).

Sofonias conjuga o sentido de um sacrifício preparado por YHWH como ato de obediência ao anúncio de castigo no *yôm* YHWH. Ao reservar os consagrados (cf. Sf 1,7; Jl 3,9; Is 13,13), YHWH aponta os pobres como os que se salvam no dia da sua justiça como חֵרֶם (cf. Sf 2,1-3; Ab 18; Ml 3,24).

A esperança dos humildes passa pelo crivo de um culto que é tribunal e tem YHWH por juiz, pois culto sem justiça não é culto. O sacrifício será válido se íntegro (cf. Mq 6,6-8), e a relação com YHWH será eficaz se vigora uma escolha ética que culmina na prática da justiça nos tribunais humanos (cf. Am 5,14-15; Mq 3,9-12).

YHWH, estendendo seu poder para além de Israel, mostra-se o único juiz capaz de golpear a terra (cf. Sf 1,16-18; Ml 1,5; 3,24). A destruição sob a imagem de um חֵרֶם evoca o ato sacrifical, no qual a vítima era consumida pelo fogo. Este poder deve ser levado a sério pela obediência cultual e social com base na Torah e na profecia, fontes de esperança fundada na fidelidade de YHWH. Vale a pena obedecer? (cf. Ml 2,17; 3,14). A crítica profética revela a intencionalidade: o culto se transforma em instrumento fugaz, e YHWH em ídolo, se praticado em função das próprias necessidades ou dos objetivos lucrativos.

A atenção de Malaquias recai, então, sobre a responsabilidade que os levitas possuem diante da Torah (cf. Ml 2,5-7; 3,22). O aspecto cultual da religião é criticado de formalismo quando encobre a verdade das relações. A prática dos mandamentos revela-se condizente, então, por ações de justiça e amor para com YHWH e para com o próximo (cf. Ml 1,6-14; 3,3-4).

O anúncio do *yôm* YHWH, no contexto da profecia e do culto, estabelece uma importante distinção entre os ímpios que serão punidos e os justos que exultarão porque se mantiveram fiéis. É uma clara separação traçada pelo juízo e que se torna paradigmática no momento em que YHWH diz ter seu nome também honrado entre as nações (cf. Jl 3,5; Sf 3,9-10; Ml 1,11.14). O sentimento com que os sacrifícios são oferecidos transparece como sendo o elemento decisivo da rejeição ou aceitação dos mesmos por YHWH. A ação responsorial de YHWH surge profetizada com um *yôm* purificador sobre os sacerdotes para que o culto volte a ser autêntico, seja agradável e portador de justiça (cf. Jl 2,12-17; Ml 3,1-5). Assim, o *yôm* YHWH, ligado ao culto, revelará os que temem o nome de YHWH e o buscam de coração.

Profecia e culto só serão dois problemas ou atividades paralelas, alvo da crítica e rejeição de YHWH, se a relação entre estas instituições não tiver em comum a busca e a prática da justiça social (cf. Is 1,15.17; Os 6,6). O uso de rituais se torna incompatível com a fé se não houver um empenho coerente em todos os campos da vida. A expiação das próprias culpas não acontecerá se não houver, conjuntamente, a justa reparação dos danos.

2.2. *Punição e perdão*

O *yôm* YHWH, na primeira alusão no *Dodekapropheton*, despontou neste *corpus* anunciado por Joel em Sião (cf. Jl 1,15) sem, contudo, significar que o conteúdo a ser reenfocado em Jl 2,1-11 seria um oráculo de punição para Sião, mas vigorando como uma divina intervenção que poria fim à crise e restauraria a sorte de uma Sião atingida pelas várias catástrofes (cf. Jl 3,5; 4,15-21; Am 1,2; Ab 16-17.21).[68]

---

[68] Para Amós, é certo que somente de YHWH, o Deus de Sião-Jerusalém, pode advir a salvação ou a punição do seu povo e dos povos (cf. H. SIMIAN-YOFRE, *Amos*, 33).

A visão joeliana é otimista e de esperança, pois prevê um futuro positivo e promissor, graças às atitudes humildes que acontecem no encontro com YHWH pela adesão à voz profética e pelas atitudes penitenciais sinceras. Sem choques e conflitos, mas com obediência à exortação a buscar YHWH, o povo se predispôs para receber a redenção da situação gerada pelas crises.

Uma reflexão sobre a obediência como argumento central em Joel faz de Sião um ponto de partida e convergência das ações divinas pelo seu povo, mas é também sinal do agir divino sobre todos os povos pelo que de bem ou de mal lhe fizeram.[69] A retribuição vem sob forma de punição ou perdão.

O sentido da conversão em Joel advoga a favor disto, pois o שׁוּב exigido não reflete a mudança moral defraudada por um pecado. Em Jl 2,12-14, anuncia-se uma *conversio Dei ad homines*, porque a bênção se obteve com a *conversio hominum ad Deum*, sem que YHWH tivesse justos motivos para instaurar um litígio com os habitantes de Sião. O *yôm* YHWH e o *rîb*, nesta ótica, possuem um objetivo comum: o restabelecimento da justiça, com os homens e entre eles, evitando-se a punição como um חֵרֶם (cf. Sf 1,2–2,3).

Se Sião e seus habitantes são poupados em Joel, é porque houve uma sintonia entre a ação divina e a ação humana (cf. Jl 1,2-3; 2,12-14). A graça pedida pelo profeta aconteceu tendo YHWH ao centro do שׁוּב exigido. Esta conversão se torna a forma correta de agir e que deve ser transmitida às gerações futuras como herança familiar (cf. Ex 31,19; 34,6-7; Dt 4,9-10).[70]

Se a obediência à Torah é a condição para viver bem na terra prometida (cf. Js 1,7; Ml 3,22), a relação entre pais e filhos evoca a necessidade da renovação da aliança (cf. Js 24,14-28; Ml 3,23-24). Na prática da Torah e na obediência à voz profética, está o

---

[69] "Pois *é* o dia da vingança para YHWH, ano da retribuição para a causa de Sião" (Is 34,8: כִּי יוֹם נָקָם לַיהוָה שְׁנַת שִׁלּוּמִים לְרִיב צִיּוֹן; cf. Is 61,2; Jr 46,10).
[70] Cf. B. CHIESA, "Um Dio di Misericordia", 107-118; E. CORTESE, "Per uma Teologia dello Spirito", 31; M. LANG, "Das Exodusgeschehen", 66-67.

autêntico שָׁלוֹם para o povo, e tal verdade vivida e ensinada visa ao sentido da bênção: obedecer a YHWH (cf. Jl 1,2-3).[71]

Em relação a Amós, visto que o anúncio joeliano do *yôm* YHWH precede e não é uma ameaça de castigo para o povo eleito em nenhuma das ocorrências, mas é um evento portador de salvação para o seu sofrimento, permite mostrar e contrapor três pontos a Am 5,18-20: porque os interlocutores de Amós desejavam a vinda do *yôm* YHWH como punição para as nações estrangeiras; porque o profeta disse que a natureza deste dia é tenebrosa e sem chance de escapatória; e porque esta característica tenebrosa foi também aplicada aos israelitas iludidos com uma falsa ideia de salvação alcançada como prosperidade por meio de uma política corrupta feita pelos mais abastados sobre os pobres e indefesos.[72]

À diferença da penúria em Joel, Amós critica as instituições da sua época, marcada por uma situação de bem-estar econômico. A denúncia que ele faz valida a sua clara contraposição às peregrinações inúteis que se faziam aos santuários de Betel, Guilgal e Bersabeia (cf. Am 4,4-5; 5,5-6; 8,14).

A punição em Amós adquire uma nota característica pelo comprometer-se das instituições (régia, sacerdotal e cultual), que se alimentavam em torno do poder corrupto e dos santuários como lugar onde política e religião são corrompidas. Am 7,10-17 focaliza Betel, e Am 9,1-4 exemplifica a punição. A prática religiosa transformada em canal de injustiça do poder político não salva, mas aumenta as transgressões que afundam o reino no pecado.

Ao mesmo tempo em que Am 5,18-20 retrata a punição, argumentando com o anúncio do *yôm* YHWH, percebe-se que ele é a forma pela qual YHWH restabelecerá a ordem divina abandonada,

---

[71] Cf. I. CARDELLINI, "Per una criteriologia", 24-25. A oração de confissão dos pecados dos exilados retoma este tema e advoga a favor dos laços que existem entre a Torah e a voz dos profetas enviados por YHWH (cf. Br 1,15b-18.21; 2,5-6.27-29).

[72] Am 5,18-20 se tornou explícito com Joel, razão para que precedesse Amós (cf. T. H. ROBINSON, *Prophecy and the Prophets*, 202-203; R. MASON, *Zephaniah*, 122).

visto que o שׁוּב não acontece. A última palavra, porém, pertence só a YHWH. Ela é o porquê da profecia atuar e uma razão sólida para os justos não perderem a esperança na vitória final divina sobre toda e qualquer forma de injustiça humana praticada. Esta vitória, presente em Joel, ganha grandes proporções no anúncio do *yôm* YHWH עַל־כָּל־הַגּוֹיִם e em particular a Edom (cf. Ab 15; Is 34,6). Quem se fez inimigo de Judá-Jerusalém (Ab 10-14) se torna igualmente criminoso com as nações merecedoras do justo castigo (cf. Jl 4,4-8.19). Por detrás do anúncio do *yôm* YHWH está a ação da justiça aplicada na "lei do talião".

O sofrimento de Judá-Jerusalém em Abdias tem solução na vontade de YHWH, que decide reverter o seu quadro nefasto. A mesma ideia em Joel e Abdias retrata a certeza de que YHWH não é indiferente ao seu povo. A mudança da sua sorte, pela vinda do *yôm* YHWH que pune os culpados e salva os inocentes, fortalece esta certeza e evidencia a ação da justiça divina.

Punição, restabelecimento da ordem ferida pelo pecado e justiça divina aparecem como três elementos essenciais e fortes critérios do *yôm* YHWH na profecia sofoniana. A "consagração dos convidados" e a "preparação do sacrifício" relacionam a punição devida aos culpados com o culto por meio de uma liturgia reparadora de YHWH proclamada pelo profeta (cf. Sf 1,7).

Por isso, o *yôm* YHWH em Sf 1,7–2,3 é um anúncio de castigo bem enquadrado no âmbito de um *rîb*, possuidor de uma natureza tenebrosa (cf. Am 5,18-20) e que assume uma nota dimensão universal (cf. Sf 2,4-15).

Considerando a insistência da mensagem em Jr 2–3, vê-se que a ação do profeta Sofonias não alcançou o êxito desejado por YHWH: convencer Judá-Jerusalém do seu pecado. O anúncio de um dia de castigo, compatível com o *yôm* YHWH em Jr 4,5-31, apoia este parecer e, ao lado da denúncia em Ez 13,2-16, sustenta que tanto o *rîb* sofoniano como a ação jereminiana não alcançaram o שׁוּב que deveria evitar o exílio e a destruição de Jerusalém (cf. Ab 10-14). Entretanto, em Is 13,2-16 se entrevê que a Babilônia será punida duramente porque abusou e excedeu no uso do poder recebido de YHWH.

Pela ótica contextual, se os acusados de Sofonias (cf. Sf 1,9.12) tivessem dado ouvidos à palavra de YHWH como fizeram os interlocutores de Joel, certamente o castigo não teria acontecido. Como as catástrofes foram solucionadas em Joel, pela obediência à ordem de YHWH, a sorte de Judá-Jerusalém poderia ter sido restabelecida e a punição evitada (cf. Sf 3,1-8).[73]

As queixas de YHWH quanto ao comportamento do seu povo se apoiam na sua predileção de amor por ele, contemplada na punição de Edom (cf. Jl 4,19; Am 1,11-12; Abdias; Ml 1,2-4). O povo, continuando indiferente ao amor de YHWH, no lugar da bênção colhe maldição (cf. Ml 2,2). A aliança violada pela idolatria (cf. Ml 2,10.11) é compatível ao marido que trai a mulher da sua juventude, opondo-se ao agir de YHWH, que insiste em amar seu povo apesar das suas contínuas "prostituições" (cf. Os 1–3; Ml 2,14).

A raiz da indiferença do povo reside na sua incompreensão quanto ao agir de YHWH e da sua justiça (cf. Ml 2,17). A prosperidade dos ímpios desviou muitos da observância dos decretos divinos, levando-os a considerar que era inútil servir YHWH, pois não teriam os lucros desejados (cf. Ml 3,13-14). A adoração não aproxima de YHWH porque não há submissão à sua vontade.

Esta reflexão ratifica a antinomia existente entre livre iniciativa divina de punir ou perdoar com a necessária participação do ser humano no processo que acarretará o resultado sobre a sua sorte. Se em Joel ela é positiva, fica, então, como um padrão e exemplo a ser seguido por todas as gerações.

A manifestação do *yôm* YHWH como punição para o povo eleito em Am 5,18-20, Ab 10-14, Sf 1,14-18, Jr 4,5-31 e como real possibilidade em Ml 3,22.23-24 salvaguardam a liberdade

---

[73] M. Beck (*Der "Tag* YHWHs", 151.172-176) acredita que o escrito de Joel visaria, em particular, ao de Sofonias para que a temática do *yôm* YHWH passasse a dominar no conjunto do *Dodekaproheton*. Para Beck, a análise diacrônica não provaria a posição de Joel neste *corpus*; contrário a isto, P. G. Schwesig (*Die Rolle*, 308-312) apresenta uma síntese, mostrando que existe um quiasmo do *yôm* YHWH neste *corpus*.

da iniciativa divina em punir não só as nações estrangeiras como em Joel, Ab 15 e Is 13,2-16. A conversão será uma via aberta e com resultados favoráveis para o povo eleito se for um processo contínuo da busca sincera de YHWH que efetiva seu querer também sobre as demais nações para que entrem neste caminho pedagógico.

Aquele que suplica o perdão não está certo de alcançá-lo (cf. Jl 2,13-14; Am 5,15; Jn 3,8-9; 2Sm 12,22), mas, pelo fato de se dirigir a YHWH com reta intenção, testemunha sua fé e confiança n'Ele com base na irrevocabilidade do seu amor misericordioso (cf. Ex 34,6-7; Nm 14,28-29; Sl 107).

A punição ou perdão resultarão como consequências das ações assumidas, mas sem pretender que a sua base seja uma lógica retribuição mecânica. O anúncio do *yôm* YHWH, com todas as suas características, evidencia que o juízo divino não é uma expectativa fugaz de que uma situação injusta dos homens mude para que YHWH possa atuar benéfica e favoravelmente.

YHWH atua na história com os homens, mas não como os homens, e seu juízo aplicado ensina que punição e salvação anunciados são os dois efeitos ligados ao momento concreto da sua manifestação. Estes efeitos estimulam à compreensão humana para que acolha, na sua contingência, a exigência diária de trilhar o seu caminho de conversão e encontro com YHWH.[74]

Ml 3,22.23-24, com uma palavra final sobre o *yôm* YHWH, condensa as informações sobre a temática e ganha um tom especificamente futuro para concluir todas as referências anteriores. Ao fechar o *Dodekapropheton*, a profecia de Malaquias consolidou o sentido de justiça pelo *yôm* YHWH como uma causa capaz de produzir um duplo efeito.[75] A punição ou o perdão ficam abertos no tempo e no espaço, vinculados também às atitudes que os ouvintes-leitores terão diante da Torah e à voz profética.

---

[74] Cf. H. SIMIAN-YOFRE, *Il Deserto degli dei*, 148-149.
[75] Cf. W. RUDOLPH, *Haggai*, 291; R. J. COGGINS, *Haggai*, 84; P. P. SÉBASTIEN, *L'annonce du jour de* YHWH, 274-284.

O anúncio do *yôm* YHWH, que "começou" pelos lábios de um profeta chamado יוֹאֵל e que "termina" ao lado de um profeta homônimo chamado אֵלִיָּה, mostra que este evento grande e terrível deve suscitar não o pavor no íntimo dos interlocutores, mas, acima de tudo, a fé obediencial na Pessoa à qual pertence este *yôm* particular da história.

Em todas as ocorrências explícitas que consideramos, o *yôm* YHWH se comportou como um anúncio marcado pelo triunfo de YHWH sobre as formas de injustiça e como um acontecimento prodigioso que pertence só a YHWH, pois só Ele é o único *'ēl* do povo eleito e de todos os povos.

Se YHWH é o poder controlador dos eventos históricos e a profecia o milagre que os conhece e decifra, a finalidade lógica do *yôm* YHWH é ser um anúncio capaz de evitar que as coisas cheguem a um fim catastrófico, onde não mais se vislumbre uma possibilidade de reversão da história.

O *yôm* YHWH, então, pela presença marcante que ocupa no *corpus* do *Dodekapropheton*, lido e interpretado através da lógica traçada de Joel a Malaquias, evoca a certeza da libertação e da vitória da graça divina, porque exalta a imbatível justiça de YHWH aplicada ao povo eleito e a todos os povos. Esta afirmação confirma o sentido do elogio aos Doze em Eclo 49,10 e permite que a expressão *yôm* YHWH seja admitida, graças ao seu uso profético, como uma importante fórmula teológica no AT.

3. O *yôm* YHWH: uma fórmula teológica complexa

A riqueza intertextual encontrada *ad intra* e *ad extra* do escrito de Joel mostrou e corroborou a hipótese de que o *yôm* YHWH é uma temática com um *status* que comporta e reúne elementos ligados aos diferentes modos de como YHWH se manifesta na história. O *yôm* YHWH, neste sentido, é uma *res* complexa que pertence à dinâmica da divina revelação para a execução e restabelecimento da sua justiça em um tempo determinado e estabelecido só pelos eternos desígnios de YHWH.

O *yôm* YHWH é um rico conjunto de informações. Contudo, tal riqueza não pode ser atribuída só à profecia de Joel, mas a todos os textos onde a fórmula teológica se encontra utilizada. A síntese que dela se extrai é fruto da sua aplicação contextual, considerando os textos em sua forma final.

É plausível admitir que a profecia de Joel contou com uma quantidade de material oral e escrito à sua disposição sobre o *yôm* YHWH.[76] Se a profecia de Sofonias, na época de Joel, era um texto escrito, entende-se por que as formulações e intenções subjacentes ao *yôm* YHWH combinaram tanto. Este *yôm* aparece numa linha de sentido marcante pelo anúncio da sua grandeza, rapidez e proximidade. Assim, Sofonias poderá ser lido, segundo o cânon da BH, como uma reinterpretação da mensagem elaborada em Joel.[77]

Com a profecia de Joel, a qual ocupa o segundo lugar no *Dodekapropheton*, se consegue ter uma visão bem integral a respeito deste dia, a partir de uma viva e emocionante memória que se faz para as diferentes catástrofes da história do seu povo e, possivelmente, também para a época de Joel.

Todavia, é preciso reconhecer a novidade dada por Joel para a temática. Esta consiste na solução que se oferece pelo anúncio do *yôm* YHWH não somente para as catástrofes, mas para a pior catástrofe que pode ocorrer na vida do povo eleito: a crise de fé pela apatia e inércia. O povo não consegue ver, enfrentar e buscar na justiça de YHWH a sua superação. A posição que assumimos não reconhece, portanto, o estado de miséria como prova para

---

[76] Cf. W. W. CANNON, "The Day of the Lord", 49-47; K. KOCH, *Die Propheten I*, 159-161; G. V. SMITH, *The Prophets as Preachers*, 234-237; M. BECK, *Der "Tag* YHWHs*"*, 319-323.

[77] Cf. A. SCHART, *Die Entstehung*, 269-270; H. IRSIGLER, *Zefanja*, 168. Quem vê Jl 2,2 dependente de Sf 1,15 argumenta que Sofonias pode ser localizado na história, ao passo que a profecia de Joel, por ser antológico-interpretativa, é posterior (cf. S. ROMEROWSKI, *Les livres de Joël*, 20-35; J. D. NOGALSKI, *Redactional Processes*, 275-278; E. CORTESE, *Tra Escatologia*, 21-22). M. Beck (*Der "Tag* YHWHs*"*, 200) vê que as teses de Schart, Nogalski e Bosshard-Nepustil não são comprováveis.

o início do *yôm* YHWH contra o povo, mas como a sua ocasião salvífica.[78]

A profecia de Joel figura, então, como "responsável" por introduzir o *yôm* YHWH no *Dodekapropheton*, imprimindo valor teológico e dando as linhas mestras sobre este tema dentro da estrutura deste *corpus*.[79] Resulta, da análise positiva de Jl 2,1-11 e do influxo que apresenta, que o ouvinte-leitor a partir de Joel não é obrigado e nem forçado a seguir a temática do *yôm* YHWH neste *corpus*, mas recebe da sua profecia os critérios para entender o porquê desta expressão assumir suas diferentes aplicações.[80]

A lógica desta temática, presente no texto joeliano e em cada uma das citações explícitas no *Dodekapropheton*, não é uma lógica isolada e não se isolou ou se reduziu a nenhum dos elementos teológicos aos quais ela aparece ligada. O *yôm* YHWH brota e afunda as suas raízes num patrimônio comum do AT, onde são tratados, conjuntamente, os temas da ira e da justiça divinas associadas ao agir longânime e providencial de YHWH.[81]

É possível afirmar que o *yôm* YHWH, em todos os textos considerados nesta pesquisa, é um evento histórico e possui na sua natureza um atributo teofânico, litúrgico, bélico e escatológico.

---

[78] Diferindo de S. BERGLER, *Joel*, 155-157 e M. BECK, *Der "Tag* YHWH*s"*, 158.

[79] O *yôm* YHWH analisado só do ponto de vista linguístico e filológico não diz muito sobre a sua natureza, mas é exagerado pensar, como faz D. I. Rosenboim ("Is 'ה יום'", 400-401), que só a partir das formulações em cadeia construta esta natureza se revela (cf. Ez 7,19; Lm 2,22; Sf 1,8.18; 2,2.3). O contexto em que a expressão não está em cadeia construta é também critério para buscar a natureza deste dia (cf. cap. IV).

[80] À diferença da obrigação forçada que propõe como critério R. RENDTORFF, "Alas for the Day", 186-197; *The Canonical Hebrew*, 277.

[81] Caso contrário, seria difícil explicar como a expectativa deste dia continuou viva, passou para o NT e foi lida como o dia do "Filho do Homem" (cf. Lc 17,22.24), quando o Messias virá com toda a sua glória (cf. Jo 8,56) e manifestará que ἐν τῇ ἡμέρᾳ τοῦ κυρίου ἡμῶν Ἰησοῦ acarretará o juízo sobre o mundo, sobre a Igreja e sobre os fiéis (cf. Rm 2,5; 1Cor 1,8; Fl 1,6.10; 2,16), sendo, igualmente, o dia da redenção (cf. Ef 4,30; 1Ts 4,15-18). Cf. L. A. FERNANDES, *A dimensão escatológica*, 182-183.

O *yôm* YHWH, se for reduzido a um só destes atributos, fica empobrecido, e o sentido unitário e teológico da profecia que o utiliza fica comprometido. Para o *yôm* YHWH ser visto e tratado como uma profética temática teológica, é preciso reconhecer que:

– O *yôm* YHWH é *teofânico*, não só pelos sinais e abalos cósmicos que estão agregados à sua manifestação, mas em particular pela forma como o *yôm* é caracterizado e qualificado. Isto serve para mostrar que só YHWH, por ser o Criador, pode intervir no curso da história, fazendo com que as suas criaturas celestes e terrestres participem, pelos fenômenos que se verificam perceptíveis na sua natureza, do seu plano e decisões.[82] Este aspecto do *yôm* YHWH corresponde, a nosso ver, a um nível de linguagem compatível ao milagre. Os sinais verificados confirmam o sentido e a força do anúncio.

– O *yôm* YHWH é *litúrgico*, pelos acenos e contatos relacionados com o culto, o templo, as ofertas, os sacrifícios e as funções sacerdotais. Este seu atributo expressa o modo íntimo de perceber a comunhão com YHWH, visto que nele o temporal e o eterno estão devidamente conjugados.

– O *yôm* YHWH é *bélico*, pela linguagem, imagens e metáforas utilizadas neste sistema humano ideológico, assumido como concreto nos textos bíblicos como forma para resolver os conflitos e fazer justiça. Por isso, o *yôm* YHWH é usado como um veículo executor do julgamento divino, tanto no âmbito do povo eleito como no das nações estrangeiras.

– O *yôm* YHWH é *escatológico*, pelo caráter futuro que permanece latente e aberto para realizar a intervenção de YHWH, visando restabelecer uma situação desordenada,

---

[82] Cf. J. HÉLÉWA, "L'orgine du concept", 28.

mas, em particular, para restabelecer a justiça e o direito. O resultado é a transformação da realidade operada pelo julgamento divino, visto que o povo, com suas próprias forças, não é capaz de realizá-la.

A fé e o conhecimento que os profetas possuem de YHWH e dos seus desígnios de justiça estão na base e sustentam o anúncio que fazem do *yôm* YHWH. O núcleo se desenvolve seguindo um esquema histórico. YHWH, o Deus que escolheu e moveu os Patriarcas, veio ao encontro do seu povo sofrido e oprimido. Para um fim sublime, escolheu Moisés como libertador e mediador profético. Por este servo o povo foi conduzido ao seu encontro no Sinai. Neste local, YHWH colocou o seu nome sobre os que Ele chamou e libertou para selar a aliança que os constituiu sua particular propriedade (cf. Ex 19,4-5; 34,9.10), para que, sob a tutela da sua Torah, tomassem posse da terra prometida. YHWH veio com eles, se "transferiu" e elegeu Sião (cf. Sl 132,13-14), onde aceitou "habitar uma casa" feita por mãos humanas, comunhão de um Rei que é Pai de justiça (cf. 2Sm 7).[83]

Os profetas, orientados por este caminho das manifestações de YHWH, anunciam o *yôm* YHWH como um fato que evoca a criação, a libertação e a restauração da terra eleita e do povo eleito. Este caminho salvífico se sedimenta na fé viva de uma comunidade, onde os profetas reconhecem o *yôm* YHWH como um evento sempre possível e iminente no tempo. Esta lógica conduz a uma necessária afirmação: este dia é uma *res* ativa da revelação que determinará ou reencaminhará os rumos da história segundo os arcanos desígnios queridos por YHWH desde toda a eternidade.[84]

---

[83] Cf. R. RENDTORFF, *The Canonical Hebrew*, 575-585. A história é testemunha de que a fidelidade de YHWH não pode ser vencida pela infidelidade do povo eleito, porque esta não impede que o caminho de salvação prossiga com a sua inefável e misteriosa trajetória (cf. B. COSTACURTA, *Lo Scettro e la Spada*, 131-148).
[84] Cf. M. DELCOR, *Studi sull'apocalittica*, 227-229.

Esta certeza acontece, porém, equilibrando e mostrando que a salvação não é algo automático ou mecânico, mas ocorre no tempo e no espaço onde se deu a desgraça que torna a reversão uma exigência desejada. No fundo, o *yôm* YHWH transcende a realidade sem deixá-la privada de ser consorte ou isenta de participação, porque a afirmação da vinda e aplicação certa de um justo juízo serve para que o povo eleito (e por ele todas as nações) continue buscando o sentido do seu existir: a obediência a YHWH, que é a fonte da justiça e do שָׁלוֹם que devem reinar sobre a terra e entre os seus habitantes.[85]

Ao lado de uma dramática descrição, que anuncia o *yôm* YHWH vindo com todos os seus efeitos destruidores, está a fé viva e operosa dos profetas depositada nas promessas divinas, de que uma era nova será inaugurada com a vinda deste dia. A justiça de YHWH, atributo consorte com a sua misericórdia, é a razão sólida desta fé constante e inabalável.

A justiça divina se define como amor, que não é retributivo segundo os critérios humanos, mas é um gesto de esperança nos efeitos que o juízo de YHWH acarreta: revela a verdade das ações praticadas. YHWH, então, ao intervir na história, age muito além do que seria visto como um evento capaz de condenar quem, no momento, necessita muito mais de salvação.

A partir disto e unindo os cotejos efetuados com Joel, vislumbra-se uma síntese que equilibra o que se pensa sobre a origem e a natureza do anúncio do *yôm* YHWH sem reduzi-lo a este ou àquele *Sitz im Leben* e sem retirar o que de específico cada uma das hipóteses já trouxe como contribuição:[86]

a) O *yôm* YHWH, nos textos que consideramos, relaciona-se com uma situação de crise que o povo eleito está experimentando e que nele provoca um expresso lamento, pessoal ou comunitário, a ser derramado diante de YHWH

---

[85] Cf. E. FRADES, "El Rostro de Dios", 153-155.
[86] Para uma síntese das diferentes hipóteses, cf. C. van LEEUWEN, "The Prophecy", 118-128; M. SÆBØ, "יוֹם", 583-584; A. J. EVERSON, *The Day of Yahweh*, 2-44.

numa ação cultual. O objetivo é óbvio: suplicar, para que YHWH se manifeste propício diante da crise e afaste os males que assolam o povo. A profecia de Joel é um caso particular, pois a situação de crise é ocasionada por várias catástrofes que não são atribuídas a um pecado do povo eleito. A crise tem raiz externa, mas a solução será interna, porque consiste em reconhecer quem é YHWH e o que Ele é capaz de fazer. Este reconhecimento só é possível obedecendo ao דְּבַר־יְהוָה na voz do profeta.

b) O *yôm* YHWH está presente no contexto cultural do Antigo Oriente Próximo, do qual Israel é membro passivo ao receber as influências; mas ele é um membro acima de tudo ativo ao transformar a ideia de um evento catastrófico em patrimônio da sua fé em YHWH e reempregá-la para si mesmo e para as nações circunvizinhas em forma de oráculos de juízo.[87] As crises já experimentadas encaminham e abrem este sentido para um evento capaz de ultrapassar os limites temporais e desencadear o vislumbre de uma catástrofe final acontecendo num *yôm* YHWH escatológico.[88] Essa aplicação, admitida sob a ótica de uma causa de duplo efeito, seria um fato a favor de outro fato, como um nexo portador de novas e possíveis ações que vão de um *yôm* transitório para um *yôm* definitivo na história.

c) O *yôm* YHWH, completando os aspectos anteriores, por conter elementos teológico-temporais, possui no culto o local privilegiado para ser evocado. O culto invoca o

---

[87] Cf. R. LARGEMENT – H. LEMAITRE, "Le Jour de Yahweh dans le Contexte Oriental", 259-266; L. CĚRNY, "The Day of Yahweh and some Relevant Problems", 78-84; P. MERLO, "Profezia Neoassira", 129-152. É um fato admitido na ciência bíblica que o AT possui elementos pertencentes às nações circunvizinhas a Israel (cf. H. SIMIAN-YOFRE, "L'Assimilazione di Culture Straniere nella S. Scrittura", 90-105).

[88] A crise é a base para H. M. BARSTAD, *The Religious Polemics*, 106-107. A catástrofe final é a base para H. GRESSMANN, *Der Ursprung*, 147.

agir histórico de YHWH, qual criador de todas as coisas, libertador e providente restaurador da ordem nos céus e na terra.[89] O *hayyôm* em que se celebram os feitos do passado e torna viva a sua memória abre a assembleia para um futuro intra-histórico que fornecerá a base para alcançar a concepção de um evento em sentido trans-histórico.[90]

d) O *yôm* YHWH, por estar aplicado igualmente a oráculos dirigidos contra as nações estrangeiras e por estar em relação com as crises que o povo eleito enfrenta, obtendo vitória ou derrota diante delas, carrega em si o aspecto bélico.[91] Este serve como veículo para a aplicação da "lei do talião", como prática a favor e ao serviço da justiça equitativa.

e) O *yôm* YHWH não é um anúncio que traz à lembrança fatos isolados. Ligado à teofania do Sinai, ele adquire fundamento para ser o nexo causal da origem, desenvolvimento e esperanças do povo eleito na presença e ação constantes de YHWH na sua história. A força para tudo isso se encontra expressa na aliança, porque esta revela os vínculos que Ele

---

[89] O culto é a base da hipótese de S. MOWINCKEL, *Psalmenstudien II*, 29.248.272. 318-319 (retomado por J. A. SOGGIN, *Il Profeta Amos*, 128; J. LINDBLOM, *Prophecy in Ancient Israel*, 317-318). F. M. Cross Jr. ("The Divine Warrior", 11-30) propôs o culto como elemento unificador da hipótese de Mowinckel e G. von Rad, pois o *yôm* YHWH apresenta-se como um dia de vitória bélica do rei de Israel sobre os inimigos (cf. Sl 24).

[90] O tipo de escatologia, se intra-histórica ou trans-histórica, dependerá da análise terminológica, do contexto e dos critérios que definem a natureza da mudança, onde no tempo se inaugure uma situação definitiva capaz de romper e superar o momento anterior para fazer surgir depois dele algo inédito graças à ação proeminente e decisiva de YHWH (cf. M. L. C. LIMA, *Salvação entre Juízo*, 277-278).

[91] A "guerra santa" é a base da hipótese de G. von Rad ("The Origin", 97-108; *Theologie des Alten Testaments II*, 135-136), seguida por M. Delcor (*Studi sull' apocalittica*, 228-229) e G. V. Smith (*Amos*, 184).

contraiu com o seu povo.[92] Este povo, convencido de que só YHWH é capaz de garantir-lhe o existir, é continuamente chamado a assumir o seu papel de *partner* nas obrigações que lhe dão, pela obediência à Torah e à voz dos seus profetas, o *status* de eleito diante das outras nações.

Em linha de máxima, fica evidente que, no conjunto da lógica temática do *yôm* YHWH, o juízo divino é o elemento constante de todos os textos. O objetivo central do anúncio do *yôm* YHWH como um juízo, que acarreta punição ou salvação, comporta a instrução e a exortação quanto ao valor do arrependimento, da conversão, da penitência, da esperança e da certeza de que só a YHWH pertence a última palavra para a história universal.

Todavia, está, igualmente, subjacente no anúncio do *yôm* YHWH a ação participativa dos profetas que buscam envolver as emoções e a capacidade de opção dos ouvintes-leitores. Estes devem reagir ao anúncio, vencendo a apatia e a inércia, para serem também sujeitos ativos ao lado de YHWH.

A punição e a salvação, como dois efeitos conexos a uma única causa, são compatíveis com as consequências que derivam de cada ação humana. A maldição ou a bênção que alguém poderá receber como castigo ou prêmio fica associada ao demérito ou mérito da sua viva participação na história.

Assim, um evento particular, lido e interpretado como um ato de juízo para o povo eleito ou para as outras nações, favorece a entrada de uma acepção punitiva e salvífica numa dimensão futura, universal e definitiva. Nesta lógica, só um elemento

---

[92] A teofania é a base da posição de M. Weiss ("The Origin", 40.60); seguida por Y. Hoffmann ("The Day of the Lord", 44), R. W. Klein ("The Day of Yahweh", 518-519), F. C. Fensham ("A Possible Origin", 93-95), E. Bianchi ("Il Giorno del Signore", 17-22). Teofania e Aliança não são dados isolados, pois a manifestação divina que se espera para este dia será um fruto orientado pelas cláusulas da aliança. Com esta junção, J. Héléwa ("L'origine du concept", 28-29; cf. C. FENSCHAM, "Malediction and Benediction", 1-9) já buscara defender e enriquecer a perspectiva bélica de G. von Rad, inserindo-a na perspectiva teofânica e cultual da aliança com base em Dt 28.

permanece inalterável: o *yôm* YHWH como sinal profético, que mantém no tempo a certeza da vinda do juízo divino como um evento qualificador de YHWH como justo juiz.

O *yôm* YHWH é uma categoria específica da linguagem profética, que condensa a dimensão *teofânica*, porque é YHWH quem se manifesta; *cultual*, porque é YHWH quem é celebrado; *bélica*, porque é YHWH quem sai em batalha a favor ou contra o seu povo; e *escatológica*, porque é YHWH quem fecunda a imanência do tempo com a sua eternidade.

Portanto, para que os textos referentes ao *yôm* YHWH sejam respeitados e interpretados devidamente, exige-se que o estudioso preserve e tenha em conta, atentamente, todos os aspectos que a temática comporta e que fazem dela uma exclusiva fórmula teológica contendo todas essas dimensões.[93]

4. Conclusão, implicações hermenêuticas e questões abertas

Se, por um lado, este estudo traz uma confirmação sobre a centralidade do *yôm* YHWH como temática na profecia de Joel e sua importância para o *Dodekapropheton*, por outro lado, a compreensão que apresentamos para o anúncio contido em Jl 2,1-11 e para a unidade de sentido que a expressão possui abrem novos horizontes interpretativos para o escrito joeliano.

Em primeiro lugar, foi oportuno rever o sentido da mensagem de Joel, reduzindo o valor, histórico ou metafórico, que vinha sendo dado à praga de gafanhotos. O mesmo parecer foi aplicado às tentativas de desvinculação deste modelo interpretativo. Não se trata mais de encontrar uma opção para concretizar o *yôm* YHWH joeliano: praga de gafanhotos, seca, invasão militar (histórica, apocalíptica ou escatológica), siroco ou efeitos climáticos.

O *yôm* YHWH joeliano não se identifica com nenhuma destas catástrofes.

---

[93] Intuição que corresponde a M. S. Moore ("Yahweh's Day", 208).

Foi possível reconhecer que o *yôm* YHWH em Jl 2,1-11 é uma favorável e inédita ação divina, que visa tirar os habitantes de Judá-Jerusalém do seu estado de apatia e inércia derivantes da sua condição de penúria. Nesta, podem ser incluídas as catástrofes, para mostrar que YHWH se dispôs intervir, ouvindo os apelos do seu profeta, dos sacerdotes e da comunidade inteira, porque houve obediência ao anúncio. O דְּבַר־יְהוָה dirigido a Joel, porque foi ouvido e acolhido, reverteu a situação do povo sofrido (cf. Jl 1,1; 2,19-20).[94]

Seria prudente relativizar, nas novas introduções e comentários ao escrito de Joel, as tendências interpretativas que davam uma larga importância às carestias como base para entender Jl 2,1-11. No seu lugar, a temática do *yôm* YHWH deveria ser assumida como o elemento fundamental da ação de YHWH a partir da sua sublime presença em Sião, pois, nesta profecia, Sião e o *yôm* YHWH são temas centrais que mostram a justiça divina em ação.[95]

Em segundo lugar, como consequência do anteriormente dito, os critérios usados para estruturar o escrito de Joel não deveriam ser vistos só a partir da função que ocupa ou se atribui à inversão da situação em Jl 2,17 ou em Jl 2,27. A dicotomia gerada por Duhm e pelos seus seguidores, a respeito do valor do *yôm* YHWH para o escrito, precisa ser superada. É coerente assumir uma postura hermenêutica que se proponha a mostrar a visão unitária e teológica da profecia de Joel segundo e seguindo o seu estado canônico e final.[96]

---

[94] Oseias não é indispensável para entender Joel, como pensa A. Schart ("The First Section", 142-143); embora possa existir certa progressão e contraposição temáticas de Joel em relação a Oseias (cf. F. BARGELLINI, "Il ruolo canonico", 147-151).

[95] Para R. Rendtorff (*The Canonical Hebrew*, 578): "Sião tem um papel especial no livro de Joel. Aqui, tudo é ofuscado pela expectativa do 'dia de YHWH'".

[96] São tentativas: W. S. PRINSLOO, *The Theology*, 1-10; M. A. SWEENEY, *The Twelve Prophets I*, 152; "The Place and Function", 141-142; J. BARTON, *Joel*, 34-36.

Uma vez que a visão unitária é favorecida pela temática do *yôm* YHWH, porque o escrito não fala de dois eventos, mas de um único *yôm* capaz de produzir um duplo efeito, maior relevo e coerência se exigem no momento de propor as supostas "partes do escrito", considerando, como fundamental, o ponto pendular, onde YHWH assume a fala como sujeito em Jl 2,12.[97] Deste ponto em diante, tudo começa a mudar e as últimas ações do profeta, da comunidade e dos sacerdotes se tornam a reação condizente que abre um espaço para YHWH intervir além das expectativas solicitadas, mostrando o grande alcance do שָׁלוֹם que será concedido ao seu povo (cf. Jl 2,18–4,21).

A fala divina em Jl 2,12 é orientadora para a compreensão do pensamento teológico proposto no escrito de Joel. Se fazer sair da crise de apatia e de inércia foi a grande empresa do profeta, o seu esforço – canalizado para revitalizar a comunidade em função da presença e da ação favorável de YHWH – serviu para que o anúncio do *yôm* YHWH fosse percebido pela mesma como uma ação de justiça sobre as carestias e sobre as nações. A retribuição aplicada, nos moldes da "lei do talião", confirmou que este dia é portador da vitoriosa misericórdia divina sobre toda a impiedade.

Em terceiro lugar, deve-se ressaltar que a profecia de Joel mostra o personagem profético como alguém partícipe, interessado pela sorte do seu povo e que se move a partir da forma como ele se confronta com a sua realidade. A figura de Joel no escrito não é alheia aos problemas do seu tempo e da crise material e espiritual pelos quais o povo passa. O profeta não fica de braços cruzados e não deixa Judá-Jerusalém ficar no marasmo.

Pode-se postular que a admissão de um processo, que teria levado à redação final do escrito, não invalida a aceitação da existência e da ação profética de um personagem real e histórico. Negar a figura de Joel não é melhor que aceitá-la, pois a ausência

---

[97] Cf. M. BECK, *Der "Tag* YHWHs*"*, 161.

de certezas não é uma evidência da ausência e inexistência histórica de Joel como profeta.[98] Embora ainda se ignore, objetivamente, quem seria o "autor de fato" da expressão *yôm* YHWH, pela posição que o escrito de Joel ocupa no *corpus* do *Dodekapropheton* da BH, não seria incoerente que a ele fosse atribuída a sua "paternidade". O uso constante e unitário da temática na sua profecia lhe credita o condizente título de "autor de direito" desta expressão. A profecia de Joel, vista a partir da sua pregação sobre o *yôm* YHWH, é uma temática com um conteúdo aberto.[99] Este conteúdo ajuda a entender a posição do profeta diante da crise de fé do seu povo. A lição sobre YHWH é premente para solidificar a fé e a esperança de cada geração em crise.

A visão teológica do *yôm* YHWH veiculada por Joel mostra aos ouvintes-leitores como a justiça divina atua e o que é necessário para que ela seja favorável em tempos difíceis. No fundo, por detrás de Jl 1,2-3, está uma reflexão sobre como perceber, pensar, viver e repassar às futuras gerações a experiência de fé de quem soube se posicionar diante das dificuldades (cf. Jl 1,19-20; 2,12-17). O motivo é claro e pedagógico: as novas gerações, para que possam enfrentar as suas crises, como uma ocasião que proporciona o encontro salvífico com YHWH, devem aprender a ser, ao seu lado, agentes dóceis e obedientes executores da sua palavra (cf. Jl 2,11).

---

[98] Aceitar o personagem profético não contradiz a anuência de outras mãos agindo posteriormente num escrito (cf. E. CORTESE, "Per una Teologia dello Spirito", 26-27).

[99] Isto representa um avanço em relação à feliz intuição e ponto de partida das reflexões de E. R. Wendland (*The Discourse Analysis*, 223): "O pessimista tornou-se otimista, a mensagem de aflição ao bem-estar, do profeta Joel, é cuidadosamente texturizada por recursão. A repetição de forma e conteúdo é a característica literária dominante deste livro"; sem diminuir as relações com Dt 28 e 32 que ele assume de D. Stuart (*Hosea – Jonah*, 228), pois a ausência de pecado e da ira divina não são dados marginais no escrito de Joel.

Para quem professa a sua fé em YHWH permanece sempre a certeza de que Ele salva quem é justo livrando-o do ímpio, porque Ele estabeleceu e se comprometeu, numa relação de gratuito amor, com quem é frágil e d'Ele dependente totalmente.[100] Todavia, se existe um castigo sendo aplicado ao ímpio ou se o justo sofre conjuntamente com o ímpio ou pelo ímpio (cf. Is 52,13–53,12),[101] será uma ação correspondente aos desígnios salvíficos que identificam YHWH pelo seu ser e pelo seu agir piedoso e benevolente. Ele está sempre pronto e disposto a conceder graça e favor àquele que o invoca sinceramente nas suas adversidades (cf. Ex 34,6-7; Jl 2,13; Jn 4,2; Mq 7,18-20).[102]

A profecia de Joel é, então, um texto salvífico ou de restauração, que surgiu não de uma situação de bem-estar, mas brotou de uma dura realidade de provação e angústia. Esta foi a ocasião para revelar a fé e a esperança do profeta e, a partir da sua pregação, restaurá-la na comunidade inteira. Esta fé, buscando YHWH *in toto corde vestro* (Jl 2,12), experimentou mais uma vez a sua benignidade e garantiu para as novas gerações que só Ele é capaz de reverter um quadro catastrófico, porque não é indiferente à sorte do povo que escolheu e abençoou (cf. Jl 4,16-18.20).

De Joel a Malaquias, o anúncio do *yôm* YHWH, de comum acordo com os textos analisados em Isaías, Jeremias e Ezequiel, é uma temática que enfrenta o desafio da correção dos homens e dos rumos que eles estariam dando para a sua história. Este dia,

---

[100] Cf. B. CHIESA, "Un Dio di Misericordia", 117-118.
[101] Cf. H. SIMIAN-YOFRE, *Sofferenza dell'uomo e silenzio di Dio*, 231-245.
[102] A eficácia do arrependimento escapa à lógica humana, porque na *teshuvà* subsiste um fato inegável: só YHWH é a razão e a força do seu princípio misericordioso (cf. G. TCHILIBON, *Libro di Giona*, 65-66). Se um instante de sincero arrependimento pode cancelar toda uma existência de pecado (cf. Jn 3,1-10; 4,2; Lc 23,42-43), muito mais a obediência ao דְּבַר־יְהוָה (cf. Jl 1,1; 2,12) pode transformar a situação das carestias em grande ocasião para experimentar as bênçãos em abundância, porque nelas YHWH continua afirmando o seu ser e o seu agir na história (cf. Ex 34,6-7).

porque carrega o nome divino, está a serviço do que ele representa para os habitantes de Sião: esperança de restauração como salvação, pois em nenhum outro nome a nação eleita, sem deixar de correr graves riscos e consequências penosas, pode apoiar sua existência e depositar sua fé (cf. 1Rs 18,24; Jl 3,5; Sf 3,12; Zc 13,9).

Se a nação eleita, e com ela cada povo, for fiel a este fundamental princípio, o efeito positivo do *yôm* YHWH estará garantido pela certeza de que YHWH é providência. Assim se aprende a discernir que Ele é o real condutor da história, que o seu projeto é eterno, dinâmico e eficaz, como afirma o salmista (Sl 33,11) עֲצַת יְהוָה לְעוֹלָם תַּעֲמֹד מַחְשְׁבוֹת לִבּוֹ לְדֹר וָדֹר.

TABELAS

Tabela 1
Vocabulário comum nas seções e entre as seções de Jl 2,1-11

Termo	Seção A	Seção B	Seção C	Seção D	Seção C'	Seção B'	Seção A'
הַר	v. 1.2		v. 5				
אֶרֶץ	v. 1	v. 3				v. 10	
יוֹם	v. 1.2[2]						v. 11
יהוה	v. 1						v. 11
עַם		v. 2d	v. 5	v. 6			
רַב		v. 2d					v. 11
עָצוּם		v. 2d	v. 5				v. 11
ו como sufixo		v. 2.3	v. 4	v. 6	v. 7.8	v. 10	v. 11
אַחֲרָיו		v. 2.3[2]					
פָּנֶה + pref. + suf.		v. 3[2]		v. 6: מִפָּנָיו פָּנִים		v. 10	v. 11 sem suf.
אֵשׁ		v. 3	v. 5				
לַהַב לֶהָבָה		v. 3	v. 5				
קוֹל			v. 5				v. 11
חוֹמָה					v. 7	v. 9	
מִלְחָמָה			v. 5		v. 7		
בּוֹא	v. 1					v. 9	
רגז	v. 1					v. 10	
אכל		v. 3	v. 5				

TABELAS 405

רוץ			v. 4		v. 7	v. 9	
עלה					v. 7	v. 9	
הלך					v. 7.8		

Tabela 2
Vocabulário comum entre Jl 2,1-11 e o escrito de Joel

v. 1a: תִּקְעוּ שׁוֹפָר בְּצִיּוֹן	⇨	2,15: תִּקְעוּ שׁוֹפָר בְּצִיּוֹן
v. 1b: בְּהַר קָדְשִׁי + בְּצִיּוֹן	⇨	4,17: בְּצִיּוֹן הַר־קָדְשִׁי
v. 1d: בָא יוֹם־יְהוָה	⇨	3,4: בּוֹא יוֹם יְהוָה
v. 1d: יוֹם־יְהוָה	⇨	1,15; 2,11; 3,4; 4,14: יוֹם יְהוָה
v. 1e: כִּי קָרוֹב	⇨	1,15; 4,14: כִּי קָרוֹב
v. 2d: עַם רַב וְעָצוּם	⇨	1,6: גוֹי + עָצוּם וְאֵין מִסְפָּר
v. 2e.g: הָעוֹלָם + דּוֹר וָדוֹר	⇨	4,20: לְעוֹלָם + לְדוֹר וָדוֹר
v. 3b: תְּלַהֵט לֶהָבָה	⇨	1,19: לֶהָבָה לִהֲטָה
v. 3d: מִדְבַּר שְׁמָמָה	⇨	4,19: לְמִדְבַּר שְׁמָמָה
v. 3e: פְּלֵיטָה + לֹא־הָיְתָה	⇨	3,5: תִּהְיֶה פְלֵיטָה
v. 7ab: גִּבּוֹרִים + אַנְשֵׁי מִלְחָמָה	⇨	4,9: הַגִּבּוֹרִים + אַנְשֵׁי הַמִּלְחָמָה
v. 7b: כְּאַנְשֵׁי מִלְחָמָה יַעֲלוּ	⇨	4,9: יַעֲלוּ + אַנְשֵׁי הַמִּלְחָמָה
v. 10b: אֶרֶץ + רָעֲשׁוּ שָׁמָיִם	⇨	4,16: וְרָעֲשׁוּ שָׁמַיִם וָאָרֶץ
v. 10c: שֶׁמֶשׁ וְיָרֵחַ קָדָרוּ	⇨	3,4: הַשֶּׁמֶשׁ יֵהָפֵךְ לְחֹשֶׁךְ וְהַיָּרֵחַ לְדָם
	⇨	4,15: שֶׁמֶשׁ וְיָרֵחַ קָדָרוּ
v. 10d: וְכוֹכָבִים אָסְפוּ נָגְהָם	⇨	4,15: וְכוֹכָבִים אָסְפוּ נָגְהָם
v. 11a: יְהוָה נָתַן קוֹלוֹ	⇨	4,16: וַיהוָה + יִתֵּן קוֹלוֹ
v. 11d: כִּי־גָדוֹל יוֹם־יְהוָה וְנוֹרָא	⇨	3,4: בּוֹא יוֹם יְהוָה הַגָּדוֹל וְהַנּוֹרָא

Tabela 3
Tese e antítese

Esta tabela[1] mostra a correlação temática entre os dois blocos de textos que, respectivamente, precedem e seguem o *yôm* YHWH em Jl 2,1-11.

Jl 1,4-20 Temas – Tese: Estaria YHWH ausente e indiferente à situação do seu povo e do seu templo?		*Jl 2,12-27* Temas – Antítese: Resposta: Não! O v. 27 resume a resposta.	
v. 4	os gafanhotos vieram	v. 25	os gafanhotos se foram
v. 5	o ato de tristeza	v. 23	o ato de alegria
v. 6-7	o inimigo vem e destrói	v. 20	o inimigo vai e sai destruído
v. 8	a jovem sofre pelo esposo prometido: a sua abstenção é fruto de uma aridez forçada como metáfora do luto	v. 16	esposo e esposa deixam o leito nupcial: a sua abstenção é fruto de um ato livre como sinal de pureza em favor do ato cultual
v. 9.13.16	falta a oferta e a libação	v. 14.19	esperança de oferta e libação
v. 9.13	ação sacerdotal (luto)	v. 17-18	ação sacerdotal (função)
v. 10.12 v. 18 v. 19-20	devastação dos campos férteis e estepes do deserto: sofrem os animais	v. 21-23	alegria para os homens, para a terra e para os animais: a chuva vem na justa medida.
v. 11	aflição dos agricultores	v. 24.26	alegria dos agricultores
v. 14:	convocação para o rito de lamentação	v. 15-17	execução do rito de lamentação

---

[1] A presente comparação elabora uma alternativa temática ao paralelismo traçado por F. E. Deist ("Parallels and Reinterpretation", 63-65), que não reconhece a presença das ofertas para o templo nos dons do grão, do vinho e do óleo por seguir uma conexão com base em lexemas e expressões e por ligar Jl 2,12-17 a Jl 2,1-11.

v. 14:	o povo se dirige a YHWH	v. 12:	YHWH se dirige a povo
v. 17	grãos estragados e inférteis – fome esperada	v. 24.26	nova fartura de grãos – fome afastada
v. 19-20:	prece aflita do profeta	v. 13-14:	esperança do profeta

REFERÊNCIAS BIBLIOGRÁFICAS

AALEN, S., "אוֹר", *ThWAT*, I, 159-181.

ABERBACH, D., *Imperialism and Biblical Prophecy 750-500 BCE*, London 1993.

ACHTEMEIER, E., *Nahum – Malachi*, Atlanta 1986.

_____, *New International Biblical Commentary*. Minor Prophets I, Massachusetts 1996.

AEJMELAEUS, A., "Function and Interpretation of כִּי", *JBL* 105 (1986) 193-209.

AHLSTRÖM, G. W., *Joel and the Temple Cult of Jerusalem*, Leiden 1971.

ALBERTZ, R., *Religionsgeschichte Israels in alttestamentlicher Zeit*, I-II, ATD Ergänzugsreihe 8/1, Göttingen 1992; trad. española, *Historia de la religión de Israel en tiempos del Antiguo Testamento*, I-II, Madrid 1999.

_____, "Exile as Purification: Reconstructing the Book of the Four (Hosea, Amos, Micah, Zephaniah)", *SBL.SP* (2002), 213-233 = in P. L. REDDITT – A. SCHART, ed., *Thematic Threads in the Book of the Twelve*, BZAW 325, Berlin – New York 2003, 232-251.

ALDEN, R. L., "חֹשֶׁךְ", *TWOT*, 545-546.

ALETTI, J.-N. – GILBERT, M. – SKA, J.-L., *Vocabulaire Raisonné de L'Exégèse Biblique: Les Mots, Les Approches, Les Auteurs*, Paris 2005.

ALLEN, L. C., *The Books of Joel, Obadiah, Jonah and Micah*, Grand Rapids 1976.

ALONSO SCHÖKEL, L., "Nota Estilistica sobre la particula הִנֵּה", *Bib* 37 (1956) 74-80.

_____, *La Parola Ispirata*, Brescia 1987².

_____, *Antologia della Poesia Biblica*, Casale Monferrato 1995.

_____, *Lezioni sulla Bibbia*, Casale Monferrato 1996.

ALONSO SCHÖKEL, L – CARNITI, C., *I Salmi*, I-II, Roma 1992, 1993; trad. portuguesa, *Salmos*, I-II, São Paulo 1996.

ALONSO SCHÖKEL, L – SICRE DÍAZ, J. L., *Profetas*, I–II, Madrid 1980.

ALT, A., "Zur Talionsformel", in K. KOCH, ed., *Um das Prinzip der Vergeltung in Religion und Recht des Alten Testaments*, Darmastadt 1972, 408-409.

ALTER, R., *The Art of Biblical Poetry*, Edinburgh 1990.

AMSLER, S., *Amos*, CAT XIa, Neuchâtel 1965, 1982[2].

____, *Os Profetas e os Livros Proféticos*, São Paulo 1992.

ANDERSON, A. F. – GORGULHO, G., "Joel", in W. R. FARMER, ed., *Comentario Bíblico Internacional: Comentario católico y ecuménico para el siglo XXI*, Estella 1999, 1024-1030.

ANDIÑACH, P. R., "The Locusts in the Message of Joel", *VT* 42/4 (1992) 433-441.

____, "El Día de Yavé en la Profecía de Joel", *RevistB* 57/1 (1995) 1-17.

ANDRÉ, G., "כָּבַס", *ThWAT*, IV, 42-45.

ANTONIOTTI, G., "La Libertà di Dio. La confessione di fede di Gn 4,2 alla luce della sua relazione con Gl 2,13", *RivB* 46 (1996) 257-277.

ASSIS, E., "Why Edom? On the Hostility towards Jacob's Brother in Prophetic Sources", *VT* 56/1 (2006) 1-20.

AUSÍN OLMOS, S., "Optimismo, Desencanto y Esperanza en los Profetas de la Época Persa. Análisis de algunos textos de Ageo, Zacarías y Malaquías", *EstBíb* 64 (2006) 393-417.

AUSLOOS, H., "Exod 23,20-33 and the 'War of YHWH'", *Bib* 80 (1999) 555-563.

AUSTEL, H. J., "שָׂפָה", *TWOT*, 1600-1602.

____, "שָׂפַךְ", *TWOT*, 1606-1607.

BACKMANN, M. G., "O 'Resto' em Sofonias: Os que unem o cultual com o ético", *RIBLA* 35/36 (2000), 224-230.

BARGELLINI, F., "Il ruolo canonico di Gioele, Abdia e Giona. Elementi per una lettura unitaria dei XII Profeti Minori", *RivB* 55/2 (2007) 145-163.

BAKER, D. W., *Nahum, Habakkuk and Zephaniah: An Introduction and Commentary*, Leicester 1988.

BALENTINE, S. E., "The Prophet as Intercessor: A Reassessment", *JBL* 103/2 (1984) 161-173.

BARKER, K. L – BAILEY, W., *Micah, Nahum, Habakkuk, Zephaniah*, Nashville 1999.

BARRIOCANAL GÓMEZ, J. L., *La Relectura de la Tradición del Éxodo en el libro de Amós* (TG.ST 58), Roma 2000.

BARSOTTI, D., *Meditazione sul Libro di Sofonia*, Brescia 1968².

BARSTAD, H.-M., *The Religious Polemics of Amos. Studies in the Preaching of Am 2,7B-8; 4,1-13; 5,1-27; 6,4-7; 8,14* (VT.S 34), Leiden 1984.

BARTHÉLEMY, D., *Critique textuelle de l'Ancien Testament* (OBO 50/3), Fribourg Suisse – Göttingen 1992.

BARTLETH, J. R., *Edom and the Edomites*, Sheffield 1989.

BARTON, J., "The Canonical Meaning of the Book of the Twelve", in J. BARTON – D. J. REIMER, ed., *After the Exile, Fs. Rex Mason*, Georgia 1996, 59-73.

_____, *Joel and Obadiah: A Commentary*, London 2001.

BAUMANN, A., "חיל", *ThWAT*, II, 899-903.

BAUMGÄRTEL, F., "Die Formel *ne'um yahwe*", *ZAW* 73 (1961) 277-290.

BEAUCAMP, E., *Les Prophètes d"Israel ou le drame d"une alliance*, Paris 1987.

BECK, M., *Der "Tag YHWHS" im Dodekapropheton: Studien im Spannungsfeld von Traditions- und Redaktiongeschichte*, Berlin – New York 2005.

_____, "Das Dodekapropheton als Anthologie", *ZAW* 118 (2006) 558-581.

BELLINGER, Jr. W. H., *Psalmody and Prophecy*, JSOTS 27, Sheffield 1984.

Ben ZVI, E., *A Historical–Critical Study of the Book of Zephaniah*, Berlin – New York 1991.

_____, *A Historical–Critical Study of the Book of Obadiah*, Berlin – New York 1996.

_____, "Twelve Prophetic Books or 'The Twelve': A Few Preliminary Considerations", in J. W. WATTS – P. R. HOUSE, ed., *Forming Prophetic Literature: Essays on Isaiah and the Twelve, Fs. J. D. W. Watts*, JSOTS 235, Sheffield 1996, 125-156.

BERGLER, S., *Joel als Schriftinterpret*, Beiträge zur Erforschung des Alten Testaments und des antiken Judentum 6, Frankfurt 1988.

BERGMAN, J., "זֶבַח", *ThWAT*, II, 509-519.

BERGMANN, U., "נצל", *THAT*, II, 133-137.

BERLIN, A., *Zephaniah: A New Translation with Introduction and Commentary*, New York 1994.

BERNINI, G., *Sofonia – Giole – Abdia – Giona*, Roma 1983.

_____, *Aggeo – Zaccaria – Malachia*, Roma 1997.

BERTHOLET, A., *Mit einem Beitrag von K. Galling. Hesekiel*, HAT XIII, Tübingen 1936.

BEWER. J. A., "Joel", in J. M. P. SMITH – W. H. WARD – J. A. BEWER, ed., *The International Critical Commentary: A Critical and Exegetical Commentary on Micah, Zephaniah, Nahum, Habakkuk, Obadiah and Joel*, Edinburgh 1912.

BIANCHI, E., "Il Giorno del Signore", *PSpV* 8 (1979) 11-25.

BIČ, M., *Das Buch Joel*, Berlin 1960.

BIDDLE, M. E., "Obadiah - Jonah - Micah in canonical Context: The Nature of Prophetic Literature and Hermeneutics", *Int* 61/2 (2007) 154-166.

BIRCH, B. C., *Hosea, Joel, and Amos*, Louisville 1997.

BIRKELAND, H., *Zur hebräischen Traditionswesen. Die Komposition der prophetischen Bücher des Alten Testaments*, Oslo 1938.

BLENKINSOPP, J., *Isaiah 1–39. A New Translation with Introduction and Commentary*, New York 2000.

BODA, M. J., "Messengers of Hope in Haggai–Malachi", *JSOT* 32/1 (2007) 113-131.

BODENHEIMER, F. S., "Note on Invasions of Palestine by Rare Locusts", *IEJ* 1 (1950-51) 146-148.

BOECKER, H., "Bemerkungen zur formgeschichtlichen Terminologie des Buches Maleachi", *ZAW* 78 (1966) 78-80.

BOLIN, T. M., *Freedom beyond Forgiveness: The Book of Jonah Re-Examined*, JSOTS 236, Sheffield 1977.

BONORA, A., "La Liturgia del Ritorno: Gl 2,12-18", *PSpV* 22 (1990) 61-71.

van den BORN, A., "Cegueira", *DEB*, 259.

BOROWSKI, O., "Agriculture", *ABD*, I, 95-98.

BOSSHARD-NEPUSTIL, E., *Rezeptionen von Jesaia 1-39 im Zwölfpropheten-buch. Untersuchungen zur literarischen Verbindung von Propheten-büchern in babylonischer und persischer Zeit*, Göttingen 1997.

BOSSHARD, E. – KRATZ, R. G., "Maleachi im Zwölfprophetenbuch", *BN* 52 (1990), 27-46.

BOTHA, P. J., "Social values in the book of Obadiah", *OTE* 16/3 (2003) 581-597.

BOTTERWECK, G. J., "בְּהֵמָה", *ThWAT*, I, 523-536.

BOURKE, J., "Le Jour de Yahvé dans Joël", *RB* 66 (1959) 5-31.191-212.

BOUZON, E., *O Código de Hammurabi*, Petrópolis 2000.

BOVATI, P., "'Quando le fondamenta sono demolite, che cosa fa il giusto?' (Sal 11,3). La giustizia in situazione di ingiustizia", *RSB* 1-2 (2000), 9-38.

_____, *Ristabilire la Giustizia. Procedure, vocabolario, orientamenti* (AnBib 110), Roma 2005³.

BOWLING, A., "חוּל", *TWOT*, 437-440.

_____, "רָמַז", *TWOT*, 1397-1398.

BRAMER, S. J., "The Literary Genre of the Book of Amos", *BSac* 156 (1999), 42-60.

_____, "Analysis of the Structure of Amos", *BSac* 156 (1999), 160-174.

BRETÓN, S., *Vocación y Misión formulario profético*, AnBib 111, Roma 1987.

BRIGHT, J., *Jeremiah*, New York 1965.

BROICH, U. – PFISTER, M., ed., *Intertextualität. Formen, Funktionen, anglistische Fallstudien*, Tübingen 1985.

BROWN, W. P., *Obadiah through Malachi*, Louisville 1996.

CAHINGA, J., *O fim da iniquidade, esperança de uma nova era: uma leitura apocalíptica de Ez 7*, Roma 2003.

CANNON, W. W., "The Day of the Lord in Joel", *CQR* 103 (1926) 32-63.

CANSDALE, G., *All the Animals of the Bible*, Grand Rapids – Michigan 1973.

CARBONE, S. P., "I tredici attributi di Dio nella lettura giudaica dell'Antico Testamento", in F. MORAGLIA, ed., *Dio Padre Misericordioso*, Genova 1998.

CARBONE, S. P. – RIZZI, G., *Aggeo-Gioele-Giona-Malachia*, Lettura Ebraica, Greca e Aramaica, Bologna 2001.

CARDASCIA, G., "La place du talion dans l'historie du droit penal à la lumière des droits du Proche-Orient ancien", in F. de ARVIZU et alii, ed., *Mélanges offerts à J. Dauvilliez*, Toulouse 1979, 169-183.

CARDELLINI, I., "Per una criteriologia di lettura dell'Antico Testamento", *Lat* 72/1 (2006) 21-32.

CARNITI, C., "L'espressione 'Il Giorno di JHWH': Origine ed Evoluzione Semantica", *BeO* 12 (1970) 11-25.

CARROLL, R. P., *From Chaos to Covenant. Prophecy in the Book of Jeremiah*, New York 1981.

_____, "Eschatological Delay in the Prophetic Tradition", *ZAW* 94 (1982) 47-58.

CARSON, J. T., "Joel", in D. GUTHRIE – J. A. MOTYER, ed., *The New Bible Commentary Revised*, London 1970[3].

CATHCART, K. J. – GORDON, R. P., ed., *The Aramaic Bible, XIV, The Targum of the Minor Prophets – Translated, with a Critical Introduction, Apparatus, and Notes*, Delaware 1989.

CĚRNY, L., "The Day of Yahweh and some Relevant Problems", Prague 1948.

CHIESA, B., "Un Dio di Misericordia e di Grazia (Esodo 34,4-6.8-9)", *BeO* 14 (1972-73) 107-118.

CHRISTENSEN, V. M. – JØRGENSEN, K. E. J., "The Locust", in *Encyclopedia of Bible Creatures*, Philadelphia 1965, 218-222.

CHRISTENSEN, D. L., "Num 21,14-15 and the Book of the Wars of Yahweh", *CBQ* 36 (1974) 359-360.

____, *Transformations of the War Oracle in Old Testament Prophecy: Studies in the Oracles against the Nations* (Diss. in Religion), Missoula 1975.

____, "Zephaniah 2:4-15: A Theological Basis for Josiah's Program of Political Expansion", *CBQ* (1984) 669-682.

CLASSEN, W. T., "Speaker-oriented Functions of ki in Biblical Hebrew", *JNSL* 11 (1983) 24-46.

CLEMENTS, R. E., *Isaia 1–39*, Grand Rapids 1980.

____, "The Prophecies of Isaiah and the fall of Jerusalem in 587", *VT* 30 (1980) 421-436.

CLENDENEN, E. R., "Text linguistics and Prophecy in the Book of the Twelve", *JETS* 46/3 (2003) 385-399.

CLIFFORD, R., "The Use of *Hoy* in the Prophets", *CBQ* 28 (1966) 458-464.

COGGINS, R. J., "Na Alternative Prophetic Tradition?", in R. J. COGGINS, ed., *Israel's Prophetic Tradition, Fs. P. Ackroyd*, New York – Cambridge – London 1982.

____, *Haggai – Zechariah – Malachi*, Sheffield 1987.

____, "Interbiblical Quotations in Joel", in J. BARTON – D. J. REIMER, ed., *Fs. R. Mason*, Georgia 1996, 75-84.

____, *Joel and Amos*, Sheffield 2000.

COGGINS, R. J. – RE'EMI, S. P., *Israel among the Nations. A Commentary on the Books of Nahum, Obadiah and Esther*, Grand Rapids 1985.

COMISKEY, J. P., "The Day of Yahweh: divine judgment unto wrath or mercy", *BiTod* 32 (1967) 2214-2220.

CONRAD, J., "פקד", *ThWAT*, II, 640-650.

COOK, J. E., *Hear o Heavens and Listen o Earth. An Introduction to the Prophets*, Minnesota 2005.

COOK, S. L., *Prophecy & Apocalypticism: The Postexilic Social Setting*, Minneapolis 1995.

COOKE, G. A., *The Book of Ezekiel*, Edinburgh 1936.

COOPER, A., "In Praise of Divine Caprice: The Significance of the Book of Jonah", in P. R. DAVIES – D. J. A. CLINES, ed., *Among the*

Prophets: Language, Image and Structure in the Prophetic Writings, JSOTS 144, Sheffield 1993, 159-163.

COPPES, L. J., "קָבַץ", *TWOT*, 1314-1316.

____, "קָנָא", *TWOT*, 1349-1351.

CORTESE, E., "Le sventure annunciate dai profeti preesilici e l'escatologia dell'AT", *Teologia* 1 (1977) 91-108.

____, "Per una Teologia dello Spirito nel Tardo Profetismo", *LA* 47 (1997) 9-32.

____, *Tra Escatologia e Apocalittica. Da Gioele a Daniele*, Cinisello Balsamo 1999.

COSTACURTA, B., *Il laccio spezzato. Studio del Salmo 124*, Bologna 2002.

____, *Lo Scetro e la Spada. Davide diventa re (2Sm 2–12)*, Bologna 2006.

CRAIGIE, P. C., *The Twelve Prophets I-II*, Philadelphia 1984, 1985.

CRENSHAW, J. L., "The Expression MÎ YÔDĒAʿ in the Hebrew Bible", *VT* 36/3 (1986) 274-288.

____, "Who Knows What YHWH Will Do? The Character of God in the Book of Joel", in A. B. BECK, ed., *Fortunate the Eyes that See, Fs. D. Noel Freedman*, Michigan – Cambridge 1994, 185-196.

____, *Joel: A New Translation with Introduction and Commentary*, New York 1995.

____, "Joel's Silence and Interpreters' Readiness to Indict the Innocent", in K. D. SCHUNCK – A. MATHIAS, ed., *Lasset uns Brücken bauen*, Cambridge 1995, 255-259.

____, "Freeing the Imagination: The Conclusion to the Book of Joel", in Y. GITAY, ed., *Prophecy and Prophets The Diversity of Contemporary Issues in Scholarship*, Atlanta-Georgia 1997, 129-147.

CROATTO, J. S., *Die Bibel gehört den Armen. Perspektiven einer befreiungs-theologischen Hermeneutik*, München 1989.

____, "Las Langostas del libro de Joel a la luz de los textos de Mari", *RevistB* 61 (1999) 249-260.

CROSS Jr, F. M., "The Divine Warrior in Israel's Early Cult", in A. ALTMANN, ed., *Biblical Motifs*, Cambridge 1966, 11-30.

DACQUINO, P., "La formula 'Giustizia di Dio' nei libri dell'Antico Testamento", *RivB* 17 (1969) 103-119.365-382.

DAL PRÀ, R. V., "Il Culto tra Idolatria e Ortodossia (Lettura di Am 5,18-27)", *PSpV* 46 (2002) 29-40.

DENNEFELD, L., "Les Problèmes du Livre de Joël", *RevScRel* IV (1924) 555-575; V (1925) 35-57.591-608; VI (1926) 26-49.

DEISSLER, A., *Zwölf Propheten I: Hosea – Joel – Amos*, St. Benno 1985.

DEIST, F. E., "Parallels and Reinterpretation in the Book of Joel: A Theology of the Yom Yahwh?", in W. CLAASSEN, ed., *Text and Context: Old Testament and Semitic studies, Fs. F. C. Fensham*, JSOTS 48, Sheffield 1988, 64-65.

DELCOR, M., *Studi sull'apocalittica*, Brescia 1987.

DELL, K. J., "The misuse of forms in Amos", *VT* 45/1 (1995) 45-61.

DEMPSEY, C. J., *The Prophets: A Liberation – Critical Reading*, Minneapolis 2000.

DEPURY, A., "GUERRA: A. Dati biblici", *DCT*, 656-658.

DeVRIES, S. J., *Yesterday, Today and Tomorrow*, Grand Rapids 1975.

DI GANGI, M., *The Book of Joel*, Michigan 1970.

DILLARD, R. B., "Joel", in T. E. McCOMISKEY, ed., *The Minor Prophets: An Exegetical and Expository Commentary*, I, Hosea, Joel and Amos, Michigan 1992, 239-313.

DICK, M. B., "The Poetics of the Book of Obadiah", *JNSL* 31/2 (2005) 1-32.

DICOU, B., *Edom, Israel's Brother and Antagonist. The Role of Edom in Biblical. Prophecy and Story*, JSOTS 168, Sheffield 1994.

DOHMEN, C., "Wenn Texte verändern. Spuren der Kanonisiereung vom Exodusbuch her", in E. ZENGER, ed., *Die Tora als Kanon für Juden und Christen*, HBS X, Freiburg 1996, 305-330.

DORSEY, D. A., "Literary Architecture and Aural Structuring Techniques in Amos", *Bib* 73 (1992) 305-330.

_____, *The Literary Structure of the Old Testament: a commentary on Genesis-Malachi*, Grand Rapids 1999.

DOZEMAN, T. B., "Inner-Biblical Interpretation of Yahweh's Gracious and Compassionate Character", *JBL* 108 (1989), 207-223.

DRIVER, S. R. - LANCHESTER, H. C. O., *The Books of Joel and Amos*, Cambridge 1915.

DRIVER, G. R., "Studies in the Vocabulary of the Old Testament VI", *JTS* 34 (1933) 375-384.

DUGGAN, M., *The Consuming Fire: A Christian Introduction to the Old Testament*, San Francisco 1991.

DUHM, B., "Anmerkungen zu den Zwölf Propheten", *ZAW* 31 (1911) 161-204.

EGO, B., "The Repentance of Nineveh in the Story of Jonah and Nahum's Prophecy of the City's Destruction: Haggadic solutions for an Exegetical Problem in the Book of the Twelve", *JBL.SP*, Atlanta 2000, 243-253.

EICHRODT, W., *Theologie des Alten Testaments, I: Gott und Volk*, Stuttgart 1957; trad. espanhola, *Teologia del Antiguo Testamento, I, Dios y Pueblo*, Madrid 1975.

_____, *Der Prophet Hesekiel*, Göttingen 1986[5]; trad. Italiana *Ezechiele (1-24)*, Brescia 2001.

EISSFELDT, O., *The Old Testament: An Introduction*, Oxford 1966.

ELLIGER, K., *Das Buch der Zwölf Kleinen Propheten, II: die Propheten Nahum, Habakuk, Zephanja, Haggai, Sacharja, Maleachi*, Göttingen 1975[7].

ELLUL, D., "Introduction au Livre de Joël", *ETR* 54 (1979) 426-437.

EPPSTEIN, V., "The Day of Yahweh in Jeremiah 4,23-28", *JBL* 87 (1968) 93-97.

ERLANDSSON, L., *The Burden of Babylon. A Study of Is 13,2–14,23*, CBOT IV, Lund 1970.

EVERSON, A. J., *The Day of Yahweh as Historical Event: A Study of the Historical and Theological Purposes for the Employment of the Concept in the Classical Prophets of the Old Testament* (Th.D.Diss.: Union Theological Seminary in Virginia), Virginia 1969.

_____, "The Canonical Location of Habakkuk", in P. L. REDDITT – A. SCHART, ed., *Thematic Threads in the Book of the Twelve*, BZAW 325, Berlin – New York 2003, 165-174.

_____, "The Days of Yahweh", *JBL* 93 (1974) 329-337.

FABIAN, D. N., "Prophetic fulfillment: An examination of 'true' and 'false' prophecy in the Deuteronomistic works", *OTE* 13/1 (2000), 9-26.

FABRY, H.-J., "סוֹד", *ThWAT*, V, 775-782.

_____, "עָנָן", *ThWAT*, VI, 271-275.

FAUSSET, A. R., "Jeremiah – Malachi", in R. JAMIESON – A. R. FAUSSET – D. BROWN, ed., *A Commentary Critical, Experimental and Practical of the Old and New Testaments*, IV, Grand Rapids 1967, 511-526.

FENSCHAM, C., "Malediction and Benediction in Ancient Near Eastern Vassal-Treaties and the Old Testament", *ZAW* 74 (1962) 1-9.

FENSHAM, F. C., "A Possible Origin of the Concept of the Day of the Lord", *OTWSA* 5-6 (1966) 90-97.

FERGUSON, W. W., "Insects", in *Living Animals of the Bible*, New York s.d., 74-75.

FERNANDES, L. A., *A dimensão escatológica do "yôm YHWH" em Sf 1,14-18* (Diss. ad Licentian – PUC-Rio), Rio de Janeiro 2002.

FERNANDEZ, I., "Giustizia Divina", *DCT*, 637-638.

FIRMAGE, E., "Zoology (Fauna)", *ABD*, VI, 1109a-1167a.

FISCHER, J. A., "Notes on the Literary Form and Message of Malachi", *CBQ* 34 (1972) 313-320.

FISHER, M. C., "נָצַל", *TWOT*, 991-992.

FLEER, D., "Exegesis of Joel 2:1-11", *RQ* 26 (1983) 149-160.

FOHRER, G. – KURT, G., *Ezechiel*, HAT XIII, Tübingen 1955.

_____, "Der Tag JHWHs", *ErIs* 16 (1982) 43-50.

FRADES, E., "El Rostro de Dios Segun Amos", *ITER* (1999) 139-166.

_____, "'I was only a little angry'. Divine Violence in the Prophets", *Int* (2004) 365-375.

FRETHEIM, T. E., "'I was only a little angry': Divine Violence in the Prophets", *Int* 58 (2004) 374-375.

_____, "God and Violence in the Old Testament", *WW* 24/1 (2004) 18-28.

FREEMAN, H. E., *Nahum, Zephaniah, Habakkuk: Minor Prophets of the Seventh Century B.C.*, Chicago 1973.

FRICK, F. S., "Palestine, climate of", *ABD*, V, 119-126.
GALBIATI, E. – PIAZZA, A., *Pagine difficili della Bibbia*, Milano 1961.
GARRETT, D. A, "The Structure of Joel", *JETS* 28 (1985) 289-297.
____, *Hosea – Joel*, Nashville 1997.
GELIN, A., "Jours de Yahvé et Jour de Yahvé", *LV* 11 (1953) 39-52.
____, "L'Annonce de la Pentecote", *BibVieChre* 27 (1959) 15-19.
GERLEMAN, G., *Zephanja: Textkritisch und literarisch Untersucht*, Gleerup 1942.
____, "דָּם", *THAT*, I, 635-638.
GERSTENBERGER, E., "The Woe Oracles of the Prophets", *JBL* 81 (1962) 249-263.
GERSTENBERGER, E. S., "Psalms in the Book of the Twelve: How Misplaced Are They?", *SBL.SP*, Atlanta 2000, 254-262.
GOOD, R. M., "The Just War in Ancient Israel", *JBL* 104/3 (1985) 385-400.
GÖRG, M., "Eine formelhafte Metapher bei Joel und Nahum", *BN* 6 (1978) 12-14.
GOSSE, B., *Isaie 13,1-14,23 Dans la Tradition Litteraire du Livre d"Isaie et dans la tradition des oracles contre les nations*, Fribourg 1988.
GOTTWALD, N. K., "Tragedy and Comedy in the Latter Prophets", *Semeia* 32 (1985) 83-96.
GOWAN, D. E., *Theology of the Prophetic Books: The Death and Resurrection of Israel*, Louisville 1998.
GOZZO, S. M., "Il Profeta Sofonia e la Dottrina Teologica del suo Libro", *Anton* 52 (1977) 3-37.
GRABBE, L. L., "A Priest Is Without Honor in His Own Prophet: Priest and Other Religious Specialists in the Lather Prophets", in L. L. GRABBE – A. O. BELLIS, ed., *The Priests in the Prophets: The Portrayal of Priests, Prophets, and Other Religious Specialists in the Latter Prophets*, JSOTS 408, Sheffield 2004, 79-97.
GRAFFY, A., *A Prophet Confronts His People* (AnBib 104), Roma 1984.
GRESSMANN, H., *Der Ursprung der israelitisch-jüdischen Eschatologie*, Göttingen 1905.
____, *Der Messias*, Göttingen 1929.

GRILLI, M., "La pena di morte alla luce del pensiero biblico sulla giustizia", *Greg* 88/1 (2007) 67-91.

van GRONINGEN, G., "עָבַר", *TWOT*, 1069-1074.

HAMILTON, V. P., "אֶרֶץ", *TWOT*, 124-125.

____, "שָׁדַד", *TWOT*, 1527-1528.

____, "שׁוֹא", *TWOT*, 1531-1532.

HAMP, V., "אֵשׁ", *ThWAT*, I, 457-463.

HANSON, P. D., *The Dawn of Apocalyptic*, Philadelphia 1979.

____, *The People Called*, New York 1986.

HARL, M. et alii, *Les Douze Prophètes. Joël, Abdiou, Jonas, Naoum, Ambakoum, Sophonie* (La Bible d"Alexandrie. 23.4-9), Paris 1999.

HARRIS, R. L., "עָבַט", *TWOT*, 1069.

HARTLEY, J. E., "צָבָא", *TWOT*, 1256-1259.

____, "צָרָה", *TWOT*, 1309-1310.

HARVEY, J., *Le plaidoyer prophétique contre Israël après la rupture de l'alliance*, Bruges – Paris 1967.

HEGER P., "Source of Law in the Biblical and Mesopotamian Law Collections", *Bib* 86 (2005) 324-342.

HÉLÉWA, J., "L'origine du concept prophétique du 'Jour de Yahvé'", *ECarm* 15 (1964) 3-36.

HENSHAW, T., *The Latter Prophets*, London 1958.

HERION, G. A., "Wrath of God", *ABD*, VI, 989-996.

HERRMANN, S., *Time and History*, Nashville 1981.

HIEBERT, T., "The Day of the Locust: The Ecological Crisis in Jl 1–2 and its Literary Representation", *SBL.AC*, Chicago 1988, 19-22.

____, "Theophany in the OT", *ABD*, VI, 505-511.

____, "Warrior, Divine", *ABD*, VI, 876-880.

HILL, A. W., *Malachi: A New Translation with Introduction and Commentary*, New York 1998.

HILLERS, D. R., "*Hôy* and *Hôy*-Oracles", in D. N. FREEDMAN, ed., *The Word of the Lord Shall Go Forth*, Winona Lake 1983, 185-188.

HOFFMANN, Y., "The Day of the Lord as a concept and a term in the Prophetic Literature", *ZAW* 93 (1981) 37-50.

HOLLADAY, W. L., *Jeremiah 1. A Commentary on the Book of the Prophet Jeremiah Chapters 1–25*, Philadelphia 1986.

____, "Reading Zephaniah with a concordance: suggestions for a redaction history", *JBL* 120/4 (2001) 671-684.

van HOONACKER, A., *Les douze petits prophètes: traduits et commentés*, Paris 1908.

HORNIG, B. J., "בֵּן", *ThWAT*, II, 36-41.

HOSCH, H., "The Concept of Prophetic Time in the Book of Joel", *JETS* 15 (1972) 31-38.

HOUSE, P. R., *Zephaniah: A Prophetic Drama*, JSOTS 69, Sheffield 1988.

____, "Endings as New Beginnings: Returning to the Lord, the Day of the Lord, and Renewal in the Book of the Twelve", in P. L. REDDITT – A. SCHART, ed., *Thematic Threads in the Book of the Twelve*, BZAW 325, Berlin – New York 2003, 313-338.

HUBBARD, D. A., *Joel and Amos. An Introduction and Commentary*, Leicester 1989.

HUFFMON, H. B., "Lex Talionis", *ABD*, IV, 321-322.

HUNTER, A. V., *Seek the Lord: A study of the meaning and function of the exhortations in Amos, Hosea, Isaiah, Micah, and Zephaniah* (Th.D.Diss.: St. Mary's Seminary & University), Baltimore 1982.

HUROWITZ, V. A., "Joel's Locust Plague in Light of Sargon It's Hymn To Nanaya", *JBL* 112/4 (1993) 597-603.

____, "Critical Notes: אכל in Ml 3:11– Caterpillar", *JBL* 121 (2002) 327-330.

IRSIGLER, H., *Gottesgericht und Jahwetag. Die Komposition Zef. 1,1-2,3, untersucht auf der Grundlage der Literarkritik des Zefanjabuches*, St. Ottilien 1977.

____, *Zefanja: Übersetzt und ausgelegt*, Freiburg 2002.

JANZEN, W. *Mourning Cry and Woe Oracle*, Berlin – New York 1972.

JENNI. E., "בוֹא", *THAT*, I, 392-398.

____, "יוֹם", *THAT*, I, 995-1000.

____, "עֵת", *THAT*, II, 471-489.

JEPSEN, A., "Kleine Beiträge zum Zwölfprophetenbuch", *ZAW* 56 (1938) 85-100; 242-251.

JEREMIAS, J., *Theophanie. Die Geschichte einer alttestamentlichen Gattung*, Neukirchen-Vluyn 1965[1], 1977.

———, *Der Prophet Amos*, Göttingen 1995; trad. inglesa *The Book of Amos. A Commentary*, Louisville 1998.

———, " Der 'Tag Jahwes' in Jes 13 und Joel 2", in R. G. KRATZ – T. KRÜGER – K. SCHMID, ed., *Schriftauslegung, Fs. O. Hannes Steck*, BZAW 300, Berlin – New York 2000, 129-138.

JOHNSON, A. R., *The Cultic Prophet in Ancient Israel*, Wales 1962[2].

JONES, B. A., *The Formation of the Book of the Twelve: A Study in Text and Canon*, SBL.DS 149, Atlanta 1995.

JONES, D. R., *Isaiah 56-66 and Joel. Introduction and Commentary*, London 1964.

KAISER, Jr. W. C., *Micah – Malachi*, Dallas 1992.

KAPELRUD, A. S., *Joel Studies*, Otto Harrassowitz 1948.

———, "New Ideas in Amos", *VT.S* 15 (1966) 193-206.

———, *The Message of the Prophet Zephaniah. Morphology and Ideas*, Oslo 1975.

KOPFSTEIN, B.-K, "The Hebrew Text of Joel as Reflected in The Vulgate", *Textus* IX (1981) 18-35.

———, "דָּם", *ThWAT*, II, 253-267.

———, "זָהָב", *ThWAT*, II, 534-544.

———, "עֵדֶן", *ThWAT*, V, 1094-1104.

KELLER, C.-A., *Joël*, CAT XIa, Neuchâtel 1965, 1982[2].

———, *Sophonie*, CAT XIb, Neuchâtel 1971.

KESSLER, R., "Die Theologie der Gabe bei Maleachi", in F.-L. HOSSFEL – L. SCHWIENHORST-SCHÖNBERGER, ed., *Das Manna fällt auch heute noch. Beiträge zur Geschichte und Theologie des Alten, Ersten Testaments, Fs. E. Zenger*, HBS 44, Freiburg – Basel – Wien 2004, 392-407.

KING, A. G., "The Day of the Lord in Zephaniah", *BSac* 152 (1995) 16-32.

KLEIN, R. W., "The Day of the Lord", *CTM* 39 (1968) 517-525.

KLEIN, W. W. – BLOMBER, C. L. – HUBBARD, R. L., Jr. *Introduction to Biblical Interpretation*, Dallas 1993.

KOCH, K., "Is There a Doctrine of Retribution in the Old Testament", in J. L. CRENSHAW, ed., *Theodicy in the Old Testament*, Philadelphia 1983, 57-87.

____, *Die Propheten, I: assyrische Zeit*, Stuttgart – Berlin – Köln 1995[3].

KODELL, J., *Lamentations, Haggai, Zechariah, Malachi, Obadiah, Joel, Second Zecharia, Baruch*, Wilmington 1982.

LANG, B., "זָבַח", *ThWAT*, II, 520-531.

____, "כִּפֶּר", *ThWAT*, IV, 303-318.

LANG M., "Das Exodusgeschehen in der Joelschrift", in S. PAGANINI – C. PAGANINI – D. MARKL, ed., *Führe Mein Volk Heraus. Zur inner-biblischen Rezeption der Exodusthematik, Fs. G. Fischer*, Frankfurt 2004, 61-77.

LARGEMENT, R. – LEMAITRE, H., "Le Jour de Yahweh dans le Contexte Oriental", in J. COPPENS – A. DESCAMPS – É. MASSAUX, ed., *Sacra Pagina, I*, Gembloux 1959, 259-266.

LAUNDERVILLE, D., "Joel: Prophet and Visionary", *BT* 27 (1989) 81-86.

LEENE, H., "Blowing the Same Shofar: An Intertextual Comparison of Representations of the Prophetic Role in Jeremiah and Ezekiel", in J. C. de MOOR, ed., *The Elusive Prophet. The Prophet as a Historical Person, Literary Character and Anonymous Artist*, Leiden – Boston – Köln 2001, 175-197.

van LEEUWEN, C., "The Prophecy of the *Yôm* YHWH in Amos V 18-20", in J. BARR et alii, ed., *Language and Meaning: Studies in Hebrew Language and Biblical Exegesis*, Leiden 1974.

____, "The 'Northern one' in the composition of Joel 2,19-27", in F. GARCÍA MARÍNEZ – A. HILHORST – C. J. LABSUCHAGNE, ed., *The Scriptures and the Scrolls Studies, Fs. A. S. van der Woude*, Leiden – New York – Köln 1992, 85-99.

van LEEUWEN, R., "Scribal Wisdom and Theodicy in the Book of the Twelve", in L. G. PERDUE – B. SCOTT – W. WISEMAN, ed., *Search of Wisdom, Fs. John G. Gammie*, Louisville 1993, 31-49.

LEON-DUFOUR, X., "Ira", *DTB*, 562-570.

LESCOW, T., *Das Buch Maleachi: Texttheorie – Auslegung – Kanontheorie, mit einem Exkursus über Jeremia 8,8-9* (Arbeiten zur Theologie 75), Stuttgart 1993.

LIDDEL, R. G. – SCOTT, R., *A Greek-English Lexicon* [A New Edition Revised and Augmented throughout by H. S. Jones], Oxford 1961, 1996.

LILLIE, J. R., "Obadiah – A Celebration of God"s Kingdom", *CurTM* 6 (1979) 18-22.

LIMA, M. L. C., *Salvação entre Juízo, Conversão e Graça: A Perspectiva escatológica de Os 14,2-9* (TG.ST 35), Roma 1998.

_____, "A Volta de Deus e a volta de Israel: O tema da conversão no livro do profeta Oseias", *Coletânea* 6 (2005) 267-282.

_____, "O fenômeno profético na Bíblia Hebraica: tipologia e sociologia dos assim chamados profetas 'escritores'", *ATeo* 10 (2006) 361-385.

_____, "Doze Profetas ou livro dos Doze?", *ATeo* 11 (2007) 194-216.

LIMBURG, J., *Hosea – Micah: Interpretation. A Bible Commentary for Teaching and Preaching*, Atlanta 1988.

LINDBLOM, J., "Gibt es eine Eschatologie bei den alttestamentlichen Propheten?", *StTh* 6 (1952) 79-114.

_____, *Prophecy in Ancient Israel*, Oxford 1962.

van der LINGEN, A., *Les guerres de Yahvé. L'implication de* YHWH *dans les guerres d"Israel selon les livres historiques de l'Ancien Testament* (LD 139), Paris 1990.

LINVILLE, J. R., "The Day of Yahweh and the Mourning of the Priests in Joel", in L. L. GRABBE – A. O. BELLIS, ed., *The Priests in the Prophets: The Portrayal of Priests, Prophets, and Other Religious Specialists in the Latter Prophets*, JSOTS 408, Sheffield 2004, 98-113.

_____, "Letting the 'Bi-word" Rule in Joel 2,17", *JHS* 5 (2004) 1-15.

LOEWENSTAMM, S. E., "Exodus XXI 22-25", *VT* 27/3 (1977) 352-360.

_____, "וּבְעַד הַשֶּׁלַח", *Leshonenu* 28 (1961) 62.

LOHFINK, L., "La 'Guerra Santa' e la 'Scomunica' nella Bibbia", *PSpV* 37 (1998) 83-94.

LOMBARDI, L., *Geremia – Baruc*, Roma 1979.

LONG, B. O., "Prophetic Authority as Social Reality", in G. W. COATS – B. O. LONG, ed., *Canon and Authority: Essays in Old Testament Religion and Theology*, Philadelphia 1977, 3-20.

LONGMAN, T., "Psalmo 98: A Divine Warrior Victory Song", *JETS* 27/3 (1984) 267-274.

LOPASSO, V., "Geremia: Il Profeta e il Libro", *BeO* 213 (2002) 161-178.

LORENZO, R., *Vocabolario Greco – Italiano*, Città di Castello 1987.

LORETZ, O., *Regenritual und Jahwetag in Joelbuch*, Altenberge 1986.

LUNDBOM, J. R., *Jeremiah 1–20. A New Translation with Introduction and Commentary*, New York 1999.

McHATTEN, M. T., *The Day of Yahewh: a study of the concept Yom Yahweh in the Old Testament*, Ottawa 1979.

McKENZIE, J. L., "Guerra", in J. L. McKENZIE, ed., *Dictionary of the Bible*, Milwaukee 1965; trad. italiana, *Dizionario Biblico*, Assisi 1978, 463-465.

McQUEEN, L. R., *Joel and The Spirit: The Cry of a Prophetic Hermeneutic*, Sheffield 1995.

MACKAY, J. L., *Jonah, Micah, Nahum, Habakkuk and Zephaniah*, Great Britain 1998.

MALCHOW, B. V., "The Messenger of the Covenant in Ml 3,1", *JBL* 103 (1984) 252-253.

MANFREDI, S., *Geremia in dialogo: Nessi con le tradizioni profetiche e originalità in Ger 4,5–6,30*, Caltanisetta – Roma 2002.

MARCUS, D., "Nonrecurring Doublets in the Book of Joel", *CBQ* 56 (1994) 56-67.

MARKL, D., "Hab 3 in intertextueller und kontextueller Sicht", *Bib* 85 (2004) 99-108.

MARTI, K., *Das Dodekapropheton*, Tübingen 1904.

MARTIN, F., "Le Livre de Sophonie", *SemB* 39 (1985) 1-22.

MARTENS, E. A., "בּוֹא", *TWOT*, 155-158.

____, "בַּעַד", *TWOT*, 197.

MASON, R., *Micah – Nahum – Obadiah*, Sheffield 1991.

____, *Zephaniah – Habakkuk – Joel*, Sheffield 1994.

MATHEWS, S. F., "The Power to Endure and Be Transformed: Sun and Moon Imagery in Joel and Revelation 6", in L. BOADT – M. S. SMITH, ed., *Imagery and Imagination in Biblical Literature, Fs. A. Fitzgerald*, Washington 2001, 35-49.

MEIN, A., "Ezekiel as a Priest in Exile", in J. C. de MOOR, ed., *The Elusive Prophet. The Prophet as a Historical Person, Literary Character and Anonymous Artist*, Leiden – Boston – Köln 2001, 198-213.

MEINHOLD, A., "Zur Rolle des Tag-YHWHs-Gedichts Joel 2,1-11 im XII – Propheten – Buch", in A. GRAUPNER et alii, ed., *Verbindungslinien, Fs. W. H. Schmidt*, Neukirchen-Vluyn 2000, 207-223.

MENDOZA, C., "Malaquias – O profeta da honra de Deus", *RIBLA* 35/36 (2000) 260-280.

MERLI, D., "Le 'guerre di sterminio' nell'antichità orientale e biblica", *BeO* 9 (1967) 53-68.

MERLO, P., "Profezia neoassira e oracoli di salvezza biblici. Motivazioni, forme e contenuti di un possibile confronto", *RivBib* 50 (2002) 129-152.

di MERV, Isho'dad., *Joel*, in A. FERREIRO, ed., *The Twelve Prophets: Ancient Christian Commentary on Scripture, Old Testament XIV*, Downers Grove 2003; trad. italiana *La Bibbia Commentata dai Padri*, AT 13: *I Dodici Profeti*, Roma 2005.

MIGGELBRINK, R., *Der zornige Gott. Die Bedeutung einer anstössigen biblischen Tradition*, Darmstadt 2002; trad. italiana, *L'Ira di Dio. Il significato di una provocante tradizione biblica*, Brescia 2005.

MIKRE-SELASSIE, G. A., "Repetition and Synonyms in the Translation of Joel – With Special Reference to the Amharic Language", *BT* 36/2 (1985) 230-237.

MILLER, Jr. P. D., "Fire in the Mythology of Canaan and Israel", *CBQ* 27 (1965) 256-261.

_____, "The Divine Council and the Prophetic Call to War", *VT* 18 (1968), 100-107.

MÖLLER, K., *A Prophet in Debate. The Rhetoric of Persuasion in the Book of Amos*, JSOTS 372, Sheffield 2003.

MONLOUBOU, L. – DUBUIT, F. M., "Giudizio", in *Dictionaire Biblique Universel*, Paris 1985; ed. italiana, *Dizionario Biblico Storico-Critico*, Roma 1987, 476-477.

MONTAGNINI, F., *Il libro di Isaia (1-39)*, Brescia 1966.

MORGAN, G. C., *The Minor Prophets: the men and their messages*, New Jersey 1960.

MOORE, M. S., "Yahweh's Day", *ResQ* 29/4 (1987) 193-208.

MOTYER, J. A., "Zephaniah", in T. E. McCOMISKEY, ed., *The Minor Prophets an Exegetical and Expository Commentary*, III, *Zephaniah, Haggai, Zechariah, and Malachi*, Michigan 1998, 897-962.

MOWINCKEL, S., *Psalmenstudien. II. Das Thronbesteigerungsfest Jawäs und der Ursprung des Eschatologie*, Kristiania 1922.

____, *He that Cometh*, Oxford 1956.

MÜLLER, H.-P., "מַשָּׂא", *ThWAT*, V, 21-26.

MUILENBURG J., "The Linguistic and Rhetorical Usages of the Particle כִּי in the Old Testament", *HUCA* 32 (1961) 135-160.

MURRAY, R., *The Cosmic Covenant: Biblical Themes of Justice, Peace and the Integrity of Creation*, London 1992.

MULZAC, K. D., "Amos 5:18-20 in its Exegetical and Theological Context", *AJTh* 16/2 (2002) 286-300.

NASH, K. S., "Obadiah: Past Promises, Future Hope", *BT* 25 (1987) 280.

____, *The Palestinian Agricultural Year and the Book of Joel* (Th.D.Diss.: The Catholic University of America), Michigan 1989.

____, "The Cycle of Seasons in Joel", *TBT* 27 (1989) 74-80.

NEWSOME Jr, J. D., *The Hebrew Prophets*, Atlanta 1984.

NIELSEN, K., *Yahweh as Prosecutor and Judge*, Sheffield 1978.

NOBILE, M., "Il principio della retribuizione in Ezechiele", *RSB* 1-2 (2000) 99-109.

NOGALSKI, J. D., *Redactional Processes in the Book of the Twelve*, BZAW 218, Berlin – New York 1993.

____, "The Day(s) of YHWH in the Book of the Twelve", *SBL.SP* 38 (1999), 617-642.

____, "Joel as 'Literary Anchor" for the Book of the Twelve", in J. D. NOGALSKI – M. A. SWEENEY, ed., *Reading and Hearing the Book of the Twelve*, Atlanta 2000, 91-109.

____, "Recurring Themes in the Book of the Twelve: Creating Points of Contact for a Theological Reading", *Int* 61/2 (2007) 125-136.

NOWACK, W., *Die Kleinen Propheten*, Göttingen 1922.

O'BRIEN, M. A., "The 'Deuteronomistic History' as a Story of Israel's Leadears", *ABR* 37 (1989) 14-34.

O'BRIEN, J. M., *Priest and Levite in Malachi*, SBL.DS 121, Atlanta 1990.

____, "The Book of Deuteronomy", *CR:BS* 3 (1995) 95-128.

____, "Nahum - Habakkuk - Zephaniah: Reading the 'Former Prophets' in the Persian Period", *Int* 61/2 (2007) 168-183.

O'DONOVAN, O., "Pena", *DCT*, 1021-1024.

OGDEN, G. S., "Prophetic Oracles against Foreign Nations and Psalms of Communal Lament: The Relationship of Psalm 137 to Jeremiah 49:7-22 and Obadiah", *JSOT* 24 (1982) 89-97.

____, "Joel 4 and Prophetic Responses to National Laments", *JSOT* 26 (1983) 97-106.

OGDEN, G. S. – DEUTSCH R. R., *A Promise of Hope – A Call to Obedience: A Commentary on the Book of Joel and Malachi*, Michigan 1987.

OGILVIE, L. J., *The Communicator's Commentary: Hosea, Joel, Amos, Obadiah, Jonah*, Dallas-Texas 1990.

O'KENNEDY, D. F., "Were the prophets really intercessors?", *OTE* 13/3 (2000) 329-347.

OLIVER, P., "Bref Parcours du Livre de Joël", *SemetBib* 77 (1995) 41-47.

del OLMO LETE, G., "El libro de Sofonías y la filología semítica nor--occidental", *EstBíb* 32 (1973) 291-303.

OSWALT, J. N., "בָּשַׁר", *TWOT*, 226-228.

OTTO, R. E., "The Prophets and Their Perspective", *CBQ* 63 (2001) 219-240.

PALMONI, Y., "Locust", *IDB*, III, 144b-148a.

PATTERSON, R. D., *Joel*, in *The Expositor's Bible Commentary*, VII, Michigan 1985.

____, *Nahum, Habakkuk, Zephaniah*, Chicago 1991.

PAYNE, J. B., "רוּחַ", *TWOT*, 1407-1409.

PAZDAN, M. M., *Joel, Obadiah, Haggai, Zechariah, Malachi*, Collegeville 1986.

PECKHAM, B., *History and Prophecy: The Development of Late Judean Literary Traditions*, New York – London – Toronto – Sydney – Auckland 1993.

PETER, A., *Commenti Spirituali dell'Antico Testamento: I Libri di Sofonia, Nahum e Abacuc*, Roma 1974.

PETERSEN, D. L., *Zechariah 9 – 14 and Malachi*. Louisville 1995.

PFEIFER, E., "Die Disputationsworte im Buche Maleachi", *EvTh* 19 (1959) 546-568.

van der PLOEG, J., "Eschatologie im Alten Testament", in H. D. PREUSS, ed., *Eschatologie im Alten Testament*, Darmstadt 1978, 380-393.

PLÖGER, O., *Theocracy and Eschatology*, Richmond 1968.

PREMINGER, A. – GREENSTEIN, E. L., *The Hebrew Bible in Literary Criticism*, New York 1986.

PREUSS, H. D., "Jahweglaube und Zukunftserwartung", *BWANT* 87 (1968) 170-179.

_____, "בוא", *ThWAT* I, 536-568.

PRINSLOO, W. S., *The Theology of the Book of Joel*, Berlin 1985.

PRIOR, D., *The Message of Joel, Micah and Habakkuk: Listening to the voice of God*, Leicester 1998.

RAABE, P. R., *Obadiah. A New Translation with Introduction and Commentary*, New York 1996.

von RAD, G., "The Origin of the Concept of the Day of Yahweh", *JSSt* 4 (1959) 97-108.

_____, *The Message of the Prophets*, New York – Hagerstown – San Francisco – London 1962.

_____, *Theologie des Alten Testaments, II: Die Theologie der prophetischen Überlieferungen Israels*, München 1965.

RAITT, T. W., "The Prophetic Summons to Repentance", *ZAW* 83 (1971) 30-49.

RAVASI, G., *Il libro dei Salmi, I-III*, Bologna 1999[8].

REDDITT, P. L., "The Book of Joel and Peripheral Prophecy", *CBQ* 48 (1986) 225-240.

_____, "The Book of Joel: An Overview", *BT* 27 (1989) 69-73.

_____, "Themes in Haggai - Zechariah - Malachi", *Int* 61/2 (2007) 184-197.

REIMER, H., "Amós – profeta de juízo e justiça", *RIBLA* 35/36 (2000) 171-190.

RENAUD, B., "Le Livre de Sophonie. Le theme de YHWH, theme structurant de la synthèse rédactionnelle", *RevScRel* 60 (1986) 1-33.

____, *Michée – Sophonie – Nahoum*, Paris 1987.

RENDTORFF, R., "How to read the Book of the Twelve as a Theological Unity", *SBL.SP* 36 (1997), 420-432; = in J. D. NOGALSKI – M. A. SWEENEY, ed., *Reading and Hearing the Book of the Twelve*, Atlanta 2000, 75-87.

____, "Allas for the Day!: 'the Day of the Lord" in the Book of the Twelve", in T. LINAFELT – T. K. BEAL, ed., *God in the Fray*, Minneapolis 1998, 253-264.

____, "Der 'Tag JHWHs' Im Zwölfprophetenbuch", in E. ZENGER, ed., *"Wort JHWHs, das Geschah..." (Hos 1,1). Studien zum Zwölfpropheten-buch*, Freiburg – New York 2002, 1-11.

____, *The Canonical Hebrew Bible: A Theology of the Old Testament*, Leiden 2005.

RENKEMA, J., "Data Relevant to the Dating of the Prophecy of Obadiah", in J. C. De MOOR – H. F. van ROOY, ed., *Past, Presente, Future. The Deuteronomist History and the Prophets*, Leiden – Boston – Köln 2000, 251-262.

____, *Obadiah*, Leuven 2003.

REVENTLOW, H. G., *Liturgie und prophetisches Ich bei Jeremia*, Gütersloh 1963.

____, *Die Propheten Haggai, Sacharja und Maleachi*, Göttingen 1993.

RIBERA-FLORIT, J., "La versión aramaica del Profeta Sofonías", *EstBíb* 40 (1982) 127-158.

____, "Targum de Joel", *MEAH*, sección Hebreo 53 (2004) 271-286.

RIEDE, P., *Im Spiegel der Tiere. Studien zum Verhältnis von Mensch und Tier im alten Israel* (OBO 187), Freiburg 2002.

RIMBACH, J. A., "Those Lively Prophets – Joel Ben Pethuel", *CurTM* 5 (1991) 302-304.

RINALDI, G., "Giole e il Salmo 65", *BeO* 10 (1968) 113-122.

RINGGREN, H., "אָעֳמַד", *ThWAT*, VI, 195-205.

ROBERTS, J. J. M., *Nahum, Habakkuk, and Zephaniah*, Philadelphia 1990.

ROBERTSON, O. P., *The Books of Nahum, Habakkuk, and Zephaniah*, Michigan 1990.

ROBINSON, R. B., "Levels of Naturalization in Obadiah", *JSTO* 40 (1988) 83-97.

ROBINSON, T. H., *Prophecy and the Prophets in Ancient Israel*, London 1957.

_____, "Joel", in T. H. ROBINSON – F. HORST, ed., *Die zwölf Kleinen Propheten*, HAT XIV[3], Tübingen 1964.

de ROCHE, M., "Zephaniah 1:2-3: The 'Sweeping' of Creation", *VT* 30/1 (1980) 104-109.

ROFÉ, A., *Deuteronomy: Issues and Interpretation*, Edinburgh 2002.

ROMEROWSKI, S., *Les Livres de Joël et D"Abdias*, Vaux-sur Seine 1989.

ROQUEPLO, T., "Abdiou", in M. HARL et alii, ed., *Les Douze Prophètes. Joël, Abdiou, Jonas, Naoum, Ambakoum, Sophonie* (La Bible d"Alexandrie 23.4-9), Paris 1999.

ROSENBOIM, D. I., "Is יוֹם ה׳ (The Day of the Lord) A Term in Biblical Language?", *Bib* 87 (2006) 395-401.

ROTHSTEIN, J. W., *Einleitung in die Literatur des Alten Testaments*, s.l. 1896.

RUDOLPH, W., *Joel – Amos – Obadja – Jona*, KAT XIII/2, Gütersloh 1971.

_____, *Micha – Nahum – Habakuk – Zephanja*, KAT XIII/3, Gütersloh 1975.

_____, *Haggai – Sacharja 1–8 – Sacharja 9–14 – Maleachi*, KAT XIII/4, 1976.

SÆBØ, M., "יוֹם", *ThWAT*, III, 560-587.

SABOTTKA, L., *Zephanja. Versuch einer Neuübersetzung mit philologischem Kommentar*, Roma 1972.

SALVATERRA, G., "Analisi Poetica di Giole 1,2-12", *BeO* 215 (2003) 61-64.

SAN JERÔNIMO, *Obras Completas: Edición Bilingüe, IIIa Comentarios a los Profetas Menores*, introducción, traducción y notas de A. Domínguez García, Madrid 2000.

SANDERS, J. A., "Hermeneutics in True and False Prophecy", in G. W. COATS - B. O. LONG, ed., *Canon and Authority: Essays in Old Testament Religion and Theology*, Philadelphia 1977, 21-41.

STÄHLI, H.-P., "פחד", *THAT*, II, 521-524.

SAUER, G., "עֶבְרָה", *THAT*, II, 267-270.

SÉBASTIEN, P. P., *L'annonce du jour de* YHWH *dans les derniers versets de Malachie: une finale du livre des Douze* (Diss/Doct), Louvain 2003.

SEYBOLD, K., *Nahum – Habakuk – Zephanja*, Zürich 1991.

SCORALICK, R., "'Auch jetzt noch' (Joel 2,12a)", in E. ZENGER, ed., *"Wort JHWHs, das Geschah..." (Hos 1,1). Studien zum Zwölfprophetenbuch*, Freiburg – New York 2002, 47-69.

SCOTT, R. B. Y., *The Relevance of the Prophets*, New York – London 1971[3].

SCHART, A., *Die Entstehung des Zwölfprophetenbuchs*, BZAW 260, Berlin – New York 1998.

_____, "The First Section of the Book of the Twelve Prophets: Hosea – Joel – Amos", *Int* 61/2 (2007) 138-152.

SCHÄFER-LICHTENBERGER, C., "Bedeutung und Funktion von *herem* in biblisch-hebräischen Texten", *BZ* 38 (1994) 270-275.

SCHOTTROFF, W., "פקד", *THAT*, II, 589-613

SCHULTZ, C., "עוּר", *TWOT*, 1094-1095.

SCHULTZ, R. L., "The Ties that Bind: Intertextuality the Identification of Verbal Parallels, and Reading Strategies in the Book of the Twelve", in P. L. REDDITT – A. SCHART, ed., *Thematic Threads in the Book of the Twelve*, Berlin – New York 2003, 25-45.

SCHUNCK, K.-D., "עֶבְרָה", *ThWAT*, V, 1034-1039.

SCHÜNGEL-STRAUMANN, H., *Sofonia – Nahum – Abacuc – Abdia – Giona: Israele e gli altri?*, Assisi 1975.

SCHWANTES, M., "Sobrevivências – Introdução a Obadias", *RIBLA* 35/36 (2000) 191-198.

SCHWESIG, P. G., *Die Rolle der Tag–JHWHs–Dichtungen im Dodekapropheton*, BZAW 366, Berlin – New York 2006.

SCHWIENHORST, L., "מָרָה", *ThWAT*, V, 6-11.

SEITZ, C. R., "Isaiah", *ABD*, III, 472-488.

SELLIN, E., *Das Zwölfprophetenbuch*, Leipzig 1922.

SEMBRANO, L., *La Regalità di Dio: Metafora ebraica e contesto culturale del vicino Oriente antico*, Bologna 1998.

SHAPIRO, H., "Joel", in *Congregation: Contemporary Writers Read the Jewish Bible*, ed. D. ROSEMBERG, San Diego – New York – London 1987.

SHIELDS M. E., *Circumscribing the Prostitute. The Rhetorics of Intertextuality Metaphor and Gender in Jeremiah 3.1–4.4*, JSOTS 387, London – New York 2004.

da SILVA, C. M. D., *Aquele que manda a chuva sobre a face da terra*, São Paulo 2006.

da SILVA FILHO, P. S., *Malaquias 3.13-21 no conjunto dos Doze Profetas* (Diss/Doct PUC-Rio), Rio de Janeiro 2006.

de SIVATTE, R., "El regreso siempre posible a Dios y al hermano. La conversión em Jeremías", *RevLatTeo* 17 (2000) 143-165.

SIMIAN-YOFRE, H., *Il deserto degli dei: Teologia e storia nel libro di Osea*, Bologna 1992.

____, "פָּנִים", *ThWAT*, VI, 629-659.

____, *Isaias* (Texto y Comentario), Madrid 1995.

____, "Canonicidad, sincronía y diacronía a propósito de Amós", *EfMex* 44 (1997) 177-197.

____, "L'Assimilazione di Culture Straniere nella S. Scrittura. Riflessione Critica", in *L'Interpretazione della Bibbia nella Chiesa. Atti del Simposio promosso dalla Congregazione per la Dottrina della Fede*, Roma 1999, 90-105.

____, *Amos*, Milano 2002.

____, "La naturaleza de la teología bíblica. Un acercamiento histórico y crítico", *RevistB* 66/1-2 (2004) 13-36.

____, *Sofferenza dell'uomo e silenzio di Dio: nell'Antico Testamento e nella letteratura del Vicino Oriente Antico*, Roma 2005.

SIMKINS, R., *Yahweh's Activity in History and Nature in the Book of Joel*, Lewiston 1991.

____, "God, History, and the Natural World in the Book of Joel", *CBQ* 55 (1993) 435-452.

SIMUNDSON, D. J., *Hosea, Joel, Amos, Obadiah, Jonah, Micah*, Nashville 2005.

SILVESTRI, G., *Gli Animali nella Bibbia*, Milano 2003.

SISSON, J. P., "Jeremiah and the Jerusalem Conception of Peace", *JBL* 105 (1986) 429-442.

SMELIK, K. A. D., "The Meaning of Amos V 18-10", *VT* 36/2 (1986) 246-247.

SMITH, G. V., *Amos: A Commentary*, Michigan 1989.

_____, *The Prophets as Preachers: An Introduction to the Hebrew Prophets*, Nashville 1994.

SMITH, J. E., "נַם", *TWOT*, 275-276.

SMITH, R. L, *Micah – Malachi*, Waco – Texas 1984.

SNYMAN, S. D., "Cohesion in the Book of Obadiah", *ZAW* 101 (1989) 59-71.

_____, "*Yôm* (YHWH) in the Book of Obadiah", in K.-D. SCHUNCK – M. AUGUSTIN, ed., *Goldene Äpfel in Silbernen Schalen*, Frankfurt 1992, 81-91.

_____, "Violence and deceit in Zephaniah 1: 9", *OTE* 13/1 (2000), 89-102.

SOGGIN, J. A., *Il Profeta Amos*, Brescia 1982.

SOUZA, M. L. S., *O livro de Miqueias no conjunto dos doze profetas; estudo intertextual entre Mq 7,8-20 e os chamados pequenos profetas* (Diss/Doct PUC-Rio), Rio de Janeiro 2006.

SPREAFICO, A., *Sofonia*, Genova 1991.

_____, *La Voce di Dio: Per capire i profeti*, Bologna 1998.

_____, "'Padre degli orfani, difensore delle vedove (Sal 68,8): Dio padre di giustizia'", *Euntes Docete* 52 (1999) 267-277.

_____, "Amos: il povero come giusto in un contesto di ingiustizia", *RSB* 1-2 (2002) 47-54.

_____, "Recensiones", *Bib* (2005) 123-126.

STALLMAN, R. C., "אַרְבֶּה", *NIDOTTE*, I, 491-495.

STENDEBACH, F. J., *Prophetie und Tempel: Haggai-Sacharja-Maleachi-Joel*, Stuttgart 1977; trad. Italiana, *Aggeo-Zaccaria-Malachia-Gioele: Profezia e tempio*, Assisi 1989.

STIEBERT, J., "The Maligned Patriarch: Prophetic Ideology and the 'Bad Press' of Esau", in A. G. HUNTER – P. R. DAVIES, ed., *Sense and Sensitivity. Essays on Reading the Bible, Fs. R. Carrol*, JSOTS 348, Sheffield 2002.

STUART, D., *Hosea – Jonah*, Waco-Texas 1987.

SWANSTON, H., "Minor Prophets: Joel", in L. BRIGHT, ed., *Prophets II*, Chicago 1972, 73-87.

SWEENEY, M. A., *Isaiah 1-39: With an Introduction to Prophetic Literature*, Grand Rapids 1996.

____, *The Twelve Prophets I*, Collegeville 2000.

____, "The Place and Function of Joel in the Book of Twelve", in P. L. REDDITT – A. SCHART, ed., *Thematic Threads in the Book of the Twelve*, Berlin – New York 2003, 133-154.

____, *Zephania*, Minneapolis 2003.

SZÉLES, M. E., *Wrath and Mercy: A Commentary on the Books of Habakkuk and Zephaniah*, Edinburgh 1987.

TALMON, Sh., "מִדְבָּר", *ThWAT*, IV, 660-695.

TCHILIBON, G (coord.)., *Libro di Giona*, trad. M. Gentili e rav. S. Bekhor, Milano 1996.

TESTA, E., 'La Profezia di Gioele', in *Il Messaggio della Salvezza: Il Profetismo e i Profeti*, IV, Leumann 1977, 1985[4].

THOMPSON, J. A., "Joel's Locusts in the Light of Near Eastern Parallels", *JNES* 14 (1955) 52-55.

____, "The use of Repetition in the Prophecy of Joel", in M. BLACK – W. A. SMALLEY, ed., *On Language Culture and Religion, Fs. E. A. Nida*, Mouton 1974, 101-110.

TRINQUET, J., *La Sainte Bible: Habaquq – Abdias – Joël*, Paris 1953.

TUR-SINAI, N. H., "Was there an Ancient 'Book of the Wars of the Lord?'", *BIES* 24 (1959/60) 146-148.

VALÉRIO, P. F., "Dia do Senhor, noite dos homens. Análise exegético--teológica de Sf 1,14-18", *EstBíb* 79/3 (2003) 45-57.

VANDERHOOFT, D. S., *The Neo-Babylonian Empire and Babylon in the Latter Prophets*, Atlanta 1999.

VANGEMEREN, W. A., ed., *New International Dictionary of Old Testament Theology and Exegesis (NIDOTTE)*, Grand Rapids 1996.

VERNES, M., *Le people d"Israël et ses espérances*, Paris 1872.

VLAARDINGERBROEK, J., *Zephaniah*, Leuven 1999.

VLKOVÁ, G. I., *Cambiare la Luce in Tenebre e le Tenebre in Luce. Uno studio tematico dell'alternarsi tra la luce e le tenebre nel libro di Isaia* (TG.ST 107), Roma 2004.

VUILLEUMIER, R., *Malachie*, CAT XIc, Neuchâtel 1981.

de WAARD, J., *A Handbook on Jeremiah*, Indiana 2003.

WÄCHTER, L., "עוּר", *ThWAT*, V, 1190-1194.

____, "עָפָר", *ThWAT*, VI, 276-284.

WACKER, M.-T., "Gottes Groll, Gottes Gütte und Gottes Gerechtigkeit nach dem Joel-Buch", in R. SCORALICK, ed., *Das Drama der Barmher-zigkeit Gottes. Studien zur biblischen Gottesrede und ihrer Wirkungs-geschichte in Judentum und Christentum*, Stuttgart 2000.

WADE, G. W., *The Books of the Prophets Micah, Obadiah, Joel and Jonah*, London 1925.

WAGNER, S., "מוֹפֵת", *ThWAT*, IV, 750-759.

WANKE, G., " *'ôy* und *hôy*", ZAW 78 (1966) 215-218.

WARD, J. M., *Thus Says the Lord: The Message of the Prophets*, Nashville 1991.

WATTS, J. D. W., *The Books of Joel, Obadiah, Jonah, Nahum, Habakkuk and Zephaniah*, Cambridge 1975.

____, *Isaiah 1–33*, Waco – Texas 1985.

WEHRLE, J., *Prophetie und Textanalyse. Die Komposition Obadja 1-21 interpretiert auf der Basis textlinguistischer und semiotischer Konzeptionen*, St. Ottilien 1987.

WEIGL, M., *Zephanja und das 'Israel der Armen'*, Klosterneuburg 1994.

WEINBERG, J. P., "The Perception of 'things' and their Production in the OT Historical Writing", in E. C. ULRICH et alii, ed., *Priest, Prophets and Scribes*, JSOTS 149, Sheffield 1992, 174-181.

WEISER, A., *Das Buch der Zwölf Kleinen Propheten*, Göttingen 1956.

____, *The Prophet Elijah in the Development of Judaism*, London 1978.

____, *Die Psalmen*, Göttingen 1963; trad. portuguesa, *Os Salmos*, São Paulo 1994.

WEISS, M., "The Origin of the 'Day of the Lord'" Reconsidered", *HUCA* 37 (1966) 29-71.

WENDEBOURG, N., *Der Tag des Herrn: Zur Gerichtserwartung im Neuen Testament auf ihrem alttestamentlichen und frühjüdischen Hinter-grund*, Neukirchener-Verlag 2003.

WENDLAND, E. R., *The Discourse Analysis of Hebrew Prophetic Literature: Determining the Larger Textual Units of Hosea and Joel*, Lewiston – Queenston – Lampeter 1995.

WESTBROOK, R., "Lex Talionis and Exodus 21,22-25", *RB* 93 (1986) 52-69.

WESTERMANN, C., *Grundformen prophetischer Rede* (BEvT 31), München 1960, 1978[5].

WEYDE, K. W., *Prophecy and Teaching. Prophetic Authority, Form Problems, and the Use of Traditions in the Book of Malachi*, BZAW 288, Berlin – New York 2000.

WHITING, J., "Jerusalem's Locust Plague", *NG* 28/6 (1915) 513-550.

WHITLEY, C. F., "Has the Particle שם an Asseverative Force?", *Bib* 55 (1974) 394-398.

____, " *'bṭ* in Joel 2,7", *Bib* 65 (1984) 101-102.

WILDBERGER, H., *Jesaja 13–27*, BKAT 10/2, Neukirchen-Vluyn 1978.

WILLIAMSON, H. G. M., "Joel", in *International Standard Bible Encyclopedia*, Grand Rapids 1982, 1078-1080.

WISEMAN, D. J., "חלל", *TWOT*, 469-472.

WOOD, J. R., *Amos in Song and Book Culture*, JSOTS 337, Sheffield 2002.

WOLF, H., "אור", *TWOT*, 39-41.

WOLFE, R. E., "The editing of the book of the Twelve", *ZAW* 53 (1935) 90-129.

WOLFF, H. W., "Der Aufruf zur Volksklage", *ZAW* 76 (1964) 48-56.

____, *Dodekapropheton*, BKAT I: Hosea; II: Joel und Amos; III: Obadja und Jona, Neukirchen-Vluyn 1976[3], 1975[2], 1977.

WRIGHT, C. J. H., *God"s People in God"s Land: Family, Land, and Property in the Old Testament*, Grand Rapids 1990.

YEIVIN, S., "שלח", *Leshonenu* 15 (1947) 134-144.

ZENGER, E., *Am Fuß des Sinai. Gottesbilder des Ersten Testaments*, Düsseldorf 1993.

ZIMMERLI, W., *Ezechiel*, BKAT XIII.1, Neukirchen-Vluyn 1956.

ZORELL, F., *Lexicon Hebraicum et Aramaicum Veteris Testament*, Roma 1989.

_____, "פקד", *THAT*, 662-663.

ÍNDICES REMISSIVOS

Textos bíblicos (exceto Jl 2,1-11)

1Cr 21,1-30, 152
1Cr 29,5, 232
1Cr 29,21, 271
1Sm 19,24, 271
2Rs 22,20-23, 329
2Sm 11,1, 155
2Sm 21,1-14, 152
2Sm 22,6, 277
2Sm 24,1-25, 152
Ab 10-14, 355, 361, 362, 386, 387
Ab 12-14, 364
Ab 15, 26, 103, 150, 222, 235, 237, 295, 314, 343, 364, 367, 386, 388
Ab 16, 238, 242, 260, 361, 383
Am 2,14-16, 269
Am 3,4, 244
Am 3,6, 241
Am 4,6.7.9, 183
Am 5,18, 26, 93, 127, 189, 234, 236, 239, 245, 249, 259, 272, 274, 281, 286, 295, 317, 318, 357, 358, 359, 360, 361, 365, 381, 385, 386, 387, 417
Am 5,18-20, 26, 93, 127, 249, 259, 272, 274, 281, 286, 295, 318, 357, 358, 360, 361, 365, 381, 385, 386, 387
Am 5,19, 239, 261, 278, 310, 359, 367
Am 5,20, 235, 308
Am 5,21-24, 369
Am 6,10, 258, 259
Am 8,3, 259
Am 9,11-15, 183
Dt 3,5, 277
Dt 4,9-12, 228
Dt 4,15, 371
Dt 4,25-31, 365
Dt 16,1-17, 193
Dt 19,21, 150
Dt 26,1-11, 73, 193
Dt 26,3, 232
Dt 26,5, 76, 202
Dt 32,22, 287
Eclo 49,10, 389
Ex 3, 76, 91, 97, 126, 133, 134, 147, 172, 183, 186, 195, 206, 284, 287, 320, 362, 372, 375, 376, 384, 388, 402
Ex 10, 33, 50, 59, 62, 87, 88, 169, 239, 240, 271, 274, 346, 378
Ex 10,13, 33, 62, 169, 271
Ex 16,25, 232
Ex 19,16-19, 228, 275
Ex 20,7, 172
Ex 21,23-25, 150
Ex 32,12, 134
Ex 34,6-7, 91, 133, 186, 195, 375, 388, 402
Ez 1,1-3, 316
Ez 7,7, 319
Ez 7,10, 233, 328
Ez 7,19, 248, 269, 272, 285, 391
Ez 13,1.2-16, 315
Ez 13,1-23, 316
Ez 13,5, 232, 251, 275, 319, 322, 323, 325, 355

Ez 13,17-23, 315
Ez 14,1, 18, 53, 316
Ez 14,9, 329
Ez 30,2-3, 188, 197, 236
Ez 30,3, 232
Ez 34,12, 274, 323
Ez 36,5, 287
Ez 39,17.19, 261
Ez 39,22, 271
Ez 46,13, 232
Gn 4,23, 150
Gn 6,5-8, 287
Hab 2,20, 176, 258
Hab 3,1-16, 249
Hab 3,16, 248
Is 2,11-17, 365
Is 2,12, 232, 308, 360
Is 5,25-30, 251
Is 13,1, 225, 286, 299, 300, 301, 304, 306, 308, 309, 310, 311, 312, 313, 314, 345, 346, 365, 382
Is 13,1,Äì14,27, 299
Is 13,1,Äì23,18, 299
Is 13,2, 26, 250, 298, 299, 300, 301, 302, 304, 309, 310, 311, 312, 313, 314, 318, 326, 353, 354, 355, 365, 386, 388, 418
Is 13,2-5, 313
Is 13,2-16, 26, 298, 299, 300, 301, 302, 309, 310, 311, 314, 318, 326, 353, 354, 355, 365, 386, 388
Is 13,2-22, 250, 301, 313
Is 13,3-4, 305, 312
Is 13,6, 189, 197, 232, 237, 251, 275, 300, 304, 306, 307, 308, 310, 312
Is 13,6.9, 232, 251, 300
Is 13,6-12, 307
Is 13,7-8, 307, 313
Is 13,9, 272, 282, 307, 309, 318, 328
Is 13,10, 308, 311, 314, 345, 346, 365

Is 13,12, 309
Is 13,13, 309, 345, 382
Is 13,14-15, 310
Is 13,16, 310
Is 13,17, 286, 301, 309
Is 14,1, 300, 312
Is 14,1-2, 300
Is 34,2-6, 260
Is 42,18-25, 179, 257
Is 42,24, 179
Jó 3,4, 271, 274
Jó 42,7-9, 79
Jl 1,1–2,18, 377
Jl 1–2, 22
Jl 1,2, 24, 32, 33, 45, 47, 60, 63, 75, 78, 82, 83, 84, 88, 102, 108, 125, 129, 130, 132, 140, 144, 165, 166, 167, 168, 169, 186, 191, 192, 194, 196, 206, 207, 212, 217, 223, 230, 295, 338, 349, 378, 384, 385, 401
Jl 1,2-3, 24, 33, 75, 78, 82, 88, 125, 129, 132, 144, 168, 169, 186, 191, 192, 206, 207, 223, 378, 384, 385, 401
Jl 1,2-20, 60, 63, 88, 140, 207
Jl 1,2–2,17, 32, 83, 167, 295
Jl 1,2–3,5, 186
Jl 1,4, 17, 23, 25, 33, 36, 41, 53, 57, 59, 67, 69, 72, 78, 87, 88, 103, 112, 129, 141, 144, 145, 146, 147, 170, 185, 190, 192, 195, 197, 199, 201, 204, 205, 206, 207, 215, 228, 307, 335, 341, 343, 348, 375, 376, 377, 407
Jl 1,4-12, 192, 201
Jl 1,4-14, 88, 103, 147, 195, 197, 199, 206, 215, 307
Jl 1,4-20, 23, 36, 67, 72, 112, 144, 146, 147, 207, 228, 335, 341, 375, 376, 377, 407

Jl 1,5, 35, 69, 73, 103, 146, 183,
    190, 192, 193, 194, 201, 203,
    206, 261, 306
Jl 1,5-7, 35, 73, 146, 183, 201
Jl 1,6, 20, 44, 55, 66, 69, 86, 89,
    125, 129, 130, 133, 169, 173,
    174, 175, 180, 184, 186, 202,
    203, 204, 205, 207, 217, 223,
    277, 324, 329, 334, 342, 343,
    348, 349, 364, 374, 376, 377
Jl 1,6-7, 66, 69, 86, 89, 204, 205,
    324, 329, 343, 376, 377
Jl 1,6-8, 217
Jl 1,8, 35, 42, 130, 193, 336
Jl 1,10, 189, 193, 349
Jl 1,11, 193, 203
Jl 1,13, 70, 164, 190, 192, 194,
    195, 200, 337, 375
Jl 1,13-14, 70, 190, 194, 195, 200,
    337, 375
Jl 1,15, 22, 23, 30, 32, 38, 70, 74,
    75, 81, 82, 89, 99, 103, 124,
    126, 130, 140, 146, 164, 171,
    176, 182, 187, 188, 189, 190,
    191, 192, 194, 195, 196, 197,
    199, 200, 203, 204, 205, 206,
    207, 213, 222, 225, 226, 227,
    229, 230, 236, 237, 250, 270,
    275, 306, 312, 335, 374, 383
Jl 1,15-20, 30, 82, 191, 192
Jl 1,16, 81, 90, 170, 191, 194, 197,
    203, 206
Jl 1,16-20, 81, 90, 197, 203
Jl 1,19-20, 70, 80, 85, 89, 102, 103,
    128, 130, 170, 172, 191, 196,
    204, 206, 401
Jl 1–2, 37, 43, 86, 360, 421
Jl 2,12, 28, 36, 37, 55, 57, 63, 66,
    69, 70, 74, 85, 86, 88, 90, 92,
    106, 107, 108, 121, 128, 130,
    131, 132, 133, 138, 145, 146,
    147, 156, 167, 179, 185, 186,
    195, 208, 216, 228, 230, 249,
    251, 262, 307, 334, 335, 336,
    338, 339, 374, 376, 377, 378,
    381, 382, 383, 384, 400, 402,
    407
Jl 2,12-17, 28, 36, 57, 90, 92, 138,
    156, 195, 381, 383, 407
Jl 2,13, 48, 57, 69, 74, 75, 79, 80,
    91, 107, 125, 132, 186, 195,
    202, 215, 306, 322, 333, 338,
    339, 374, 388, 402
Jl 2,15, 63, 85, 131, 162, 167, 187,
    204, 338, 340, 350, 375, 378,
    380
Jl 2,17, 35, 52, 80, 83, 91, 126,
    130, 131, 134, 138, 161, 167,
    182, 187, 195, 215, 216, 218,
    228, 260, 288, 324, 335, 343,
    376, 399
Jl 2,17-18, 215
Jl 2,18, 32, 46, 66, 74, 83, 86, 91,
    146, 167, 168, 215, 335, 374,
    376, 377, 400
Jl 2,19, 70, 72, 147, 187, 208, 215,
    218, 338, 376, 378, 379
Jl 2,20, 32, 46, 56, 59, 62, 91, 140,
    169, 171, 176, 184, 264, 326,
    341, 342, 343, 362, 364, 378
Jl 2,26-27, 221
Jl 3,1, 22, 35, 46, 48, 57, 64, 69,
    79, 83, 84, 86, 90, 93, 122,
    123, 132, 168, 170, 173, 180,
    207, 208, 209, 210, 211, 212,
    213, 215, 218, 223, 228, 240,
    252, 258, 264, 295, 320, 321,
    335, 375, 378, 380
Jl 3,1-5, 22, 46, 57, 64, 79, 84, 85,
    86, 90, 93, 122, 123, 132, 168,
    173, 180, 208, 209, 210, 213,
    218, 223, 258, 295, 320, 335,
    375
Jl 3,2, 211, 321
Jl 3,3-4, 107, 208, 212, 213, 229
Jl 3,4, 23, 37, 74, 164, 165, 176,
    181, 182, 194, 218, 226, 227,
    240, 264

ÍNDICES REMISSIVOS | 443

Jl 4,2, 75, 87, 152, 159, 167, 168, 169, 176, 210, 220, 221, 223, 224, 252, 284, 310, 311, 349, 361, 377, 379
Jl 4,4, 36, 67, 80, 176, 186, 220, 235, 238, 343, 386
Jl 4,5, 39, 164, 309
Jl 4,9, 39, 70, 108, 176, 177, 178, 214, 219, 220, 221, 222, 305, 377
Jl 4,9-13, 39, 176, 219, 220, 221, 305, 377
Jl 4,14, 23, 80, 165, 167, 181, 218, 219, 220, 222, 223, 224, 225, 226, 227, 230, 263, 277
Jl 4,14-15, 218, 220, 222, 225, 230
Jl 4,14-17, 222
Jl 4,15, 181, 214, 226
Jl 4,16, 132, 167, 174, 175, 181, 182, 201, 220, 244, 264, 344, 361, 379, 402
Jl 4,19, 81, 92, 170, 171, 176, 238, 343, 349, 350, 363, 387
Jn 3,1–4,11, 187
Jn 3,9, 75, 186, 262, 375
Jn 4,2, 91, 126, 375, 402
Jr 2,1–6,30, 327
Jr 3,25, 282
Jr 4,1, 97, 269, 307, 315, 318, 327, 328, 330, 333, 334, 335, 336, 338, 340, 341, 344, 347, 360, 367
Jr 4,1-2, 327, 335
Jr 4,1-4, 327, 336
Jr 4,5, 26, 52, 59, 73, 217, 232, 251, 298, 299, 308, 322, 325, 326, 327, 328, 331, 333, 335, 340, 341, 349, 350, 353, 354, 360, 362, 363, 386, 387
Jr 4,5-8, 328, 331
Jr 4,5-18, 328
Jr 4,5-31, 26, 52, 59, 73, 217, 232, 251, 298, 299, 308, 322, 325, 326, 328, 333, 349, 350, 353, 354, 360, 362, 363, 386, 387

Jr 4,5–6,26, 333
Jr 4,6, 330, 341, 342
Jr 4,7, 327, 342, 344, 348
Jr 4,8, 306, 328, 336
Jr 4,9, 331, 337, 339, 347
Jr 4,9-14, 331
Jr 4,11, 330
Jr 4,13, 344
Jr 4,14, 328, 333, 338
Jr 4,17, 367
Jr 4,18, 269, 341
Jr 4,19, 97, 307, 328, 340
Jr 4,19-31, 328
Jr 4,20, 349
Jr 4,23, 345, 347, 349, 354
Jr 4,23-26, 347, 349, 354
Jr 4,25, 348
Jr 4,26, 346, 347, 349
Jr 4,27, 288, 349, 354
Jr 4,28, 345, 346, 349
Jr 4,29, 348
Jr 6,4, 271
Jr 29,21-32, 316
Jr 30,5-7, 244
Jr 30,7, 248, 271, 273
Jr 46,16, 180
Jr 50,4, 210, 301
Jr 50,41-42, 301
Jr 51,27-30, 313
Js 6,1-21, 136
Jz 5,2.11.13, 154
Jz 9,45, 271
Lm 1,12, 248, 323
Lm 2,1, 248
Lm 2,21, 248
Lm 2,22, 248, 391
Lv 16, 173, 260
Lv 24,17-20, 150
Ml 1,6-14, 369, 383
Ml 3,1, 162, 193, 204, 245, 246, 248, 262, 368, 369, 370, 372, 373, 383, 387, 426
Ml 3,1-2, 246

Ml 3,2, 17, 26, 52, 119, 179, 214, 236, 239, 240, 246, 248, 250, 281, 289, 293, 347, 353, 368, 370, 371, 372, 382, 384, 387, 388
Ml 3,8-12, 204
Ml 3,10, 193, 373
Ml 3,17, 248, 370
Ml 3,21, 248
Ml 3,22.23-24, 281, 289, 368, 371, 387, 388
Ml 3,23, 26, 179, 214, 236, 239, 240, 250, 347, 368, 370, 384
Mq 3,5, 70, 271
Mq 7,17, 243
Na 1,2-8, 245, 286, 294
Na 1,7, 248
Na 3,13, 244
Ne 4,10, 271
Ne 8,7, 271
Ne 9,25, 277
Nm 11,25-30, 173
Nm 11,32, 271
Nm 11,34, 358
Nm 13,28, 277
Os 2,10-14, 66
Os 4,1, 243
Os 4,1-3, 243
Os 5,8, 134, 241, 341
Os 5,9, 241, 247, 248
Os 8,14, 277
Os 9,1-9, 321
Os 10,14, 247, 278
Os 12,8, 290
Os 13,13, 129
Os 14,2-9, 67, 217, 249, 327, 425
Os 14,10, 129
Pr 30,16, 287
Sf 1,2–2,3, 27
Sf 1,2-6, 253, 255, 256, 259, 260, 281, 289, 366
Sf 1,2-13, 243, 286
Sf 1,2-18, 254, 266
Sf 1,2–2,3, 254, 282, 384

Sf 1,4, 42, 253, 254, 270, 280, 283, 286, 290, 295, 365, 369, 380
Sf 1,4-6, 254, 270, 280, 283, 286, 295, 365, 369, 380
Sf 1,7, 26, 27, 92, 222, 236, 237, 238, 251, 253, 255, 257, 258, 259, 267, 268, 270, 275, 276, 282, 284, 290, 292, 293, 299, 360, 363, 365, 366, 382, 386
Sf 1,7-13, 253, 257, 275, 282, 290
Sf 1,7–2,3, 257, 258, 259, 276, 363, 365, 386
Sf 1,12-13, 183, 265, 280
Sf 1,14, 93, 236, 239, 240, 252, 258, 261, 263, 265, 266, 268, 278, 282, 287, 288, 290, 292, 297, 305, 306, 318, 341, 355, 363, 364, 365, 367, 371, 387, 419, 436
Sf 1,14-16, 93, 265, 297, 341, 365
Sf 1,14-18, 240, 252, 261, 263, 265, 266, 268, 278, 282, 287, 288, 290, 292, 297, 318, 355, 364, 367, 371, 387, 419, 436
Sf 1,15, 239, 247, 255, 268, 306, 328, 365, 390
Sf 1,16, 241, 247, 340, 382
Sf 1,17, 252, 257, 265, 295, 297, 308, 365
Sf 1,17-18, 265, 297, 365
Sf 1,18, 101, 198, 243, 248, 250, 254, 263, 269, 285, 286, 287, 309, 324, 332, 344
Sf 2,1, 171, 250, 254, 262, 265, 280, 282, 283, 291, 292, 295, 359, 360, 361, 366, 367, 382
Sf 2,1-3, 262, 265, 282, 283, 291, 295, 359, 360, 361, 366, 367, 382
Sf 2,3, 252, 255, 262, 264, 291, 292, 367, 369
Sf 2,4, 254, 260, 262, 263, 280, 287, 290, 291, 386

Sf 2,4-15, 260, 263, 287, 290, 291, 386
Sf 2,4–3,20, 254, 262
Sf 2,7, 183, 260, 262, 268
Sf 2,8, 242, 258, 280, 362
Sf 3,1-4, 262
Sf 3,1-5, 254, 261, 262, 371
Sf 3,2, 258, 291, 292
Sf 3,6-8, 254
Sf 3,8, 263, 293
Sf 3,9, 254, 262, 263, 264, 291, 292, 293, 295, 369, 383
Sf 3,9-13, 263, 292
Sf 3,9-20, 254, 262
Sf 3,11, 103, 242, 264, 292
Sf 3,17, 270
Sl 7, 89, 145, 151, 154, 235, 242, 243, 245, 260, 272, 273, 280, 284, 287, 305, 353, 377
Sl 76, 242, 245, 305
Sl 97,3, 171
Sl 106,23, 196, 320
Sl 122, 318
Sl 130,30, 245
Sl 136, 168, 208, 214, 294
Sl 137,7-9, 363
Zc 12,10-14, 211
Zc 14,1, 232
Zc 14,3, 248

Onomástico

A

Aberbach, 69
Achtemeier, 46, 77, 140, 219, 269
Aejmelaeus, 190
Ahlström, 43, 63, 78, 195
Albertz, 193, 305
Allen, 41, 44, 99, 139, 192
Alonso Schökel, 98, 103, 130, 191, 307, 343
Alter, 110
Anderson, 131
Andiñach, 70, 72, 166, 222, 226

B

Balentine, 80
Barriocanal Gómez, 233, 295, 360
Barthélemy, 267
Barton, 20, 31, 47, 55, 112, 142, 220, 306, 337, 338
Beck, 30, 37, 77, 80, 86, 106, 125, 189, 192, 233, 237, 306, 307, 387, 390
Ben Zvi, 235, 237, 286, 361, 363
Bergler, 33, 58, 59, 74, 169, 238, 246, 306, 333
Berlin, 409, 411, 412, 418, 422, 423, 424, 428, 430, 433, 436, 438
Bertholet, 315
Bewer, 32, 60
Bianchi, 19, 54, 397
Bič, 30
Birch, 48, 85, 127, 139, 143
Birkeland, 37
Blenkinsopp, 305
Bodenheimer, 71
Bolin, 186
Bosshard, 86, 233, 311, 390
Bourke, 30, 36, 160
Bright, 345

C

Cahinga, 319
Cannon, 34, 36, 41, 45, 46, 50
Carniti, 39, 41, 233, 234, 323
Carson, 46
Chiesa, 434
Christensen, D. L., 252, 254
Christensen, V. M., 61
Clements, 304
Clendenen, 134
Clifford, 236
Coggins, 22, 30, 31, 40, 56

Cooke, 315
Cook, S. L, 22, 56, 139
Cortese, 187
Craigie, 44, 47, 82
Crenshaw, 35, 63, 77, 105, 127, 141, 174, 203, 209, 213, 223, 311, 337, 339
Croatto, 73
Cross, 396

D

Deissler, 212
Deist, 143, 186, 222, 230, 407
Delcor, 396
Dell, 236
Dempsey, 49
Dennefeld, 30
Dorsey, 110
Dozeman, 186
Driver, 30
Duggan, 48, 68, 254
Duhm, 30, 32, 37, 38, 40, 60, 73, 194, 399
Dillard, 138, 140

E

Everson, 28, 29, 31, 40, 43, 57, 81, 225, 249, 311

F

Fensham, 397, 417
Ferguson, 50
Fischer, 424
Fleer, 45
Fohrer, 248, 315, 378
Frick, 61

G

Galbiati, 153
Garrett, 19, 50, 54, 69
Gelin, 214
Gerstenberger, E., 236
Good, 152

Gorgulho, 131
Gowan, 70, 211, 374
Gressmann, 17
Görg, 100

H

Hanson, 138
Harvey, 257
Heger, 150
Henshaw, 18, 45, 53, 69, 77, 83, 89
Herrmann, 68
Hillers, 236
Héléwa, 397
Hoffmann, 371, 397
Holladay, 268, 328
Hoonacker (van), 50
Hosch, 32
Hubbard, 20, 41, 47, 55
Hurowitz, 72, 204

I

Irsigler, 249

J

Janzen, 236
Jepsen, 35
Jerônimo (são), 52, 57, 222
Jeremias, 53, 73, 127, 196, 205, 210, 268, 290, 301, 306, 308, 311, 312, 318, 322, 326, 327, 328, 329, 332, 333, 334, 335, 336, 338, 339, 340, 341, 342, 343, 344, 345, 346, 348, 349, 350, 351, 353, 354, 360, 402
Jorgensen, 61
Jones, D. R., 40

K

Kapelrud, 30, 40, 43, 63, 141, 192
Keller, 30, 95, 105, 113, 127, 138, 142, 191, 194, 220, 249, 339, 347
King, 251

Klein, R. W., 41, 63, 67, 323, 397
Kopfstein, 99

L

Lang, M, 19, 54, 88
Leeuwen (van), C., 326, 343
Lima, 217, 249
Limburg, 69, 76
Linville, 43, 84, 126
Loretz, 43, 58
Lundbom, 336

M

Manfredi, 271, 327, 328, 330
Martin, 278
Mason, 42, 411, 415
Mathews, 246, 311
McQueen, 41
Mein, 424
Meinhold, 106, 107, 234
Merv (di), 25, 57
Miller, 70
Moore, 398
Mowinckel, 18, 40, 86, 396
Mulzac, 358
Murray, 43, 58

N

Nash, 60, 62
Newsome, 34
Nogalski, 18, 53, 68, 88, 108, 191, 201, 220, 222, 233, 249, 254, 291, 390
Nowack, 33, 34, 46

O

O'Brien, M. A., 18, 53
Ogden, 21, 24, 55, 56, 63, 77, 140
Ogilvie, 41
Oliver, 195
Otto, 423

P

Patterson, 254
Pazdan, 31, 45
Piazza, 153
Plöger, 54, 70
Ploeg (van der), 143
Plöger, 19
Prinsloo, 30, 99, 110, 131, 140, 142, 147, 173, 194, 213, 337
Prior, 22, 56

R

Rad (von), 18, 40, 43, 71, 86, 311, 323, 396, 397
Raitt, 69
Redditt, 51, 68, 84
Rendtorff, 24, 38, 56, 233, 238, 249, 399
Reventlow, 348
Rinaldi, 147
Ringgren, 245
Robinson, T. H, 70
Roche (de), 287
Romerowski, 138, 139
Rosenboim, 39, 391
Rothstein, 32
Rudolph, 33, 58, 72, 75, 84, 99, 203, 212, 235

S

Sébastien, 160
Schart, 233, 238, 390, 399
Schultz, R. L, 311
Schwesig, 33, 37, 67, 80, 87, 107, 110, 138, 160, 163, 175, 190, 192, 194, 195, 203, 209, 213, 214, 217, 218, 219, 221, 237, 251, 259, 274, 280, 306, 387
Scoralick, 105, 107
Seitz, 301
Sellin, 32, 34, 211
Sembrano, 212
Shapiro, 47

Shields, 336
Sicre Díaz, 103, 130, 191, 343
Silvestri, 205
Simian-Yofre, 64, 77, 81, 129, 243, 265, 278, 282, 290, 305, 347, 377
Simkins, 30, 38, 44, 45, 46, 47, 59, 100, 105, 111, 141, 142, 211
Sisson, 349
Smith, G. V, 396
Snyman, 275, 294
Spreafico, 242, 357
Stendebach, 102
Stuart, 70, 73, 401
Swanston, 33, 287
Sweeney, 31, 35, 50, 60, 63, 69, 134, 254, 278, 293
Széles, 259

T
Testa, 220
Thompson, 47, 72, 163, 164, 21
Trinquet, 191

V
Valério, 266
Vernes, 32
Vlková, 274, 300, 308

W
Waard (de), 304
Wade, 17, 25, 52, 57
Wanke, 236
Ward, 74, 82
Watts, 138, 412
Weigl, 275
Weiser, 345
Weiss, 397
Wendland, 110, 176, 177, 231, 401
Westermann, 143, 212
Whiting, 44
Wildberger, 304
Williamson, 46

Wolfe, 32
Wolff, 19, 20, 30, 35, 36, 37, 38, 46, 54, 55, 58, 63, 68, 92, 99, 112, 138, 139, 141, 142, 175, 177, 190, 192, 193, 201, 203, 210, 212, 235, 311, 341, 343
Wood, 282, 365

Z
Zenger, 423
Zimmerli, 315

Temático

A
águia, 344, 345
aliança, 73, 74, 75, 78, 144, 153, 216, 228, 237, 293, 298, 349, 358, 366, 370, 372, 384, 387, 393, 396, 397
amor, 21, 75, 103, 133, 179, 204, 217, 294, 314, 333, 366, 369, 370, 371, 377, 380, 383, 387, 388, 394, 402
apatia, 70, 73, 75, 78, 91, 92, 131, 148, 192, 228, 295, 323, 335, 378, 390, 397, 399, 400
apocalíptico(a), 22, 32, 33, 34, 36, 45, 46, 47, 49, 55, 56, 57, 58, 62, 67, 74, 138, 139, 140, 142, 196, 246, 346, 398, 414

B
Baal, 42, 43, 347, 365, 371
Babilônia, 25, 31, 52, 57, 73, 197, 205, 210, 225, 251, 286, 299, 300, 301, 304, 305, 307, 308, 309, 310, 311, 312, 313, 314, 316, 350, 353, 354, 386

bênção, 35, 37, 39, 42, 48, 57, 59, 70, 74, 76, 78, 79, 81, 82, 84, 91, 125, 170, 178, 223, 258, 274, 283, 296, 307, 309, 349, 358, 363, 372, 373, 376, 377, 380, 384, 385, 387, 397

C

cavalo, 313, 344
conhecimento, 74, 100, 132, 195, 211, 322, 350, 393
conversão, 20, 22, 36, 37, 39, 41, 43, 48, 55, 56, 67, 69, 73, 74, 76, 77, 79, 82, 85, 90, 92, 106, 107, 128, 129, 130, 133, 141, 185, 186, 195, 211, 217, 250, 251, 257, 258, 261, 262, 263, 307, 314, 317, 322, 327, 328, 330, 331, 334, 335, 336, 338, 339, 351, 352, 354, 358, 359, 360, 363, 367, 370, 373, 382, 384, 388, 397, 425
coração, 46, 52, 57, 64, 79, 89, 133, 230, 260, 285, 307, 316, 317, 323, 328, 330, 331, 332, 336, 337, 338, 339, 340, 352, 370, 374, 376, 383
criação, 37, 42, 46, 48, 73, 74, 75, 85, 114, 118, 120, 123, 124, 128, 132, 135, 159, 162, 169, 180, 187, 214, 227, 239, 243, 275, 287, 312, 314, 345, 346, 365, 366, 374, 393
crise, 19, 36, 44, 48, 54, 62, 63, 64, 65, 74, 75, 76, 86, 206, 207, 228, 250, 317, 324, 333, 334, 335, 346, 352, 354, 375, 381, 383, 390, 394, 395, 400, 401
culto, 22, 42, 43, 44, 46, 51, 58, 64, 65, 66, 70, 75, 76, 77, 79, 81, 86, 89, 133, 134, 135, 136, 145, 146, 155, 191, 194, 217, 255, 261, 270, 321, 358, 359, 360, 368, 369, 370, 371, 380, 381, 382, 383, 386, 392, 395, 396

D

deserto, 61, 66, 67, 71, 89, 96, 129, 130, 171, 172, 176, 204, 205, 206, 207, 216, 241, 243, 244, 248, 273, 275, 290, 321, 343, 347, 407, 434
Dodekapropheton, 17, 18, 24, 25, 27, 28, 39, 53, 67, 70, 91, 93, 145, 188, 191, 195, 230, 231, 232, 234, 240, 242, 245, 246, 247, 248, 250, 251, 259, 273, 298, 355, 357, 368, 379, 383, 388, 389, 390, 391, 398, 401, 411, 426, 433, 438

E

Egito, 52, 59, 62, 69, 87, 89, 114, 134, 147, 170, 171, 176, 197, 202, 205, 216, 225, 232, 236, 261, 271, 275, 277, 294, 343, 350, 352, 367, 376
Elias, 43, 196, 214, 236, 240, 246, 250, 289, 347, 365, 370, 371, 372, 373, 376
escatológico(a), 17, 18, 19, 20, 22, 32, 33, 34, 36, 44, 45, 49, 54, 55, 56, 57, 58, 59, 60, 62, 64, 67, 74, 84, 112, 139, 142, 143, 209, 214, 252, 256, 257, 265, 272, 274, 278, 280, 282, 283, 284, 285, 288, 296, 297, 323, 337, 368, 378, 391, 392, 395, 398, 419, 425
exílio, 31, 53, 73, 217, 325, 348, 350, 354, 360, 386
êxodo, 74, 90, 345, 346

G

geração(ões), 24, 75, 82, 88, 89, 96, 129, 169, 201, 206, 207, 259, 370, 378, 384, 387, 401, 402

guerra santa, 18, 20, 43, 55, 70, 269, 311, 348, 396

I

idolatria, 42, 44, 77, 202, 205, 254, 256, 259, 283, 286, 287, 294, 297, 316, 365, 381, 387
inimigo, 22, 24, 40, 41, 45, 46, 47, 50, 56, 58, 59, 60, 61, 62, 64, 65, 67, 73, 81, 82, 88, 89, 91, 110, 118, 122, 130, 133, 140, 143, 144, 154, 169, 176, 177, 186, 202, 203, 205, 223, 226, 261, 264, 276, 278, 285, 296, 301, 311, 320, 326, 327, 328, 329, 330, 332, 334, 335, 340, 341, 342, 343, 344, 351, 352, 354, 360, 362, 363, 364, 378, 379, 386, 407
intertextualidade, 25, 27, 87, 157, 228, 230, 240, 274, 299, 310, 353
ira, 21, 24, 38, 56, 72, 77, 79, 125, 134, 152, 185, 238, 242, 243, 245, 247, 248, 249, 253, 255, 262, 263, 267, 270, 271, 272, 273, 276, 278, 279, 280, 283, 284, 285, 287, 289, 291, 293, 294, 296, 301, 305, 306, 308, 309, 311, 313, 314, 329, 330, 331, 332, 336, 339, 351, 354, 367, 381, 391, 401

J

julgamento, 22, 34, 35, 39, 41, 42, 43, 46, 47, 48, 49, 56, 57, 63, 67, 68, 70, 77, 82, 84, 85, 92, 127, 134, 140, 143, 152, 177, 187, 210, 238, 246, 254, 264, 277, 282, 287, 288, 295, 310, 327, 348, 354, 364, 365, 368, 377, 378, 392, 393
justiça divina, 20, 21, 72, 158, 180, 202, 221, 222, 226, 272, 280, 282, 284, 288, 294, 296, 297, 311, 314, 358, 359, 361, 371, 386, 391, 394, 399, 401
juízo divino, 39, 43, 70, 85, 139, 151, 162, 176, 219, 247, 249, 264, 273, 287, 296, 299, 330, 345, 350, 353, 373, 388, 397, 398

L

lamentação, 22, 35, 36, 49, 55, 57, 63, 65, 66, 70, 76, 89, 90, 92, 102, 138, 139, 140, 145, 191, 192, 193, 195, 202, 204, 207, 237, 254, 329, 334, 336, 340, 375, 376, 407
lei, 51, 70, 87, 145, 150, 151, 152, 154, 172, 179, 238, 271, 300, 311, 314, 325, 353, 358, 361, 370, 386, 396, 400
lei do talião, 51, 70, 87, 145, 150, 151, 152, 238, 271, 300, 311, 314, 325, 353, 361, 386, 396, 400
libertação, 46, 52, 63, 64, 65, 75, 76, 78, 81, 82, 114, 147, 148, 197, 210, 273, 285, 295, 305, 309, 317, 335, 345, 360, 389, 393
litígio, 80, 152, 212, 222, 223, 243, 252, 256, 257, 259, 261, 270, 281, 293, 327, 333, 366, 384

M

maldade, 77, 79, 186, 272, 287, 296, 300, 307, 309, 313, 314, 318, 328, 340, 342, 351, 352, 353, 354, 361, 362, 364
maldição(ões), 20, 330, 352
misericórdia, 49, 91, 187, 249, 274, 312, 313, 375, 394, 400
Moisés, 90, 134, 147, 169, 172, 196, 197, 205, 284, 289, 320, 365, 370, 371, 372, 373, 376, 377, 393

O

obediência, 20, 55, 132, 133, 187, 289, 339, 346, 354, 370, 375, 379, 382, 384, 387, 394, 397, 399, 402
oráculo de condenação, 20, 22, 37, 93, 127, 137
oráculo de guerra, 140, 143, 144
oráculo de juízo, 20, 23, 26, 142, 148, 149, 154, 155, 226, 374
oráculo de salvação, 20, 22, 37, 41, 209

P

pecado, 57, 75, 76, 77, 78, 79, 82, 92, 134, 142, 144, 145, 152, 155, 171, 237, 239, 242, 254, 255, 261, 269, 272, 274, 279, 281, 282, 290, 293, 294, 295, 296, 297, 298, 309, 311, 321, 331, 338, 339, 348, 351, 354, 359, 362, 366, 367, 369, 374, 381, 384, 385, 386, 395, 401, 402
penitência, 36, 76, 143, 187, 262, 397
perdão, 22, 35, 42, 51, 62, 70, 76, 84, 107, 145, 167, 169, 195, 286, 291, 351, 366, 381, 382, 383, 384, 388
piedade, 69, 74, 76, 79, 91, 130, 145, 167, 215, 310, 339, 373, 375, 376, 378
promessa(s), 36, 68, 69, 70, 93, 168, 170, 172, 183, 209, 211, 216, 217, 221, 223, 238, 244, 252, 376, 379
punição, 22, 36, 39, 46, 57, 64, 72, 77, 79, 81, 93, 132, 151, 152, 171, 222, 224, 236, 238, 239, 252, 259, 260, 261, 273, 287, 299, 300, 311, 313, 320, 331, 339, 342, 343, 353, 358, 359, 360, 363, 364, 365, 369, 370, 375, 378, 380, 382, 383, 384, 385, 386, 387, 388, 397

R

reino do Norte, 77, 206, 244, 327, 359
reino do Sul, 77, 205, 206, 327, 334, 359
resposta, 20, 21, 23, 29, 35, 37, 38, 43, 48, 55, 59, 63, 64, 65, 83, 84, 85, 92, 107, 123, 128, 133, 134, 145, 149, 162, 169, 172, 185, 187, 191, 206, 215, 216, 228, 261, 276, 309, 329, 330, 333, 334, 335, 339, 363, 376, 377, 378, 407
retribuição, 20, 78, 80, 145, 152, 162, 235, 297, 306, 314, 325, 358, 361, 369, 370, 380, 384, 388, 400
rîb, 243, 252, 253, 256, 257, 258, 260, 265, 266, 276, 282, 288, 289, 297, 323, 366, 367, 369, 384, 386

S

sacrifício(s), 236, 247, 258, 260, 292, 352, 366, 367, 371, 373, 382, 386
salvação, 20, 21, 22, 32, 36, 39, 46, 48, 55, 57, 59, 68, 73, 76, 79, 82, 83, 86, 92, 121, 127, 132, 133, 143, 155, 161, 163, 168, 171, 172, 173, 180, 187, 209, 210, 213, 218, 242, 251, 254, 258, 260, 264, 270, 286, 289, 320, 321, 322, 329, 331, 335, 337, 338, 339, 343, 352, 358, 359, 367, 368, 373, 378, 379, 382, 383, 385, 388, 393, 394, 397, 403

Sião, 23, 35, 43, 45, 57, 67, 71, 72, 73, 81, 87, 95, 103, 105, 121, 127, 130, 131, 133, 148, 161, 166, 167, 168, 171, 175, 182, 202, 209, 210, 212, 221, 222, 225, 226, 230, 242, 264, 292, 293, 304, 331, 333, 344, 358, 361, 364, 374, 375, 376, 378, 379, 383, 384, 393, 399, 403

Impresso na gráfica da
Pia Sociedade Filhas de São Paulo
Via Raposo Tavares, km 19,145
05577-300 - São Paulo, SP - Brasil - 2014